Geïllustreerde encyclopedie

Meer dan 23 symbolen, die alle in dit boek worden behandeld en uitgelegd, bevinden zich in deze illustratie in *Microcosmos Hypochondriacus,* een alchemistische tekst uit de zeventiende eeuw. Behalve de bekende symbolen, zoals de zon, de driehoek, de arend, de leeuw, de duif en het lam staan op deze afbeelding ook de pauw, de pelikaan, de vuurhaard, de caduceus, de gans, het schip en veel andere symbolische zinspelingen op de stappen van transformatie in het alchemistische proces.

Geïllustreerde encyclopedie van traditionele symbolen

met meer dan 200 afbeeldingen

J. C. COOPER

MIRANANDA

Postbus 85749, 2508 CK Den Haag.
e-mail: info@mirananda.nl, internet: www.mirananda.nl

Oorspronkelijke titel: An Illustrated Encyclopaedia of Traditional Symbols
Geautoriseerde vertaling: Manda Plettenburg
Ontwerp omslag en opmaak binnenwerk: Dick Aarsen
Druk: Drukkerij Haasbeek, Alphen aan den Rijn
Bindwerk: Boekbinderij Van Wijk Utrecht B.V.

ISBN 90 6271 902 3
NUGI 644

Inhoud

Inleiding

Bij de bestudering van symbolen gaat het niet in de eerste plaats om eruditie; het gaat om de kennis van de mens over zichzelf. Symboliek is een instrument van kennis en de oudste en meest fundamentele uitdrukkingsmethode, die aspecten van de realiteit onthult die aan andere manieren van uitdrukken ontsnappen.

Hoewel het hele gewicht van het symbool niet gevangen kan worden in de beperkingen van een encyclopedie of het geschreven woord, zijn er toch veel symbolen die in de loop van de eeuwen tot een traditie zijn geworden en een internationale taal vormen, die boven de normale beperkingen van communicatie uitgaat. Bovendien is het, als het mogelijk is het symbool te beperken tot een betekenis en definitie, mogelijk de lezer een punt van vertrek te verschaffen of aanduidingen te geven voor een ontdekkingsreis, een reis in twee richtingen, een zoektocht, van de geest en de ziel, van innerlijke diepte en uiterlijke hoogte, het immanente en het transcendente, van horizontale en verticale niveaus. Het gebruik van symbolen, bemiddelaars als zodanig, kan leiden tot onmiddellijk en rechtstreeks inzicht.

Symbolen zijn niet alleen internationaal, zij zijn ook van alle eeuwen; zij bevatten in een paar conventionele regels de gedachten en dromen van eeuwen. 'Zij wekken onze verbeelding en voeren ons naar gebieden van woordenloos denken' (Lin Yu-tang). Het gaat bij deze gedachte niet om het individuele ego; een symbool kan niet kunstmatig worden gecreëerd of uitgevonden op grond van een zuiver persoonlijke interpretatie of gril: het gaat boven het individuele uit naar het universele en is ingeboren in het leven van de ziel. Het is de uiterlijke, of lagere, uitdrukking van de hogere waarheid die wordt gesymboliseerd, en is een middel om een werkelijkheid mee te delen, die anders of wordt verduisterd door de beperkingen van de taal of te complex is om op een adequate manier te worden uitgedrukt. Het symbool kan nooit slechts een vorm zijn, zoals een teken, en het kan uitsluitend worden begrepen in de context van zijn religieuze, culturele of metafysische achtergrond, de grond waarop het ontstond. Het symbool is de sleutel tot een gebied groter dan het zelf en groter dan de mens die het gebruikt. Coleridge zei: 'Een symbool... heeft altijd deel aan de werkelijkheid die het begrijpelijk maakt; en terwijl het het geheel formuleert, blijft het zelf een levend deel van de eenheid die het vertegenwoordigt.'

Het symbool vergelijkt niet alleen; om te worden begrepen moet het een essentieel deel openbaren van het subject; het bevat het weidse zich steeds uitbreidende gebied van mogelijkheden en maakt de waarneming mogelijk van fundamentele relaties tussen schijnbaar diverse vormen of verschijnselen.

Het symbool verschilt van het embleem en de allegorie doordat het een aspect of directe ervaring van het leven en de waarheid uitdrukt of kristalliseert en ons boven onszelf uitheft. Aan de andere kant kunnen de grenzen van het gebied dat deze dicht bij elkaar liggende zaken beslaan zo slecht gedefinieerd zijn dat het een naar het andere leidt en een brug verschaft waarover het mogelijk is van het een naar het ander over te steken en terug. Hoewel het symbool abstracties vangt en integreert en deze in hun wezenlijke context plaatst, kan het tezelfder tijd op meer dan één niveau werken; het embleem, of attribuut, verbeeldt gewoonlijk iets concreets, maar kan op zijn beurt een symbolische kwaliteit belichamen; attributen en emblemen van godheden kunnen symbolen zijn van de kosmos, zijn wetten en functies. Hier heeft een grote mate van syncretisme plaats. Een symbool hoeft niet uit één bron voort te komen, maar kan verschillende eeuwen, religies, culturen en beschavingen adopteren en daarop reageren. Exclusiviteit is een primitieve en onvolwassen karakteristiek; het symbool is insluitend en uitbreidend, en er kunnen veel toepassingen van hetzelfde symbool zijn die ambivalent en polyvalent kunnen worden in verband met bijkomstige verbindingen. Een symbool kan zowel een esoterische als exoterische betekenis hebben, zodat de meest voor de hand liggende en gewone interpretatie niet noodzakelijk volledig is en slechts een halve waarheid kan zijn: het kan zowel onthullend als verbergend zijn.

Een groot deel van de symboliek heeft rechtstreeks betrekking op het dramatische samenspel en de interactie van tegengestelde krachten in de dualistische wereld van manifestatie, deze tegengestelde maar ook complementaire karakteristiek, en de uiteindelijke vereniging wordt gesymboliseerd door het androgyne of heilige huwelijk. Dat zijn uitdrukkingen van de eenheid van het leven en dat is het centrale punt van alle traditionele symboliek. Zoals de levensboom, axiaal, verenigend en altijd groen of eeuwig vernieuwd, in het midden van het paradijs staat en de bron aan zijn wortels de levensrivier doet ontstaan, zo centreren de gedachten en verlangens van de mens, belichaamd in mythen en symbolen, zich op eenheid en leven.

Traditionele symboliek gaat ervan uit dat het hemelse er het eerste was en dat het aardse er slechts een weerspiegeling of beeld van is: het hogere bevat de betekenis van het lagere. Het hemelse is niet alleen het oorspronkelijke maar ook eeuwig en geeft aan het symbool die onsterfelijke kracht die zich door de eeuwen heen heeft gehandhaafd en blijft handhaven, zodat het het gevoel van het heilige oproept en voert naar een kracht die erboven uitreikt.

Symbolen horen bij de menselijke geest; ze negeren wil zeggen aan een ernstig gebrek lijden; symboliek is fundamenteel voor het denken en het perfecte symbool moet ieder aspect van de mens bevredigen – zijn ziel, intellect en emoties. Alle religieuze riten hebben een symbolische betekenis en kwaliteit. Als je deze niet begrijpt worden ze leeg en tot 'bijgeloof'. Ceremoniën bevatten een grote hoeveelheid symboliek in gedrag en houding, zoals de *moedra's* en houdingen van smeking of overgave, van richting in een gebed of betuiging van eerbied, geluid en beweging – alle vol diepe betekenis en verweven met het geheel van de menselijke natuur en zijn behoeften. Dean Inge zegt over symbolen: 'Onverschilligheid ten opzichte van symbolen is niet, zoals zo velen hebben verondersteld, een teken van verlichting en spiritualiteit. Het is in feite een ongezond symptoom.' Mircea Eliade ziet in het opnieuw ontdekken van de symboliek een kans 'de moderne mens te redden van zijn culturele provincialisme en voor alles, van zijn historische en existentialistische relativisme'.

In deze encyclopedie wil ik in de eerste plaats de algemene of universeel aanvaarde interpretatie van een symbool geven om daarna in te gaan op de verschillende toepassingen in de diverse culturele en geografische tradities. Als er geen speciale traditie wordt genoemd is het kenmerkend voor een aanvaarde mening op welke plaats dat speciale symbool zich ook voordoet.

Tenslotte wil ik nog opmerken dat geen enkele encyclopedie ook maar de hoop kan koesteren volledig te zijn; het symbool is levend en breidt zich steeds uit.

Verantwoording

Het is duidelijk dat ik veel te danken heb aan de auteurs van de boeken die in de literatuurlijst zijn opgenomen.
Ik wil hier ook van de gelegenheid gebruik maken mijn hartelijke dank te betuigen aan de County Library Service, speciaal voor de hulp van de afdelingen Preston, Carlisle en Ulverston, wier onvermoeibare en bijzonder efficiënte inspanningen een grote hulp waren bij het achterhalen van een groot aantal naslagwerken; vele hiervan zijn zeldzaam en op een andere manier niet te raadplegen. De efficiëntie ging altijd gepaard met een eindeloos geduld en vriendelijkheid.

Mijn dank gaat speciaal uit naar mevrouw B. Henderson van de Preston Library en mevrouw B. Adams van de Ulverston Library. Ook ben ik dank verschuldigd aan de universiteit van Lancaster voor het gebruik van hun handbibliotheek.

Tenslotte dank aan de musea en instituten die toestemming verleenden om de in dit boek weergegeven illustraties op te nemen:

Ankara Museum; Ashmolean Museum, Oxford; Bewdley Museum, Worcestershire; Biblioteca Apostolica Vaticana; Biblioteca Estense, Modena; Biblioteca Marciana, Venetië; Biblioteca Mediceo-Laurenziana, Florence; Bibliothèque de l'Arsenal, Parijs; Bibliothèque Nationale, Parijs; Bodleian Library, Oxford; Britisch Library, Londen; Britisch Museum, Londen; Cairo Museum; Chester Beatty Library and Gallery of Oriental Art, Dublin; Delphi Museum; Field Museum of Natural History, Chicago; Galleria Estense, Modena; Germanisches Nationalmuseum, Neurenberg; Government Museum, Madras; Gulbenkian Museum of Oriental Art, Durham; Haffenreffer Museum of Anthropology, Brown University; Instituto Nacional de Anthropologia e Historia, Mexico; Izmir Museum; Kupferstichkabinett, Berlijn; Louvre, Parijs; Musée de l'Oeuvre Notre Dame, Straatsburg; Musée Municipale, Douai; Musei Vaticani; Museo de Arte de Cataluña, Barcelona; Museo Laterano, Rome; Museum Antiker Kleinkunst, München; Museum of Fine Arts, Boston; Museum of the American Indian, New York; National Gallery, Londen; National Gallery of Art, Washington; Kress Collection; Nationalmuseet, Kopenhagen; National Museum of Korea; National Museum of Man, Ottawa; Ny Carlsberg Glyptothek, Kopenhagen; Rheinisches Landesmuseum, Bonn; Royal Scottish Museum, Edinburg; Staatsbibliothek, Berlijn; Stadtmuseum, Keulen; Statens Historiska Museum, Stockholm; Victoria and Albert Museum, Londen; William Rockhill Nelson Gallery of Art, Kansas City.

A Zie Alfa.
Aal Fallisch; glad. *Chinees:* Vleselijke liefde.
Aambeeld Het smeden van het universum; de oorspronkelijke vuurhaard; de aarde; materie; hamer en aambeeld samen vormen de mannelijke-vrouwelijke krachten van de natuur, het actieve en het passieve, het positieve en negatieve; een attribuut van alle storm-, donder- en smidsgoden zoals Hephaistos, Vulcanus, Thor e. d. In het christendom is het aambeeld het embleem van de heilige Adrianus en de heilige Eloisius. Juno wordt soms, als ze het element lucht voorstelt, midden in de lucht afgebeeld met een aambeeld aan haar voeten.
Aanraking Aanraken wil zeggen kracht overbrengen, zoals bij het opleggen van de handen. Hout aanraken is symbolisch voor het vastpakken van de kosmische boom, de *axis mundi,* het heilige centrum en de plaats van het heiligdom.
Aap Schaamteloosheid; nieuwsgierigheid; ondeugd; de lagere instincten. De drie mystieke apen, met ogen, oren en mond bedekt, verbeelden 'zie geen kwaad, hoor geen kwaad, spreek geen kwaad'. *Boeddhistisch:* Eén van de drie zinloze schepsels, altijd hebzuchtig en gretig. *Chinees:* Lelijkheid; bedriegerij; de macht van transformatie; bezwerend. Het negende dier van de twaalf aardse takken. *Christelijk:* IJdelheid; luxe; de duivel. *Hindoeïstisch:* Attribuut van de aapgod Hanuman, voorzien van goddelijke macht, zoon van Vayu, een windgod. Hanuman heeft soms ook de kop van een aap. *Maya's:* De god van de poolster heeft de kop van een aap.
Aardbei *Christelijk:* De rechtvaardige mens; de vrucht van goede werken; vruchten van de geest. Vergezeld van viooltjes betekent hij de nederigheid van ware rechtschapenheid.
Aarde De grote moeder; moeder aarde; de universele genetrix; de voedster; de min. De moeder aarde is het universele archetype van vruchtbaarheid, onuitputtelijke creativiteit en onderhoud. Aarde en hemel zijn materie en geest. *Indiaans:* De aarde is de moeder; de aarden hut is een omfalos, een kosmisch centrum. De ronde vloer stelt de aarde voor, het koepelvormige dak de hemel en de vier posten zijn de sterren en de vier windrichtingen. *Keltisch:* Het aan bederf onderhevige lichaam; met zout als de onsterfelijke geest. Er werd aarde op de borst van een dode gelegd. *Chinees:* Het vrouwelijke, yin, principe, gesymboliseerd door het vierkant, de kleur geel en de tijger.
Aardhoop De aardemoeder; woonplaatsen van de doden; toegang tot de onderwereld. De aardhoop kan de symboliek van de berg aannemen als een omfalos, of als een woonplaats van de goden op zijn top.
Aardse takken Twaalf; zie Dierenriem.
Aartsengelen Een van de rangen van engelen (zie aldaar). Michaël, boodschapper van het goddelijke oordeel, wordt afgebeeld als strijder met een zwaard; Gabriël, boodschapper van goddelijke vergiffenis, houdt bij de aankondiging aan Maria een lelie in de hand; Raphaël, goddelijke heling en bescherming, is een pelgrim met een staf en pompoen; Uriël, het vuur van God, voorspelling en wijsheid, draagt een boekrol en een boek; Chamuël is de ziener van God; Jophiël de schoonheid van God; Zadiël de rechtvaardigheid van God. In de islam kent men vier aartsengelen die de hemel onder de troon bewonen.
Ablutie Rituele wassing, zuivering; initiatie. *Alchemistisch:* In het *Magnum Opus* wordt de ziel gezuiverd door wassen, en de verandering vindt plaats van zwart, via grijs naar wit. *Boeddhistisch:* Wassingen bij de initiatie van monniken staan voor het wegwassen van het verleden als leek. *Christelijk:* Onschuld; de lavabo, het wassen van de handen door de priester, betekent: Ik wil mijn handen in onschuld wassen. *Islamitisch:* Een belangrijke rite; de terugkeer van de mens naar de oorspronkelijke zuiverheid.
Abnormaliteit Ambivalent, maar gewoonlijk bevat iets abnormaals magische mogelijkheden of krachten, vaak chtonisch. Brengers van geluk, zoals gebochelden en dwergen, hebben positieve krachten; aan de andere kant brengen de scheelzienden ongeluk, evenals de abnormaliteit van een kraaiende kip, de kreet van een uil bij daglicht of een bloem die bloeit buiten het seizoen.
Abrikoos Als zelfbestuivend het androgyne. *Chinees:* Dood; verlegenheid.
Acacia In de landen rondom de Middellandse Zee vertegenwoordigt hij leven; onsterfelijkheid, platonische liefde; terugtrekking. Daar hij zowel witte als rode bloemen heeft verwijst hij naar leven en dood, dood en wedergeboorte. Zijn doornen zijn de horens van de halve maan.
Christelijk: Onsterfelijkheid; een moreel leven. Een van de tradities gaat ervan uit dat de doornenkroon was vervaardigd van de acacia met het tweezijdige doel van bespotting en het gebruiken van het Hebreeuwse heilige hout.
Egyptisch: Solair; wedergeboorte; onsterfelijkheid; initiatie; onschuld. Embleem van Neith. *Hebreeuws:* De Shittahboom, het heilige hout van het tabernakel. Onsterfelijkheid, een moreel leven; onschuld. Hij staat ook voor begrafenis, rouwen.
Acanthus Hij staat in de landen rondom de

Middellandse Zee voor leven; onsterfelijkheid; de horens van de halve maan; diepe eerbied voor de kunsten. In het christendom vertegenwoordigen de stekels pijn, zonde en de straf daarvoor.

Aconitum monnikskap. *Grieks/Romeins:* Misdaad; de giftigheid van woorden; koelheid; gewijd aan Saturnus; groeide waar het speeksel van Cerberus viel; een heksenbloem.

Adder *Christelijk:* Kwaad; volgens Augustinus een van de vier aspecten van de duivel. De dove adder vertegenwoordigt zondaren die hun oren afsluiten voor de stem van de leerstellingen en woorden van het leven.

Adem Leven; de ziel; leven schenkende kracht; de *spiritus mundi*; de kracht van de geest; ook het vergankelijke, niet substantiële en ongrijpbare. Het in- en uitgaan van de adem symboliseert het wisselende ritme van leven en dood, manifestatie en weer opgaan in het universum. In het christendom is inblazen, ademen of blazen op iemand of een ding, de invloed van de heilige geest of het verjagen van kwade geesten.

Aegis Bescherming; vruchtbaarheid. De aegis (borst- en schouderpantser), maakte deel uit van de kleding, anders dan het schild dat in de hand werd gedragen. Het was een attribuut van Zeus/Jupiter en was gemaakt van de huid van de geit die Zeus Dictynnos de borst gaf; het is ook een embleem van Athene/Minerva en het van Egyptische bast vervaardigde kleed gedragen door Achilles; zie ook onder Schild.

Aëroliet (meteoorsteen) Openbaring; nederdaling van de geest; hemelse boodschappen, hemelse ambtskleding.

Affodil *Grieks-Romeins:* Paradijs; de eilanden van de gezegenden, de Elyseïsche velden, daardoor later een begrafenisembleem van dood en spijt, verbonden met begraafplaatsen en ruïnes. Embleem van Persephone en Dionysos. Ook van de maagd Maria.

Afgrond Ambivalent als zowel de onpeilbaarheid van de diepte als van vernedering en inferioriteit. De vochtige afgrond is de oorspronkelijke bron van het universum; de moedergodin; de onderwereld. In de symboliek van de gnostiek is hij het hoogste wezen, de schepper van de eonen.

Agaat Zie onder Edelstenen.

Albatros Typeert lang, onvermoeid vliegen en verre oceanen; voorspelt slecht weer en krachtige wind. Hij kan de ziel van een dode zeeman belichamen; hem doden brengt ongeluk.

Albe *Christelijk:* Een offerkleed; het witte gewaad waarin Christus door Herodes werd gekleed; het witte linnen staat voor zuiverheid en kuisheid, zoals de celebrant zegt 'maak mij wit'.

Het **altaar** als symbool voor het offer werd door Christian Egenolff van Frankfurt in de veertiger jaren van de zestiende eeuw gebruikt als drukkersembleem of handelsmerk.

In zijn 'Visioen van de heilige Gabriela' vat Crivelli de maagd en het kind in een Vesica piscis in de vorm van een **amandel**, die gevormd wordt door twee elkaar snijdende cirkels die symbolisch zijn voor de totale perfectie van de heilige personen.

Alcohol *Alchemistisch:* Het *aqua vitae* als vuur en als water; de verbinding van de tegenpolen; de *coincidentia oppositorum;* het mannelijke en het vrouwelijke, actieve en passieve beide in een staat van creatie en vernietiging.
Alfa Het begin: het eerste principe waaruit alle dingen zijn voortgekomen. Alfa en omega representeren de totaliteit, het begin en het einde; net als *aum* (zie Om) in het Hindi symboliseren zij de totale reeks van klanken, ook oneindigheid. A en Ω worden soms afgebeeld als een arend en een uil, dag en nacht, en in het christendom verschijnen zij met het kruis en de chi-rho (zie Labarum).
Alsem Bitterheid; nood; kwelling; gewijd aan Ares/Mars.
Aloë Bitterheid, maar ook integriteit en wijsheid. Gewijd aan Zeus/Jupiter.
Alsirat Zie Brug.
Altaar De goddelijke aanwezigheid; het offer; vereniging met de godheid door middel van het offer; integratie; dankbetuiging. De plaats ervan aan de oostkant van de tempel, kathedraal of kerk vertegenwoordigt de positie van de verering van de zon en de richting van het paradijs. Het feit dat het de vorm heeft van een graftombe symboliseert de overgang van de dood naar het leven en van tijd naar eeuwigheid. De treden naar het altaar staan voor rituele opstijging. Altaren van steen of bethels (zie Steen) verwijzen naar de onverwoestbaarheid en eeuwige duur van de godheid, vaak verbonden met de boom als het complementaire aspect van verandering en vernieuwing. *Azteken:* De cilindrische zonnesteen werd zowel als offersteen gebruikt als voor astronomische doeleinden. *Boeddhistisch:* Het centrum van devotie is hier eerder een schrijn dan een altaar, hoewel dit laatste er vaak bijgeplaatst wordt om er beelden, boeken, heilige objecten en offers voor de Boeddha op te plaatsen. *Christelijk:* Het altaar vertegenwoordigt zowel het graf als de opstanding, de dood getransformeerd in het leven, het offer van Christus tijdens de eucharistie en Christus als de zon van rechtvaardigheid. Het hout is het kruis, de steen de Calvarieberg en het verhoogde altaar heeft zowel betrekking op de hemelvaart als het lijden van Christus op de heuvel. De omheining vormt het heilige der heiligen waar alleen de hogepriester mag komen. De drie of zeven treden naar het altaar symboliseren de drie-eenheid of de zeven gaven van de heilige geest; het linnen laken op het altaar is het wikkellaken en het kleed van brokaat staat voor de glorie van de koninklijke troon. *Hebreeuws:* Het altaar van reukwerken is 'dank aan de elementen' (Philo). *Hindoeïstisch:* Het vedische vuuraltaar verwijst naar de verticale symboliek van een wereldcentrum, het is een *imago mundi* en de schepping van de wereld: 'het uiterste einde van de aarde' (*Rig Veda*). De klei waarvan het is gebouwd is de aarde, het water om deze te mengen zijn de oerwateren, de zijwanden zijn of de atmosfeer of de omringende oceaan. Het altaar rust op drie geperforeerde bakstenen of stenen die de drie werelden symboliseren die er bovenop staan en representeren ook Agni, Vaya en Aditya, de lichten van de wereld; de laagste steen is het vedische vuur van Agni, de middelste steen is de tussenliggende wereld en de hoogste steen is het 'oog' of de opening hemelwaarts; de ononderbroken ruimte in het centrum is zowel een doorgang voor het oprijzende vuur als een pad naar de hogere wereld, het gaat van dood naar onsterfelijkheid, van de duisternis naar het licht. Het vuuraltaar is ook de materialisatie van jaar en tijd; de 360 stenen zijn de dagen van het jaar. Het offer op het altaar herstelt de oorspronkelijke eenheid en symboliseert, daar het georiënteerd is op het oosten en de zonsopgang, ook een altijd nieuw begin.
Amandel Maagdelijkheid; zelfbestuiving; de yoni(afbeelding van de vrouwelijke geslachtsdelen); paarsgewijs geluk. Hij staat ook voor de *vesica piscis* die, in de kunst, de maagdelijke hemelse koninginnen vaak omgeeft; de mandorla (zie aldaar). Als de eerste bloem in het jaar staat de bloesem voor 'degene die doet ontwaken', hij staat voor waakzaamheid en vertegenwoordigt ook zoetheid, charme en tederheid. *Chinees:* Vrouwelijke schoonheid, standvastigheid bij zorgen, waakzaamheid. *Christelijk:* Goddelijke gunst en goedkeuring. De zuiverheid van de maagd Maria. *Hebreeuws:* 'Skeked' – ontwaken en de wacht houden. *Iraans:* De hemelboom. *Frygisch:* De vader van alle dingen: Lente. Hij wordt in verband gebracht met de geboorte van Attis, de amandelboom is ontsprongen aan de genitaliën van de androgyne Cybele.
Amarant (kattenstaart) Een legendarische altijd bloeiende bloem die de onsterfelijkheid symboliseert; vertrouwen; trouw; standvastigheid in de liefde. In China werd een rode amarant aan de haas geofferd tijdens het maanfestival.
Amict *Christelijk:* Het linnen kleed waarmee Christus in het Praetorium werd geblinddoekt; de helm van een soldaat van Christus.
Ampulla *Christelijk:* Betekende de pelgrimstocht naar Canterbury te hebben gemaakt.
Anadem Zie Krans.
Ananas Vruchtbaarheid; een embleem van Cybele; een ananas bovenop een kolom is een attribuut van Marduk.

Androgyn Oorspronkelijke perfectie; heelheid; de *coïncidentia oppositorum;* de niet-geconditioneerde staat; het herwonnen paradijs; autonomie; de hereniging van de oorspronkelijke mannelijke-vrouwelijke krachten; de vereniging van hemel en aarde, koning en koningin; de twee die tot de ene worden; de al-vader; al-moeder. In de alchemie bestaat het grote werk uit het produceren van het perfect androgyne, de mensheid hersteld tot heelheid. Dat wordt gesymboliseerd door een mannelijke-vrouwelijke figuur, een hoofd met twee gezichten van de koning en de koningin, of door de rode man en zijn witte vrouw. Symbolen van deze staat van eenheid onder de goden zijn: de androgyne Zervain, Perzische god van onbeperkte tijd; in de Griekse mythologie zijn Chaos en Erebus (onderwereld) geslachtsloos, Zeus en Heracles zijn vaak gekleed als vrouwen; op Cyprus kent men de gebaarde Aphrodite; Dionysos heeft vrouwelijke trekken; de Chinese god van dag en nacht is androgyn en de perfectie van het androgyne wordt ook vertegenwoordigd door het yin-yang symbool en door de met yin-yang 'spiritualiteit begiftigde schepsels', de draak, de fenix en *Kylin* die allemaal yin of yang kunnen zijn of beide. In het hindoeïsme is er het shakta-shakti en bepaalde godheden, zoals Shiva, worden fysiek als half mannelijk en half vrouwelijk afgebeeld. Bij sjamanistische initiatieceremoniën wordt travestie (zie aldaar) gebruikt. Baäl en Astarte zijn androgyn; het vroege 'Midrashim' toont Adam androgyn en in Plato's *Symposium* was de mens oorspronkelijk biseksueel. Andere androgyne symbolen zijn: de lotus, de palmboom, het kruis, de boog, het anker, de stip in een cirkel, travestie, serpent, scarabee, gebaarde vrouwen. Vóór de grote moeder, was de oermoeder, de Tellus Mater, aseksueel of androgyn.

Anemoon Verlating; verdriet. *Christelijk:* Verdriet; het lijden van Christus, de rode vlek op de bloem is zijn bloed, het drieledige blad is de drie-eenheid. *Grieks:* Verdriet; de dood. Attribuut van Venus en Hermes, ook het bloed van Adonis die stierf op een bed van anemonen.

Anjer De rode anjer staat voor bewondering, huwelijk, gepassioneerde liefde; de roze anjer verbeeldt de tranen van de maagd Maria, dus moederschap; de witte anjer is zuivere liefde en de gele is afwijzing.

Anker Hoop; standvastigheid; stabiliteit; rust. Het onklare anker kan ook een boot en mast symboliseren. In dat geval krijgt het de betekenis van de vereniging van de vrouwelijke, lunaire boot en de mannelijke fallische paal of mast. In Egypte werd deze symboliek nog versterkt door het ser-

De uit de zeventiende eeuw stammende verhandeling *Philosophia Reformata* van Mylius illustreert het **androgyne**, het verenigde mannelijke en vrouwelijke principe; de vereniging hiervan werd beschouwd als het doel en eindpunt van de alchemie en, inderdaad, van alle menselijke inspanning.

De priester offert een afbeelding van Maat, godin van waarheid en wereldorde, Maat houdt de **ankh** in haar hand.

pent van het leven rondom de mast te wikkelen. Anker met dolfijn: het anker is traagheid en de dolfijn staat voor snelheid, de twee samen vertegenwoordigen dus het gelukkige midden of 'haast je langzaam'. *Christelijk:* Verlossing; standvastigheid (Heb. 6:19); het ware geloof. Embleem van Sint Clement en Sint Nikolaas van Myra. Het anker met de dolfijn wordt ook gebruikt om Christus aan het kruis weer te geven. In het vroege christendom werd het anker gebruikt als een vermomde vorm van het kruis als de hoop. Bij zeevarende volkeren is het anker ook een symbool voor veiligheid, zekerheid en geluk.

Ankh Een Egyptisch symbool van het leven; het universum; alle leven, zowel menselijk als goddelijk; de sleutel tot de kennis van de mysteries en verborgen wijsheid; kracht; autoriteit, verbond. De ankh wordt gevormd door de gecombineerde mannelijke en vrouwelijke symbolen van Osiris en Isis, de vereniging van de twee principes van voortplanting, van hemel en aarde. Hij betekent ook onsterfelijkheid, 'het leven dat komt', de 'tijd die komt'. Een veronderstelling luidt ook dat hij een vorm van de levensboom zou zijn, of dat het ovaal de eeuwigheid voorstelde en het kruis de uitbreiding in de lengte en de breedte, dat wil zeggen van oneindigheid naar ruimte, misschien was hij ook de zon die oprijst boven de horizon. Maat, de godin van de waarheid, houdt de ankh in haar hand.

Anonimiteit In de iconografie, voornamelijk de hindoeïstische, kan anonimiteit het verlies van identiteit symboliseren, en dus opneming in het goddelijke.

Antilope *Afrikaanse bosjesmannen:* De godheid kan in de vorm van een antilope verschijnen. *Klein Azië en Europa:* Een lunair dier verbonden met de grote moeder. *Egyptisch:* Gewijd aan Seth, maar hij kan ook Osiris en Horus vertegenwoordigen als tegenstanders van Seth. *Heraldisch:* Trots; kracht; gevaarlijk. Hij wordt afgebeeld met de kop van een tijger, het lichaam van een hertenbok, de staart van een eenhoorn en met slagtanden in zijn neus. *Hindoeïstisch:* Embleem van Shiva; Soma en Chandra hebben door antilopen getrokken strijdwagens; Pavana, de god van de winden, rijdt op een antilope. *Sumerisch-Semitisch:* Een vorm van Ea en Marduk. Ea-Oannes is 'de antilope van de ondergrondse oceaan', 'de antilope van Apsu' (de oeroceaan), 'de antilope van de schepping'. Het drakenaspect van de antilope kan ook worden aangenomen door de stier, buffel en koe. De lunaire antilope is gewijd aan Astarte.

Appel Vruchtbaarheid; liefde; vreugde; kennis; wijsheid; voorspelling; luxe; maar ook bedrieglijkheid en dood. De appel was de verboden vrucht van het gouden tijdperk. Daar hij rond is vertegenwoordigt hij de totaliteit en eenheid, tegenover de veelvuldigheid van de granaatappel, en als vrucht van de levensboom is hij door Iduma aan de goden geschonken. Eris wierp de gouden twistappel tussen de goden. Als de appels van de Hesperiden en het fruit in de tuin van Freyja symboliseert hij onsterfelijkheid. Iemand een appel aanbieden is een liefdesverklaring. Net als oranjebloesem wordt de bloesem van de appel, als vruchtbaarheidsteken, gebruikt voor bruiden. *Keltisch:* De zilveren boog. Hij heeft magische en chtonische krachten; de vrucht van de andere wereld; vruchtbaarheid; huwelijk; Halloween, een appelfestival, staat in verband met de dood van het oude jaar. *Chinees:* Vrede en overeenstemming. *Christelijk:* Ambivalent als kwaad (Latijn *malum*) en de vrucht van de verleiding en de zonde van de zondeval, maar als hij samen met Christus of de maagd Maria wordt afgebeeld staat hij voor de nieuwe Adam en redding. Een aap met een appel in zijn mond verwijst naar de zondeval. *Grieks:* Gewijd aan Venus als liefde en verlangen; een huwelijkssymbool en een offer; de 'twistappel' werd door Paris aan Venus gegeven. Takken van een appelboom zijn de attributen van Nemesis en Artemis en worden gebruikt in de riten van Diana; wordt ook uitgereikt als prijs bij de zon-bruidegom wedstrijd, zoals de tak van de olijfboom bij de maan-maagd wedstrijd. De appel van Dionysos was de kwee. De appelboom werd geassocieerd met gezondheid en onsterfelijkheid; gewijd aan Apollo. Appelbloesem: een Chinees symbool van vrede en schoonheid.

Aquamarijn Zie Edelstenen.

Aquarius Zie Dierenriem.

Arend Solair; het symbool van de goden van het firmament; de zon op zijn hoogtepunt; het spirituele principe; opstijgen; inspiratie; bevrijding uit slavernij; overwinning; trots; contemplatie; apotheose; koningschap; autoriteit; kracht; hoogte; het element lucht. Kan opvliegen tot de zon, er zonder knipperen naar kijken en zich ermee identificeren; de arend representeert het spirituele principe in de mens dat in staat is hemelwaarts te vliegen. Arenden met twee koppen zijn attributen van de tweelinggoden en kunnen almacht of dubbele macht representeren.

De strijd tussen de arend en de stier, of de arend en de leeuw, die altijd door de arend wordt gewonnen, is de overwinning van de geest of het intellect op het fysieke. De strijd tussen de arend en het serpent, of een arend met een slang in zijn klauwen, verbeeldt de spirituele overwinning, de arend staat symbolisch voor de hemelse krachten van het goede en het serpent staat voor kwade en chtonische krachten; de arend is ook niet-gemanifesteerd licht met het serpent als niet-gemanifesteerde duisternis; samen zijn ze een totaliteit, kosmische eenheid en de vereniging van geest en lichaam. De arend bovenop een zuil is een embleem van de zonnegoden, als *sol invictus* overwinnaar van de duisternis. *Alchemistisch:* De hoogvliegende arend is het bevrijde spirituele deel van de *prima materia.* De dubbele arend staat voor het mannelijke/vrouwelijke kwikzilver. De gekroonde arend en leeuw zijn de wind en de aarde, kwikzilver en zwavel, de vluchtige en vaste principes. *Indiaans:* De hoofdtooi van de veren van de arend vertegenwoordigt de dondervogel, de universele geest; de arend is openbaring en een bemiddelaar tussen het firmament en de aarde; hij is ook de dag. In sommige gevallen symboliseert de witte arend de man en de bruine arend de vrouw. *Australische aboriginals:* De arend of havik wordt gelijkgesteld aan de godheid. *Azteken:* Hemelse macht; de heldere hemel; de opkomende zon, verslinder van het serpent van de duisternis. *Boeddhistisch:* Een voertuig van de Boeddha; attribuut van Amoghasiddhi. *Keltisch:* Wordt in verband gebracht met de genezende wateren. *Chinees:* De zon; het yangprincipe; autoriteit; krijgers; moed; vasthoudendheid; scherpe visie; onbevreesdheid. De arend en de raaf zijn verbonden met de oorlogsgoden. *Christelijk:* De geest; opstijging; verlangen; spiritueel uithoudingsvermogen; het laatste oordeel, als hij de verdoemden uit het nest gooit; vernieuwing van de jeugd (Ps. 103:5). Als hij zonder knipperen naar de zon kijkt, is hij Christus die kijkt naar de glorie van God; zijn jongen naar de zon dragend staat hij voor Christus die de zielen naar God brengt; duikend om vis uit de zee te halen vertegenwoordigt hij Christus die zielen redt uit de zee van zonden. Men dacht dat de arend zijn veren vernieuwde door op te vliegen naar de zon en dan in zee te duiken; op grond hiervan symboliseert hij de wederopstanding, het nieuwe leven door de doop; de ziel vernieuwd door genade. Hij staat ook voor de inspiratie van de evangeliën, waardoor hij wel gebruikt wordt als lessenaar. Als hij het serpent vastgrijpt in zijn klauwen is hij de overwinning op de zonde; zijn prooi verscheurend is hij de duivel. Embleem van de apostel Johannes en de heiligen Medardus, Prisca, Servatius. Een van de vier beesten van de Apocalyps. In de tetramorf vertegenwoordigt hij Johannes de evangelist. *Egyptisch:* Solair; de zonen van Horus. *Grieks:* Solair; spiri-

Op deze Griekse schaal uit het midden van de zesde eeuw v.Chr. wordt Zeus, vader en hoofd van alle goden, vergezeld van zijn **arend**, het symbool van zijn oppergezag, zijn zonnenatuur als heerser over de hemelen waar de goden wonen, en zijn goddelijke koningschap.

Dit mozaïek uit de vijfde eeuw, afkomstig uit Constantinopel (Byzantium), geeft alle kracht, spanning en strijd weer van het gevecht tussen de **arend** en het serpent, symbolen van het eeuwige conflict tussen tegendelen en respectievelijk tussen de hogere en lagere natuur van de mens, tussen het solaire en chtonische, tussen intellect en instinct.

tuele macht; koningschap; overwinning en gunst. Een attribuut van Zeus, hij is de drager van de bliksem van Zeus en heeft als zodanig soms een bliksemschicht in zijn klauwen. Oorspronkelijk een embleem van Pan die hem afstond aan Zeus; embleem van Ganymedes als begrafenis; Ganymedes afgebeeld terwijl hij een arend drenkt is het overwinnen van de dood. Een arend met een slang in zijn klauwen is, volgens Homerus, een symbool van overwinning. *Hebreeuws:* Vernieuwing; het Oosten. *Hindoeïstisch:* De solaire Garoeda-vogel waarop Vishnu rijdt; ook een embleem van Indra. Hij is de Arische stormvogel. *Cultus van Mithras:* Zowel de arend als de havik zijn attributen van de solaire Mithras. *Romeins:* De solaire stormvogel, drager van de bliksem van Jupiter. Representeert de keizer; waardigheid, overwinning; gunst; snelheid van waarneming. Heeft de donderbijl van Jupiter in zijn klauwen. Een symbool van en middel tot apotheose na de dood. *Scandinavisch:* Wijsheid; verschijnt in de takken van de Yggdrasil als licht in conflict met het serpent als duisternis. Een embleem van Wodan/Odin. *Sumerisch-Semitisch:* De middagzon; attribuut van Ninurta of Ningvisu, de weldoende zon en oorlogsgod van Kanaän en Babylon; embleem van de Frygische Sabazios en gewijd aan de Assyrische Assur als stormgod, bliksem en vruchtbaarheid. De tweekoppige arend symboliseert Nergal, de vurige hitte van de zomer en de middagzon. Hij is ook essentieel Hettitisch en is de solaire macht en alwetendheid; hij heeft vaak een lunaire haas of het serpent in zijn klauwen. Marduk wordt vaak afgebeeld als een arend.

Ariës Zie Dierenriem.

Ark Een symbool van de maan en de zee. De ark wordt gewoonlijk afgebeeld als halve maan; het vrouwelijke principe; drager van het leven; de baarmoeder; regeneratie; het schip van bestemming; een voertuig voor het dragen en vervoeren van het levensprincipe; behoud. De ark op het water is de aarde zwemmend in de oceaan van de ruimte. De ark met de regenboog vertegenwoordigt de twee krachten van de lagere en hogere wateren die samen de ene vormen, ze zijn een teken van universele regeneratie. De ark en de zondvloed, een bijna universele mythe, staan voor twee vormen van symboliek, de ene, in het hindoeïsme, waarin de ark, gebouwd door Satyavrata, op bevel van Manu, het zaad van het leven meevoert, en de andere, zoals in het Oude Testament, waarin Noach de ark bouwt op bevel van Jahweh, die mensen en dieren meevoert. Beide bevatten de elementen van het leven, continuïteit en stabiliteit. Men ging ervan uit dat de ark zelf was gebouwd in overeenstemming met de proporties van het menselijk lichaam en de microkosmos symboliseerde. *Christelijk:* De ark vertegenwoordigt de kerk waarin de mens gered wordt, veilig varend op de wateren van het leven; de zuivere en onzuivere dieren erin symboliseren heiligen en zondaars. Hij is ook Christus, de verlosser van de mensheid; de maagd Maria als de draagster van Christus; en het schip van de kerk in de symboliek van de architectuur. Thomas van Aquino zei dat de ark van het verbond stond voor Christus, het gouden bekleedsel was zijn wijsheid en liefdadigheid, de gouden vaas zijn ziel, de staf van Aäron zijn priesterlijke waardigheid en de tafelen der wet zijn werk als wetgever. Voor de heilige Bonaventura was het de eucharistie en voor Ambrosius stond hij voor Onze Lieve Vrouwe die de erfgenaam van de wet omsloot. *Egyptisch:* De ark van Isis is de baarmoeder van de moeder, de draagster van het leven. *Hebreeuws:* De ark van het verbond staat voor de goddelijke tegenwoordigheid, de plaats van God, het allerheiligste symbool in de Hebreeuwse religie. Hij was van onverwoestbaar hout gemaakt en bedekt met goud, de weldoende kracht vertegenwoordigend. Philo stelt de ark op één lijn met intelligentie, het tegengestelde van de tafel met de twaalf broden die de zintuiglijke en manifeste wereld vertegenwoordigen. *Sumerisch-Semitisch:* De ark, als het symbolische schip, verschijnt regelmatig in Chaldea.

Arm Opgeheven armen wijzen op een smeekbede, gebed, overgave. De vele armen van de goden en godinnen in de hindoeïstische en boeddhistische iconografie betekenen meedogende hulp, en afhankelijk van de verschillende symbolen die ze dragen, de verschillende krachten en activiteiten van de universele natuur, ze verwijzen ook naar de speciale functies van de godheid. De twee armen zijn Sophia en Dynamis: wijsheid en actie. In het christendom is de arm van God het instrument van soevereine macht, Gods wil. In de drie-eenheid vertegenwoordigt de arm de vader. Hij kan ook wraak symboliseren. De opgeheven arm van Orante kan piëteit of, bij een met een begrafenis samenhangende kunst, de ziel van de overledene, betekenen. Een opgeheven arm is getuige zijn of een eed afleggen.

Artemisia *Indiaans:* Het vrouwelijke, lunaire, nachtelijke levensprincipe met de chrysothamnus als het mannelijke, solaire, dagprincipe. *Chinees:* Waardigheid; een van de acht kostbaarheden. *Grieks:* Gewijd aan Artemis.

As De vergankelijkheid van het menselijk leven; het vergankelijke menselijke lichaam; sterfelijkheid. Met boetekleed verwijst as naar rampspoedi-

ge vernedering en zorgen; straf. In sommige rituelen heeft hij zuiverende kracht.
As (spil) De kosmische as is het centrale punt van tijd en ruimte; de allerhoogste steun van alle dingen; waarom alle dingen ronddraaien; de norm; de essentie van alle bestaan. Wordt gesymboliseerd door de levensboom; heilige bergen; de hemelse straal; zuil; paal; staf; spoel; speer; lans; werpspies; scepter; de draad van de navelstreng; de loopas van de strijdwagen; nagels, sleutel; etc.
Asherah Semitische symbolische bomen die in verband werden gebracht met het vrouwelijke aspect van het goddelijke, speciaal met Ashtoreth of Astarte, gewoonlijk afgebeeld als een votiefkolom van hout; waarschijnlijk ook fallisch of een embleem van een boomgod.
Ashlar *Egyptisch:* Het materiaal om te bewerken voor het verkrijgen van perfectie door creatieve werkzaamheden; de ruwe ashlar is de niet herboren mens, de perfecte ashlar is de spirituele en perfecte mens.
Asperges Zuivering; heiligheid; de verwijdering van kwade machten.
Aster *Chinees:* Schoonheid; charme; nederigheid; elegantie. *Grieks:* Liefde; gewijd aan Aphrodite.
Aureool Zie Nimbus.
Azalea Vergankelijkheid; het efemerische. *Chinees:* Vrouwelijke gratie; grote bekwaamheden. Ook een tragische bloem die voortkwam uit de tranen van het bloed van een jongen die door zijn wrede stiefmoeder in een koekoek werd veranderd.
Azijn Een kan azijn is in het Oosten een symbool van het leven. In de alchemie representeert antimoonhoudende azijn bewustzijn. In het christendom is azijn een symbool van het lijden van Jezus.

Iedere **arm** van Shiva Nataraja, heer van de dans, heeft zijn eigen symboliek; de bovenste rechterhand draagt de trom van creatief ritme, die in evenwicht wordt gehouden door de vlam van vernietiging in de bovenste linkerhand; de lagere rechterhand maakt een gebaar van geruststellende zegening, terwijl de lagere linkerhand de verlossing uit het lijden belooft.

Ba *Egyptisch:* De ziel, afgebeeld als een vogel, of vogel met het hoofd van een mens.
Baard Kracht; potentie; soevereiniteit; mannelijkheid in het Westen; ouderdom in het Oosten. De baard van hemelgoden zoals Zeus/Jupiter wordt of beschouwd als de stralen van de zon neerdalend op de aarde of als een vruchtbaarheid brengende regen. Godinnen met een baard, zoals Ashtoreth en Venus Mylitta, symboliseren tweeslachtigheid, de hermafrodiet (zie aldaar).
Baarmoeder De matrix; de grote moeder, moeder aarde, vandaar 'de schoot van de aarde', met de grot als voornaamste symbool, en stervende goden, geboren in een grot, oprijzend uit de

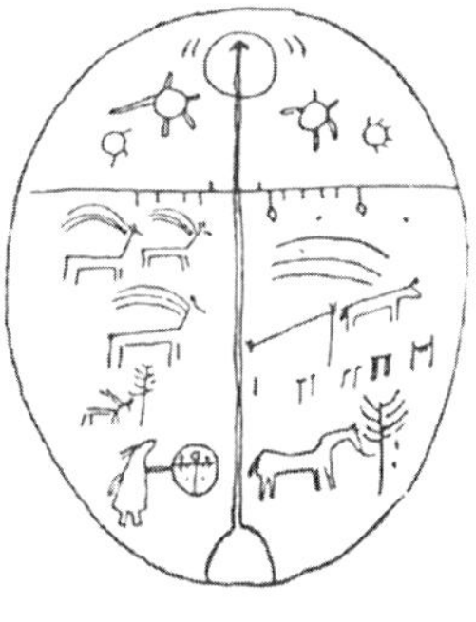

Een Siberische sjamanistische trom toont de **axis mundi** als een pijl die door de fenomenale wereld, die de hemelse gewelven verbergt, heendringt.

schoot van de aarde. De baarmoeder is ook het niet-gemanifesteerde; de totaliteit van alle mogelijkheden; overvloed. Hij wordt gesymboliseerd door de wel, alle wateren en alles wat omsluit, zoals stadsmuren, doodskisten etc. In de alchemie symboliseert de baarmoeder een mijn, met de ertsen als embryo; mineralen worden geboren uit de aarde, en de functie van de mens is de natuur te helpen en de geboorte te bespoedigen.

Baden Zie Ablutie; rituele wassing.

Baetylische stenen/Bethels. Zie Steen.

Baken Waarschuwing, communicatie.

Bal De bal kan zowel de zon als de maan symboliseren en balspelen zijn verbonden met solaire en lunaire festiviteiten en riten. Ze zijn het symbool van de kracht van de goden als deze planeten, meteorieten en sterren door het firmament slingeren. Gouden ballen zijn het attribuut van de Harpies; ook een embleem van St. Nicolaas van Myra.

Baldacchino Spirituele en tijdelijke autoriteit.

Baldakijn Koningschap; soevereine macht. *Boeddhistisch:* De heilige boom; een van de acht gunstige voortekenen. Een witte baldakijn is de zuivere geest die de dharma omhelst en alle menselijke wezen beschermt. *Chinees:* Koningschap; soevereine macht; bescherming. *Hindoeïstisch:* Spirituele en tijdelijke macht, een rechthoekige troon voor priesters en een ronde voor koningen.

Balsemboom/balsem Liefde, sympathie; verjonging.

Bamboe Bevalligheid; bestendigheid; meegevende maar blijvende kracht; meegaandheid; goed voortplantend; blijvende vriendschap; lang leven en robuuste oude dag (hij blijft altijd groen); ook de volmaakte man die buigt voor de storm maar ook weer oprijst. *Chinees:* Lang leven; kinderlijke liefde; het winterseizoen; met pruimenboom en pijnboom een van de 'drie vrienden van de winter'; een embleem van de Boeddha; de geleerde wiens gedrag oprecht is, maar die ook een innerlijke leegte en nederigheid kent. De bamboe met zeven geledingen verwijst naar de zeven graden van initiatie en inwijding. Bamboe en mus samen beelden vriendschap af; bamboe met de kraanvogel betekent een lang leven en geluk. *Japans:* Devotie; waarheidsgetrouwheid.

Banaan *Chinees:* Zelfstudie (een student die zich geen papier kon veroorloven, schreef op bananenbladeren).

Banden Worden gesymboliseerd door alle dingen die binden of vangen: touwen, koorden, veters, boeien, knopen, strikken, halsters, stroppen, klemmen, netten, kettingen, draden etc. Het zijn allemaal attributen van de 'goden die binden' en begrafenisgoden die de macht hebben vast te binden en te bevrijden, die de macht hebben over leven en dood, rechters zijn over de doden, de schuldigen vastbinden en vangen en de rechtvaardigen bevrijden. Binden en loslaten wil ook zeggen het veranderen van chaos in kosmos, van conflict in wet en orde. De lunaire grote moeders, die allemaal spinsters zijn (zie ook Spin), weefsters en bindsters, vertegenwoordigen het lot, de tijd, beperking, het onontkoombare ('gebonden te gebeuren') en beschikken over mysterieuze, magische en betoverende krachten. Netten, knopen etc. zijn, net als de krachten van godheden van binden en bevrijden, ambivalent, daar ze symbolen zijn voor het voorkomen van ziekten en het veroorzaken ervan, ze brengen de dood of redden daarvan; ze beschermen tijdens huwelijksriten of beletten het consumeren ervan, hinderen of helpen bij de geboorte van een kind en vertegenwoordigen het negatieve of het positieve, het schadelijke of weldoende, vallen aan of verdedigen; ze binden de mens aan zijn lot, zijn existentiële situatie, maar voorzien hem ook van een verbindingslijn met zijn schepper en het goddelijke, binden hem aan zijn verleden maar geven hem eveneens een verbinding met de wever van de bestemming, ze leggen aan banden maar verenigen tevens. Banden en binden symboliseren ook overgave, slavernij, ondergeschiktheid, gevangenen. Het zilveren koord bindt gedurende het leven de ziel aan het lichaam en wordt bij de dood verbroken, om de ziel te bevrijden. Marine- en militaire koorden, strepen, galons, sjerpen van ordes, ketenen etc. zijn ook symbolen van binden aan de functie/dienst. *Boeddhistisch:* Touwen, koorden staan voor het vastbinden van overtreders. Yama, de god van de dood, is een god die bindt. *Chinees:* Pau-hi is een god van de winden en de netten. *Christelijk:* De banden van zonde en dood. God bindt en verjaagt uiteindelijk de Satan. *Grieks:* Ouranos bindt zijn rivalen en is ook bestemming, en er zijn de boeien van Kronos als tijd; de schikgodinnen weven en vangen. *Hebreeuws:* Jahweh heeft strikken van de dood en netten om de zondaren te straffen. *Hindoeïstisch:* De lus symboliseert kennis en intellectuele macht, de kracht die vastgrijpt en stevig vasthoudt; maar hij staat tevens voor dood. Varuna, 'de meester van de banden', is een magische binder en draagt een touw om zijn schouders om zondaars mee vast te binden. Het touw symboliseert ook de zonden waardoor men zichzelf bindt aan onwetendheid. Varuna is lunair en het niet gemanifesteerde, de wateren van de chaos opsluitend en bindend. Vritra en Nirrti zijn ook magische binders en 'meesters van de banden'. Indra bevrijdt de wateren en heeft de macht te binden en te bevrijden. Yama beschikt over de banden van de dood en draagt een touw. *Iraans:* Ahriman, heer van de leugen, de macht van de duisternis, heeft een strik. *Japans:* Het touw is een attribuut van Fudo-Myoo en wordt in de linkerhand gedragen om hen te binden die de Boeddha bestrijden. *Oceanisch:* Vaerua en Akaanga zijn goden van netten en koorden en binden de doden. *Romeins:* Saturnus is gebonden, behalve gedurende de Saturnalia, als de chaos heerst. *Scandinavisch:* Wodan/Odin is een magische 'god van de touwen'. *Sumerisch-Semitisch:* In Babylon representeerde het touw of de band het kosmische principe dat alle dingen verenigt en de wet die alle dingen ondersteunt en samenhoudt. Tammuz is de 'heer van de strikken'; Marduk een meesterbinder met boeien, strikken en netten; Sjamasj is gewapend met strikken en koorden; Ea verbindt door magie; Nisaba bindt de demonen van ziekten vast; Enil en zijn vrouw Ninchursaq zijn lunaire godheden die de schuldigen met netten vangen; Ninurta is de 'heer van het omsluitende net'. *Teutoons:* Het ceremonieel vastbinden van koningen was een gebruik.

Barnsteen De gouden transparantheid van de zon; gestold licht. In China is het moed, 'de ziel van de tijger'. Geeft magische kracht, helpt de doden. Gewijd aan Apollo/Helios. De tranen van Freyja voor Svipdag vielen als barnstenen.

Basilicum Een bezwerend kruid dat bij begrafenissen en dodenriten werd gebruikt.

Basilisk In het christendom is het de duivel die de mensheid vergiftigt. Zie ook Legendarische dieren.

Baviaan *Egyptisch:* 'Roept de dageraad op'; met opgeheven handen duidt hij op wijsheid die de opkomende zon begroet en vertegenwoordigt hij de goden Thoth en Hapi.

Bederf Ontbinding en desintegratie voor reïntegratie en wedergeboorte; de dood van het lichaam en verlossing van de ziel. Vooral belangrijk in het grote werk van de alchemie.

Bedrieger Deze komen we in de indiaanse, Chinese, Griekse en Oceanische symboliek tegen als de egoïst, of de evolutie van de held van de onbewuste, chaotische en amorele mens naar de bewuste, geïntegreerde en verantwoordelijke mens. De bedrieger vertegenwoordigt ook het leven van het lichaam dat de neiging heeft tot sluwe en domme handelingen en in dit aspect deelt hij de symboliek van de dwaas of nar doordat hij de lachlust opwekt en zwakheid toont; soms wordt hij gebruikt als de schurk om de held

Deze Scandinavische krijgers dragen **beerhelmen** om zich onder de bescherming van Frey en Freyja te stellen.

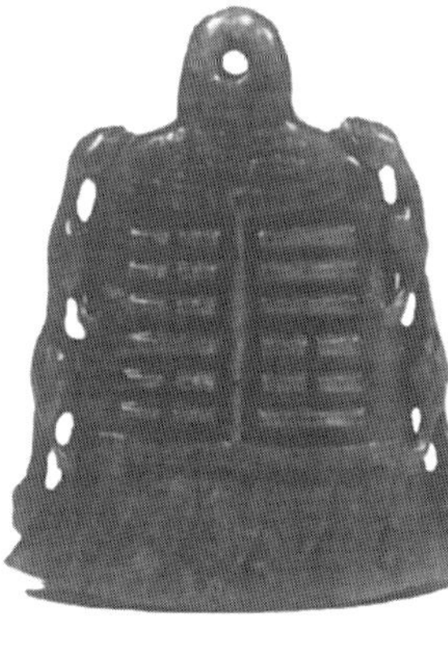

Deze van groen jade vervaardigde Chinese **bel** uit de achttiende eeuw beschikt over de kracht kwaad af te weren. Deze kracht wordt versterkt door aan de zijkanten uitgesneden beschermende draken en de centrale trigrammen.

Een Chinees uit de achttiende eeuw bewerkte dit stuk turkoois-gesteente tot een icoon van de kosmische **berg**, waar mensen, dieren en vegetarisch leven in perfecte en wederzijdse harmonie samenleven, alle verbonden met en gevoed door een nimmer falende waterval en stroom.

en het goede helder te doen uitkomen. Bij de indianen wordt hij gesymboliseerd door de raaf in de noordelijke gebieden van de Grote Oceaan, de prairiewolf in de westelijke bergen en het konijn of de haas in de oostelijke bossen. De Scandinavische Loki is een bedrieger.

Been Goden met één been werden vaak beschouwd als symbool van de as, of als lunair, of fallisch. In het kabbalisme staat het been voor standvastigheid en glorie. In Egypte verwijst het naar opheffen.

Beer Wederopstanding (als in de lente weer verschijnend uit zijn winterhol van overwintering met zijn pasgeboren jong); nieuw leven, dus initiatie en de daarmee verbonden 'rites de passage'. In heldenmythen is de beer solair; in mythen inzake overstromingen wordt hij lunair en hij is ook lunair als hij in verband wordt gebracht met maangodinnen, zoals Artemis en Diana. Hij is het embleem van het Perzische koninkrijk en van Rusland. *Alchemistisch:* De *nigredo* van de *prima materia. Indiaans:* Bovennatuurlijke kracht; sterkte; standvastigheid; de wervelwind. *Keltisch:* Een lunaire kracht; attribuut van de godin van Bern. *Chinees:* Dapperheid, sterkte. *Christelijk:* De duivel; kwaad; wreedheid; inhaligheid; vleselijke lusten. Men dacht dat de jonge beren vormloos geboren werden en ze werden daarom beschouwd als vertegenwoordigers van de transformerende, regenererende macht van het christendom over het heidendom. Embleem van de heiligen Blandina, Gallus, Florentinus, Maximus. Het gevecht van David met de beer symboliseert de strijd van Christus met de duivel. *Grieks:* Gewijd aan de maangodinnen Artemis en Diana en een attribuut van Atalanta en Euphemia. Meisjes die deelnamen aan de riten van Artemis werden 'beren' genoemd, ze droegen gele gewaden en imiteerden beren. Diana veranderde Callisto in een beer. *Japans:* Vrijgevigheid; wijsheid; kracht. Een culturele held en goddelijke boodschapper bij de Ainu. *Scandinavisch en Teutoons:* Gewijd aan Thor. De vrouwelijke beer Atla is het vrouwelijke principe en de mannelijke beer Atli het mannelijke. *Sjamanistisch:* Een boodschapper van de bosgeesten.

Beesten Zie Legendarische dieren.

Behemoth Zie Legendarische dieren.

Beitel In de heilige architectuur is de beitel het actieve, mannelijke principe in relatie met het passieve en vrouwelijke. Met de hamer en houten hamer symboliseert hij wil, discriminatie, onderscheid; het is het bepalen van de vorm van de vrouwelijke *prima materia* door het scherpe, mannelijke, vormgevende instrument. Hij betekent ook educatie; onderscheidende kennis bij initiatie; het wegsnijden van vergissingen.

Bel Zie Klok.

Berg De kosmische berg is een wereldcentrum, een omfalos, 'waardoor de as van de pool loopt en waarom de draken van de kosmische krachten glijden' (Flamel). Het hoogste punt van de aarde wordt beschouwd als centrum, de top van het paradijs, de ontmoetingsplaats van de wolken van de hemel en de aarde, 'hoog' oprijzend. Als axiaal en centraal vormt hij een passage van het ene niveau naar het andere en een plaats om te communiceren met de goden; hij is ook de steun en woonplaats van de goden. Hij is de belichaming van kosmische krachten en het leven; de rotsen zijn de beenderen, de stromen het bloed, de vegetatie het haar en de wolken de adem. De berg symboliseert bestendigheid; eeuwigheid; flinkheid; stilte. De toppen van de bergen worden geassocieerd met de zon, regen en dondergoden en in oude tradities van de vrouwelijke godheid was de berg de aarde en vrouwelijk, met het firmament, de wolken, donder en bliksem als het bevruchtende mannelijke. Op een spiritueel niveau representeren bergen de staat van volledig bewustzijn. Pelgrimstochten naar heilige bergen symboliseren verlangen, afstand doen van wereldse verlangens, bereiken van de hoogste staat en opstijgen van het partiële en beperkte naar het totale en onbeperkte. De heilige berg is ook de 'navel van de wateren' daar de fontein van alle wateren er ontspringt. Tussen twee elkaar rakende bergen doorgaan wil zeggen zich naar nieuwe spirituele niveaus bewegen, de passage is alleen mogelijk in de geest en in het 'tijdloze moment'. Bergen met twee toppen zijn óf de zetel van solaire of astrale godheden, óf, zoals in Sumerië en China, de zetel van de zon en de maan, en dat is ook het geval bij de Hebreeuwse tweelingbergen van Horeb, berg van de zon, en Sinaï, berg van de maan. Tempels, gebouwd in de vorm van een berg, zoals de Sumerische ziggurats, Borobudur en de tempels van de Inca's symboliseren het kosmische centrum, de opgaande niveaus van zijn en het opstijgen van de ziel. In de christelijke kunst ontspringen de vier rivieren uit de heilige berg en de troon van god.

Berkenboom Vruchtbaarheid; licht; beschermt tegen heksen en verdrijft kwade geesten, vandaar het kastijden van misdadigers en gekken. *Scandinavisch en Teutoons:* Gewijd aan Thor, Donar en Freyja. Het laatste gevecht in de wereld zal zich rondom een berkenboom afspelen. *Sjamanistisch:* De berk is de kosmische boom van het sjamanisme en de sjamaan bestijgt de zeven of negen inkepingen van de boomstronk of paal van berkenhout, dit symboliseert het opstijgen door de planetaire sferen naar de hoogste geest. Embleem van Estland.

Besnijdenis Initiatie; inwijding; zuiverheid; een rite tot lidmaatschap van een religieuze of stammengemeenschap.

Bethel/Baetyl Huis Gods. Zie Steen.

Beukenboom Voorspoed; vergoddelijking; gewijd aan Zeus. Embleem van Denemarken.

Bever IJver, 'werken als een bever'. In het christendom staat hij voor kuisheid, de asceet, omdat men dacht dat hij zichzelf castreerde als hij werd achtervolgd. Waakzaamheid; vreedzaamheid.

Bezem Zie Borstel.

Bidsnoer (rozenkrans) De cirkel van heelheid en van tijd; eindeloosheid; eeuwige duur; ascetisme. *Boeddhistisch:* De 108 kralen vertegenwoordigen de 108 Brahmanen die aanwezig waren bij de geboorte van Boeddha; de cirkel is het wiel van de wet, ook de kringloop van het leven met de individuele kralen van manifestatie eraan geknoopt. *Christelijk:* De mystieke rozentuin van de maagd Maria; de 165 kralen zijn verdeeld in vijf tientjes; elke set van vijf tientjes heeft zijn eigen 'mysteries' van vreugden, zorgen en heerlijkheden van de maagd Maria. De grote kralen staan voor het *Pater Noster*, en een *Gloria*, de kleine kralen voor een *Ave Maria*. Attribuut van de heilige Dominicus. *Hindoeïstisch:* De draad is het ongemanifesteerde, de kralen zijn de veelvuldigheid van het gemanifesteerde en de cirkel is de tijd. Het bidsnoer is een attribuut van Brahma, Shiva en Ganesha. Het bidsnoer van Shiva heeft tweeëndertig of vierenzestig bessen van een Rudrakshaboom, en vergezelt gewoonlijk de afbeelding van een Shaivite heilige. Andere bidsnoeren hebben 108 kralen van Tulasi hout. *Islamitisch:* De 99 kralen zijn het 'circulaire' getal en corresponderen met de goddelijke namen; de honderdste kraal, die de naam is van de essentie, kan alleen in het paradijs worden gevonden.

Bidsprinkhaan In China staat hij voor halsstarrigheid, gierigheid; bij de Bosjesmannen verschijnt hij als de bedrieger; in Griekenland betekent hij waarzeggerij *(manteia)*, en in het christendom verbeeldt hij gebed en adoratie.

Bit en hoofdstel Controle; geduld; verdraagzaamheid; zelfbeheersing. In christelijke kunst kan het bit en hoofdstel samengaan met de figuur van zelfbeheersing.

Blad Vruchtbaarheid; groei; vernieuwing. Groene bladeren verbeelden hoop; wederopleving; vernieuwing. Dode bladeren zijn verdriet; herfst; verval. Bladerenkronen wijzen op goddelijkheid,

Op deze allegorische voorstelling van een synagoge (op de kathedraal van Straatsburg) symboliseert de geblinddoekte figuur **blindheid**, de spirituele blindheid van het onvermogen van de joden om de waarheid van het onderricht van Christus te 'zien'.

Het **bloed** van de gekruisigde Christus wordt op het schilderij van Giovanni Bellini 'Het bloed van de verlosser' opgevangen door een engel. Het bloed symboliseert op dramatische wijze de kracht en energie van die 'vitale vloeistof'.

triomf en overwinning. In de Chinese symboliek symboliseren de bladeren van de kosmische boom alle wezens in het universum – de tienduizend dingen.

Blauw Zie Kleuren.

Bliksem Spirituele lichtbron; verlichting; openbaring; de neerdaling van kracht; plotselinge realisatie van de waarheid snijdend door tijd en ruimte, het eeuwige nu; de vernietiging van onwetendheid; bevruchting; voeding; de mannelijke kracht. De bliksem wordt, evenals de zonnestralen, en de lans van Achilles die zowel kon verwonden als genezen, beschouwd als bevruchtend en verwoestend. De bliksem wordt geassocieerd met alle donder- en stormgoden en wordt gesymboliseerd door de zigzag, drietand, as (de 'as van het firmament'), hamer, dondersteen, vajra, dorje, ju-i, pijl en prooivogel. Gedood worden door de bliksem wil zeggen rechtstreeks overgebracht worden naar de hemel. In het geloof van de sjamanen betekent getroffen worden door de bliksem, het schenken van onmiddellijke initiatie. In het hindoeïsme 'is in de bliksemflits de waarheid'; Agni woont in de wateren van de hemel in de vorm van bliksem. Voor de Noord-Amerikaanse indianen is hij de grote geest, openbaring. De bliksem is een Manicheïstisch symbool voor de maagd van licht.

Blindheid, blinddoeken Onwetendheid; zonde; verwaarlozen van plichten; falen het licht en het juiste pad te zien; het niet-onderscheiden; het irrationele ('blinde woede'). Blinddoeken of 'om de tuin leiden' beeldt misleiding af, op dwaalwegen leiden. In het boeddhisme symboliseert een geblinddoekte oude vrouw in de 'kringloop van het bestaan' de afwezigheid van kennis, de blindheid van onwetendheid die leidt tot de dood. De geblinddoekte Cupido verwijst naar de blindheid van wereldse liefde. In de christelijke kunst wordt de synagoge als geblinddoekt weergegeven.

Bloed Het levensprincipe; de ziel; kracht; de verjongende kracht; vandaar het bloedoffer. De rode solaire energie. Bloed en wijn zijn onderling verwisselbare symbolen. Bloed en water zijn in de Chinese symboliek complementen van elkaar en vertegenwoordigen de principes yang en yin. In de christelijke symboliek zijn het bloed en water bij de kruisiging het leven van het lichaam en het leven van de geest. Over bloed stappen brengt vruchtbaarheid; in het Midden-Oosten stapten bruiden over het bloed van een geofferd schaap. Tyrisch purper (karmozijnrood), 'de hoogste glorie' (Plinius), was de kleur van gestremd bloed, maar ook het 'bloed van purper aanzien' (Homerus). Bloed drinken is gewoonlijk een symbool voor vijandschap, maar het kan ook de kracht van de vijand absorberen en hem daardoor na zijn dood machteloos maken, zijn.

Bloemen Het vrouwelijke, passieve principe; de vorm van het ontvangende, de 'kelk' van de bloem, waardoor ze de symboliek van de kelk aannemen. In de knop staat de bloem voor potentieel vermogen; als hij zich opent en uitbreidt van het centrum naar buiten verbeeldt hij ontwikkeling in manifestatie; dat wordt speciaal onderstreept in de symboliek van de lotus in het Oosten en de roos en de lelie in het Westen. De uitbreiding in de wereld van verschijnselen en de vorm van de geopende bloem verbinden hem ook met de symboliek van het wiel met zijn stralen stralend vanuit het centrum. Bloementuinen worden ook geassocieerd met het paradijs, de velden van de gezegenden, het 'betere land', de woonplaats van zielen. Bloemen met vijf kroonbladen, de roos, lelie enz. symboliseren de tuin van de gezegenden, ook de microkosmos van de mens vastzittend in de vijf uitersten van de vijf zintuigen. De bloem met zes kroonbladen, in de eerste plaats de lotus, is de macrokosmos. Bloemen ontspringen vaak uit het bloed van een god als dat op de grond valt, bijv. de anemoon of rode roos uit het bloed van Adonis, het viooltje uit het bloed van Attis, de hyacint uit dat van Hyacinthus en rozen uit het bloed van Christus. Ook godheden rijzen op uit bloemen, speciaal uit de lotus, het licht van de zon en de oerwateren vertegenwoordigend, de matrix bijv. Brahma, Boeddha, Horus.

Bloemen staan ook voor de fragiele kenmerken van de kinderjaren of van de vluchtigheid van het leven. Een kind oprijzend uit een bloem verbeeldt óf de geboorte van een god, óf de geboorte van het licht, de dageraad, een nieuw leven. Een blauwe bloem is het onbereikbare; de rode bloem staat voor de dageraad, de zon, hartstocht; hij is een attribuut van de moedergodin; witte bloemen typeren onschuld en zuiverheid, wit en rood samen hebben betrekking op de dood. Geurige bloemen of planten, die bezwerend zijn en de gestorvenen helpen, worden gebruikt bij dodenriten, vooral parsische en joodse riten en riten van Mandeeërs. De christelijke gewoonte bloemen te sturen voor een begrafenis en een graf komt mogelijk uit deze gewoonte voort. *Alchemistisch:* De witte bloem is zilver, de rode bloem is goud en de blauwe bloem is de bloem van de wijze die groeit uit het kosmische ei. *Boeddhistisch:* De vergankelijkheid van het lichaam; bloemen worden geofferd als eerbetuiging. De lotus (zie aldaar) is in het boeddhisme een belangrijk symbool. *Keltisch:* De ziel; de zon; spirituele bloei. *Chinees:*

Het vrouwelijke element; in de yin-yang symboliek zijn bloemen yin, met het paard, en de leeuw, als snelheid en kracht, als yang; de combinatie wordt ook gebruikt in de huwelijkssymboliek en decoratie. *Christelijk:* De roos ontspringt uit het bloed van Christus, de roos en de lelie zijn emblemen van de maagd Maria. Drie bloemen zijn het embleem van St. Hugh van Lincoln. *Grieks:* Anemonen zijn gewijd aan Adonis, aangezien ze ontsprongen zijn uit zijn bloed. Zephyr en Flora brengen de bloemen van de lente en in de tuinen voort. *Mexicaans:* Xochiquetzal was de godin van de bloemen en haar tweelingbroer Xochipilli was de vorst van de bloemen. *Romeins:* Begrafenis; doorgaan van het leven in het hiernamaals; rozen werden op Romeinse graven gestrooid tijdens het feest van Rosalia. *Taoïstisch:* De gouden bloem (zie aldaar) is de kristallisatie van licht; het tao; het bereiken van onsterfelijkheid; spirituele wedergeboorte. Een mand bloemen, staande voor een lang leven en een gelukkige oude dag, is het embleem van Lan Ts'ai-ho, één van de acht taoïstische genii of onsterfelijken.

Bo-boom *Ficus religiosa* (heilige vijgenboom). Perfectie: contemplatie; meditatie. Gewijd aan de Boeddha als de boom waaronder hij verlichting verwierf.

Boeddhistische symbolen De acht emblemen van goede voorspellingen zijn de schelp, de paraplu, baldakijn, mystieke knoop, vis, lotus, kruik, wiel van de wet. Andere symbolen zijn de perkamentrol, bijl, prikstok, speer, het touw, de bedelaarsnap, offerkom, waaier, pijl en boog, wierookbrander, rozenkrans, vliegenmepper, haan-en-zon, haas-en-maan, muziekinstrumenten, kalabas of pompoen. De emblemen op de voetafdruk van de Boeddha zijn de swastika, het wiel, de schelp, vis, vajra, kroon, kruik.

Boek Het universum, het *liber mundi* en *liber vitae*. Het open boek verbeeldt het boek des levens, studie en de geest van wijsheid, openbaring en de wijsheid van de geschriften. Het boek is verbonden met de symboliek van de boom en de 'boom' en het 'boek' kunnen de hele kosmos representeren. In de symboliek van de graal kan het boek ook de zoektocht aanduiden, in dit geval naar de verloren wereld. *Boeddhistisch:* Perfectie van wijsheid, taal en expressie. Tara heeft het boek van illuminerende wijsheid rustend op de lotus van spirituele bloei. *Chinees:* Geleerdheid. De bladen van het boek zijn de bladeren van de kosmische boom, die alle wezens in het universum symboliseert, de 'tienduizend dingen'. Het boek is een van de 'acht kostbare dingen' in het Chinese boeddhisme. *Christelijk:* Boeken zijn de apostelen

Christus Pantocrator heeft het **boek** van leven en bestemming in de hand op dit Griekse mozaïek uit de elfde eeuw.

Op deze Egyptische schildering uit de negentiende eeuw v.Chr. verdeelt een moeder eten en drinken van de takken van een **boom**, waarmee ze tot een geheel verenigd is en waarvan ze in feite niet kan worden gescheiden.

die de volkeren onderrichten. Embleem van de heilige Augustinus. Christus wordt vaak afgebeeld met een boek in de hand. *Islamitisch:* 'Het universum is een uitgebreid boek' (ibn Arabi). Het boek, met de pen, is creatieve substantie, statisch zijn, terwijl de pen het creatieve principe is. Het heilige boek is de naam van God; waarheid; mededogen.

Boetekleed Rouw; berouw; vernedering.

Bokje Geofferd aan Silvanus en Faunus als lentegoden, en gebruikt als een vervanging voor de stervende god bij de rituelen van dood en wederopstanding in Kanaän en Babylonië.

Bol Zie Globe.

Boog Symbolisch is deze zowel mannelijk als vrouwelijk: mannelijk als dapperheid en de mannelijke pijl afschietend; vrouwelijk als de halve maan. *Boeddhistisch:* Wilskracht; de boog is de geest die de pijlen van de vijf zintuigen wegschiet. *Chinees:* Boog en pijl samen zijn vruchtbaarheid, nakomelingen; de boog spannen is mannelijke dapperheid. *Christelijk:* Wereldse macht (Jer. 49: 35). *Grieks-Romeins:* De boog van Artemis/Diana is de halve maan. Bogen en pijlen zijn attributen van Apollo, Eros, Artemis en Diana, boog en pijlkoker zijn attributen van de reus en jager Orion. *Hindoeïstisch:* Wilskracht (als in het boeddhisme hiervoor). De boogpees van Kama, de god van de liefde, is samengesteld uit bijen als 'zoete pijn'. *Islamitisch:* De macht van God. Het handvat van de boog in het midden, dat beide delen verenigt, is de vereniging van Allah met Mohammed. *Sumerisch-Semitisch:* Het wapen van Isthar/ Inanna als oorlogsgodinnen. *Taoïstisch:* De boog en pijl symboliseren het tao dat het hoge omlaag brengt, het lage opheft, excessen wegneemt en in behoeften voorziet.

Boogschutter Zie Pijl.

Boom Het geheel van de manifestatie; de synthese van hemel, aarde en water; dynamisch leven tegenover het statische leven van steen. Beide een *imago mundi* en *axis mundi*, 'de boom in het midden' de drie werelden verenigend en communicatie tussen deze mogelijk makend, ook toegang gevend tot solaire kracht; een omfalos; een wereldcentrum. De boom symboliseert ook het vrouwelijke principe, het voedende, beschuttende, beschermende, ondersteunende aspect van de grote moeder, de matrix en de macht van de onuitputtelijke en vruchtbaarheid brengende wateren die ze beheert; bomen worden vaak afgebeeld in de vorm van een vrouwelijke figuur. Geworteld in de diepte van de aarde, in contact met de wateren, groeit de boom in de wereld van de tijd, ringen toevoegend om zijn leeftijd aan te geven; zijn takken reiken naar de hemel en de eeuwigheid en symboliseren ook differentiatie op het niveau van manifestatie.

Een altijd groene boom vertegenwoordigt altijddurend leven, niet-stervende geest, onsterfelijkheid. Een boom die zijn loof verliest is de wereld die zich voortdurend vernieuwt, en regeneratie, sterven-om-te-leven, wederopstanding, reproductie, het levensprincipe. Beide zijn een symbool van verscheidenheid in eenheid, de vele takken komen voort uit één wortel en keren terug tot de eenheid in de potentie van het zaad van de vruchten aan die takken.

De kosmische boom wordt soms afgebeeld met takken die zich splitsen en weer verenigen, of door twee stronken met één wortel en zich verenigende takken. Dit verwijst naar de universele manifestatie gaand van eenheid naar verscheidenheid en terug naar eenheid, de vereniging van hemel en aarde; dit kan ook worden weergegeven door de 'verbonden boom' als twee verschillende bomen verbonden door één enkele tak waaruit een loot ontspingt, die de eenheid weergeeft van de complementaire principes, mannelijk en vrouwelijk enz., ook het androgyne. Twee weerspiegelde bomen hebben dezelfde symboliek.

Als wereldas is de boom geassocieerd met de berg en zuil en alles wat axiaal is. De boom, net als het bosje, de berg, steen en de wateren, kan, op zichzelf, de kosmos in zijn heelheid symboliseren. De kosmische boom wordt vaak afgebeeld als zich bevindend op de top van een berg, soms is hij de top van een zuil.

Symbolen van de boom zijn de zuil, paal met inkepingen, tak enz. Al deze worden vaak vergezeld van een serpent, vogel, sterren, vruchten en verschillende lunaire dieren. Bomen die levensvoedsel dragen zijn altijd heilig, zoals de wijnstok, moerbei, perzik, dadel, amandel en sesam.

De levensboom en boom van kennis groeien in het paradijs; de levensboom staat in het centrum en betekent regeneratie, de terugkeer tot de oerstaat van perfectie; hij is een kosmische axis en eenheid, goed en kwaad transcenderend, terwijl de boom der kennis in essentie dualistisch is met de kennis van goed en kwaad; hij wordt in veel tradities in verband gebracht met de eerste mens en de val uit zijn paradijselijke staat, ook met de fasen van de maan van afnemen en regeneratie, dood en wederopstanding. De levensboom vertegenwoordigt ook het begin en einde van een cyclus; hij draagt twaalf vruchten (of soms tien) die vormen zijn van de zon en die gezamenlijk verschijnen aan het einde van een cyclus als manifestatie van de 'ene'. Onsterfelijkheid wordt verkregen door het eten van het fruit van de levensboom, zoals het geval is met de perzik van onsterfelijkheid die midden in het taoïstische-boeddhistische westerse paradijs staat of door het drinken van het vocht dat uit de boom getrokken wordt, zoals de Iraanse Haoma uit de haomaboom. De boom der kennis wordt vaak afgebeeld als een wijnstok, *in vino veritas.* Bomen in het paradijs die volgeladen zijn met edelstenen in plaats van bloemen of vruchten komen we tegen in hindoeïstische, Sumerische, Chinese en Japanse paradijzen. De stervende god wordt altijd op een boom gedood. De omgekeerde boom is een wijdverbreid symbool en is vaak een magische boom. De wortels in de lucht representeren het principe terwijl zijn takken de ontplooiing in manifestatie symboliseren, omgekeerde actie, dat wat hoog is daalt neer en wat laag is stijgt omhoog; hij is de weerspiegeling van hemelse en aardse werelden in elkaar; hij verwijst ook naar het terugbrengen van kennis naar zijn wortels en kan ook verwijzen naar de zon die zijn stralen uitspreidt over de aarde en de hemelse kracht die zich neerwaarts uitbreidt; verlichting. Bij initiatie-ceremonies betekent hij herziening, inversie, de dood van degene die wordt ingewijd; op grafurnen verbeeldt hij de dood.

De sefirothboom staat vaak op zijn kop. De boom van licht schijnt in de nacht en is de boom van wedergeboorte, iedere ziel is een kaars of lamp, aan de boom, zoals bij de boeddhistische boom op de feesten van de dood, en de christelijke kerstboom, de pijnboom van Attis en Dionysos en de Teutoonse dennenboom van Wodan, waarvan de lichtjes en glinsterende ballen de zon, maan en sterren in de takken van de kosmische boom symboliseren.

De boom van de zoete dauw, of de zingende boom, bevindt zich op de top van de heilige berg als de wereldas. *Een boom met een serpent:* De boom representeert de *axis mundi* en het serpent dat erom heen gekruld ligt verbeeldt de cycli van manifestatie. Het serpent, of de draak, dat de boom bewaakt, betekent dat het moeilijk is wijsheid te verwerven; aan de andere kant kan het serpent de man of vrouw verleiden onsterfelijkheid, of kennis, te willen verwerven, door vruchten van de boom voor zichzelf te nemen en voor hem. *Boom, steen en altaar:* Samen symboliseren ze de microkosmos, met de steen als het duurzame en altijdblijvende, de boom als het voortdurend veranderende en regenererende aspect. *Bomen als orakels:* De boom kan de godheid manifesteren, of zijn spreekbuis zijn, zoals de eik van Dodona, het brandende braambos van Mozes, of de geluiden

De veertien takken van deze Indiase bronzen **levensboom** (vijftiende eeuw) komen voort uit een centrale stam, of as, in het centrum waarvan zich de lotuszon, bron van alle leven en duurzaamheid, bevindt.

Op een schilderij van Giovanni de Modena wordt Christus aan dezelfde **boom** gekruisigd als die waarvan Adam en Eva de appel van de zondeval aten, zodat in één enkel symbool begin- en eindpunt van het mysterie van de verlossing zijn verenigd.

in de toppen van moerbeibomen (2 Sam. 5). Bomen met tien, of twaalf, vogels verbeelden de solaire cyclus of, met drie vogels, de fasen van de maan. In bomen klimmen symboliseert de passage van één ontologisch niveau naar een ander; opstijgen naar de goden, naar de hemel of de realiteit; verwerven van esoterische kennis of gnosis door het transcenderen van de wereld. In het sjamanisme en in mythen kunnen palen, lianen, bonenstaken of welke willekeurige klimplant ook geschikt zijn om andere gebieden te bereiken en magische kennis of krachten te verwerven. De betekenis van een kronkelige boom is magisch of heilig en kan mensen ten goede of ten kwade beïnvloeden. *Alchemistisch:* De *prima materia,* zowel oorsprong als resultaat van het werk. *Arabisch:* De Dierenriem wordt voorgesteld als een fruitboom met twaalf takken, de sterren zijn de vruchten. *Australische aboriginals:* De wereldboom ondersteunt het hemelgewelf en de sterren bevinden zich in zijn takken. De omgekeerde boom is magisch. *Boeddhistisch:* De heilige vijgenboom of boboom (*Ficus religiosa)* waaronder Boeddha verlichting ontving, is een heilig centrum. De boom is een symbool van het grote ontwaken; hij is de boom van grote wijsheid, de essentie van Boeddha. Zijn 'wortels reiken diep in de stabiliteit... de bloemen zijn morele daden.... die dragen rechtvaardigheid als zijn vruchten' *(Buddhacarita*). *Keltisch:* Verschillende bomen zijn heilig: de eik, de beuk, de hazelnoot, de es, de taxusboom; de druïdische eik en mistletoe representeren mannelijke en vrouwelijke krachten. Esus verschijnt met de wilgenboom. De Gallische els en de taxusboom zijn heilig, evenals de Ierse hulst en taxus, en de Gaelische lijsterbes, die ook over magische krachten beschikt. Kentigern of Munga wordt met deze boom geassocieerd. *Chinees:* De levensboom kan een perzikboom, moerbeiboom, pruimenboom of bamboe zijn bij de stammen van Formosa en Miao. De levensboom, als de boom van zoete dauw, groeit op de top van de heilige berg Kwan-lung als een wereldas. Onder de takken van de jaarboom bevinden zich de twaalf dieren van de constellaties, de symbolische dieren van de twaalf aardse takken. Bomen met paren verstrengelde takken representeren de vereniging van paren tegenstellingen, of liefdesparen. De zon met het ideogram van een boom verwijst naar het einde van de dag, of, als de zon op de boom rust, het eind van een cyclus, de zon die aan de wortels van een boom gevallen is betekent duisternis; de boom met tien zonnen betekent voltooiing van een cyclus. *Christelijk:* Daar hij zowel goede als slechte vruchten voortbrengt is de boom een beeld van de mens; als vernieuwing door de dood van Christus aan het kruis is hij wederopstanding. De boom van het kruis werd symbolisch vervaardigd van het hout van de boom der kennis, zodat verlossing en leven waren vervuld aan de boom die zondeval en dood had veroorzaakt, de overwinnaar overwonnen. Het kruis wordt soms geïdentificeerd met de boom in het midden, de verticale as van communicatie tussen hemel en aarde. Middeleeuwse christelijke symboliek kent een boom van de levenden en de doden, die goede en slechte vruchten draagt aan de tegenovergestelde kanten en die de goede en slechte daden voorstelt, met Christus als de stam, de verenigende levensboom, die ook wordt afgebeeld als het middelste van de drie kruisen op de Calvarieberg. De boom is een embleem van Sint Zenobius. *Egyptisch:* De sycamoor, de levensboom, heeft goddelijke armen die volgeladen zijn met geschenken, water, als vruchtbaarheid, stroomt uit een schotel die zich erbij bevindt. Hathor kan afgebeeld worden als een boom die voedsel geeft en dus overleving. De dopheide omringt de kist van Osiris. *Grieks-Romeins:* De eik is in de allereerste plaats de boom van de god van het firmament Zeus/Jupiter; de solaire Apollo heeft de palm, laurier en olijf. Aan Artemis zijn verschillende bomen gewijd; in Laconia wordt ze Karuatis genoemd, als de walnotenboom; Artemis Soteira van Boia heeft de mirte en uit de mirte werd Adonis geboren, Artemis van Ephese heeft de olm, eik en ceder. De wijnstok is gewijd aan Dionysos/Bacchus, de olijf aan Heracles/Hercules, de plataan aan Helena van Sparta, de laurier aan Daphne. De boom en het stoksnoeimes zijn attributen van Silvanus. *Hebreeuws* (*kabbalisme):* De boom van god symboliseert de hele schepping, de manifeste wereld. De dauw van licht komt voort uit de levensboom waardoor de doden tot nieuw leven worden gewekt. De sefirothboom heeft een rechter- en een linkerkolom die dualiteit representeren, maar een middenkolom brengt ze in evenwicht en herstelt de eenheid. Hij staat vaak op zijn kop. 'De levensboom breidt zich uit van boven naar beneden en is de zon die alles verlicht' *(Zohar*). Deze boom heeft ook een uitgebreide eigen symboliek. De Hebreeuwse levensboom groeit in het centrum van de heilige stad. *Hindoeïstisch:* De kosmos is een grote boom met zijn wortels in de onderwereld, zijn stam in de wereld van de mensen en de aarde en zijn takken in de hemelen. 'Brahman was het hout, Brahman de boom waarvan ze hemel en aarde schiepen' (*Taittiriya Brahmana).* Hij is een godheid in zijn manifeste aspect. Soms wordt de kosmische boom getoond als voortkomend uit het kosmische ei, drijvend op de oceaan van chaos. De levensboom is Aditi, de essentie van individualiteit, en Diti, verdeling, is de dualistische boom van kennis, of samsara, die Vishnu omhakt met zijn bijl. De Aditya's, de twaalf tekens van de Dierenriem en de maanden van het jaar, worden gesymboliseerd door de boom met de twaalf zonnen die uiteindelijk samen zullen verschijnen aan het einde van de cyclus als manifestatie van de 'ene'. Twee bomen worden soms afgebeeld met de stammen bovenop elkaar, de een is dan hemels en de andere aards, met de betekenis dat ze weerspiegelingen zijn van elkaar, 'twee naturen, één essentie'. De drievoudige boom met drie zonnen representeert de *trimurti.* Het brandende bos wordt de kosmische boom in de vedische vuursymboliek van Agni, die ook wordt geassocieerd met de boom als offerzuil. Op de berg Meru groeit de Parajita die de hele wereld doorgeurt met zijn bloesems. In de Rig Veda staat de Asvattha-boom op zijn kop. *Iraans:* De kosmische boom heeft zeven takken, goud, zilver, brons, koper, tin, staal en 'een mengsel van ijzer', die de zevenvoudige geschiedenis en de zeven planeten, die elk een millennium regeren, vetegenwoordigen. Er bestaat ook een symboliek van de twee bomen, de witte haoma, de hemelse boom die groeit op de top van de berg Albojr, de heilige berg en wereldas en de gele boom die aards is en een weerspiegeling van de haoma. De amandelboom is ook een levensboom. De leer van Zaratusthra kent de twee bomen – de boom van de solaire arend, die voortkwam uit de oeroceaan, en de boom van alle zaden waarvan de 'zaden alle levende dingen' zijn. *Islamitisch:* De boom van zegeningen die noch west noch oost is, en daarom centraal, representeert spirituele zegen en verlichting, het licht van Allah dat de aarde verlicht. (De boom, de olijf, geeft zowel voedsel als olie voor de lampen.) De omgekeerde boom van geluk heeft zijn wortels in de hoogste hemel en spreidt zijn takken uit over de aarde. Van de centrale boom, de tuba of sidra, als het centrum van het paradijs, stromen de vier rivieren van water, melk, honing en wijn. De lotusboom markeert de grens die niet gepasseerd kan worden. De kosmische boom groeit op de top van de kosmische berg en representeert het hele universum. *Japans:* De levensboom is de mythologische Sa-ka-ti. De bonsaibomen representeren de natuur in zijn soberheid en wijsheid. *Mexicaans:* De kosmische boom, de agave, de 'melkgevende' cactus, met de valk, staan voor de macht van de zon, of de bevrijding van de nieuwe maan. *Cultus van Mithras:* De levensboom is de pijnboom.

De 'Maagd Maria met kind en de heilige Anna' van Gerolamo Dai Libri toont de drie personen terwijl ze schuilen in de schaduw van een **boom**, weerspiegeling van de boom van de zondeval en voorbode van de boom van het kruis.

Scandinavisch: De Yggdrasil (zie aldaar) of es is de levensboom en fontein van het leven. De boom, Laerad, groeit buiten het Walhalla; op zijn takken weidt de vrouwelijke geit Heidrum en geeft de strijders mede te drinken. *Sjamanistisch:* De berk, als levensboom met zeven takken, kan worden gestileerd als een paal met zeven inkepingen die de zeven planeten en stadia van opstijging door de hemelen weergeven; de takken zijn het met sterren bezaaide hemelgewelf. *Sumerisch-Semitisch:* De levensboom symboliseert kosmische vernieuwing; hij heeft zeven takken als de zeven planeten en hemelen. De Babylonische levensboom, waarop het universum rondwentelt, heeft takken van lapis lazuli en draagt prachtige vruchten. De pijnboom is gewijd aan de Frygische Attis; de palm is de levensboom van Babylon, Foenicië, en Chaldea, terwijl de wijnstok gewijd is aan de Babylonische Siduri en de Assyrische levensboom is. De Accadische wilg is gewijd aan de Accadische Zeus; de palm, granaatappelboom en citroenboom zijn heilige Semitische bomen. De Syrische Ashtoreth en Astarte kunnen worden gesymboliseerd door de aniconische boomstam. *Taoïstisch:* De perzikboom is de boom van onsterfelijkheid. Bomen met een paar verstrengelde grote takken of met een gemeenschappelijke tak verwijzen naar de paren tegenstellingen, yin en yang, in de eenheid van het tau. *Teutoons:* De levensboom is de dennenboom van Wodan, of, later, de linde. De dennenboom werd later de kerstboom.

Boon Onsterfelijkheid; metamorfose; magische kracht; fallisch. *Romeins:* Gewijd aan Silvanus. *Teutoons:* Erotiek; seksueel plezier.

Boot Zie Schip.

Borstel *Chinees:* Wijsheid, inzicht; het wegborstelen van zorgen en moeilijkheden. *Japans:* De van gras gemaakte bezem die tijdens de voorjaarsritu-elen wordt gebruikt staat voor zuivering.

Borsten Moederschap; voeding; bescherming; liefde; het voedende aspect van de grote moeder. Godinnen met veel borsten beelden voeding, overvloed en vruchtbaarheid uit. De naakte borst is nederigheid; verdriet; berouw; boete. Slaan op de borst wil zeggen verdriet; berouw.

Borstschild Bescherming; bewaring. Een attribuut van Athene/Minerva. Het Hebreeuwse borstschild in het midden van de ephod is een kosmisch centrum.

Boterbloem *Grieks-Romeins:* Hoon; wrok; dwaasheid; embleem van Ares/Mars.

Botten Het onvernietigbare levensprincipe; het essentiële; wederopstanding, maar ook sterfelijkheid en vergankelijkheid; vaak wordt verondersteld dat vernietiging van de botten wederopstanding belet.

Brandende bos Goddelijke manifestatie; de tegenwoordigheid van de god. Het brandende bos wordt de kosmische boom in de Vedische vuursymboliek van Agni.

Brandstapel Christelijk symbool van marteling of dood door vuur; embleem van de heiligen Agnes en Dorothea.

Breken In stukken breken (van lunaire godheden, stervende goden, of de initiatie van de mens) symboliseert de lunaire divisie in delen; de nieuwe maan is het embleem van deze godheden en van dood en wedergeboorte en het vele malen verrijzen van de 'ene'. Het breken van een tablet is het verbreken van een contract, een partnerschap of het opheffen van een schuld. Het breken van een object bestemd voor een dode 'doodt' het object en verlost de ziel, zodat de dode deze mee kan nemen naar de andere wereld. Zie ook Verscheuring.

Brem Europees: Nederigheid; ijver.

Broeders Broeders in vijandschap zijn de botsende krachten van licht en donker, droogte en vochtigheid; ook de nomadische en agrarische levenswijzen. Ze worden gewoonlijk geassocieerd met de stichting van de eerste stad en worden vaak afgebeeld als paren tegendelen, zoals Ormuzd en Ahriman, Vritra en Indra, Osiris en Seth, Romulus en Remus, Kaïn en Abel. In de folklore van Zuidoost-Europa waren God en Satan broeders. Deze symboliseren de noodzaak van tegenstellingen in het dualistische gebied van de manifestatie. Zie ook Tweelingen.

Bromhout Vertegenwoordigt de donder en de wind en is een evocatie van de godheid; het werd gebruikt tijdens Dionysische mysterieriten, in het Stenen Tijdperk en bij initiatie en regenopwekkende ceremonies van de Australische aboriginals. Bij de indianen is het een evocatie van de 'grote geest'; het uiterlijke teken van de al-vader van de stam.

Brood Leven; voedsel voor lichaam en ziel; het zichtbare en manifeste leven. Het is ook een symbool van vereniging omdat veel granen in één substantie verzameld zijn, en als het brood gebroken en gedeeld wordt vertegenwoordigt het gedeeld en verenigd leven. Sacramenteel brood heeft gewoonlijk een kleine ronde vorm, of er wordt een groter brood gebroken en uitgedeeld; het is vaak voorzien van een kruis, zoals in de riten van Mithras en de Sumerisch-Semitische en christelijke riten. Brood en wijn; de wijn is de goddelijke extase en het brood is de zichtbare manifestatie van de geest die sterft en weer oprijst; mens en godheid verenigd; het harmonische product van de kundigheden van de mens en zijn inspanningen in de landbouw; de mannelijke wijn met het vrouwelijke brood; de combinatie van het vloeibare en het vaste dat het tweeslachtige kan representeren. Brood en wijn waren vaak onderdeel van een maaltijd bij een begrafenis of van ceremonieën bij een graf. Het breken van het brood betekent de dood van het slachtoffer van het offer; ook delen en gemeenschap. *Christelijk:* ondersteuner van het leven; Gods voorzienigheid; Christus 'het levensbrood' (Joh. 6:35); het 'lichaam van Christus' (Luc. 22:19). Brood en wijn verwijzen naar de twee naturen van Christus, het lichaam en bloed van Christus tijdens de eucharistie. *Sumerisch-Semitisch:* Het breken van het brood was het verschaffen van voedsel aan de zielen van de doden; gemeenschap. Het brood en water van onsterfelijk leven werden in de hemel door Anu bewaard. Deelt de symboliek van het graan (zie aldaar) als vruchtbaarheid, voeding en leven. In de Hebreeuwse symboliek vertegenwoordigen de twaalf broden op de tafel in de tempel de twaalf maanden van het jaar, volgens Josephus. Ook is wel de mogelijkheid geopperd dat ze de twaalf stammen en de twaalf tekens van de Dierenriem representeren.

Brug Verbinding tussen hemel en aarde, tussen het ene gebied en het andere; de mens verbindend met het goddelijke. In 'rites de passage' (zie Passage) is het de overgang van het ene niveau naar een ander; de overgang naar realiteit. In de oerstaat, in het gouden tijdperk, konden mensen oversteken als ze dat wilden, daar er geen dood was; de brug wordt nu alleen overgestoken bij de dood, in mystieke toestanden, tijdens initiatieceremoniën of door solaire helden. Door de gevaarlijke brug over te steken bewijst de mens dat hij een geest is en terugkeert naar het verloren paradijs. De brug tussen deze en de andere wereld kan ook worden gesymboliseerd door de regenboog, de hemelse draak en het hemelse serpent. De twee oevers van een rivier die moeten worden overgestoken vertegenwoordigen de twee werelden van stervelingen en dood, onsterfelijken en leven; de brug is de passage van dood naar onsterfelijkheid, van het onwerkelijke naar het werkelijke. Smalle bruggen, haarscherpe en zwaardvormige etc. vertegenwoordigen de broze scheiding tussen de twee tegenstellingen, ruimteloosheid in het gebied van het bovennatuurlijke en wegen die ontoegankelijk zijn voor de gewone fysieke ervaringen en de zintuigen, wegen die bereikt kunnen worden door het transcenderen van het fysieke door geest en ziel, zoals in de Upanishads en de legenden over de heilige graal: 'De scherpe kant van een scheer-

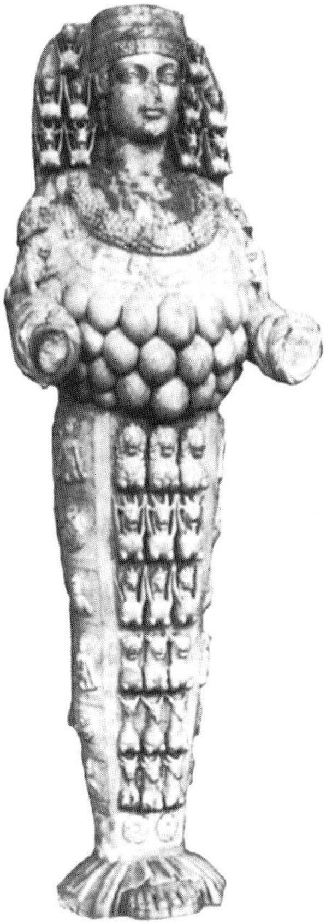

De vele **borsten** van deze Artemis van de Ephesiërs uit de eerste eeuw na Christus symboliseren de overvloed van de maagdelijke godin en haar altijd beschikbare vruchtbaarheid en hulp.

Op dit Chinese 17e eeuwse brons berijdt Lao Tze een **buffel**, tijdens zijn laatste reis naar het 'westen'. Dit symboliseert zijn uiteindelijke overwinning op zijn dierlijke natuur.

mes', 'moeilijk over te steken, een moeilijke weg' (*Upanishads*). De islamitische brug is 'smaller dan een haar'. Lichtheid en snelheid zijn symbolen voor wijsheid en intelligentie, ze stellen de mens in staat snel en veilig over te steken, terwijl de zware, onwetende en domme de brug breekt en omlaag valt in de hel en in handen valt van demonen en monsters die daar beneden wachten en die zonde en onwetendheid symboliseren. De gevaarlijke brug is ook de weg naar verlichting, overwinning van de dood en verdeeldheid in het gebied van differentiatie. De rivier kan ook met een boot of vlot worden overgestoken of kan worden doorwaad. De Iraanse brug Cinvat scheidt de twee werelden en moet door de ziel overgestoken worden; hij voert naar de berg van het oordeel en wordt door twee honden bewaakt. De symboliek van de brug sluit ook de mens in als bemiddelaar, de centrale of axiale positie tussen hemel en aarde, vandaar de opperpriester en de Romeinse pontifex.

Bruin Zie Kleuren.

Buffel *Indiaans:* De buffel of de bizon verbeeldt bovennatuurlijke macht; kracht; vastberadenheid; de wervelwind. *Boeddhistisch:* Yama, god van de dood, heeft soms het hoofd van een buffel of stier. *Taoïstisch:* Lao Tze berijdt een buffel of os en bereed een groene buffel toen hij verdween in het westen. Een buffel berijden wil zeggen de dierlijke menselijke natuur beheersen. Soms neemt de buffel de plaats van de os in, zoals op de tien afbeeldingen waarop de buffel, als niet-hernieuwde natuur, begint als helemaal zwart en, tijdens het proces van beteugeling, geleidelijk steeds witter wordt totdat hij op de tiende afbeelding volledig is verdwenen.

Buik In het Westen symbool van grove eetlust; in de Oriënt de zetel van het leven. De buik van een walvis, monster, of grote vis wordt gelijkgesteld met de hel, Sheol en Hades, de afdaling in de onderwereld; kosmische nacht; de embryonale staat van zijn; dood en wedergeboorte; regressie naar het pre-gemanifesteerde; het einde van de tijd; verkrijgen van esoterische of heilige kennis in de dood tijdens initiatie en wederopstanding. De held, die oprijst vanuit deze toestand, heeft vaak zijn haar verloren, symbool van de kaalheid van de pasgeborene. In de alchemie is de duisternis van de buik het transformerende laboratorium. De dikke buik van de Chinese god van welvaart en de Ganesha van het hindoeïsme zijn gulzigheid, dus voorspoed. De buik is ook het vitale centrum van het lichaam, *hara*, de zetel van het leven, vandaar *harakiri*, het centrum van het leven aantasten.

Bij Onsterfelijkheid; wedergeboorte, ijver; orde; zuiverheid; een ziel. Men dacht dat bijen zelfbevruchtend waren en ze stonden daarom voor kuisheid en maagdelijkheid. Ze hebben een hemelse betekenis en honing wordt aan de hoogste godheden geofferd. Bijen representeren vaak de sterren en ook gevleugelde boodschappers die nieuws brengen naar de spirituele wereld; 'de bijen vertellen dat er iemand gestorven is', of een andere belangrijke gebeurtenis, wil zeggen een boodschap naar de andere wereld sturen of naar de geesten. Bijen zijn de boodschappers van de eik en de dondergoden. Als ze op graven worden gebeeldhouwd verwijzen ze naar onsterfelijkheid. *Keltisch:* Geheime kennis, afkomstig uit de andere wereld. *Chinees:* IJver; spaarzaamheid. *Christelijk:* Overgave; goede orde; zuiverheid; kuise maagden; moed; zuinigheid; voorzichtigheid; samenwerking; zoetheid; religieuze welbespraaktheid; de ordelijke en vrome gemeenschap 'die nageslacht produceert, zich verheugt in zijn nakomelingen maar zijn maagdelijkheid behoudt' (Exultet Rol); de maagdelijkheid van Maria, uit wie Christus voortkwam, wordt gesymboliseerd door honing. De bij, die nooit slaapt, is de christelijke waakzaamheid en ijver. Als hij vliegt is hij de ziel die het hemelse koninkrijk binnengaat. De bij symboliseert ook de christen met de korf als de kerk. Hij is het embleem van de heiligen Ambrosius en Bernard van Clairvaux. *Egyptisch:* De 'schenker van het leven', daarom geboorte, dood en wederopstanding; ijver; kuisheid; een harmonieus leven; koningschap. Embleem van de farao van Beneden Egypte. De op de grond vallende tranen van Re, werden werkende bijen. *Essenen:* 'Bijenkoningen' waren priesterlijke functionarissen. *Grieks:* IJver; voorspoed; onsterfelijkheid (de zielen van de gestorvenen gaan misschien binnen in bijen); zuiverheid; Demeter was de 'zuivere moederbij'. De grote moeder stond ook bekend onder de naam bijenkoningin en haar priesteressen waren *melissae*, de bijen; ze werd ook vertegenwoordigd door de leeuw en bijen in de Griekse kunst. De Pythische priesteres van Delphi was de Delphische bij. De functionarissen in Eleusis waren bijen. Bijen schonken welbespraaktheid en liederen, de 'vogels van de muzen'. De komst van een bij kondigde de komst van een vreemdeling aan. De bij was, als embleem van Demeter, Cybele en Diana, lunair en maagdelijk. Pan en Priapus waren beschermers en houders van bijen. De Kretenzische Zeus werd in een grot van bijen geboren en door hen gevoed; ze zijn ook een attribuut van de Artemis van Ephese; bijen vliegen rondom Cupido, die door een bij werd gestoken.

Hindoeïstisch: Een bij op een lotus is een symbool van Vishnu; blauwe bijen op het voorhoofd symboliseren Krishna, evenals het hemelruim; een bij die op een triangel klimt is Shiva, Madheri, de 'zachtaardige'; bijen als zoete pijn vormen de boog van Kama, de god van de liefde, en een aantal bijen volgen hem. De bij wordt ook samen met de leeuw afgebeeld. Soma, de maan, werd bij genoemd. *Islamitisch:* De gelovige; intelligentie; wijsheid; onkwetsbaarheid. Bijen 'zijn goed voor de bloesem van vruchten, beoefenen nuttige zaken, werken overdag, eten geen voedsel dat door anderen is verzameld, houden niet van vuil en kwalijke geuren en gehoorzamen hun heerser; ze houden niet van de duisternis van indiscretie, de wolken van twijfel; de storm van opstand; de rook van hetgeen is verboden, overtollig water, het vuur van de wellust' (Ibn al Athir). *Cultus van Mithras:* De ziel; het vitale principe dat van de stier springt als verbonden met de stier-os-been-bij. Bijen en ossen zijn geslachtsloos en werden daarom als tweeslachtig beschouwd. De bij met de caduceus vertegenwoordigt Mercurius, herder van de zielen, de bij symboliseert de ziel. *Romeins:* Zwermen bijen voorspellen ongeluk. De bij en de kikker zonder hoofd weren het boze oog af. Een staf met er bovenop een bijenkorf is het embleem van Melonia en Nantosvelta (Romeins-Germaans). Volgens Vergilius is de bij 'de levensadem'; Porphyrius vergelijkt hem met gerechtigheid en soberheid, en Seneca met de monarchie.

Bijenkorf Welbespraaktheid, 'zoete woorden'; een geordende gemeenschap. Zie ook Bij. In Griekenland werd een graf vaak gemaakt in de vorm van een bijenkorf, dat suggereerde onsterfelijkheid.

Bijl Solair embleem van de luchtgoden; macht; donder; vruchtbaarheid van de regen van de luchtgoden; overwinning op vergissingen; offer; een steun of hulp. De dubbele bijl is waarschijnlijk de heilige vereniging van de luchtgod en de aardegodin; donder en bliksem. *Afrikaans:* De dubbele bijl van de Yoruba is de magische kracht en de donderbijl van de stormgod. *Boeddhistisch:* Verbreekt het wiel van geboorte en sterven. *Keltisch:* Verwijst naar een goddelijk wezen, hoofdman of strijder. *Chinees:* Recht; oordeel; autoriteit; straf; de offerbijl is de dood van de sensuele, niet-verlichte mens. *Christelijk:* Martelaarschap; vernietiging. Embleem van Johannes de Doper, Mattheus; Mathias; Proclus. *Egyptisch:* Een solair symbool. *Grieks:* Embleem van Zeus; ook een aniconische vorm van Tenedos Dionysos. *Hindoeïstisch:* Attribuut van de vuurgod Agni, samen met hout en blaasbalgen. Vishnu houdt

Deze uit de vijfde eeuw voor Christus stammende munt uit Ephese toont de **bij**enkoningin, embleem van de stad en ook van de grote moeder. Haar priesteressen werden *melissae*, bijen, genoemd.

De Minoïsche grote moedergodin met de dubbele **bijl**, een fallische representatie van haar parthenogenetische (zonder bevruchting) vruchtbaarheid.

een bijl in de hand waarmee hij de boom van samsara, de boom van dualistische kennis, omhakt. *Minoïsch:* De oorsprong van de dubbele bijl van Kreta is onzeker. Waarschijnlijk symboliseert hij heerschappij en de macht en aanwezigheid van de godheid; men heeft wel geopperd dat hij op Kreta niet zozeer een symbool was als wel een rechtstreeks aniconisch beeld van de godheid, en was bekleed met bovennatuurlijke kracht. Embleem van Zeus Labrayndeus als god van de donder en de bliksem, ook van de moeder als jageres. *Oceanisch:* Een bijl die de menselijke vorm symboliseerde werd goddelijke kracht toegedacht. *Scandinavisch:* Vergezelt een goddelijk wezen, hoofdman of strijder. *Sumerisch-Semitisch:* Embleem van Tammuz. De Hettitische bijl en dubbele bijl zijn een attribuut van Teshub, de zonnegod en heer van de hemel. Ze symboliseren heerschappij.

Caduceus De vleugels symboliseren transcendentie, het firmament; de roede is kracht; het dubbele serpent vormt de tegenstellingen in het dualisme die uiteindelijk worden verenigd; ze zijn ook de twee serpenten van genezing en vergiftiging, ziekte en gezondheid, ze zijn hermetisch en homeopathisch, 'natuur kan natuur overwinnen', de complementaire natuur van de twee werkende krachten in het universum en de vereniging van de seksen. Ze vertegenwoordigen de krachten van binden en loslaten, goed en kwaad, vuur en water, opgaan en afdalen, ook evenwicht, wijsheid en vruchtbaarheid. In de alchemie zijn ze het mannelijke zwavel en het vrouwelijke kwikzilver, de kracht van transformatie; slapen en waken; de *solve et coagula* van het 'grote werk'; de synthese van de tegendelen en de transcendente functie van meditatie tussen hogere en lagere gebieden. De roede of herautstaf is de *axis mundi*, waarlangs alle bemiddelende boodschappers van de goden open afgaan tussen hemel en aarde. De caduceus wordt door boodschappers als symbool van vrede en bescherming gedragen en is hun attribuut bij uitstek. De Egyptische Anubis, de Grieks-Romeinse Hermes/Mercurius (in wiens handen hij ook gezondheid en jeugdigheid afbeeldt), de Foenicische Baäl, en soms Isis en Ishtar dragen hem. Het is 'de gouden roede, degeen met de drie bloembladen, van geluk en welvaart' (Homerus), ook wordt gezegd dat het de staf is die de zon- en de maansymbolen ondersteunt. De caduceus kan ook afgebeeld worden als een globe met horens, een Foenicisch en Hettitisch solair symbool. We komen hem ook in India tegen. Hij is het astronomische symbool van Hermes/Mercurius.

Calumet De indiaanse vredespijp symboliseert ook herwijding; verzoening; nederigheid, offer en zuivering; de integratie van het individu met de totaliteit, één wordend met het vuur van de 'grote geest'. De ronde kop van de pijp is het centrum van het universum, het hart; de rook vervoert symbolisch naar de hemel; de steel van de pijp is de ruggengraat en het kanaal voor de vitale geest.

Camelia Standvastigheid. *Chinees:* Schoonheid; gezondheid; fysieke en mentale kracht. *Japans:* Plotselinge dood.

Canope (lijkkruik) *Egyptisch:* De bescherming van de vier goden van de doden, vertegenwoordigd door de hoofden van de baviaan, jakhals, havik en mens, geplaatst op de vier hoeken van het graf.

Cape Ambivalent als zowel symboiol van waardigheid en positie als van vermomming, terugtrekking en obscuriteit; duisternis; het geheimzinnige; dissimulatie. In de magie is hij onzichtbaarheid. De cape verbergt, in tegenstelling tot de tuniek, de ware natuur van de mens, terwijl de tuniek de ware mens onthult. Een donkere cape kan op bescherming wijzen. *Christelijk:* Embleem van de heiligen Albanus en Martinus, waarvan de cape op de grond ligt; van Hyacinthus, drijvend op de zee; van Raymundus, die hem gebruikt als zeil. De duivel draagt vaak een zwarte cape. *Grieks:* De cape van de *epheboi* had een rouwkleur, zwart of muisgrijs, tijdens initiatieceremonies, en symboliseerde de dood van het kind en de geboorte van manbaarheid. *Hindoeïstisch:* Indra draagt een blauwe regencape. Zie ook Mantel.

Capricornus (Steenbok) Zie Dierenriem en Legendarische dieren.

Capuchon Onzichtbaarheid, en door analogie, dood; terugtrekking. Als bedekking van het hoofd is hij ook denken en geest. Kronos/Saturnus dragen soms een capuchon, met de sikkel, als de komst, of het voorbijgaan van de herfst; zon. Een attribuut van de Keltische god van de onderwereld, de 'Peaked Red One'.

Carnaval Zie Orgie.

Cassia *Chinees:* Onsterfelijkheid; een levensboom in het paradijs; een boom op de maan; geluk; tot grootheid komen.

Castagnet *Taoïstisch:* De twee wedijverende krachten in het universum; embleem van Ts'ao Kuo-chu, een van de acht taoïstische genii of onsterfelijken.

Castratie De dood van de vruchtbaarheid van een god of held; het offeren van een leven; het graan maaien is castratie zoals de zon is in eclips als hij het gebied van de maangodin binnengaat. Uit het bloed van de gecastreerde Ouranos (Kronos) kwamen de Erinyen, Giganten en de Meliae voort, en vallend op zeeschuim, schonk het het leven aan Aphrodite/Venus. De gerstkoning en eikkoning werden aan het eind van hun regeerperiode symbolisch gecastreerd. Seth werd ontmand door Horus. Symbolen van castratie zijn de zeis en de sikkel en kreupelheid.

Ceder Kracht; adeldom; onkreukbaarheid. Embleem van Libanon. *Christelijk:* Majesteit, statigheid; schoonheid; Christus (Ez. 17:22). *Hebreeuws:* Het heilige hout van de tempel van Salomo. *Sumerisch:* De kosmische boom; de levensboom; hij bezat magische eigenschappen en was gewijd aan Tammuz.

Centaur De lagere natuur van de mens, de dierlijke natuur gecombineerd met zijn hogere natuur van menselijke deugd en oordeel; de wilde en heilzame aspecten van de natuur en het conflict tussen de tegendelen. Het paard (zie aldaar) verbeeldt potente solaire kracht en is de berg van de geest van de mens; het is een combinatie van blinde kracht en leidinggevende geest. *Christelijk:* Sensualiteit; passies; ontucht; brute kracht; de mens heen en weer getrokken tussen goed en kwaad, dierlijke en spirituele natuur; het ketterse; een incarnatie van de duivel. *Grieks:* De centaur Chiron, die Achilles onderwees, personifieerde wijsheid. Centauren vergezellen soms Dionysos/Bacchus.

Centrum Totaliteit; heelheid; absolute realiteit; zuiver wezen; de oorsprong van alle bestaan; niet gemanifesteerd zijn; de wereldas; de pool; het punt waarom alles draait; paradijs; het potentiële; het punt dat de totaliteit van alle mogelijkheden bevat; heilige ruimte; een breuk in de ruimte en het punt van onderling contact tussen de drie werelden, tijd en ruimte overstijgend; een as die de kosmos zowel verticaal als horizontaal verbindt; de kruising van macrokosmos en microkosmos; kosmische orde; de 'spil van de wet'; het punt van oplossing en verzoening waar alle tegenstellingen verdwijnen; het eeuwige nu; het 'punt van stilte'; de bewegingloze beweger van Aristoteles. Het centrum is ook het punt van oorsprong en het punt vanwaar geen terugkeer mogelijk is; alles verschijnt eruit, draait rond en keert er in twee complementaire bewegingen naar terug, de middelpuntvliedende en middelpuntzoekende bewegingen, die ook worden gesymboliseerd door inademen en uitademen en door de circulatie van

De **caduceus** (herautstaf) die Mercurius in de hand heeft op deze alchemistische illustratie uit de vijftiende eeuw symboliseert de harmonische en genezende vereniging van tegendelen, waarvan Mercurius de ideale belichaming is.

De '**Charitas**' van Andrea del Sarto, en de duidelijke overeenkomst ervan met de groep 'Madonna met kind', legt de nadruk op de traditionele en universele gelijkstelling van charitas met moederlijke liefde, ondersteuning en zorg.

het bloed door het hartcentrum. Bewegen van het centrum naar de buitenkant is de reis naar manifestatie en veelvuldigheid, terwijl de reis terug naar het spirituele centrum gaat, de eenheid, de ene. Het is ook het punt van waaruit ruimte is geproduceerd, van waaruit beweging ontstaat en vorm verrijst, zowel punt van uitbreiding en van contractie door het terugtrekken van veelvuldigheid naar eenheid, naar harmonie, kennis en verlichting.

De zon vertegenwoordigt het centrum van het universum, als het hart, de 'innerlijke plaats' is hij het centrum van de mens. Er is een symbolisch centrum, of koninkrijk, in ieder gebied: de zon, of goud, tussen de metalen; een juweel tussen stenen; de lotus, lelie of roos onder de planten; de leeuw onder de dieren; de arend onder de vogels; de dolfijn tussen de vissen en de mens tussen alle levende schepselen; de haard in het huis en het altaar in de tempel of de kerk. De stabiliteit van het centrum symboliseert eeuwigheid en perfecte gelijktijdigheid. Iedere centrale projectie, zoals de centrale rozet in een oude metalen spiegel, of de oculus in een koepel, markeren de zonnedeur of toegang tot de hemel, het hoogste punt van het universum en het bovenste einde van de wereldas, een punt van communicatie tussen hemel en aarde; deze symboliek vinden we in veel oosterse tradities en ze was eens ook gangbaar in het christendom. Symbolen van het centrum zijn de zuil, kosmische boom, heilige berg, hart; vuuraltaar, de levensbron, de haard, de spiraal, het labyrint, de piramide, of iedere heilige ruimte. Op het kruis wordt het centrale punt soms aangegeven door een juweel of bloem. *Indiaans:* De grote geest, die het centrum is, maar die ook overal is. *Boeddhistisch:* Zuiver wezen; verlichting; Nirvana. *Chinees:* Perfecte vrede; goddelijke immanentie; stilte; één zijn met de wil van de hemel; de 'spil van de wet' (Chuang Tzu); het onveranderlijke gemiddelde. *Hebreeuws:* de Skekinah, de centrale aanwezigheid van God; de heilige plaats; het innerlijke paleis waar God woont; de ene; het begin van het bestaan; denken. *Hindoeïstisch:* Zuiver wezen; eenheid; Ishvara; de plaats van het ongeconditioneerde, Brahman, 'de duistere bron van alle licht', het punt buiten de tijd; de innerlijke getuige. De chakra's zijn de symbolische spirituele centra in het lichaam. *Islamitisch:* Het punt; de 'goddelijke woonplaats', de 'goddelijke standplaats' van harmonie, evenwicht en orde; het geheime centrum; het met elkaar verbonden zijn; het 'oog van het hart'. *Taoïstisch:* Zuiver wezen; 'niets dan oneindigheid, wat noch dit noch dat is' (Chuang Tzu).

Cerberus Zie Legendarische dieren.

Chakra Een spiritueel en psychisch centrum in een wezen, dat wordt gesymboliseerd door de lotus en het wiel. Als het centrum is ontwaakt opent de lotus zich en draait rond; de lotussen van de verschillende centra hebben een verschillend aantal bloembladen.

Chalcedoon Zie Edelstenen.

Charitas Zie Liefdadigheid.

Cherubijn 'Cherubijnen zijn gevleugelde schepsels, maar hun vorm lijkt op geen enkel levend schepsel dat de mens heeft gezien' (Josephus). Ze verwijzen naar de aanwezigheid van het goddelijke en zijn beschermers van het heilige en van de drempel. Cherubijnen zijn als tetramorfs het viertal van de krachten van de elementen die het centrum van het paradijs bewaken, dat ontoegankelijk is voor de niet-herboren mens. Ze combineren de stier (Taurus), leeuw (Leo), arend (Schorpioen) en mens (Aquarius) en symboliseren de vier elementen, de vier hoeken van de aarde en, in het christendom, de vier evangelisten. Na de serafijnen zijn ze de hoogste van de negen rangen van engelen. In de heraldiek wordt een cherubijn afgebeeld als het hoofd van een kind (zuiverheid en onschuld) tussen een paar vleugels (spirituele natuur). Jahweh 'troont op de Cherubijn' (1 Sam. 4:4). De troon in de tempel van Jeruzalem in het heilige der heiligen werd geflankeerd door twee cherubijnen en de troon werd gevormd door hun vleugels.

Chimaera Zie Legendarische dieren.

Chi-Rho Zie Labarum.

Chörten Zie Stoepa.

Chrysalis Pop (tussenstadium). Metamorfose; verandering.

Chrysant *Chinees:* Herfst, terugtrekking; gemak; koele pracht; eruditie; jovialiteit; oogst; rijkdom; langleven; dat wat overleeft (de kou). *Japans:* Lang leven; geluk; een bloemenembleem van Japan.

Chrysothamnus *Indiaans*; het mannelijke, solaire, dag, levensprincipe, met de Artemisia (alsem) als het vrouwelijke, lunaire, nachtelijke.

Cicade De demon van licht en duisternis; de cyclische perioden van licht en duisternis. *Chinees:* Wederopstanding; onsterfelijkheid; eeuwige jeugd; geluk; beperking van hebzucht en ondeugd. Jade cicaden werden in de mond van doden geplaatst om hen van onsterfelijkheid te verzekeren. *Grieks:* Onsterfelijkheid (men ging ervan uit dat de cicade bloedeloos was en van dauw leefde); gewijd aan Apollo en een embleem van Tithonus, die onsterfelijkheid verwierf maar geen eeuwige jeugd, dus ouder en zwakker werd totdat hij in een cicade veranderde.

Cimbalen De twee hemisferen van de aarde; de beweging van de elementen. Wordt in orgieën samen gebruikt met de drum en de tamboerijn tijdens extatische dansen, in het bijzonder bij riten voor Dionysos/Bacchus en de cultus van Cybele en Attis; tijdens de laatste eet degene die wordt ingewijd van de tamboerijn en hij drinkt uit de cimbaal. Attribuut van Cybele.

Cipres Fallisch; ook vaak een embleem voor de dood en een lijkenhuisje. Men ging ervan uit dat hij de kracht had het lichaam tegen ontbinding te beschermen, vandaar het voorkomen ervan op begraafplaatsen. Met de maan of de zon erboven representeert hij het androgyne. *Chinees:* Gunst; geluk, maar ook de dood. *Christelijk:* Lijdzaamheid, vandaar Christus; volharding; deugd; de rechtvaardige mens; ook rouw en dood. *Grieks-Romeins:* Als embleem van Zeus, Apollo, Venus en Hermes betekent de cipres leven; als een attribuut van de goden van de onderwereld en het lot staat hij voor begrafenis en betekent dood. Hij is gewijd aan Hades/Pluto. *Foenicisch:* Gewijd aan Astarte en Melcarth; de levensboom.

Cirkel Een universeel symbool. Totaliteit; heelheid; gelijktijdigheid; oorspronkelijke perfectie; rondheid is heilig als de meest natuurlijke vorm; het zelf; het niet gemanifesteerde; de oneindige; de eeuwigheid; tijd die ruimte insluit, maar ook tijdeloosheid, omdat hij geen begin of einde heeft, en ruimteloosheid, omdat hij geen boven of onder heeft; als cirkelvormig en bolvormig staat hij voor afschaffing van tijd en ruimte, maar betekent ook terugkeer. Hij betekent hemelse eenheid; solaire cycli; alle cyclische bewegingen; dynamiek; eindeloze beweging; volmaaktheid; vervulling; God: 'God is een cyclus wiens centrum overal is en wiens omgeving nergens is' (Hermes Trismegistus). Als de zon is hij mannelijke kracht, maar als de ziel of psyche en de omringende wateren is hij het vrouwelijke moederlijke principe; ook symboliseert het cirkelvormige het vrouwelijke als tegengesteld aan de 'gebonden', rechte, mannelijke, vaderlijke creatieve kracht. De cirkel verbeeldt ook de kostbare parel, of 'waardevolle parel' (zie Parel). Kleine cirkels op offerschalen vertegenwoordigen vaak het offer van ouwel, cake of brood. De cirkel wordt getypeerd door het getal 10 (zie Getallen) dat één heeft als centrum en negen als het cijfer van de omgeving. Tenten en kampementen van nomaden hebben de vorm van een cirkel en symboliseren zo de dynamiek en het voortdurend bewegen in tegenstelling tot de vierkante vorm van huizen, percelen grond en steden van landbouwers en mensen die aan een vaste plaats gebonden zijn. Bepaalde bloemen, vooral

De grote **cirkel** van de aarde, die de middeleeuwse kathedraal van Old Sarum omgeeft, heeft de vorm van een baarmoeder, en versterkt de symboliek die inherent is aan de moederkerk als zijnde creatief en regenererend.

Een gravure naar het fresco van Piero di Puccio (1400) in het Campo Santo, Pisa, toont de **cirkel** als basis van het astrologische schema. De negen buitenste cirkels vertegenwoordigen de negen hiërarchieën van engelen rondom de planetaire cirkels met de elementaire wereld in het centrum. God houdt de hele kosmos in zijn handen.

de lotus, lelie en roos worden met de cirkel geassocieerd en delen veel van de betekenis ervan.

Een cirkel met een punt in het midden verbeeldt een complete cirkel en cyclische perfectie, de omzetting van alle mogelijkheden die bestaan; in de astrologie staat hij voor de zon; in de alchemie is hij de zon en goud; hij is ook het symbool van alle zonnegoden. Concentrische cirkels zijn zowel solair als lunair; het firmament; de hemelen; verschillende stadia of graden van gemanifesteerd bestaan. Drie concentrische cirkels betekenen verleden, heden en toekomst, de drie sferen van aarde, firmament en water, de werelden van hemel, aarde en hel, de fasen van de maan; het opkomen, hoogste punt en ondergaan van de zon; ook de dynamiek van verzoening van tegendelen. De cirkel samen met het vierkant staan voor hemel en aarde; integratie; de *conjunctio;* zij vooronderstellen elkaar als tijd en ruimte. De cirkel van een vierkant voorzien is de transformatie van de bolvormige vorm van het firmament en de hemelen in de rechthoekige vorm van de aarde in een heilig gebouw, tempel of kerk, de hemel omlaag brengend naar de aarde, de vier elementen verenigend en terugkerend naar de oorspronkelijke eenvoud in eenheid; de achthoek is het stadium halverwege het vierkant van de cirkel. De lagere helft van de halve cirkel staat voor de lagere wateren en de ark en de bovenste helft voor de hogere wateren en de regenboog. Samen zijn ze voltooiing; het kosmische ei; de voltooiing van een cyclus van manifestatie.

De gevleugelde cirkel vertegenwoordigt het oorspronkelijke kosmische paar, het creatieve firmament en de vruchtbare aarde; de kracht van de hemel; de zonnegod en solaire kracht (zie ook Schijf). Tweelingcirkels zijn het mannelijke en het vrouwelijke; liefde en kennis; de Dioscuri. Drie cirkels en drie elkaar snijdende cirkels verbeelden de triade; de onscheidbare eenheid van de drie personen van een drie-eenheid; leven, beweging, dynamiek in spanning. Vier cirkels als kruis verbonden met een centrale cirkel zijn wijsheid, angst, kennis, hoop. De zevenvoudige solaire cirkel symboliseert de alwetende; perfectie; de zeven hemelen. *Alchemistisch:* Een kring met een punt in het midden is de zon; goud. *Indiaans:* De cirkel naar buiten en naar binnen stralend als de geveerderde zon (zie aldaar) is een symbool van het universum. Ronde kampementen en tipi's zijn het patroon van de kosmos met de noordelijke kant als de hemel en de zuidelijke kant als de aarde. *Astrologie:* Een cirkel met een centraal punt is het symbool van de zon. *Boeddhistisch:* De cirkel is de cyclus van het bestaan en omsluit de hele fenomenale wereld. Drie cirkels in de vorm van een driehoek zijn de drie juwelen. In zen is de lege cirkel verlichting. *Chinees:* De cirkel is de hemel met het vierkant als de aarde, als op de oude munt; de cirkel met het vierkant in het midden verbeeldt de vereniging van hemel en aarde, yin en yang en, analogisch, de perfecte mens. De cirkel staat ook voor de bewegende hemelen die bewegen rondom het onbeweeglijke vierkant van de aarde. *Christelijk:* De universele kerk. Drie concentrische of elkaar kruisende cirkels verbeelden de drie-eenheid. Volgens Dante betekenen twee concentrische cirkels intellect en wil. Tweelingcirkels, als liefde en kennis, representeren Christus en ook zijn dualistische natuur. *Egyptisch:* De gevleugelde cirkel is de zon, Re, en wederopstanding (zie Schijf). *Grieks:* (Orfisme). De cirkel van Ouroboros rondom het kosmische ei werd Kronos genoemd en werd door Pythagoras gedefinieerd als de psyche van het universum. *Hindoeïsme:* De kringloop van het bestaan in de fenomenale wereld. De vlammende cirkel is een symbool van Prakriti, 'dat wat rondgaat, produceert, voortbrengt'. *Islamitisch:* De koepel; het hemelgewelf; goddelijk licht. *Platonisch:* 'Het bewegende beeld van een onbeweeglijke eeuwigheid'. *Sumerisch-Semitisch:* De gevleugelde cirkel is een aniconisch symbool van de zonnegoden; goddelijkheid; solaire kracht. *Taoïstisch:* Een cirkel met een punt in het midden vertegenwoordigt de hoogste macht, het tao; de cirkel is ook de kostbare parel (zie Parel).

De cirkel die het kruis omsluit verwijst naar het paradijs en zijn vier rivieren ontspringend uit het centrum, de levensboom, en stromend in de vier hoofdwindrichtingen; het dubbele kruis omsluitend is hij de 'roos van de winden', de vier hoofdwindrichtingen en de vier tussenliggende richtingen. Hij is ook het kosmische solaire wiel, 'het tot leven wekkende principe dat het universum bezielt' (Proclus); de vier kwarten van de aarde; de vier seizoenen van het jaar, de leeftijden van de mens enz. Het solaire wiel-kruis is altijd een symbool van geluk en verandering. De cirkel boven het kruis is de vereniging van het mannelijke en vrouwelijke principe van het leven, zowel menselijk als goddelijk; we komen hem in Egypte tegen (als de ankh), Syrië, Foenicië, in tempels van Serapis, in China en Tibet, Lapland, Zweden en Denemarken; in de astrologie is hij ook een symbool van Venus. In Noord-Amerikaanse hutten symboliseert een kruis gegrift in de cirkel heilige ruimte en is hij een kosmisch centrum. De vier richtingen van de ruimte in de hemelse cirkel zijn de totaliteit omvattende grote geest. In de

Mexicaanse symboliek groeit de peyote, de cactus die de drank van onsterfelijkheid schenkt, op het punt waar het kruis en de cirkel elkaar raken. Sommige Byzantijnse kerken rusten op vijf cirkels, of stralenkransen, geplaatst in de vorm van een kruis en omgeven door cirkels van corresponderende koepels. Een christelijke kerk vormt vaak een kruis binnen de cirkel van het kerkhof.

Cirkelomtrek Beperking; de wereld in manifestatie; omheining; omwenteling; beweging. Hij wordt vertegenwoordigd door het getal 9). Zie Getallen.

Citadel Bescherming; hetgeen bewaakt wordt; hetgeen wordt verdedigd; het beschermende en omsluitende aspect van het vrouwelijke.

Citer *Grieks:* Het universum, met zijn vorm als hemel en aarde en de snaren als de niveaus. Attribuut van Apollo en Terpsichore.

Citroen Zuurheid, scherpte. *Boeddhistisch:* Eén van de 'drie gezegende vruchten' van China, met de perzik en de granaatappel; de 'gevingerde' citroen is de vorm van de hand van de Boeddha. *Hebreeuws en Romeins:* Liefde, de versiering van de bruidskamer. In het christendom staat hij ook voor betrouwbaarheid in liefde. In de Hebreeuwse symboliek symboliseert hij de oogst, hij werd in de linkerhand gedragen tijdens het feest van de tabernakel en schijnt op de een of andere manier in verband te staan met de sparappel van de Semitische riten voor Dionysos.

Clown Zie Dwaas.

Cobra Zie Serpent.

Cocon De potentiële kracht van de wind; magische kracht. De plaats van de geboorte van de ziel als vlinder; de ziel omsloten en beschermd.

Cornucopia De hoorn des overvloeds. Overvloed; eindeloze vrijgevigheid; vruchtbaarheid; de verzamelde vruchten van de aarde; de hoorn van Amaltheia, 'schenker van rijkdom'. Als hoorn is hij fallisch; als hol en ontvangend vrouwelijk. De cornucopia is een attribuut van vegetatiegodheden, wijnoogst en lot en van de moedergodinnen, zoals Demeter/Ceres, Tyche; Fortuna en Althea; hij wordt ook meegevoerd door Priapus als bevruchting.

Cyclaam *Christelijk:* Een attribuut van de maagd Maria; de rode vlek is het bloed van het hart van Maria; hij is ook de bloedende non.

Dadel Vruchtbaarheid; voortplanting. In de symboliek van de Mandeeërs is de dadel de mannelij-

Deze negentiende-eeuwse bizonhuid van indianen van de Amerikaanse vlakten herinnert aan de zonne-**dans**, die de loop van de zon langs de hemel herschept en bevestigt, en maakt de dansers tot deelgenoot van die loop.

Voor de derwisjen is de **dans** de gebruikelijke manier voor het verwerven van eenheid met God, wiens aanwezigheid en zegen naar de danser omlaag komen via zijn opgeheven arm, door zijn lichaam en ziel gaan, en verenigd worden met de aarde na hem door zijn neerwaarts gekeerde arm te hebben verlaten.

ke vruchtbaarheid met de druif als vrouwelijk.

Dadelpruim In China, vreugde; in Japan, overwinning.

Dagen In het Oosten en door Semitische volkeren vaak gebruikt om lange tijdsperioden aan te geven, bijv. de dagen en nachten van Brahma en de Sumerische en Hebreeuwse dagen van de schepping. Dag en nacht spelen ook een rol bij het openen en sluiten van de ogen van Shiva.

Dageraad Verlichting; hoop. In het boeddhisme is hij ook het heldere licht van de leegte; in het christendom de wederopstanding en de geboorte van Christus die het licht in de wereld brengt.

Dans/Dansen Kosmische, creatieve energie; de transformatie van ruimte in tijd; het ritme van het universum; imitatie van het goddelijke 'spel' van schepping; de versterking van kracht, emotie en activiteit. Rondedansen volgen de gang van de zon aan de hemel en kunnen ook een heilige plaats omsluiten. Zwaarddans en morrisdansen (Engelse volksdansen) zijn solidariteitsmagie om de zon tijdens zijn rondgang te helpen, in het bijzonder in de lente. Dansen rondom een voorwerp sluit het op in een magische cirkel, die dat voorwerp zowel beschermt als versterkt. Kettingdansen symboliseren het verbinden van mannelijk en vrouwelijk, hemel en aarde. Troy-, of labyrintdansen werkten waarschijnlijk zowel bezwerend, als versterkend op het object in het centrum, of als er zich een meisje in het centrum bevond, wat vaak het geval was, betekende het bereiken van het centrum en het object vaak een doel, de initiatie of het herwinnen van het paradijs. Draad- of touwdansen verwijzen naar de draad van Ariadne, of geheime kennis die de weg in en uit het labyrint wijst; de draad of het touw wordt ook wel gezien als de navelstreng. In het hindoeïsme is de dans van Shiva de eeuwige beweging van het universum, het ritme van het universum, het 'spel' van de schepping met Shiva als de schepper, bewaarder en vernietiger van de wereld. Hij danst op de verslagen demon van chaos en materie en op overwonnen onwetendheid; de dans symboliseert bevrijding die volgt op de vernietiging van illusies; maar als hij op de figuur van een op de rug liggend kind danst is de dans van Shiva zo licht dat hij het kind onder zijn voeten geen pijn doet, en als hij met een vrouw danst is de dans rustig, gracieus en natuurlijk, als het echte spel tussen de seksen; als hij alleen danst neemt dit de symboliek aan van eenzaamheid, onnatuurlijk ascetisme en wordt heftig en vernietigend. Hoewel de dans nauw verbonden is met Shiva, de heer van de dans, zijn ook veel andere hindoeïstische godheden met dans en muziek verbonden. Vishnu danst en Krishna danst op het hoofd van het serpent Kaliya. In post-vedische teksten wordt dansen in verband gebracht met ouder worden en de dood. De dood is een dans in de Upanishads, want de dans is op het moment van zijn schepping vernietigd, maar net als de dood, is hij ook bevrijdend. Tijdens het in een staat van opwinding/waanzin dansen voor Dionysos/Bacchus is de dans symbolisch voor de emotionele chaos. In monotheïstische religies imiteert de rondedans of kringdans de dans van de engelen rondom de troon van God. In het christendom komen we in de apocriefe handelingen van Johannes de rondedans tegen waarbij de twaalf apostelen rondom Jezus als centrum dansen, die 'het een mysterie zou hebben genoemd'. In de islam beelden de derwisjen het wervelen van de planeet om zijn eigen as en de zon uit; ook de cycli van het bestaan en het cirkelen ervan om de geest.

Das *Chinees:* Een lunair, yin dier dat bovennatuurlijke krachten typeert; ook schalksheid en speelsheid. *Europees:* stunteligheid, een weerprofeet. Het ros van Avarice. *Japans:* Bovennatuurlijke krachten; een *fata morgana* en een maker van *ignes fatui.*

Dauw Het licht van de dageraad; spirituele verfrissing; benedictie; zegen. Zoete dauw is vrede en voorspoed. Dauw kan eveneens verandering, illusie en vluchtigheid betekenen. Dauw is ook verbonden met de maan, het vallen van de nacht en slaap. *Keltisch:* Voor de druïden de heiligste vorm van water. *Chinees:* Onsterfelijkheid; de boom van de zoete dauw groeit op de heilige berg Kwanlung, de *axis mundi,* en krijgt dan de symboliek van de levensboom. *Hebreeuws:* In de kabbala is hij wederopstanding. De dauw van het licht komt voort uit de levensboom waardoor de doden tot leven worden gewekt. *Mexicaans:* De dauw van de peyotl, de heilige cactus, die wordt gevonden op de kruising van twee verticale middellijnen, getrokken in een cirkel, is de dauw van onsterfelijkheid. *Neo-Platonisch:* Dauw is de natuurlijke omhulling van zielen; voortplanting. *Romeins:* De uitstorting van het sperma van Jupiter.

Delta De vrouwelijke voortplantende kracht; de toegang tot het leven.

Derde oog Het derde oog van Shiva, of Boeddha, de *urna,* 'de schitterende plek' of 'vlammende parel', in het midden van het voorhoofd, symboliseert eenheid; evenwicht; de dingen heel zien; bevrijding van dualiteit en de paren tegenstellingen; zien *sub specie aeternitatis;* transcendente wijsheid; de kristallisatie van licht; spiritueel bewustzijn; verlichting. In geen geval is het een fysieke eigenschap.

Deur Hoop; gelegenheid; opening; passage van de ene staat of wereld naar een andere; toegang tot een nieuw leven; initiatie; het beschermende aspect van de grote moeder. De open deur verwijst zowel naar gelegenheid als bevrijding. *Christelijk:* Christus – 'Ik ben de deur.' De drie deuren van een kathedraal of kerk verwijzen naar geloof, hoop en liefde. *Hindoeïstisch:* Godheden zijn gegrift in deurposten, de godheid afbeeldend via welke de mens bij het opperwezen komt. *Cultus van Mithras:* De toegang tot de zeven zones van het paradijs of de grot van initiatie. *Romeins:* Janus is de god van de toegang en heeft de sleutels van de macht van openen en sluiten. *Dierenriem:* De zomerzonnewende, in Kreeft, is de 'deur van mensen' en symboliseert de dodende kracht en ondergang van de zon, de *Janua inferni.* De winterzonnewende, in Steenbok, de 'deur van de goden', is het opstijgen en de rijzende kracht van de zon, de *Janua coeli.* Deze deuren staan ook in verband met de toegangen en uitgangen van initiatiegrotten en met zielen die de wereld binnengaan en verlaten. In het hindoeïsme zijn ze de *deva-yana (Janua coeli)* en de *pitri-yana (Janua inferni).*

Diadeem Koninklijke macht; soevereiniteit; de cirkel van continuïteit; eindeloze duur.

Diamant Zie Edelstenen.

Diamanten scepter, troon, zetel Op de voetstap van de Boeddha is de diamanten staf de donder uithalend naar de passies van de mensheid in de wereld; hij is ook vastberadenheid. Zie Vajra. De diamanten troon of zetel is de plaats van verlichting.

Dieren Instinctief leven; vruchtbaarheid en leven in paren; de instinctieve en emotionele behoeften die getranscendeerd moeten worden voor de mens het spirituele gebied binnen kan gaan: 'We kunnen geen dier vinden dat geen gelijkenis met de mens vertoont.' Theriomorfisme wordt door Porphyrius aldus uitgelegd: In de gedaante van dieren vereren de Egyptenaren de universele kracht die de goden hebben geopenbaard in de verschillende vormen van de levende natuur. 'Vriendschap met dieren en de mogelijkheid met hen te communiceren symboliseert het herstel van, en het weer intreden in, de paradijselijke staat, het gouden tijdperk. Dieren die mensen vergezellen of helpen op hun zoektocht verbeelden de verschillende aspecten van zijn eigen natuur, of de instinctieve en intuïtieve krachten van de natuur als verschillend van het intellect, de wil en de rede. Dieren in mythen en legenden die verslagen of getemd moeten worden zijn de instincten van de mens die onder controle worden gebracht.

Een Indiaas koperen hoofd, uit de achttiende eeuw, van Durga, de verschrikkelijke moeder. Haar **derde oog** is het symbool van haar macht de mens te bevrijden van het waandenkbeeld van dualiteit en onevenwichtigheid.

Het door een slang omgeven lichaam van Mithras op dit reliëf in Modena wordt, tegen de wijzers van de klok in, omringd door de twaalf tekens van de **Dierenriem**, beginnend bij Taurus, de stier.

Een gevecht tussen mens en dier kan een beschermende betekenis hebben. Het dragen van dierenhuiden of dierenmaskers verbeeldt de paradijselijke staat van begrip en spraak tussen mensen en dieren; het betekent ook het hebben van toegang tot de wijsheid van dieren en het instinct. Dode dieren, zoals een leeuw of hond met een prooi in zijn klauwen, vertegenwoordigen de alles verslindende dood. Paren van solaire en lunaire dieren, bijv. leeuw en eenhoorn, zwijn of stier en beer, staan voor de twee wedijverende krachten in het universum, positief en negatief, mannelijk en vrouwelijk, maar sommige dieren zijn verwisselbaar als solair en lunair, afhankelijk van de omstandigheden, zoals het zwijn en de beer. Bij de Maori's zijn de dieren 'de voorouders'. Een moedergodin is gewoonlijk de Vrouwe van de dieren. Shiva is in zijn aspect van Pasupati de Heer van de dieren en beelden van deze godheden vind je gewoonlijk samen met cultusdieren.

Dierenriem Een symbool van relaties in het universum, en van een cyclische of met de seizoenen samenhangende transformatie; hij is het levenswiel; een archetype; een harmonie van de velen en de 'ene'; de val in de wereld der verschijnselen en de redding daaruit. Plato noemt de twaalf tekens de 'poorten tot de hemel'. Ptolemaeus zegt dat de tekens afwisselend mannelijk en vrouwelijk zijn, 'als de dag die wordt gevolgd door de nacht, en zoals het mannelijke is verbonden met het vrouwelijke', solair en lunair. De mannelijke tekens zijn Aries, Gemini, Leo, Libra, Sagittarius, Aquarius, en de vrouwelijke Taurus, Cancer, Virgo, Scorpio, Capricornus, Pisces.

Aries: Fundamenteel-vurig. De Ram, creatieve hitte, de vernieuwing van de solaire energie; de allereerste oorzaak, het ongedifferentieerde, de dageraad. Zijn invloedssfeer is het hoofd; zijn bloem de salie en het water-duizendblad; zijn stenen de bloedkoraal als moed, volharding, lang leven, weelde, en de diamant als zuiverheid, vastberadenheid, onoverwinnelijkheid, kracht, onbevreesdheid.

Taurus: Vaste aarde. De stier, solair, de creatieve terugkeer van de lente, energie, vruchtbaarheid, 'de stier van de hemel'. Hij beïnvloedt de keel; bloemen zijn ijzerhard en klaver; stenen, de saffier als vrede, verlichting, goddelijke gunst, geluk, en de turkoois als moed en succes.

Gemini: wisselvallige lucht. De tweelingen, waarvan er één wit en één zwart is, als dualiteit, het negatieve en positieve en alle tegenstellingen, verdeling, leven en dood, de dualistische natuur van de mens, het noodzakelijke dualisme dat inherent is in manifestatie. Beïnvloedt schouders en armen; bloemen zijn de wilde gladiool en heilige ijzerhard; de steen is agaat als vitaliteit, kracht en succes.

Cancer: Vitaal-water. Een krab, de maan, de wateren, de 'poort van de melkweg naar manifestatie' (Porphyrius), de ziel die de wereld binnentreedt. De 'poort van mensen', de *Janua inferni* of de zomerzonnewende en de afnemende kracht van de zon. Cancer heeft invloed op de borst en de maag; de bloem is smeerwortel; stenen, de maansteen als lunair, inspiratie en liefde, en de parel als de macht van de wateren, zuiverheid en tranen, de smaragd als loyalitiet en huiselijk geluk.

Leo: Gefixeerd vuur. De leeuw, de zon, die 'vurige leeuw', de alziende ene, de wil, de emoties, overheersing, creativiteit; grootmoedigheid. Hij beïnvloedt het hart, de longen en de lever; bloem, de cyclaam; stenen, de topaas als solair en toermalijn als inspiratie en vriendschap en de sardonyx als schittering en moed.

Virgo: Veranderlijke aarde. Het vrouwelijke, de hemelse maagd, wijsheid, geassocieerd met de maagdelijke moeder, de 'korenhalm'. Virgo wordt soms afgebeeld als een vrouw met een korenaar in de hand, soms als een zeemeermin met een kind in haar armen. Maag en darmen worden erdoor beïnvloed; bloem, de steentijm; stenen, de kornalijn als harmonie en gezondheid, en jade als uitnemendheid en zuiverheid.

Libra: Vitale-lucht. De weegschaal of een vrouw met een weegschaal, evenwicht tussen de twee naturen van de mens, het natuurlijke en spirituele. Heeft invloed op de ruggengraat en het ruggenmerg; bloem, dennennaalden; stenen, de opaal als vooruitzien en vriendschap, en de lapis lazuli als moed, succes, goddelijke gunst.

Scorpio: Onbeweeglijk water. De schorpioen, maar hij kan ook worden gesymboliseerd door de arend, de feniks of het serpent. Dit zijn allemaal symbolen van dood, wederopstanding, verminking en regeneratie. De nieren en geslachtsorganen worden erdoor beïnvloed; bloem, alsem en hondstong; stenen, karbonkel als voorspoed en succes, maar ook bloedvergieten en beril als hoop, jeugd en huwelijksliefde.

Sagittarius: Beweeglijk vuur. De boogschutter, centaur, pijl. De hele mens met zijn dierlijke en spirituele natuur. De pijl en boog symboliseren macht, richting en controle ervan; de opwaartse hoek van het doel op 45 graden vertegenwoordigt het perfecte gebruik van de kracht. Heeft invloed op de dijen; bloem, guichelkruid; steen, de topaas als scherpzinnigheid, goddelijke gunst, betrouwbaarheid, kracht.

Capricornus: Vaste aarde. De geit, de zeegeit van Ea en Varuna als het levensprincipe van de wateren; kan ook worden afgebeeld als de krokodil, dolfijn, of dieren met het lichaam van een vis of als een zee-serpent. Als half geit, half vis is Capricornus de dualistische natuur van land en zee, hoogte en diepte; de winterzonnewende en de 'poort van de goden', de *Janua coeli,* de neerdalende kracht van de zon. Hij heeft invloed op de knieën; bloem, zuring en 'stinkend Italiaans stro' (stinkt als een geit); steen, git, als gewijd aan Cybele en veilig reizen, ook de zwarte onyx als inspiratie, kracht, en de robijn als onkwetsbaarheid en een lang leven.

Aquarius: Gefixeerde lucht. Een gedaante die water uit een amfora giet, de 'gieter', de wateren van de schepping van de wereld en van de verwoesting ervan, cyclische dood en vernieuwing. Heeft invloed op de benen; bloem, boterbloem en venkel; stenen, de granaat als gezondheid en toewijding, en de zirkoon als wijsheid en eer.

Pisces: Beweeglijk water. De vissen. De twee vissen die een tegengestelde kant uitkijken verbeelden gaan en komen, verleden en toekomst, het eind van een cyclus en het begin van een nieuwe. Heeft invloed op de benen; bloem, pijpkruid en aristolochia; steen, amethist als vroomheid, overgave, nederigheid.

De Arabische levensboom wordt afgebeeld als de vruchtboom met twaalf takken waarvan de vruchten sterren zijn. De Egyptische Denderah heeft symbolen van de noordelijke constellaties in het centrum, omgeven door de tekens van de Dierenriem, maar met Capricornus afgebeeld als een geit met de staart van een vis en de scarabee vervangt hij Cancer. De decantes ondersteunen de buitenste cirkel met hun opgeheven armen en handen.

De hindoeïstische Dierenriem, het wiel van de tekens, of de *Rasi chakra,* of evolutionaire dans, heeft een zonnewagen in het centrum, die wordt omringd door de planetaire godheden als Jupiter – Rahu en Ketu, kop en staart van de draak; Mercurius – de Boeddha; Mars – Chandra of de maan; Saturnus en Venus worden afgebeeld als Indiase gedaanten; de buitenste cirkel heeft de tekens in de Egyptische volgorde.

De Dierenriem van de Inca's komt grotendeels overeen met de tekens die wij nu gebruiken; de binnenste cirkel heeft de tekens voor de twintig namen van de dagen van de week.

De Chinese Dierenriem heeft de tekens van de twaalf aardse takken *(chih)* zoals: rat, os, tijger, haas, draak, slang, paard, geit, aap, haan, hond, everzwijn. Dit zijn de dieren van de constellaties

Een Iraans bord uit de zestiende eeuw, versierd met de tekens van de **Dierenriem**; interessant is dat de maagd de ogen van de maan incorporeert, vrouwelijk, altijd waakzaam.

Deze pagina uit een waarzeggersboek uit de zestiende eeuw geeft, met drie **dobbelstenen**, aan hoe het lot en de toekomst van iemand kunnen worden blootgelegd; de configuraties van de punten worden geïnterpreteerd met behulp van numerologie, astrologie en alchemie.

en ze bevinden zich onder de takken van de jaarboom; er zijn zes wilde en zes gedomesticeerde dieren vertegenwoordigd, zes yin en zes yang.

De islamitische Dierenriem heeft zes 'noordelijke' (nat) en zes 'zuidelijke' (droog) tekens: Aries, Leo, Sagittarius – vuur, heet, droog, het oosten; Taurus, Virgo, Capricornus – aarde, koud, droog, het zuiden; Gemini, Libra, Aquarius – lucht, heet, nat, het westen; Cancer, Scorpio, Pisces – water, koud, nat, het noorden.

Distel Verdediging; grimmigheid; waakzaamheid; misanthropie. Het voedsel van ezels. In het christendom verbeelden distels het lijden van Christus, ook zonde, aardse zorgen en kwaad (Gen. 3); hij is een embleem van Schotland als *nemo me impune lacessit.*

Dobbelsteen/teerling Een dobbelsteen gooien is lot, het onherstelbare, wispelturigheid. Het in tweeën breken van een dobbelsteen is een contract tot of vernieuwing van vriendschap. In het hindoeïsme neemt de dobbelsteen de betekenis aan van de kubus (zie aldaar) en is hij het vierkant van de heilige vier, de cyclus van de yuga's enz. In het christendom is hij het symbool van het lijden van Christus.

Dolfijn Een redder en psychopomp; gids van de zielen in de onderwereld; redder van schipbreukelingen; koning van de vissen; zeekracht; veiligheid; snelheid. Twee dolfijnen die in tegengestelde richting kijken zijn de dualiteit van de natuur. De dolfijn met een anker staat voor snelheid en traagheid, de twee samen representeren het midden tussen de twee uitersten en 'haast je langzaam'. *Keltisch:* Geassocieerd met de verering van de bron en de macht van de wateren. *Christelijk:* Christus als de redder van de zielen en als de drager van de zielen over de wateren van de dood. Een dolfijn met een schip of anker beeldt de kerk, geleid door Christus, uit; in christelijke kunst neemt deze soms de plaats in van het schip of de ark van de redding en wedergeboorte. Een dolfijn doorboord met een drietand, of op een anker, is Christus aan het kruis. Als hij de plaats inneemt van de walvis betekent de dolfijn wederopstanding. Zie ook Vis. *Egyptisch:* Een attribuut van Isis. *Grieks:* Een psychopomp die de zielen naar de eilanden van de gezegenden leidt; hij heeft zowel solaire als lunaire associaties; als verbonden met Apollo Delphinos is hij het licht en de zon, maar hij is ook het vrouwelijke principe en de baarmoeder op grond van de gelijkenis tussen *delphis* (dolfijn) en *delphys* (baarmoeder). Hij heeft een erotische symboliek als hij wordt geassocieerd met Aphrodite, 'de vrouw van de zee', en met Eros; hij is ook een attribuut van Poseidon als zeemacht; en van Dionysos. Thetis rijdt naakt op een dolfijn. *Minoïsch:* Zeemacht. Ook in verband gebracht met Apollo Delphinos. *Cultus van Mithras:* Geassocieerd met Mithras als licht. *Romeins:* De reis van de ziel over de zee van de dood naar de gezegende eilanden. *Sumerisch-Semitisch:* Gebruikt als alternatief voor vis op afbeeldingen van Ea-Oannes; een attribuut van Isthar en gewijd aan Atargatis als verbonden met water.

Dolk Mannelijk, fallisch, als het zwaard en de speer (zie aldaar) enz. Attribuut van Mars, Mithras Melpomene, ook van de heiligen Thomas en Lucia.

Dollekervel Dood; bedrog; ongeluk.

Dolmen De vrouwelijke toegang-baarmoeder naar de onderwereld, geassocieerd met de menhir als de fallische zuil, die het hiernamaals symboliseert en de wedergeboorte; gewijd aan de grote moeder met de menhir als complementair fallisch principe; neemt de circulaire symboliek aan van het heilige centrum (zie aldaar); deelt ook de solaire symboliek van de cirkel en de cyclische tijd.

Domoor (ezel) Nederigheid; geduld; vrede; domheid; koppigheid; zinnelijkheid; vruchtbaarheid. De kop van een ezel werd ook beschouwd als een bron van vruchtbaarheid. Als lastdier kan de ezel de armen typeren. *Christelijk:* De geboorte van Christus; de vlucht naar Egypte; de intocht in Jeruzalem. Hij werd ook gebruikt om de joden en de synagoge af te beelden en had satanische bijbetekenissen. Embleem van St. Germanus. *Egyptisch:* Embleem van Seth in zijn tyfoonachtige aspect; inerte macht; kwaad. *Grieks:* Lui; verdwaasdheid; gewijd aan Dionysos en Typhon als een dierlijk aspect. Gewijd aan Priapus als het procreatieve principe; ook gewijd aan Kronos/Saturnus. Silenus wordt soms rijdend op een ezel afgebeeld. *Hebreeuws:* Koppigheid; koningen, profeten en rechters reden op witte ezels. *Hindoeïstisch:* Ezels trokken de hemelse strijdkar van Ravana toen hij Sita ontvoerde. *Sassanitisch:* De driebenige ezel is zuiverheid en macht tegen het kwade; als de drie fasen van de maan is hij ook lunair.

Donder/bliksemschichten De donder is de stem van de goden van het firmament, met de bliksemschicht als hun wapen, de vernietiger van serpenten en spirituele vijanden; goddelijke boosheid; ook een attribuut van monarchen en magiërs. De donder, brullend als een stier, brengt de vruchtbare regen en wordt geassocieerd met de veranderingen van de maan. Regen die in sommige landen altijd samengaat met onweer associeert donder met de vruchtbaarheidbrengende wateren en het voedende water uit de hemel. Regen die komt met onweer werd beschouwd als doordrongen van macht, en was, daarom, voedzamer. 'Het water wordt tijdens onweer vaak zwanger en hun vereniging is de oorzaak van vitale hitte' (Plutarchus).

Ook de bliksemschicht symboliseert de heilige vereniging van de vruchtbaarheidbrengende god van het firmament en de ontvangende moeder aarde; hij is een attribuut van alle smidsgoden, zoals Hephaistos, Vulcanus, Thor. Symbolen van de donder en attributen van alle goden van het firmament zijn de hamer, trommel, het hakmes, de bijl, het brullen van een stier; de eikenboom; de rollende donder wordt ook gesymboliseerd door de draak, de spiraal en de vlammende parel. Dondergoden worden vaak afgebeeld met rood haar. *Indiaans:* De dondervogel is de universele geest, de schepper; de grote krachten in de natuur, de dynamische kracht van het firmament, ook verbonden met de destructieve krachten van oorlogen; bewaker van de toegangswegen van firmament-hemel. De hond, het serpent en het varken zijn donderdieren als regenbrengers. *Boeddhistisch:* De Tibetaanse *dorje* (zie aldaar), de Chinese *ju-i* en de Japanze *nyoi* zijn de bliksemschicht, of diamenten scepter, de 'adamantine', die de goddelijke kracht vertegenwoordigt van de doctrine; transcendentale waarheid; verlichting; hij is de onderwerper van slechte hartstochten en verlangens. Amoghasiddhi, een van de Dhyani boeddha's, heeft een dubbele bliksemschicht bij zich en Akshobhya draagt een enkele bliksemschicht. 'Het rollen van de dharmadonder' is het verspreiden van het onderricht inzake bevrijding van alle levende dingen. *Chinees:* De dondergod Lei-kung wordt afgebeeld als een afschuwelijke man met een blauw lichaam, klauwen en vleugels, zijn attributen zijn de trom, houten hamer en beitel. *Grieks-Romeins:* Zeus/Jupiter, als god van het firmament, bezit een bliksemschicht die een wapen kan zijn of een personificatie van de god; de bliksemschicht is, met het lichten, de bijl van het firmament van de cyclopen; Brontes vertegenwoordigt donder en Arges de bliksemschicht. *Hindoeïstisch:* De *vajra* (zie aldaar) is de bliksemschicht van Indra en Krishna; hij is ook de flits van het derde oog van Shiva en symboliseert goddelijke kracht, kosmische intelligentie, verlichting, maar, als lichten, is hij zowel brenger van de dood als productief en daarom representeert hij zowel de krachten van vernietiging als voorplanting. De *vajra* heeft dezelfde betekenis als de *dorje* en beide kunnen gestyleerd worden in de vorm van een bloem, de fleur-de-lis. *Japans:*

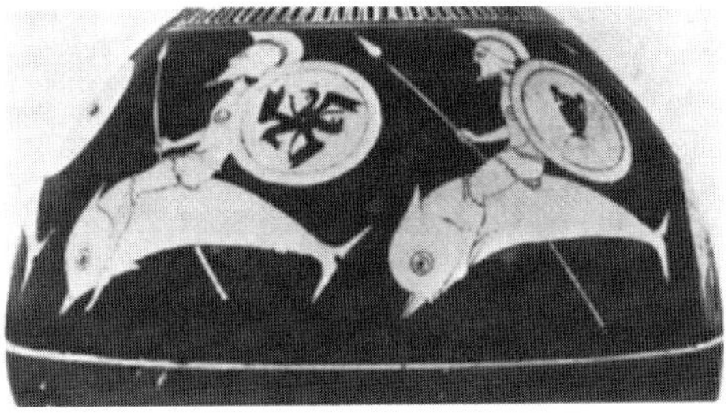

Voor de Grieken was de **dolfijn** een helper, die de zielen de weg wees naar de eilanden van de gezegenden.

Een Hettitische weergod heeft de hamer van zijn **donder** en de pijlen van zijn bliksem in zijn handen.

Het uit de twaalfde eeuw stammende psalmboek uit Winchester illustreert de **doop** van Jezus door Johannes de Doper, terwijl een engel wacht en een kleed ophoudt dat het nieuwe, door de doop verkregen, leven van Jezus symboliseert.

Dondergoden schijnen in Japan zowel de donder van het firmament als van de ondergrondse vulkaan te representeren. Kami-nari is de god van de rollende donder, en dondergoden worden in verband gebracht met de ladder als een middel tot komen en gaan tussen hemel en aarde. De bliksemschicht steekt uit boven het hoofd – en hij heeft hem in de hand - van Aizen-myoo, de god van mededogen, die hem gebruikt om slechte verlangens en hartstochten te onderwerpen. *Scandinavisch en Teutoons:* Thor, de dondergod, heeft een hamer bij zich, Mjölnir. Donar is een stormgod. *Sumerisch-Semitisch:* Adad, de stormgod, berijdt een stier en draagt bliksemschichten; Marduk draagt een bliksemschicht. In de Babylonische kunst wordt de bliksemschicht geassocieerd met de stier.

Dood Het ongeziene aspect van het leven; alomtegenwoordigheid, aangezien de doden alziende zijn. Dood van het aardse leven gaat vooraf aan spirituele wedergeboorte; tijdens de initiatie wordt de duisternis van de dood ervaren voor de geboorte van de nieuwe mens, voor wedergeboorte en herintegratie. De dood is ook de verandering van de ene manier van zijn in de andere, de vereniging van het lichaam met de aarde en van de ziel met de geest. De koning der doden wordt vaak afgebeeld als een skelet met een zwaard, sikkel en zandloper; andere symbolen van de dood zijn de sluier, het serpent, de leeuw, de schorpioen, as, de trommelslager. De dood wordt gesymboliseerd door een danser, soms, in het hindoeïsme, als een mooi meisje. Shiva is een god van de dans en de dood.

Doolhof Zie Labyrint.

Doop Inwijding; dood en wedergeboorte; regeneratie; vernieuwing; sterven van de titanische natuur van de mens en opnieuw geboren worden uit water, vuur, of wind, in het goddelijke. Doop vertegenwoordigt regressie in het niet gedifferentieerde; de ontbinding van vorm en reïntegratie met het niet gevormde; oversteken van de levenszee; weer oprijzen uit het water wil zeggen opnieuw geboren worden en wederopstanding. Door vuur symboliseert het zuiveren en wegbranden van afval en vuil. Door wind het wegblazen van kaf. Het is een 'rite de passage', oprijzend uit de duisternis van de baarmoeder naar het licht buiten, dus het gaan van de ziel van materie naar geest.

Doorn Planten met doorns, zoals de acanthus, acacia, roos enz. symboliseren de horens van de maansikkel; de doorn en de roos samen verbeelden de antithese van verdriet en plezier, lijden en vreugde. In het christendom betekent de doorn zonde, zorgen, rampspoed en is hij een symbool voor het lijden van Christus; de doornenkroon was een parodie op de kroon van rozen van de Romeinse keizer. In Egypte zijn de doorns van de acacia een embleem van Neith.

Doos Het vrouwelijke principe van bevatten; omsluiten; de baarmoeder.

Dorje De Tibetaans-boeddhistische staf of scepter, de 'edele steen' of hoogste macht, rechter en autoriteit; de actieve, mannelijke, potente macht, verbonden met de bel als de vrouwelijke, passieve macht; samen zijn ze methode en wijsheid; meedogende actie; hoogste zegen, ook de zeven positieve en permanente deugden. De diamanten scepter, de bliksemflits, is de goddelijke kracht van de doctrine, transcendentale waarheid en verlichting; hij is de overheerser van kwade passies en verlangens. Hij kan niet worden vernietigd, maar kan hetgeen schijnbaar onvernietigbaar is vernielen. Van de Dhyani-boeddha's draagt Amoghasiddhi de dubbele bliksemflits, en Akshobhya de enkele bliksemflits, die de heerschappij over het leven en het fenomenale bestaan symboliseert. Gekruiste dorjes betekenen evenwicht, harmonie en macht. Zie ook Vajra.

Dorst Verlangen; begeerte; verlangen het leven te ervaren, spiritueel of materieel.

Dorsvlegel Soevereiniteit; regel; hoogste macht. De dorsvlegel wordt vaak samen afgebeeld met de herdersstaf. In de Egyptische kunst is hij een attribuut van Osiris als rechter over de doden.

Dorsvloer Een heilige plaats, die het goede van het afval scheidt; vertegenwoordigt ook de vruchtbaarheid van de aarde. De omwenteling ervan betekent de beweging van het universum, de zon, maan en planeten.

Draad De draad van het leven; menselijke bestemming; lot, gesponnen en geweven door goddelijke kracht; eenheid, continuïteit; dat wat het universum samenbindt en waarvan het universum geweven is; de zon, waarvan alle dingen 'afhankelijk' zijn en alle leven is doordrongen. De symboliek van de verenigende draad is zowel van toepassing op de macrokosmos als op de gebeurtenissen in het individuele leven van een mens. De draad die door de bol van de parel of een kostbare steen gaat is een *axis mundi,* en met de ronde vorm van de kraal verbeeldt hij een cirkel van manifestatie. Een van de meest voorkomende vormen van de symboliek van de draad als de draad van de wereld is de krans, rozenkrans of guirlande. *Boeddhistisch:* De draad van de leringen is vervat in de *soetra's* en *tantra's* en is de draad van wijsheid die door de geschriften loopt. *Hindoeïstisch:* De draad is de atman, de innerlijke heerser; 'aan mij zijn alle dingen geregen als een rij parels aan een draad' *(Bhagavad Gita)*. Hij is ook de wind, d.w.z. *pneuma*, 'de draad is hetzelfde als de wind' (*Upanishads*). De draad van Brahma is het symbool van de berg Meru, de wereldas, en in de menselijke microkosmos het middenkanaal. Zie ook Banden; Koord.

Draaikolk De spiraal (zie aldaar) als de bron van het leven en natuurlijke energie of magie. Hesiodus zegt dat Aphrodite oprees uit de wervelende wateren. In de hindoeïstische, Scandinavische en Gaelische mythologie wordt de draaikolk beschouwd als een levenschenkende kracht. Zuñi mythologie kent kolkend water als een voortbrenger van leven. Draaikolken verbonden met draken zijn het centrum van de creatieve macht in China en Japan. De Sumerische zeeserpent-godin is verbonden met de draaikolk. In het hindoeïsme 'omsluit hij het embryo'.

Draak Een complex en universeel symbool. De draak, het 'gevleugelde serpent', combineert serpent en vogel als materie en geest. Oorspronkelijk was hij volkomen weldoend als de manifestatie van de leven schenkende wateren (het serpent) en de levensadem (de vogel) en werd hij geïdentificeerd met de goden van het firmament en hun aardse gedelegeerden: keizers en koningen. Later werd hij ambivalent als zowel de vruchtbaarheid brengende regens, die op onweer volgen, als de destructieve krachten van bliksemlicht en overstroming. Over het algemeen is de draak in het Oosten een weldoende, hemelse kracht, terwijl hij in het Westen chtonisch, vernietigend en kwaadaardig wordt. In het Verre Oosten symboliseert hij bovennatuurlijke macht; wijsheid; kracht; verborgen kennis; de kracht van de leven schenkende wateren; hij is het embleem van de keizer als zoon van de hemel en van de, hem volgende, wijze en nobele mens. Monotheïstische religies beschouwen de draak als kwaad, behalve in geïsoleerde gevallen waarin hij de logos, de tot leven wekkende geest kan zijn, of de almachtige godheid, de Pleroma. Draak en serpent (zie aldaar) zijn gewoonlijk verwisselbaar in de symboliek als ze het niet-gemanifesteerde verbeelden; het ongedifferentieerde; chaos; het latente; ongetemde natuur; ook het leven schenkende element van water. Zijn werpen van de donderslag en bliksemschicht is de verandering van het niet-gemanifesteerde in het manifeste – creatie, vorm, stof. Hier kan de draak ook twee kanten hebben, of als regengod of als vijand van de regengod, belettend dat er regen komt. Hij wordt in verband gebracht met de zee, grote diepten, maar ook met bergtoppen en wolken en met de solaire oosterse regio-

De **draak** braakt Jason uit aan de voeten van Athene; hier, zoals zo vaak, is de draak de schatbewaarder, waartegen de held ten strijde moet trekken.

nen.

Draken, als monsters, zijn autochtone 'meesters van de grond', waarmee helden, overwinnaars en scheppers moeten vechten om de heerschappij of bezetting van het land; ze zijn ook de bewakers van schatten en van de ingangen tot de esoterische kennis. Het gevecht met de draak symboliseert de moeilijkheden die moeten worden overwonnen om de schatten te winnen van innerlijke kennis. Het doden van de draak is het conflict tussen licht en duisternis, het verslaan van de destructieve krachten van het kwaad, van de mens die zijn eigen duistere natuur overwint en zelfbeheersing verkrijgt. Het redden van de maagd uit de macht van de draak wil zeggen de zuivere krachten bevrijden na het doden van kwade machten. De draak is vaak de tegenstander van de stervende god. *Alchemistisch:* De gevleugelde draak verbeeldt de 'vluchtige stof'; zonder vleugels is hij het 'gefixeerde'. In de Chinese alchemie is de draak kwikzilver, het bloed en het sperma. *Keltisch:* Soevereiniteit; een hoofdman. De rode draak is het embleem van Wales. *Chinees (taoïstisch, boeddhistisch):* De draak en het serpent zijn in de Chinese symboliek niet gescheiden. De draak symboliseert de hoogste spirituele macht; het bovennatuurlijke; oneindigheid; de geest van verandering; de goddelijke kracht van verandering en transformatie; de ritmen van de natuur; de wet van wording; bovennatuurlijke wijsheid; kracht. Hij is de 'hemelse hertenbok'; de zon; licht en leven; de hemelen; soevereiniteit; de mannelijke yangkracht. De draak van de hemel is ook de donder en de vruchtbaarheid brengende regen, het water uit de diepten en de lente. De azuren draak, *lung*, de hoogste, leeft in het firmament en is de vitale geest; hemelse kracht; oneindige bovennatuurlijke macht en, op de aarde, de gedelegeerde imperiale macht, de keizer. De *lung*, of keizerlijke draak, heeft vijf klauwen en zijn hoofd is naar het zuiden en zijn staart naar het noorden. Hij vertegenwoordigt ook het oosten en vruchtbare regen. De gewone draak, *mang*, heeft vier klauwen en is tijdelijke macht. De draak met drie klauwen was een vroege Chinese vorm, die later tot de Japanse draak werd. *Li,* de draak zonder horens, woont in de zee en beheerst de diepten; hij symboliseert ook de geleerde. *Chiao* woont in de bergen of op het land en vertegenwoordigt de staatsman. De 'negen overeenkomsten' van de draak zijn volgens Wang Fu: 'Zijn horens lijken op die van de hertenbok, zijn kop op die van een kameel, zijn ogen op die van een demon, zijn nek op die van een slang, zijn buik op die van een schelpdier; zijn schubben op die van een karper, zijn klauwen op die van een arend; zijn voetzolen op die van een tijger, zijn oren op die van een koe.' De twee 'strijdende draken' met het gezicht naar elkaar toegekeerd, zijn de yin/yang krachten van het dualisme, alle tegengestelde en complementaire, hemelse en aardse krachten; ze hebben gewoonlijk of de zon of 'de in de nacht glanzende parel', de maan, tussen zich in; als ze met de rug naar elkaar toestaan symboliseren ze yin/yang en eeuwigheid; als ze achter elkaars staart aanzitten verbeelden ze de twee richtingen van de creatieve kracht van yin/yang krachten. De draak wordt vaak afgebeeld met de 'bal van de draak' of 'vlammende parel' en dat is wel uitgelegd als het rollen van de donder of de maan als regenbrenger, met de draak die de parel inslikt als het afnemen van de maan en deze weer uitspuwend als het wassen van de maan, maar in het taoïsme en boeddhisme is de 'parel die alle wensen inwilligt', de parel van perfectie, dat wil zeggen van wijsheid, verlichting en de spirituele essentie van het universum. Hij kan ook de Bodhisattva van ogenblikkelijke verlichting representeren. De draak met de feniks is de vereniging van hemel en aarde, keizer en keizerin, de goddelijke potentie die alle tegendelen bevat, ook de interactie tussen macrokosmos en microkosmos, de twee aspecten van het androgyne, het ritme van involutie en evolutie, geboorte en dood. Ze worden gesymboliseerd door de dubbele spiraal. De draak kan wellust voorstellen als hij samen met de tijger als boosheid en vijandschap wordt afgebeeld. *Christelijk:* De draak wordt gelijkgesteld aan het serpent, 'dat oude serpent', de macht van het kwaad, de duivel, de verleider, de vijand van God; hij staat ook voor dood en duisternis, heidendom en ketterij. In het Oude Testament werd 'de plaats van de draak' geassocieerd met de 'schaduw van de dood' (Ps. 44:19) en de wateren van de diepten, een 'woonplaats van draken' was een plaats van eenzaamheid en destructie. Onderwerpers van draken waren overwinnaars van de kwade krachten en ketterij. Een draak met knopen in zijn staart beeldt het kwade uit dat is overwonnen, omdat men dacht dat zijn kracht, net als die van de schorpioen, in zijn staart zat. De aartsengel Michaël, die de draak verslaat, is de overwinning van de zonnegod op de duisternis, geadopteerd door het christendom als de overwinning op Satan. Draken zijn attributen van de heiligen Cado, Clement van Metz, George, Keyne, Margareta, Martha, Samson, Sylvester en de apostel Philippus. *Egyptisch:* Een embleem van Osiris als god van de dood. Apophis, draak van de duisternis en chaos, wordt iedere morgen overwonnen door de zonnegod Re. *Grieks-Romeins:*

Een attribuut van Heracles/Hercules als degene die monsters verslaat. Soms trekken monsters de wagen van Ceres. *Hebreeuws:* Verlatenheid; een bewoner van de wildernis. *Hindoeïstisch:* Manifeste macht; het geuite woord. Attribuut van Soma en Varuna. Indra versloeg de draak. *Iraans:* Een attribuut van Haoma. *Japans:* De draak met de drie klauwen representeert Mikado, keizerlijke en spirituele macht. *Sumerisch-Semitisch:* 'De tegenstander', de kracht van het kwaad.

Drempel Passage van het profane naar het heilige, van de buitenste profane ruimte naar innerlijke heilige ruimte; het binnengaan van een nieuwe wereld. Als een grenssymbool is hij de lijn waarop het natuurlijke en bovennatuurlijke elkaar ontmoeten; hij wordt ritueel bepaald in de ceremonie van 'overwinnen van de grenzen', opnieuw bepalen van het gebied van de ruimte, op dezelfde manier waarop nieuwjaarsceremonies de tijd opnieuw definiëren. Wegzinken in water, een donker woud binnengaan, of een deur in een muur doorgaan, zijn symbolen van een drempel als binnengaan in het gevaarlijke onbekende. Vestaalse godinnen van maagdelijkheid zijn drempelgodinnen, net als de huisgoden. Bewakers van de drempel, die moeten worden overwonnen voor het heilige gebied kan worden binnengegaan, zijn draken, serpenten, monsters, honden, schorpioenmensen, leeuwen enz. Op het psychische en spirituele gebied beletten bewakers de mens te ver en te snel te gaan en meer te ontmoeten en te zien dan hij in staat is te verwerken aan occulte of esoterische kennis.

Driehoek De drievoudige natuur van het universum; hemel, aarde, mens; vader, moeder, kind; de mens als lichaam, ziel en geest; het mystieke getal drie; de eerste vlakke figuur, vandaar de fundamentele representatie van oppervlak; 'oppervlak is samengesteld uit driehoeken' (Plato); de gelijkzijdige driehoek verbeeldt voltooiing.

De opwaarts wijzende driehoek is solair en symboliseert, leven, vuur, vlam, hitte (hier symboliseert de horizontale lijn lucht), het mannelijke principe, de linga, shakta, de spirituele wereld; hij is ook de drie-eenheid van liefde, waarheid en wijsheid; hij betekent koninklijke pracht en wordt afgebeeld als de kleur rood.

De neerwaarts wijzende driehoek is lunair, het vrouwelijke principe, de matrix; de wateren, kou, de natuurlijke wereld, het lichaam, yoni, shakti; hij symboliseert de grote moeder als voortplantster. De horizontale lijn is de aarde en de kleur is wit. In de symboliek van de berg en de grot is de berg de mannelijke opwaarts wijzende driehoek en de grot de vrouwelijke neerwaarts wijzende.

De **drietand** van Shiva, symbool van zijn drievoudige karakter als schepper, bewaarder en vernietiger, wordt eerbied bewezen en hij wordt vereerd op een schilderij uit Rajasthan uit de achttiende eeuw.

De driehoek in een cirkel verbeeldt het niveau van vormen besloten in de cirkel van de eeuwigheid. 'Het gebied binnen deze driehoek is de gemeenschappelijke haardstede van hen allen en heet "de vlakte van waarheid", waarop de rede, vormen en patronen van alle dingen die zijn geweest en zullen zijn, zijn opgeslagen om niet in de war te worden gebracht; en eeuwigheid woont rondom hen, vanaf het moment dat de tijd, als het water uit een fontein, neervalt op de werelden' (Plutarchus).

Drie verstrengelde driehoeken wijzen op de onverbreekbare eenheid van de drie personen van de drie-eenheid. De dubbele driehoek, de zespuntige ster, het zegel van Salomo, David, wijzen erop dat 'iedere ware analogie omgekeerd moet worden toegepast', 'zo boven, zo beneden'; ze zijn de vereniging van de tegenpolen, mannelijk en vrouwelijk, positief en negatief, de bovenste driehoek is wit en de onderste zwart; vuur en water; evolutie en involutie; doordringend, elk is het beeld van de ander; de hermafrodiet; het perfecte evenwicht van complementaire krachten; het androgyne aspect van de godheid; de mens kijkend in zijn eigen natuur; de tweelingkrachten van creativiteit; de synthese van alle elementen met de opwaarts gerichte driehoek als de hemelse natuur en de neerwaarts gerichte als de aardse, het geheel representeert de universele mens die de twee als bemiddelaar verenigt. Het zegel van Salomo is ook de behoeder, geeft spirituele macht over de materie en is een heerser van genii. Twee horizontaal liggende driehoeken, waarvan apex en apex elkaar raken zijn lunair, de wassende en afnemende maan; eeuwige terugkeer; dood en leven; sterven en wederopstanding. Het aanrakingspunt is de donkere maan en dood. *Alchemistisch:* De twee driehoeken zijn essentie en substantie, *forma* en *materia,* geest en ziel, zwavel en kwikzilver, het stabiele en vluchtige, spirituele macht en lichamelijk bestaan. Driehoeken verbeelden de elementen als: vuur; water; lucht; aarde. De twee in elkaar grijpende driehoeken zijn de vereniging van de tegendelen die worden tot 'vloeibaar vuur' of 'vurig water'. *Boeddhistisch:* De zuivere vlam en de drie kostbaarheden van de Boeddha, de dharma en de sangha. *Chinees:* De driehoek met opgehangen zwaarden betekent regeneratie. *Christelijk:* De gelijkzijdige driehoek, of de driehoek die gevormd is door drie elkaar kruisende cirkels verbeeldt de drie-eenheid in vereniging en de gelijkwaardigheid van de drie personen. De driehoekige halo is een attribuut van god de vader. *Egyptisch:* Representeert de triade. 'Zij vergelijken de loodrechte (of een rechthoekige driehoek) zijde met het mannelijke, de basis met het vrouwelijke en de hypotenusa met de nakomelingen van de twee; Osiris als het begin, Isis als het midden of het ontvangende en Horus als het voltooiende' (Plutarchus). Een figuur bestaande uit drie dubbele driehoeken omgeven door concentrische cirkels verbeeldt de Khui, het land van de geesten. *Grieks:* De delta symboliseert de deur van het leven, het vrouwelijke principe, vruchtbaarheid. *Hindoeïstisch:* De opwaarts en neerwaarts gerichte driehoeken zijn de shakta en shakti, de linga en yoni, of Shiva en zijn shakti. *Pythagorisch:* De gelijkzijdige driehoek representeert Athene als godin van de wijsheid.

Driepoot De goddelijke triade; de rijzende zon, de zon van het middaguur en de ondergaande zon; tijd als verleden, heden en toekomst.

Drietal Zie Getallen, drie.

Drietand/trisula Bliksem; de bliksemschicht; de drievoudige vlam; het drievoudige wapen van de hemelen, lucht en watermachten; het eeuwige. Als de bliksemschicht is hij het wapen en attribuut van alle goden van het firmament, donder- en stormgoden; als drietand is hij een embleem van de macht en vruchtbaarheid van de wateren; hij kan ook de hemelse triade symboliseren en verleden, heden en toekomst. *Boeddhistisch:* De trisula symboliseert de drie kostbaarheden van boeddha, dharma en sangha. Hij verbeeldt de hemel van pure vlam, ook de destructie van de drie voornaamste vergiften van boosheid, verlangen en traagheid. Hij representeert de dorje (zie aldaar). *Chinees:* Macht; autoriteit. *Christelijk:* Ambivalent als de drie-in-één van de drie-eenheid, in welke context hij ook gestileerd verschijnt als de fleur-de-lis. Hij is ook het wapen van de duivel. *Grieks-Romeins:* Als de bliksemschicht is hij het wapen van de god van het firmament Zeus/Jupiter, als de drietand is hij een attribuut van de zeegod Poseidon/Neptunus. *Hindoeïstisch:* De trisula als de vajra (zie aldaar) is de diamanten scepter van Indra als stormgod en van Durga als vernietiger. De drietand is het wapen van Shiva als schepper, behoeder, vernietiger, en als verleden, heden en toekomst. Hij is ook een vuursymbool, de drie aspecten van Agni voorstellend. *Minoïsch:* Een symbool van zeemacht, we zien hem in Knossos en Phaestos.

Drijven Drijven op het water is de *regressus ad uterum*; orgasme; passiviteit. In de lucht is het lichtheid en een mogelijkheid van feeën en heksen. Heksen drijven op het water en kunnen niet verdrinken.

Drinken Het drinken van een goddelijk vocht, zoals wijn, soma, nectar, water, melk enz. staat symbolisch voor het absorberen van goddelijk leven en goddelijke kracht. Drinken uit dezelfde kop is, ritueel, vereniging, huwelijk en het einde van een alleenstaand leven.

Droogte Het solaire, vuur, positieve, mannelijke principe.

Druiven Wijsheid – *in vino veritas*. Een tros druiven is een attribuut van godheden van de landbouw en de vruchtbaarheid en vertegenwoordigt de levenswijn, dus onsterfelijkheid; speciaal geassocieerd met Dionysos/Bacchus. De druiventros symboliseert ook het offer door de verbinding van wijn met bloed; zo wordt hij gebruikt in de christelijke iconografie met Christus als het offerlam van God afgebeeld tussen druiventrossen. Soms wordt hij gebruikt om de geslachtsdelen van Eva te bedekken, tegenover het mannelijke vijgenblad. Druiven nemen de symboliek over van wijn bij extase, gastvrijheid, orgieën, jeugdigheid.

Duif De levensgeest; de ziel; de passage van de ene staat of wereld naar de andere; de geest van het licht; kuisheid (maar in sommige tradities wellust); onschuld; vriendelijkheid; vrede. Duiven zijn gewijd aan alle grote moeders en koninginnen van de hemel en verbeelden vrouwelijkheid en moederschap; vaak vergezellen twee duiven de moedergodin. De duif met een olijftak is een teken van vrede en van vernieuwing van het leven; hij is een embleem van Athene. Duiven die uit een kom drinken beelden de geest uit die het levenswater drinkt. Heilige duiven worden in verband gebracht met begrafenisriten. *Chinees:* Lang leven; regelmaat; betrouwbaarheid; respect voor de ouders; lente; wellust; ook verbonden met de grote moeder. *Christelijk:* De heilige geest; zuiverheid; geïnspireerd denken; vrede; doop; de aankondiging; de wateren van de schepping. Zeven duiven wijzen op de zeven gaven van de geest; een vlucht duiven staat voor de gelovige; een duif met een olijftak is vrede, vergeving en bevrijding; zoals de duif van de ark van Noach toen hij de olijftak van vrede tussen God en mensen terugbracht, en geen rustplaats vond behalve op de ark, zo vindt de christen geen veiligheid buiten de kerk. De duif met de palmtak betekent de overwinning op de dood. Een witte duif is een ziel die is gered, de gezuiverde ziel tegenover de zwarte raaf van de zonde. Duiven in een wijngaard zijn de gelovigen die hun toevlucht zoeken in Christus. Twee duiven samen zijn affectie en liefde in het huwelijk. Een duif op de staf van Jozef verbeeldt de echtgenoot van een zuivere maagd. De duif is het embleem van de graalridders en van de heiligen Benedictus, Gregorius, Scolastica. *Egyptisch:* Onschuld. De duif zit op de takken van de levens-

De **druiven** en het graan op de 'Madonna van de eucharistie' van Botticelli zijn het beginpunt van het christelijke wonder van de transsubstantiatie.

Op de 'Annunciatie' van Poussin symboliseert de **duif** die boven het hoofd van de maagd Maria zweeft, zowel de bevruchtende geest, de vogel toegewijd aan de grote moeder, en de koningin van de hemel, als de ootmoedige onschuld van Maria.

boom en verschijnt met het fruit van de boom en de kruiken met het water van het leven. *Grieks-Romeins:* Liefde; vernieuwing van het leven; een attribuut van Zeus die gevoed werd met duiven. De duif met een olijftak is het embleem van Athene als vernieuwing van leven. De duif is gewijd aan Adonis en aan Bacchus als de eersten verwekt door liefde, ook aan Venus als zinnelijkheid. Een duif met een ster is een embleem van Venus Mylitta. *Hebreeuws:* Witte duiven waren, als zuiverheid, offers in de tempel voor zuivering. Een symbool van Israël. In het Oude Testament staat de duif voor eenvoud; argeloosheid; onschuld; meegaandheid; naïviteit; incubatie. Belichaamt de zielen van de doden. *Hindoeïstisch:* Yama, de god van de doden, heeft uilen of duiven als boodschappers. *Islamitisch:* De drie heilige maagden worden weergegeven door stenen, of zuilen, met erbovenop duiven. *Japans:* Lang leven; achting; gewijd aan Hachiman, god van de oorlog, maar een duif met een zwaard kondigt het einde van een oorlog aan. *Manicheïstisch:* In de christelijke manicheïstische iconografie wordt de derde persoon van de drie-eenheid soms afgebeeld als een witte duif. *Minoïsch:* In de Minoïsche kunst geassocieerd met de grote moeder; duiven en slangen, die de lucht en de aarde symboliseren, zijn haar attributen. *Parsisch:* Het Opperwezen. *Sumerisch-Semitisch:* Goddelijke macht; gewijd aan Astarte en attribuut van Isthar als de grote moeder. Een duif werd op de zevende dag van de zondvloed weggezonden van de Babylonische ark.

Duim Macht en overdracht van macht; de opwaarts gerichte duim is weldoende macht, geluk en goede wil; neerwaarts gericht is hij het tegenovergestelde. De uitgestrekte duim en wijsvinger zijn fallisch.

Duisternis Oorspronkelijke chaos; de krachten van de chaos; de bron van het existentiële dualisme; de foetale staat van de wereld. Duisternis is niet essentieel kwaad want het is de basis van licht dat eruit oprijst, en in die zin is het niet-gemanifesteerd licht; de pre-kosmogonische, prenatale duisternis gaat zowel vooraf aan geboorte als initiatie en duisternis wordt in verband gebracht met stadia van overgang zoals tijdens de dood en de initiatie; ontkieming en schepping vinden in de duisternis plaats en alles keert bij de dood en ontbinding terug naar de duisternis. Duisternis en licht zijn het duale aspect van de grote moeder als schepper en vernietiger; geboorte, leven en liefde, ook dood en disintegratie. Dit wordt ook gesymboliseerd door de zwarte maagden, door yin en yang, de shakta en shakti. *Chinees:* Yin, het vrouwelijke, passieve principe. *Christelijk:* De duivel en de vorst van de duisternis; spirituele duisternis. *Hindoeïstisch:* Het duistere aspect van Kali als tijd, de vernietiger; het verderfelijke karakter van Durga. *Iraans:* De macht van Angra Mainyu of Ahriman, de heer van de leugen en duisternis. *Islamitisch:* Indiscretie.

Duivelskind Wanorde; kwelling. In christelijke kunst helpen duivelskinderen de duivel in de hel.

Duizendblad Een middel tegen toverkracht. De Chinese stokjes die gebruikt worden bij de leiding en voorspelling van I Tsjing zijn van duizendblad.

Dwaas Het uiterste tegendeel van de hoogste tijdelijke macht, de koning. De dwaas, clown of nar was de laagste figuur aan het hof en hij nam vaak de plaats van de koning in bij een ritueel offer, als de zondebok. De koning symboliseert de krachten van wet en orde, de dwaas die van chaos, vandaar het feit dat de dwaas of nar mocht zeggen wat hij wou. De dwaas vertegenwoordigde ook de niet herboren mens, die niet weet vanwaar hij komt of waarheen hij gaat, maar blind in de afgrond loopt.

Dwerg De onbewuste en amorele krachten van de natuur, zoals aardgeesten, elfen enz. *Egyptisch:* Bes wordt afgebeeld als een dwerg. *Grieks-Romeins:* Hephaistos/Vulcanus wordt soms weergegeven als een dwerg. *Hindoeïstisch:* De dwerg onder de voet van Shiva is menselijke onwetendheid. Vishnu neemt soms de vorm aan van een dwerg. *Japans:* De riviergod is een kwaadaardige dwerg. *Scandinavisch:* Vier dwergen staan op de hoeken van de aarde en ondersteunen het firmament.

Dij De dij wordt vaak gebruikt als een symbool van de fallus, vandaar creatieve kracht, voortplanting en sterkte. De schedel en gekruiste dijbenen representeren de twee vitale bronnen van kracht, het hoofd en de lenden, van de persoon na de dood; ze bezitten magische kracht, trekken de levenskracht weg en zijn daarom een symbool van de dood. In Egypte is de dij van de stier of hippopotamus het 'fallische been van Seth'. Dionysos kwam te voorschijn uit de dij van Zeus.

Edelstenen Het hart; de zon en de maan; licht en hitte. Edelstenen symboliseren, als ze worden bewaakt door serpenten, draken of monsters, de verborgen schatten van kennis en waarheid, maar ook profane liefde en vergankelijke rijkdommen. Het kloven van en vorm geven aan kostbare stenen betekent de ziel vormen uit de ruwe, onregelmatige donkere steen tot het juweel, regelmatig van vorm en het goddelijke licht weerspiegelend. In het boeddhisme staan edelstenen voor wijsheid, en het drievoudige juweel is Boeddha, dharma en sangha; bij de jaïns zijn de drie juwelen juist geloof, juiste kennis en juist gedrag. In Japan is de edelsteen, als mededogen of wijsheid, een van de drie schatten, samen met het zwaard en de spiegel als moed en waarheid. Edelstenen tellen symboliseert doelloos werk; edelstenen bezitten staat gelijk met realisatie. *Agaat:* (zwart) symboliseert moed, dapperheid, kracht, voorspoed; (rood) spirituele liefde voor het goede, gezondheid, rijkdom, lang leven, vrede. *Amethist:* Nederigheid, gemoedsrust, vroomheid, soberheid, terugtrekking; de steen van genezing. *Aquamarijn:* Jeugd, hoop, gezondheid. *Barnsteen:* Gestold licht, magnetisme. *Beril:* Hoop, geluk, eeuwige jeugd, liefde in het huwelijk. *Bloedkoraal.* Inzicht, vrede, wat alle wensen vervult. *Chalcedoon:* Lichamelijke kracht; bezwerend. *Chrysoliet:* Wijsheid, discretie, voorzichtigheid; bezwerend. *Chrysopraas:* Vrolijkheid, vreugde. *Diamant:* Licht, leven, de zon, duurzaamheid, onkreukbaarheid, onzichtbare standvastigheid, ernst, onschuld. *Git:* Verdriet, rouw, veilig reizen. *Granaat:* Devotie, loyaliteit, energie, gratie. *Hyacint:* Trouw, tweede gezicht; eenvoud. *Jade:* (zie aldaar) 'Alles wat het allerbeste, allerhoogste is', de yangkracht van de hemelen. *Jaspis:* Vreugde, geluk. *Karbonkel:* Vastbeslotenheid, zekerheid, succes, energie; ook oorlog en het vloeien van bloed. *Kornalijn:* Vriendschap, moed, zelfvertrouwen, gezondheid. *Kattenoog:* Lang leven, de afnemende maan; bezwerend. *Korund:* Geestelijke stabiliteit. *Kristal:* (zie aldaar) Zuiverheid; eenvoud, magie. *Lapis lazuli:* Goddelijke gunst, succes, bekwaamheid. *Magnetiet:* Integriteit, eerlijkheid, viriliteit. *Maansteen/seleniet:* De maan, tederheid, geliefden. *Olivijn:* Eenvoud, bescheidenheid, geluk. *Onyx:* Vasthoudendheid, ernst, spirituele kracht, huwelijksgeluk. *Opaal:* Trouw, religieuze hartstocht, gebeden, zekerheid. *Parel* (zie aldaar): Het vrouwelijke principe, de maan, de wateren, kuisheid, zuiverheid. *Peridoot:* Vriendschap, de donderbijl. *Robijn:* Koningschap, waardigheid, ijver, kracht, liefde, passie, schoonheid, lang leven, onkwetsbaarheid. *Saffier:* Waarheid, hemelse deugden, contemplatie, kuisheid, bezwerend. *Sardonyx:* Eer, bekend, schittering, levendigheid, zelfbeheersing. *Smaragd:* Onsterfelijkheid, hoop, lente, jeugd, vertrouwen, de wassende maan. *Topaas:* Goddelijke goedheid, vertrouwen, vriendschap, liefde, scherpzinnigheid, de zon. *Toermalijn:* Inspiratie, vriendschap. *Turkoois:*

De Egyptische **dwerggod** Bes, hier afgebeeld in versterkende verdubbeling, is de bezwerende bewaker van paden en wegen; zijn eigen uiteindelijk onkenbare en sinistere natuur werd door reizigers opgeroepen als hulp tegen onzichtbare en dreigende gevaren tijdens een reis.

Op dit kussenovertrek uit de vijftiende eeuw legt de **eenhoorn**, symbool van maagdelijkheid en zuiverheid, zijn voorpoten ootmoedig in de schoot van de vrouw.

Moed, vervulling, succes; bezwerend. *Zirkoon:* Wijsheid, eer, rijkdommen.

Eden Zie Paradijs.

Eekhoorn *Keltisch:* Samen met de vogel is de eekhoorn het embleem van de Ierse godin Medb. *Christelijk:* Gierigheid; hebzucht. *Japans:* Vruchtbaarheid; gewoonlijk geassocieerd met de wijnstok. *Scandinavisch:* De 'Ratatosk' is een brenger van regen, water en sneeuw. De eekhoorn in de Yggdrasil betekent wraakgierigheid en onheil veroorzakend; hij schept ruzie tussen de arend en het serpent.

Een Zie Getallen.

Eend Drijvend op de oppervlakte is hij oppervlakkigheid; hij staat ook voor gekwebbel en misleiding. *Indiaans:* De bemiddelaar tussen het firmament en water. *Chinees en Japans:* Huwelijksgeluk en trouw; gelukzaligheid; schoonheid. De eend en de draak samen beelden de vereniging van geliefden uit; wederzijdse aandacht; trouw. De eend is yin tegenover het yang van de haan. *Egyptisch:* Geassocieerd met Isis. *Hebreeuws:* Onsterfelijkheid.

Eenheid Symbolen van eenheid zijn alle paren tegenstellingen; de complete cirkel; twee kruisende cirkels; de dubbele triangel; het androgyne; bomen met verstrengelde takken; de hoorn van de eenhoorn; de yin-yang; de linga en yoni.

Eenhoorn Het lunaire vrouwelijke principe, met de leeuw als het mannelijke; kuisheid; zuiverheid; maagdelijkheid; het perfect goede; deugd en sterkte van geest en lichaam; onomkoopbaarheid. Daar de twee hoorns verenigd zijn tot een enkele hoorn symboliseert hij de vereniging van de tegenstellingen en onverdeelde soevereine macht. Eenhoorns worden soms als bewakers aan weerszijden van de levensboom afgebeeld. De strijd tussen de eenhoorn en de leeuw representeert solaire en lunaire krachten en de paren tegenstellingen. De eenhoorn 'doorvorst het water' en zijn hoorn kan gif in water ontdekken en het onschadelijk maken. *Alchemistisch:* De eenhoorn is kwikzilver, met de leeuw als zwavel. *Chinees:* Hij wordt vaak op één lijn gesteld met Ky-Lin (zie aldaar), één van de vier spiritueel begaafde dieren, de essentie van de vijf elementen; als hij wit wordt afgebeeld is hij een lunair, yin, dier, maar als de ky-lin is hij de vereniging tussen yin en yang; hij betekent vriendelijkheid, welwillendheid, goede wil, zegening, een lang leven, grandeur, wijze administratie, luisterrijke nakomelingen. De hoorn van de eenhoorn is een gelukkig voorteken voor de keizer. Het berijden van een ky-lin wil zeggen beroemd worden. *Christelijk:* Christus; de 'hoorn van verlossing'; de hoorn als een middel tegen vergif symboliseert de macht van Christus om de zonde te vernietigen; de ene hoorn verbeeldt Christus en de vader als één, of Christus als de enige zoon. Als zuiverheid, vrouwelijke kuisheid en maagdelijkheid, is de eenhoorn een embleem van de maagd Maria en alle morele deugden. Als eenling verwijst hij naar het kloosterleven; hij is een embleem van de heiligen Justina van Antiochië en Justina van Padua. *Egyptisch:* Alle morele deugden. *Grieks-Romeins:* De maansikkel. De eenhoorn is een embleem van alle maagdelijke maangodinnen, speciaal van Artemis/Diana. *Hebreeuws:* Koningschap; kracht; macht. *Heraldisch:* Hij heeft het hoofd en lichaam van een paard, de staart van een leeuw, benen en hoeven van een hertenbok en een kromme hoorn in het midden van zijn voorhoofd; we zien hem samen met de leeuw als lunaire-solaire machten. *Iraans:* Perfectie; alle morele deugden. *Sumerisch-Semitisch:* Lunair; een attribuut van maagdelijke godinnen. Hij komt samen met de levensboom voor. *Taoïstisch:* Een van de belangrijkste taoïstische symbolen, de essentie van de vijf elementen en deugden, ook ky-lin.

Efod *Hebreeuws:* Volgens Josephus, het universum gevormd uit de vier elementen. De borstplaat in het midden van de efod is het kosmische centrum.

Egel *Christelijk:* De kwade; kwaad doen; het beroven van wijnstokken van druiven zoals de duivel de zielen van mensen rooft. Hij is ook een Sumerisch embleem van Isthar, en algemener een symbool van de grote moeder.

Ei Het kosmische ei is als symbool van de wereldbol het levensprincipe; de ongedifferentieerde totaliteit; potentialiteit; de kiem van alle schepping; de oorspronkelijke matriarchale wereld van de chaos; de grote cirkel die het universum bevat; de verborgen oorsprong en het mysterie van zijn; kosmische tijd en ruimte; het begin; de baarmoeder; alle kiemkrachtig bestaan; de oerouders; de perfecte staat van verenigde tegendelen; organische stof in zijn inerte staat; wederopstanding; hoop. In de symboliek van het hindoeïsme en de Egyptische, Chinese en Griekse symboliek barst het kosmische ei, als oorsprong van het universum, plotseling uiteen. Tot op dat moment een geheel, bevatte het toch al het bestaande en potentiële in de beperkte ruimte van de schaal. Het ei als oorsprong van de wereld komen we tegen in Egypte, India, China, Foenicië, Japan, Griekenland, Centraal Amerika, Fiji en Finland. Het gouden ei is de zon. Het serpent dat het ei omsingelt is Ouroboros (zie aldaar). Een struisvogelei, of groot porseleinen ei opgehangen in een tempel, Koptische kerk of moskee verbeeldt creatie, leven, wederopstanding en wordt als zodanig soms in graven gevonden. In het christendom kan het de maagdelijke geboorte verbeelden. *Alchemistisch:* Uit het ei groeit de witte bloem (zilver), de rode bloem (goud) en de blauwe bloem (de bloem van de wijzen). Het ei is ook de verzegelde hermetische kruik waarin het grote werk zich voltrekt. Het ei der wijzen is een symbool voor de schepping. *Boeddhistisch:* De eierschaal is de 'schaal van onwetendheid' en er doorheen breken is de tweede geboorte en het bereiken van verlichting, transcenderen van ruimte en tijd. *Chinees:* Totaliteit; de dooier is het firmament en het eiwit de aarde. Bij de schepping breekt het kosmische ei open en vormen de helften aarde en firmament. *Christelijk:* Wederopstanding; herschepping; hoop. *Druïdisch:* Het kosmische ei is het 'ei van het serpent', gesymboliseerd door het fossiel van de zee-egel. *Egyptisch:* Het kosmische ei waaruit de zon, Re, werd uitgebroed, werd gelegd door de Nijlgans; 'Het groeit, ik groei; het leeft, ik leef' (Egyptische Dodenboek). Kneph, het serpent, produceerde het kosmische ei ook uit zijn mond, de logos symboliserend. *Grieks:* In het orfisme is het ei het mysterie van het leven; wederopstanding; het wordt omgeven door Ouroboros. De Dioscuri, geboren uit het ei van Zeus en Hera, dragen de twee helften van het ei als ronde kapjes. Soms wordt het ei afgebeeld als de vier elementen bevattend. *Hindoeïstisch:* Het ei werd op de oerwateren gelegd door de goddelijke vogel. Brahma springt uit het gouden ei van de schepping en de twee helften vormden hemel en aarde: 'Dit enorme ei, gevormd uit de elementen, en rustend op de wateren, was de uitstekende natuurlijke verblijfplaats van Vishnu in de gedaante van Brahma, en daar Vishnu .... nam Vishnu een waarneembare vorm aan... In dat ei bevonden zich de continenten, zeeën en bergen, de planeten en delen van het universum, de goden, de demonen en de mensheid' *(Vishnu Purana).* Het kosmische ei komt overeen met het ei van Brahma en is in drie gebieden verdeeld, het gebied van de zintuigen, de hemel en de vormloze wereld. Het ei betekent ook de yoni. De kosmische boom wordt soms afgebeeld als het kosmische ei drijvend op de wateren van de chaos. *Iraans:* Schepping; het levensprincipe. In de leer van Zaratusthra werd het firmament geschapen in de vorm van een ei van glanzend metaal. *Oceanisch:* Op sommige eilanden werd gezegd dat de eerste mens werd uitgebroed uit het ei van een vogel. *Sumerisch-Semitisch:* Het kosmische ei produceerde de schepping.

De oude Egyptenaren beschouwden de god Ptah als de vader en schepper, de grote handwerksman. Hier is hij afgebeeld terwijl hij op de draaischijf van de pottenmaker het **wereldei** vormt, dat zijn eigen geest bevatte en dat hoorde bij de zon- en maaneieren die hij ook schiep.

De **engel** Gabriël, boodschapper en heraut van God, blazend op zijn trompet van aankondiging; afkomstig van een islamitische miniatuur uit de veertiende eeuw.

Eik Kracht; bescherming; duurzaamheid; moed; waarheid; mens; het menselijke lichaam. De eik wordt vaak in verband gebracht met dondergoden en donder; goden van het firmament en de vruchtbaarheid hebben de eik als een embleem, en daarom geeft hij ook bliksem en vuur weer. *Indiaans:* Gewijd aan moeder aarde. *Keltisch:* Gewijd aan Dagda, de schepper; een heilige boom. *Chinees:* Mannelijke kracht, ook de zwakte in kracht die weerstand biedt en omwaait in een storm, in tegenstelling tot de zwakte in kracht van de wilg die buigt voor de storm en overleeft. *Christelijk:* Een symbool van Christus als kracht in tijden van tegenspoed; standvastig vertrouwen en deugd. De eik, hulst en esp worden beurtelings genoemd als de boom waarvan het kruis gemaakt is. *Druïdisch:* De heilige boom; het mannelijke principe met de mistletoe als het vrouwelijke. *Grieks-Romeins:* Gewijd aan Zeus/Jupiter; het huwelijk van de eikgod Jupiter met de eikgodin Juno werd ieder jaar gevierd in een eikenbos en de vereerders droegen kronen van eikenbladeren. De kroon van eikenbladeren werd ook gegeven voor het redden van een leven en voor de overwinning tijdens de Pythische spelen. De eik is een embleem van Cybele en Silvanus, en in Griekenland van Philemon als toewijding en geluk in het huwelijk. De driaden waren eiknimfen. *Hebreeuws:* De boom van het Verbond, de goddelijke aanwezigheid. *Scandinavisch-Teutoons:* De levensboom van Thor; ook gewijd aan Donar. Eikenbosjes waren plaatsen van verering tijdens Germaanse riten.

Eikel Een Scandinavisch en Keltisch symbool van het leven, vruchtbaarheid en onsterfelijkheid; gewijd aan Thor; de androgyn (hermafrodiet).

Eiland Ambivalent als plaats van isolatie en eenzaamheid, maar ook als veilige plaats en toevluchtsoord uit de zee van chaos. Betoverde eilanden verbeelden het paradijs, de woonplaats van de gezegenden, zoals het Keltische 'groene eiland'.

Ekster *Chinees:* 'De vogel van vreugde'; geluk. Een kwetterende ekster betekent goed nieuws, de komst van gasten. Tijdens de Manchu-dynastie vertegenwoordigde hij ook keizerlijk voorschrift. *Christelijk:* De duivel; losbandigheid; ijdelheid.

Eland *Indiaans:* Bovennatuurlijke kracht; de wervelwind.

Elementen De passieve krachten van de natuur. In het Westen zijn er vier elementen; water wordt gesymboliseerd door golvende lijnen, de neerwaarts wijzende driehoek en de kleuren blauw en groen. Het heeft de eigenschap van vochtigheid, het vloeibare en samenhangende; vuur wordt uitgebeeld door een vlam, stralen, de piramide of de opwaarts wijzende driehoek en de kleuren rood of oranje, en het heeft de eigenschap van hitte, het verwoestende, de beweging; de aarde wordt vertegenwoordigd door het vierkant of de kubus en de kleuren bruin, zwart en geel en heeft de eigenschap van koude, het solide, dat wat een last kan dragen; symbolen van de lucht zijn de cirkel van de hemelen, of een ark, en de kleuren blauw, of het goud van de zon, hij heeft de eigenschap van droogte, het licht en beweeglijkheid. In de Chinese symboliek combineren de vier heilige of 'spiritueel begiftigde schepsels' de elementen. De blauwe of groene draak, ritueel weergegeven door de ronde blauwe plaquette, is de lucht; er is ook een draak van de wateren, van de aarde en van de bergen. De feniks met de rode jade plaquette combineert lucht en vuur. De schildpad met de zwarte halfronde of gele buisvormige jade, is aarde en water. De witte tijger, met de witte jade figuur van een tijger, combineert vuur en water. Vuur en water zijn yang, actief en mannelijk; water en aarde zijn yin, passief en vrouwelijk. In de Grieks-Romeinse symboliek zijn de elementen gewoonlijk vrouwelijke figuren of godheden; water wordt gesymboliseerd door de omgevallen overlopende kruik, Neptunus, Triton, Nereïden, dolfijnen of zeepaardjes; vuur is een vrouw met een hoofd in brand, of een feniks, of Vulcanus; de aarde wordt vertegenwoordigd door een vruchtbaarheidsgodin, de cornucopia, de chtonische slang of schorpioen, of de van torentjes voorziene kroon van Cybele; lucht is Juno en de pauw, of Juno midden in de lucht met aambeelden aan haar voeten hangend, of het kameleon waarvan men dacht dat het van lucht leefde. In het taoïsme zijn er vijf elementen, die elkaar beurtelings overwinnen: hout overwint de aarde; aarde water; water vuur; vuur metaal; metaal hout. In de hindoeïstische en boeddhistische symboliek zijn er vijf elementen: de aarde is een vierkant of kubus; water een globe of cirkel; vuur een driehoek of piramide; lucht een halve maan; en de halve maan met daarboven een edelsteen of vlam is het vijfde element, ether.

Ellips Het kosmische ei; de yoni; de twee zijden betekenen neerdaling en opstijging, involutie en evolutie.

Els Wordt in verband gebracht met de dood, het smidsvuur en de kracht van verdamping. *Keltisch:* De elfenboom; toverkunst, opstanding. *Grieks:* Embleem van Pan. Verbonden met de lente en vuur festivals.

Embryo Gesymboliseerd door de punt, of door de punt in het centrum van een cirkel; het is het centrum van waaruit de schepping begon en het wordt geïdentificeerd met de wateren, het ei en de lotus.

Engelen Boodschappers van God; bemiddelaars tussen God en de mens, de hemel en deze wereld; krachten uit een onzichtbare wereld; verlichting. Er zijn negen engelenkoren: serafijnen, cherubijnen, tronen, heerschappijen, krachten, machten, vorsten, aartsengelen en engelen. De angiri's uit het hindoeïsme zijn ook boodschappers tussen goden en mensen. In de symboliek van de islam staan acht engelen rondom de troon van Allah, zij vertegenwoordigen de voornaamste en bemiddelende punten. Symbolen van engelen zijn: vlammende zwaarden, trompetten, scepters, wierookvaten, muziekinstrumenten, de lelie.
Es De Scandinavische heilige kosmische boom, de Yggdrasil (zie aldaar); ook gewijd aan Zeus/Jupiter. De es typeert ook aanpassingsvermogen, voorzichtigheid en bescheidenheid. Hij wordt geassocieerd met het bloed van de castratie van Ouranos. Meliae waren esnimfen. Esdoornblad embleem van Canada. *Chinees en Japans:* Herfst; het embleem van geliefden.
Esp *Christelijk:* Kwaad; venijn. *Egyptisch:* Solair; koningschap; heerschappij en macht. *Grieks:* Beschermende en welwillende macht.
Espen Angst; onzekerheid; klagend.
Eten Verleent de eigenschappen van hetgeen wordt geconsumeerd aan degene die het consumeert, bijv. vis is vruchtbaar, dus geeft het eten van vis vruchtbaarheid; ook was vis het voedsel op alle feesten van de grote moeder en werd hij gegeten op haar dag, vrijdag. Kannibalisme, het eten van het vlees van de strijder of held, verleent moed en heldendom. Het eten van het vlees van een god verleent heiligheid en spirituele kracht.
Everzwijn Ambivalent, zowel solair als lunair; als solair is het everzwijn het mannelijke principe, maar als hij wit is wordt hij lunair en is dan dus vrouwelijk als het waterige principe en bewoner van de moerassen. Hij staat ook voor onversaagdheid, wellust, gulzigheid. *Keltisch:* Een heilig dier; het bovennatuurlijke; profetie; magie; oorlog; bescherming van strijders; gastvrijheid. Hij wordt geassocieerd met goden en magische krachten, met de boom, het wiel, raven en het menselijke hoofd en werd aan Derga geofferd. Het offervuur was het 'everzwijn van de wouden'. Het zwijnshoofd symboliseert gezondheid en bescherming tegen gevaar, de macht van de levenskracht, de vitaliteit in het hoofd, dus overvloed en geluk voor het komende jaar. Het everzwijn en de beer samen vertegenwoordigen spirituele autoriteit en wereldlijke macht. *Chinees:* De rijkdom van de wouden; een wit everzwijn is lunair. *Christelijk:* Wreedheid; meedogenloze woede; de zonden van het vlees; wrede prinsen en heersers. *Druïdisch:*

Een Kretenzische icoon van de intocht van Christus in Jeruzalem toont hem rijdend op een **ezel**, symbool van nederigheid, in contrast met zijn latere uitspraak dat hij de koning der joden was.

Een gouden ornament voorstellende een **feniks** uit de tijd van de T'ang-dynastie verleende de drager ervan de bescherming en majesteit van de vogel, één van de vier heilige schepsels en een symbool van onsterfelijkheid, uitstekende en unieke voortreffelijkheid.

De druïden noemden zichzelf 'everzwijnen', waarschijnlijk omdat ze, als kluizenaars, teruggetrokken in de wouden woonden. *Egyptisch:* Kwaad; een attribuut van Seth in zijn tyfoonachtige aspect als hij het oog van de god van de dag verzwelgt. *Grieks-Romeins:* Gewijd aan Ares/Mars; vernietiging en strijd. Hij is ook het symbool voor de winter als hij Adonis en Attis doodt, die de kracht van de zon symboliseren. Het everzwijn dat Adonis versloeg werd geofferd aan Aphrodite. Het doden van het everzwijn van Calydon was het verslaan van de winter bij de komst van de solaire kracht in de lente. Het everzwijn is het attribuut van Demeter en Atalanta. Heracles nam het everzwijn van Erymanthus gevangen. *Hebreeuws:* De vijand van Israël, die de wijngaard vernielt. *Heraldisch:* Een van de vier heraldische dieren van de jacht. *Hindoeïstisch:* Varahi, de derde incarnatie van Vishnu, of Parjapati die, in de gestalte van een everzwijn, de aarde redde van de chaos van de wateren en die de eerste bebouwer van de grond was. Het everzwijn representeert ook Vajravrahi, godin van de dageraad en koningin van de hemel, als de zeug, bron van leven en vruchtbaarheid. *Iraans:* Het 'glanzende everzwijn' staat in verband met de zon in de *Zendavesta*. *Japans:* Het witte everzwijn is de maan; moed; verovering en alle eigenschappen van strijders. *Myceens:* Strijders droegen een helm van de slagtanden van een everzwijn. *Scandinavisch en Teutoons:* Vruchtbaarheid; de oogst; een stormdier; begrafenis; geofferd aan Frey met Yule; gewijd aan Wodan/Odin, Frey en Freyja die everzwijnen berijden. Maskers en helmen van everzwijnen brachten strijders onder de bescherming van Frey en Freyja. De gouden borstels van het everzwijn van Frey, Gulliburstin, zijn de stralen van de zon. *Siberisch:* Standvastigheid; verovering; alle eigenschappen van strijders. *Sumerisch-Semitisch:* Het gevleugelde everzwijn versloeg Tammuz; het everzwijn kan een boodschapper van de goden zijn.

Ezel Geduld; domheid; obstinaatheid. *Chinees:* Domheid. 'Het jaar van de ezel en de maand van het paard' is nooit. Zie ook Domoor.

Fallus Het mannelijke creatieve principe; de voortplantende, generatieve krachten van de natuur en het menselijke ras; de functie en potentie van de schepper; de stroom van het leven. Een bezwerend symbool. Ithyfallische figuren representeren vaak het verlenen van leven aan de mens en de natuur; vruchtbaarheid; voortplanting; potentie; ook zijn ze bezwerend. Fallische symbolen zijn de *linga,* de hindoeïstische aniconische representatie van Shiva als schepper; de zuil; obelisk; alles wat doordringt, open steekt, zoals het zwaard, de lans, de pijl. Maar hetgeen doorsteekt vernietigt ook, dus Shiva als schepper en als vernietiger. In de Keltische kunst is een hoofd bovenop een zuil fallisch, er bestaat een traditionele Keltische associatie tussen het hoofd en de fallus, omdat beide macht hebben en vruchtbaarheid vertegenwoordigen; ze kunnen ook betrekking hebben op een begrafenis of bezwerend zijn. De fallus werd op Egyptische en Grieks-Romeinse kerkhoven gebruikt als symbool van wederopstanding en vernieuwing van het leven. De symboliek ervan kan zuiver fysiek zijn, als bij de verering van Priapus, of een spirituele betekenis hebben zoals in het hindoeïsme.

Fasces (bijlbundel) Magistrale kracht en rechterlijke macht; straf; de stokken staan voor geseling en de bijl voor onthoofding; samen symboliseren ze kracht in eenheid. Als eenheid kunnen ze een attribuut zijn van Eros/Cupido.

Fazant *Chinees:* Licht; yang; deugd; welvaart; geluk; schoonheid; embleem van keizer Yü. *Japans:* Bescherming; moederlijke liefde.

Feniks Een universeel symbool van wederopstanding en onsterfelijkheid, van dood en wedergeboorte door vuur. Het is een legendarische vogel die sterft door zelfopoffering. Hij blijft gedurende drie dagen dood (de donkere maan) en verrijst op de derde dag uit zijn eigen as; dit is maansymboliek, maar de feniks is universeel een symbool van de zon, omdat hij de 'vuurvogel' is en goddelijk koningschap, adeldom en uniekheid betekent. Hij staat ook voor zachtaardigheid omdat hij niets vernietigt waarop hij neerstrijkt en zich met niets levends voedt, slechts met dauw. De feniks wordt in alle tuinen van het paradijs geassocieerd met de roos. *Alchemistisch:* De vertering van het *magnum opus;* regeneratie. *Azteken, Maya's en Tolteken:* Solair; zegeningen; geluk; hij is de Quetzal, de metgezel van Quetzalcoatl. *Chinees:* De feng-huang van Fung of Fum; de 'vermiljoen-vogel', de 'substantie van de vlam'; hij is een van de vier spiritueel begiftigde of heilige schepsels en net als de draak en *ky-lin,* waarmee hij altijd verbonden is, zowel yin als yang. Als hij *feng* gemaakt is wordt hij yang, solair, de vuurvogel; maar als *huang* is hij vrouwelijk, yin en lunair. Als hij samen met de draak wordt afgebeeld als symbool van de keizer, wordt de feniks totaal vrouwelijk als de keizerin en dan representeren ze samen beide aspecten van de keizerlijke macht. In het vrouwelijke aspect verwijst de *huang* naar schoonheid, fijnzinnig gevoel en vrede. Hij is ook een huwelijkssymbool en betekent dan 'onscheidbare vriendschap', niet alleen voor het getrouwde paar maar voor de hele yin-yang wederzijdse afhankelijkheid in het universum in het gebied van dualiteit. Net als de draak en de *ky-lin* is de feniks samengesteld uit verschillende elementen, die de hele kosmos symboliseren; hij heeft de kop van een haan (de zon), de rug van een zwaluw als de maansikkel, zijn vleugels zijn de wind, zijn staart representeert bomen en bloemen en zijn voeten zijn de aarde; hij heeft vijf kleuren die de vijf deugden symboliseren; 'zijn kleuren verrukken het oog, zijn kam drukt rechtschapenheid uit, zijn tong spreekt ernstig, de stem zingt een melodie, zijn oor geniet van muziek, zijn hart past zich aan voorschriften aan, zijn borst bevat de schatten van de literatuur en zijn sporen zijn effectief tegen overtreders' (afkomstig uit een oud ritueel). De verschijning van een feniks bij welke gelegenheid ook was in hoge mate voorspellend en betekende vrede en een weldoende regering, of de verschijning van een belangrijke wijze. Een paar feniksen betekende een combinatie van keizer en wijze. *Christelijk:* Wederopstanding; Christus verteerde in het vuur van het lijden en verrees op de derde dag; overwinning op de dood; geloof; bestendigheid. *Egyptisch:* Op één lijn gesteld met Bennu, de zonnevogel, als solair, wederopstanding en onsterfelijkheid en geassocieerd met Re. Hij werd wel gezien als de spiraalvormige verrijzenis van Sirius, die, in oude tijden, voorafging aan het ontstaan van de Nijl. *Japans:* De zon; oprechtheid; trouw; gerechtigheid; gehoorzaamheid. *Romeins:* De wedergeboorte en het permanente bestaan van het Romeinse rijk; keizerlijke apotheose.

Firmament Transcendentie; oneindigheid; hoogte; de hemelen; het gebied van zegen; soevereiniteit; orde in het universum. Goden van het firmament zijn gewoonlijk scheppers, almachtig en alwetend, en symboliseren kosmische ritmen. Ze zijn bewakers van de wet. Bij een matriarchaat zijn de goden van het firmament gewoonlijk vrouwelijk; af en toe is een godheid van het firmament aseksueel. In de hindoeïstische symboliek is het firmament een zeef waardoor het *soma*-sap wordt gedreven, neervallend als regen, het land vruchtbaar makend en gepaard gaand met donder en bliksem.

Fles Een symbool van de baarmoeder; het principe van bevatten en omsluiten. In het boeddhisme is het de baarmoeder van de Boeddha-natuur. In het christendom staat hij voor redding en is hij

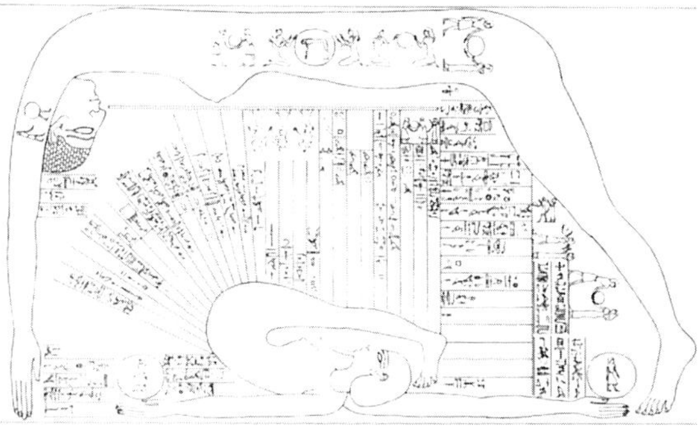

De Egyptische **hemelgodin** Nut buigt zich over de wereld van de schepping, alle dingen rangschikkend en scheppend, terwijl ze de houding van transcendentie handhaaft.

De vier armen van Krishna op deze Dravidische sculptuur uit de zeventiende eeuw wijzen op zijn goddelijke natuur als avatar van Vishnu, en het feit dat hij als mens op een **fluit** speelt is de symbolische uitdrukking van de goddelijkheid, die zijn uitdrukking vindt via zijn lichaam.

een embleem van de heilige Jacobus de grote.
Fleur-de-lis De gestileerde lotus of lelie, de bloem van licht en leven; de vlam van licht en leven; de koningin van de hemel en de drievoudige majesteit van god; van de drie-eenheid; koningschap. Hij wordt ook geassocieerd met het androgyne als de mannelijke drie-eenheid gecombineerd met de vrouwelijke cirkel en wordt verbonden met de drietand, herautstaf en Bacchusstaf; lijkend op de punt van een speer is hij fallisch en vertegenwoordigt hij mannelijke en militaire macht. Embleem van de koningen van Frankrijk en de heilige Lodewijk IX van Frankrijk en Toulouse.
Fluit Soms gelijkgesteld met lijden en de uiterste emoties. *Chinees:* Embleem van Han Hsiang-tzu, een van de acht taoïstische genii. Symboliseert harmonie. *Grieks-Romeins:* Embleem van Euterpe en een attribuut van de sirenen als verleiding en de emoties. *Hindoeïstisch:* De fluit van Krishna is 'de stem van de eeuwigheid, roepend naar de bewoners van de tijd'. *Frygisch:* Een attribuut van Cybele.
Fontein De moeder-bron; het levenswater als de 'fontein van het leven' of de fontein van onsterfelijkheid; eeuwig leven. In de symboliek van het paradijs ontspringt het levenswater aan de voet van de levensboom als een fontein die de vier rivieren van het paradijs doet ontstaan. Fonteinen in het midden van pleinen, binnenhoven, kloosters, ommuurde tuinen enz. vertegenwoordigen het kosmische centrum, zoals de centrale fontein in het paradijs, en vormen ook de bron van de levende wateren en van de jeugd en onsterfelijkheid. Fonteinen of waterstralen komend uit een mond, staan voor de macht van het spreken, van het woord, en van instructie en verfrissing. 'Fonteinen van licht' zijn een symbool van licht en water als voortkomend uit dezelfde centrale bron. De verzegelde fontein is maagdelijkheid. *Christelijk:* Verlossing en zuivering door de levende wateren; de stroom van de logos; de fontein van het leven verleent onsterfelijkheid en is ook de heilige geest. De verzegelde fontein staat voor de maagd Maria. *Hebreeuws:* De fontein van de levende wateren is God. *Islamitisch:* De door de hemelen gezonden wateren van de werkelijkheid, het drinken ervan is gnosis. De plotselinge toegang tot kennis of de opening van het 'oog van het hart'. De fontein van genade. De wateren van het leven zijn de kennis van God.
Forel *Keltisch:* De forel wordt, net als de zalm, geassocieerd met heilige wateren en bronnen en vertegenwoordigt de voorkennis van de goden, wijsheid en kennis van de andere wereld.
Fornuis Zie Smidsvuur.

Frygische muts 'Vrijheidsmuts'; vrijheid; adeldom; een teken van vrijheid. Wanneer hij was vrijgelaten, zette een slaaf een muts op. Ook de hoorn van een stier en fallisch. De conische of piramidale muts wordt door Osiris gedragen, door Ganymedes, de jonge Zeus, die vergezeld is van een hond en arend en in de Etruskische kunst door de Dioscuri.

Gal Bitterheid; rancune.
Gans Solair (men zegt dat hij de zon volgt tijdens zijn trektochten); adem; de wind; de 'ademvogel'; waakzaamheid; liefde; de goede huisvrouw. Met Sint Michiel en Kerstmis vertegenwoordigt de gans de afnemende, en weer toenemende kracht van de zon. De gans en de zwaan kunnen in de symboliek onderling verwisseld worden. *Keltisch:* Oorlog; een attribuut van oorlogsgoden. *Chinees:* De wilde gans is een hemelvogel; yang; mannelijkheid; licht; inspiratie; snelheid; een boodschapper; de brenger van goed nieuws; huwelijksgeluk; verandering van de seizoenen; herfst. Hoewel solair is de gans in de Chinese kunst ook verbonden met de herfstmaan. *Christelijk:* Waakzaamheid; voorzienigheid; embleem van Sint Maarten van Tours. *Egyptisch:* De nijlgans, 'de grote kwetteraar', is de schepper van de wereld en legde het kosmische ei waaruit de zon, Amon-Re, werd uitgebroed. De gans is ook een attribuut van Seb, of Geb, de aarde-god, en symboliseert liefde; hij is eveneens een embleem van Isis, Osiris en Horus. *Grieks:* Liefde; waakzaamheid; een goede huisvrouw; attribuut van Hera, koningin van de hemel. Hij symboliseert ook de solaire Apollo; Hermes, de boodschapper; Mars als oorlog; Eros als liefde en Peitho als godin van welbespraaktheid en aantrekkelijke spraak. *Hindoeïstisch:* De wilde gans, of gent, is een voertuig van Brahma, het creatieve principe, of onafhankelijk wezen. Hij verbeeldt ook vrij zijn van banden; spiritualiteit; toewijding; studie; welbespraaktheid. De Hamsa wordt óf afgebeeld als een gans óf als een zwaan. *Japans:* Herfst, snelheid; een boodschapper; wordt in de kunst ook in verband gebracht met de herfstmaan. *Romeins:* Waakzaamheid; heilige ganzen werden in Rome gehouden en geassocieerd met Mars, de oorlogsgod, Juno als godin van de hemel en Priapus als vruchtbaarheid. *Sumerisch:* Gewijd aan Bau, de godin van het boerenerf.

Gardenia *Chinees:* Vrouwelijke gratie; subtiliteit; artistieke verdienste.
Gat Vacuüm; leegte. Het gat neemt zowel de symboliek van de diepte aan als die van de hoogte; als een gat in de aarde is het het principe van vrouwelijke vruchtbaarheid en deelt het de symboliek van alle holle dingen; als gat in een dak van een tempel, tipi, of heilige hut enz. is het de opening naar boven naar de hemelse wereld en de deur of toegang tot het spirituele. Als hij erdoor gaat verlaat de mens de aardse en verwerft de hemelse gedaante. De hemelen worden afgebeeld als een rond gat, de aarde als een vierkant gat. Het schild met 'de figuur van een acht' was een attribuut van de Egyptische Neith en we komen het ook tegen in de Minoïsche civilisatie. In Griekenland was het schild een embleem van Ares en Athene, dat samen met de aegis als bescherming werd gedragen. Het schild met de speer symboliseerde initiatie van de epheboi in volwassenheid. Een symbool van gepersonifieerde kuisheid.
Gazelle De gazelle kan symbolisch van plaats verwisselen met de antilope, het hert of de geit. *Christelijk:* Als vluchtend voor een dier dat hem als prooi ziet is hij de ziel die wegvlucht van aardse hartstochten. *Egyptisch:* Met de gemsbok en de geit samen is de gazelle een attribuut van Seth in zijn tyfoonachtige aspect. Horus de gazelle vertrappend, is de overwinning op tyfoonachtige krachten. *Grieks-Romeins:* Een attribuut van Diana. *Hindoeïstisch:* Samen met de antilope is hij een voertuig van Chandra, de maangod, en een symbool van Shiva die in een wagen rijdt die wordt voortgetrokken door antilopen. De gazelle of antilope vertegenwoordigt Capricornus in de hindoeïstische Dierenriem. *Islamitisch:* Spirituele toestanden: 'Mijn hart, een weide voor gazellen' (ibn Arabi). *Sumerisch-Semitisch:* Attribuut van Astarte en Mullil, god van de stormen; bij tijd en wijle verschijnt Ea in de gedaante van een antilope.
Geel Zie Kleuren.
Geit Mannelijk; overvloedige vitaliteit; creatieve energie. De geit kan symbolisch van plaats verwisselen met de gazelle en de antilope. Daar hij op hooggelegen plekken woont kan hij ook staan voor superioriteit. De vrouwelijke geit staat voor de vrouwelijke voortplantende kracht; vruchtbaarheid; overvloed. *Chinees:* Een homofoon van yang, hij wordt het mannelijke principe; het goede; vrede. *Christelijk:* De duivel; de verdoemden; zondaren; wellust; glibberigheid. De zondebok is Christus beladen met de zonden van de wereld. *Grieks-Romeins:* Waakzaamheid; creatieve energie; wellust. Gewijd aan Zeus Dictynnos die

De **fontein** op de 'Aanbidding van het lam' van van Eyck is de bron van het eeuwige leven in de tuin van het paradijs, waar het zachtaardige, maar triomferende lam de verzoening van verlossing door het vloeien van zijn eigen bloed symboliseert.

Vier gestileerde **geiten**, symbool van Ea-Oannes, heer van de wateren, worden op een stuk beschilderd Sumerisch aardewerk, rennend langs een vijver afgebeeld.

Geboetseerde vorm van de god Osiris, afkomstig uit het graf van Toetanchamon. Toen de jonge farao begraven was, werd dit graf gevuld met modder uit de Nijl waarin **gerstekorrels** waren geperst. Het uitlopen van de korrels symboliseerde de wederopstanding.

werd gezoogd door de geit Amalthea, waarvan de huid het schild (aegis) werd, beschermer en behoeder, en waarvan de hoorn de cornucopia was, overvloed en veel. De wilde geit is gewijd aan Artemis en is een attribuut of gedaante van Dionysos. Saters zijn half geit met de horens van een geit. Gewijd aan Faunus. *Hebreeuws:* Zinnelijk. *Hindoeïstisch:* Vuur; creatieve hitte; met de ram een attribuut van de vedische vuurgod, Agni, die rijdt op een mannelijke geit. *Scandinavisch en Teutoons:* De wagen van Thor, de god van de donder en vruchtbaarheid, wordt getrokken door geiten, die aan hem gewijd zijn. *Sumerisch-Semitisch:* Verschijnt vaak samen met Marduk en met godinnen van de jacht; een embleem van de Babylonische Ningirsu. De geit, of geit-vis, representeert Ea-Oannes, heer van de waterige diepte.

Gemini Zie Tweelingen en Dierenriem.

Gerechtigheid Afgebeeld als een geblinddoekte vrouw die een zwaard en weegschaal in haar hand houdt. In de christelijke kunst heeft ze keizer Trajanus aan haar voeten. De maagd Maria wordt de moeder van de gerechtigheid genoemd. Gerechtigheid wordt ook gesymboliseerd door de Romeinse bijlbundel.

Gerst Alle graansoorten zijn een symbool van vernieuwing van het leven, opstanding en vruchtbaarheid. Gerst die op het lichaam van Osiris werd gestrooid ontsproot en stond voor 'nieuw leven na de dood'. 'Bedjes van Osiris' was gerst gegroeid op een natte doek of in een pot en werd op graftomben geplaatst; ook plaatste men daar wel beelden van Osiris, gemaakt van aarde en gerst, waarvan de groei de opstanding en de terugkeer van de lente in het land symboliseerde. Hoofdjes van gerst werden bij de Griekse mysteriën gebruikt om vruchtbaarheid en productiviteit te symboliseren. Ze werden geassocieerd met Kore/Demeter en de 'witte godin' Zie ook onder Maïs.

Gesel Een embleem van het lijden van Christus en de heilige Ambrosius.

Gesp Bescherming; zelfverdediging. *Egyptisch:* De gesp van Isis, van haar gordel, is de bescherming van Isis; kracht; sterkte; het bloed van Isis garandeerde haar gunst en die van haar zoon Horus.

Getallen In veel tradities, maar heel speciaal in die van Babylonië, de hindoeïstische en die welke berust op de ideeën van Pythagoras is het getal een fundamenteel principe waaruit de hele objectieve wereld voortkomt; het is de oorsprong van alle dingen en de onderliggende harmonie van het universum. Het is ook het grondprincipe van het universum in de verhoudingen van de beeldende kunsten, in ritme, muziek en poëzie. In de hermetische filosofie wordt de wereld van de getallen gelijkgesteld met die van de rede. Getallen zijn niet slechts kwantiteit, maar ook symbolische kwaliteit. (Het is onmogelijk de uitgebreide complexiteit van de symboliek van Pythagoras en het middeleeuwse christendom van getallen zoals die werd gebruikt in de theologie, kosmologie en wetenschap te behandelen.) *Chinees:* Oneven getallen zijn yang, hemels, onveranderbaar, gunstig; even getallen zijn yin, aards, veranderlijk, onheilspellend. *Christelijk:* Er bestond niet veel christelijke symboliek inzake getallen voor de Augustijner en Alexandrijnse geleerden; voor Augustinus was het getal het archetype van het absolute. *Grieks:* 'Alles is beschikt in overeenstemming met de getallen' (Pythagoras). Voor Plato waren getallen de harmonie van het universum; voor Aristoteles was het getal 'de oorsprong, en als 't ware, de substantie van alle dingen en hun affecties en toestanden'. Oneven getallen zijn mannelijk, even getallen zijn vrouwelijk. 'Offer aan de hemelse goden met een oneven getal en aan de aardse goden met een even getal' (Plutarchus). Pythagorische getallen zijn zowel kwantitatief als kwalitatief. *Hindoeïstisch:* Getallen zijn de oersubstantie van het universum.

NUL Niet-bestaan; niets; het niet-gemanifesteerde; het eeuwige; de afwezigheid van kwaliteit of kwantiteit. In het taoïsme symboliseert nul leegte; niet-zijn; in het boeddhisme is het leegte en het niet-zijn; in het kabbalisme het grenzeloze; onbeperkt licht; voor Pythagoras stond de nul voor de perfecte vorm, de monade, de grondlegger en instandhouder van het al; in de islam is hij goddelijke essentie. De nul representeert ook het kosmische ei, het oorspronkelijke androgyne, de volheid. Als een lege cirkel staat hij zowel voor het niets van de dood als voor de totaliteit van het leven die zich in het ei bevindt en deelt hiermee dus de symboliek van de cirkel (zie aldaar). Als een ellips representeren de twee zijden het opstijgen en neerdalen, evolutie en involutie. Voor de 'ene' bestaat slechts leegte, of niet-zijn; denken; het ultieme mysterie, het onbegrijpelijke absolute.

EEN Oorspronkelijke eenheid; het begin; de schepper; de eerste beweger; de som van alle mogelijkheden; essentie; het centrum; het onscheidbare; de kiem; isolatie; een opwellen en opstijgen, het principe dat de dualiteit doet ontstaan, vervolgens de veelvuldigheid en dan terug naar de uiteindelijke eenheid. *Chinees:* Yang; mannelijk; hemels; gunstig. De monade. *Christelijk:* God, de vader; de godheid. *Hebreeuws:* Adonai, de heer, de hoogste, de 'ik ben'; verborgen intelligentie. *Islamitisch:* God, als eenheid; het absolute; het autarkische. *Pythagorisch:* Geest; god, waaruit alle dingen voortkomen; de essentie; de monade. *Taoïstisch:* 'Tao brengt één voort, één brengt twee voort, twee brengt drie voort en drie brengt alle dingen voort.'

TWEE Dualiteit; wisseling; diversiteit; conflict; afhankelijkheid; anders zijn; de statische conditie; de gewortelde, dus evenwichtige, stabiliteit; weerspiegeling; de tegengestelde polen; de dualistische natuur van de mens; verlangen, aangezien alles wat manifest is in dualiteit, in paren van tegendelen bestaat. Als één een punt weergeeft, geeft twee lengte weer. Het binaire getal is het eerste dat terugwijkt van eenheid, vandaar dat twee ook vergankelijkheid en het corrumpeerbare representeert. Twee dieren met dezelfde symboliek, zelfs als ze van een verschillende soort zijn, bijv. twee leeuwen of een leeuw en een stier, beide solair, staan voor tweevoudige kracht. *Alchemistisch:* De tegendelen, zon en maan, koning en koningin, zwavel en kwikzilver, aanvankelijk antagonistisch maar uiteindelijk opgelost en verenigd in het androgyne. *Boeddhistisch:* De dualiteit van *samsara;* mannelijk en vrouwelijk; theorie en praktijk; wijsheid en methode; ook de blinde en de lamme verenigd om de weg te zien en hem te bewandelen. *Chinees:* Yin; vrouwelijk; aards; ongunstig. *Christelijk:* Christus met twee naturen als god en mens. *Hebreeuws:* De levenskracht. In het kabbalisme wijsheid en zelfbewustzijn. *Hindoeïstisch:* Dualiteit; de shakta-shakti. *Islamitisch:* De geest. *Platonisch:* Plato zegt dat twee een getal is zonder betekenis omdat het een relatie inhoudt, en die introduceert een derde factor. *Pythagorisch:* De duad, het verdeelde, aardse wezen. *Taoïstisch:* De ku'ua, de twee beslissende factoren, de yin-yang. Twee is een zwak yin getal omdat het geen centrum heeft.

DRIE Veelvuldigheid; creatieve kracht; groei; voorwaartse beweging die dualiteit overwint; expressie; synthese. 'Drie is het eerste getal waarop het woord "al" is toegepast en de triade is het getal van het geheel, het bevat een begin, een midden en een einde' (Aristoteles). De 'macht van drie' is universeel en het is de drievoudige natuur van de wereld als hemel, aarde en de wateren; het is de mens als lichaam, ziel en geest; geboorte, leven en dood; begin, midden en einde; verleden, heden en toekomst; de drie fasen van de maan enz. Drie is een 'hemels' getal, en representeert de ziel, vier is het lichaam; samen zijn de twee gelijk aan zeven en vormen ze de heilige hebdomad; terwijl 3 x 4 gelijk is aan twaalf, de tekens van de dierenriem en de twaalf maanden van het jaar enz.

De **drie** goden – Brahma, Shiva, Vishnu – van de hindoeïstische drie-eenheid zijn op dit reliëf op de tempel van Adhipuricvara verbonden in de enkele maar drievoudige macht van schepping, behoud en vernietiging.

De **vier** asurnen, waarvan de deksels de hoofden van de zonen van Horus dragen – Amset, Hapi, Duamutef en Senuf, de bewakers van de vier windrichtingen – waren de vergaarbakken voor de inwendige organen van dode Egyptenaren.

weergevend. Het drietal kan worden verdeeld in dualiteit en eenheid, waarvan het de som is; het is een 'sterk' getal in de taoïstische symboliek omdat het een centraal punt van evenwicht heeft. Drie introduceert de alles omsluitende godheid – vader, moeder, zoon – die we ook weerspiegeld zien in het gezin van de mens. Drie bevat ook de autoriteit van een geaccumuleerd effect, eenmaal of tweemaal kan toeval zijn, maar drie bevat zekerheid en macht, bijv. Hermes, driewerf de grootste; de drie gelukkige eilanden enz. In de folklore kent men drie wensen, drie proeven, drie prinsen en prinsessen, heksen, tovenaressen, feeën (waarvan twee goede en één boze fee). Drie is equivalent met veel en kan als zodanig een groot aantal symboliseren, een menigte, 'driemaal hoera', en betekent ook vervulling. Er zijn ontelbare drietallen van goden en machten, en drietallige lunaire godheden en drievoudige godinnen zijn prominent in Semitische, Griekse, Keltische en Teutoonse religies; het zijn vaak verschillende aspecten, of potenties, van één godheid. Het voornaamste symbool van drie is de triangel (zie aldaar) en drie verstrengelde cirkels of driehoeken kunnen de onontbindbare eenheid van de drie personen van een drie-eenheid weergeven. Andere symbolen zijn de drietand; fleur-de-lis; klaver; trisula; driedubbele donderbijl; trigram enz. Lunaire dieren hebben vaak drie poten, als de drie fasen van de maan, maar soms, bijvoorbeeld in Frankrijk, bevinden zich er drie konijnen of drie mensen in de maan. *Afrikaans:* Ashanti. De maangodin bestaat uit drie personen, twee zwart en één wit. *Alchemistisch:* Het ternaire; zwavel, kwikzilver, zout, geven de geest, ziel en het lichaam weer. *Arabisch:* Voor-islamitisch. Manat is een drievoudige godin weergegeven als de drie heilige maagden, Al-Itab, Al-Uzza, Al-Manat, afgebeeld als aniconische stèles, stenen of zuilen of als zuilen met bovenop een duif. *Boeddhistisch:* De tri-ratna, de drie kostbare juwelen, de boeddha, dharma, sangha. *Keltisch:* Bridget is drievoudig; er zijn de drie gezegende vrouwen en ontelbare triaden, vaak een drievoudig aspect van dezelfde godheid. Drie is een bijzonder betekenisvol getal in de Keltische traditie. *Chinees:* Heiligheid; een gunstig getal; het eerste oneven yang-getal. De maanpad of de maanvogel, heeft drie poten. Zie ook *taoïsme* hieronder. *Christelijk:* De drie-eenheid, de ziel, de vereniging van lichaam en ziel in de mens en in de kerk. Drie zijn de drie geschenken van de koningen aan Christus als god-koning-offer; drie figuren van de transformatie, drie verleidingen, drie verloocheningen van Petrus, drie kruisen op de Calvarieberg, drie dagen van de dood van Christus, van de verschijningen van Christus na zijn dood, drie Maria's en drie eigenschappen, of theologische deugden, van geloof, hoop en liefde. *Egyptisch:* Thoth is de driewerf grote 'Trismegistus'. *Grieks-Romeins:* Lot, de Moirai, die drie zijn één als Moira; Hecate is drievoudig; de Erinyen zijn drie in één als Erinys, net als de Gorgonen als Medusa. Er zijn drie barmhartigheden, deugden, sirenen, Horae, Hesperiden, Graiai. Cerberus heeft drie hoofden; de Chimaera heeft een driedelig lichaam. Drie, vier en de som ervan, zeven, zijn gewijd aan Aphrodite/Venus als koningin van de drie werelden en vier elementen. Orfische symboliek heeft de triade van zijn, leven, intelligentie. *Hebreeuws:* Oneindig licht; offerende intelligentie. In het kabbalisme geeft drie inzicht weer en de drie-eenheid van mannelijk, vrouwelijk en de verenigende intelligentie. *Hermetisch:* De hoogste macht, 'Trismegistus', de driewerf grootste. *Hindoeïstisch:* De Trimurti, de drievoudige macht van schepping, vernietiging, instandhouding, van ontvouwing, handhaving en beëindiging. Er zijn verschillende drietallen van goden; de wagen van de maan heeft drie wielen. *Japans:* De drie schatten zijn de spiegel, het zwaard en het juweel – waarheid, moed, mededogen. *Maori's:* De grote geest, de goddelijke schepper, is een drietal van zon, maan en aarde, de god van de natuur, van verleden, heden en toekomst; geest, karakter en fysiek, gesymboliseerd door de drie opgeheven vingers. *Mexicaans:* De drie-eenheid wordt weergegeven door drie kruisen, een groot en twee kleinere. *Pythagorisch:* Voltooiing. *Scandinavisch en Teutoons:* Lot, als de drie schikgodinnen, Mani, Nyi, Nithi, die ook verwijzen naar de volle, nieuwe en afnemende maan. In de Teutoonse mythologie is de maan lot, en Holda, de lunaire godin, is drievoudig met haar twee dochters. De haas in de maan heeft drie poten. Thor wordt soms afgebeeld met drie hoofden en de triskele, of triquetra, is een symbool van Odin/Wodan. Drie is het geluksgetal. 'Alle goede dingen komen in drieën'. *Sumerisch-Semitisch:* Er zijn talloze drietallen. In Carthago wordt de grote godin als lunair weergegeven door drie aniconische zuilen. *Slavisch:* De maangod heeft drie hoofden. *Taoïstisch:* De grote triade is hemel-mens-aarde. Drie is het eerste 'sterke' getal omdat het als het gedeeld wordt een centrum houdt, het centrale punt van evenwicht. Het is yang, gunstig, en ook een symbool van veelvuldigheid: 'De een deed de twee ontstaan, de twee de drie; drie gaf het aanzien aan alle getallen.'

VIER Van vier wordt de eerste solide figuur gevormd; dit getal is het ruimtelijke schema of de orde van manifestatie, het statische tegenover het circulaire of dynamische. Het is heelheid; totaliteit; voltooiing; solidariteit; de aarde; orde; het rationele; meting; relativiteit; oordeel. Er zijn vier hoofdkenmerken, seizoenen, winden, zijden van het vierkant, armen aan het kruis, rivieren van het paradijs en van de helse gebieden, zeeën, heilige bergen, wakers van de nacht en dag, kwartieren van de maan, tetramorfen en in het Westen zijn er vier elementen (in het Oosten zijn er vijf). De goddelijke viereenheid is het contrast van de drieeenheid. Vier is een emblematisch getal in het Oude Testament. De vier rivieren van het paradijs vormen het kruis, de vier windstreken van de aarde enz. hebben een haast universele symboliek. Het viertal kan worden afgebeeld als het vierblad, maar ook door het vierkant en het kruis. *Indiaans:* Het is het meest gebruikte getal, met de vier belangrijkste richtingen en winden, het wordt samen afgebeeld met het kruis en de swastika. Ceremoniële en rituele handelingen worden viermaal herhaald. *Boeddhistisch:* De Damba levensboom heeft vier dikke takken en uit hun wortels storten zich vier heilige stromen van het paradijs, die de vier grenzeloze verlangens voorstellen van mededogen, affectie, liefde en onbevooroordeeldheid, de vier richtingen van het hart. In het Chinese boeddhisme zijn de vier hemelse bewakers van de hoofdrichtingen: Mo-li Ch'ing, het oosten, met de ring van jade en de speer; Virupaksha, het westen, de verziende, met de gitaar met vier snaren; Virudhaka, het zuiden, met de paraplu van chaos, duisternis en aardbevingen; Vaisravenna, het noorden, met de zwepen, tas van de huid van een luipaard, de slang en de parel. *Chinees:* Vier is het getal van de aarde, gesymboliseerd door het vierkant. Er zijn vier stromen van onsterfelijkheid. Vier is een even, yin, getal. *Christelijk:* Het getal van het lichaam, met drie als de ziel. Er zijn vier rivieren in het paradijs, vier evangeliën, vier evangelisten, vier aartsengelen, vier hoofdduivels, kerkvaders, grote profeten, voornaamste deugden (voorzichtigheid, zelfbeheersing, rechtvaardigheid, gematigdheid), winden van waar de 'ene geest' zal komen, ruiters van de apocalyps. *Egyptisch:* Het heilige getal van tijd, meting van de zon. Vier zuilen ondersteunen het hemelgewelf; de vier asurnen die op de vier hoeken rond het hoofd van een dode worden geplaatst worden bewaakt door de vier zonen van Horus, die verbonden zijn met de vier windrichtingen. *Gnostisch:* Barbelo, de viereenheid van god. *Grieks:* Het heilige getal van Hermes. *Hebreeuws:* Meting; heilzaam; intelligentie. In het kabbalisme is het herinnering; de vier werelden

De mystieke en visionaire mystica Hildegard van Bingen, uit de twaalfde eeuw, zag de **zes** scheppingsdagen, hier geïllustreerd in een manuscript van een van haar geschriften, waar hun individualiteit is verbonden binnen de cirkel van hun integriteit als delen van één enkel proces.

Op deze uit de elfde eeuw stammende bronzen groep uit Kashmir, staan de **zeven** planeten, die elk hun eigen symbool dragen, arm in arm, zo de betekenis van het cijfer als volledigheid, totaliteit en synthese weergevend.

van de kabbala; de vier richtingen van de ruimte en de vier niveaus van het hiërarchische organisme van de thora. *Hermetisch:* De goddelijke viereenheid; god. *Hindoeïstisch:* Totaliteit; overvloed; perfectie. Brahma, de schepper, heeft vier gezichten. De tempel berust op de vier zijden van het vierkant, en symboliseert hierdoor orde en finaliteit. Er zijn vier tattva's, de vier lichamen van de mens en het koninkrijk van de natuur (dierlijk, vegetatief, mineraal, geest) en vier yuga's. Vier is de winnende worp bij het dobbelen. Er zijn vier kasten en paren van tegenstellingen. *Islamitisch:* Universele geest, universele ziel; de oorspronkelijke materie. Deze corresponderen met de vier werelden van de kabbala. Er zijn ook vier angelieke wezens en vier huizen van de dood. *Maya's:* Vier reuzen ondersteunen het hemelse dak. *Pythagorisch:* Perfectie; harmonieuze verhoudingen; oordeel; de aarde; vier is het getal van de Pythagorische eed. Vier en tien zijn godheden; de tetraktys 1+2+3+4 = 10. *Scandinavisch:* Er vloeien vier rivieren van melk in Asgard. *Sumerisch-Semitisch:* Vier astrale goden worden geïdentificeerd met de vier hoofdpunten. *Teutoons:* Vier dwergen ondersteunen de wereld. *Taoïstisch:* De vier hemelbewakers zijn Li, met de pagode; Ma, met het zwaard; Cho, met twee zwaarden; Wen, met een knuppel vol spijkers. Er zijn vier spiritueel begiftigde, of heilige, schepsels: de draak, feniks, ky-lin of eenhoorn en de schildpad, die ook de vier hoofdpunten symboliseren.

VIJF De menselijke microkosmos; het getal van de mens, een pentagon vormend, met uitgestrekte armen en benen. Het pentagon, dat eindeloos is, deelt de symboliek van perfectie en macht van de cirkel en vijf is een circulair getal daar het zichzelf produceert. Net als de cirkel symboliseert de pentakel het geheel, de quincunx als het getal in het centrum en het ontmoetingspunt van hemel en aarde en de vier belangrijkste punten plus het centrum. Het is ook de godheid als de centrale schepper van de vier belangrijke krachten. Vijf is het huwelijksgetal van de *hieros gamos* als combinatie van het vrouwelijke, even, getal, twee en het mannelijke, oneven, getal drie. Het symboliseert ook meditatie; religie; waarheidsliefde, bemiddeling en, behalve in het Oosten, de vier zintuigen. Bloemen met vijf kroonbladen en vijfpuntige bladeren, bijv. de roos, lelie, wijnstok geven de microkosmos weer. De vijfpuntige ster verbeeldt, net als het pentagram, integrale individualiteit en ook spiritueel verlangen en opvoeding als hij naar boven is gericht, als hij naar beneden wijst is hij een symbool van toverkracht en zwarte magie. De vijf cijfers vormden het eerste mechanisme om te tellen. *Alchemistisch:* De bloem met vijf kroonbladen en de vijfpuntige ster symboliseren de kwintessens. *Boeddhistisch:* Het hart heeft vier richtingen en dat maakt, samen met het centrum, vijf en representeert universaliteit; deze wordt ook gesymboliseerd door de heilige berg omringd door vier eilanden. Er zijn vijf dhyani boeddha's: Vairocana, de briljante, wiens attributen zijn het wiel, het centrum en wit; Akshobhya, de onwankelbare, met de vajra, het oosten en blauw; Ratnasambhava, de juweelgeborene, juweel, het zuiden, geel; Amitabha, grenzeloos licht, de lotus, het westen, rood; Amoghasiddhi, onfeilbaar succes, zwaard, het noorden, groen. *Chinees:* Er zijn vijf elementen; atmosferen; condities; planeten; heilige bergen; granen; kleuren; smaken; vergiften; krachtige charmes; hoofddeugden; zegeningen; eeuwige idealen; relaties van de mensheid. *Christelijk:* Vijf staat voor de mens na de zondeval; er zijn vijf zintuigen; het kruis heeft vijf punten; vijf wonden van Christus; vissen om de vijfduizend te voeden; vijf boeken van Mozes. *Egyptisch:* Er zijn vijf krokodillen van de Nijl. *Grieks-Romeins:* Het huwelijksgetal, liefde en vereniging; het getal van Venus, de jaren van Venus worden voltooid in groepen van vijf. Apollo heeft als god van het licht vijf eigenschappen: hij is almachtig; alwetend; alomtegenwoordig; eeuwigheid; eenheid. *Hebreeuws:* Kracht en ernst; radicale intelligentie. In het kabbalisme betekent vijf angst. *Hindoeïstisch:* De vijfdelige groepen van de wereld; de vijf elementen van de subtiele en ruwe toestanden; de primaire kleuren; de zintuigen; de vijf gezichten van Shiva en de tweemaal vijf incarnaties van Vishnu. *Islamitisch:* De vijf pilaren van de religie; de vijf goddelijke aanwezigheden; de fundamentele dogma's; handelingen; vijfmaal per dag bidden. *Parsisch:* Een betekenisvol getal in de Parsische riten en in die van de Mandeeërs, mogelijk geassocieerd met de vijf heilige schrikkeldagen van licht. *Pythagorisch:* De *hieros gamos,* het huwelijk van hemel en aarde; licht; Apollo als god van het licht en zijn vijf eigenschappen.

ZES Evenwicht; harmonie; het perfecte getal binnen het tiental: 1+2+3 = 6. 'Het meest productieve van alle getallen' (Philo). Het symboliseert ook eenheid van polariteit, de hermafrodiet wordt weergegeven door twee verstrengelde driehoeken, de één opwaarts gericht als mannelijk, vuur en de hemelen, en de andere neerwaarts wijzend als vrouwelijk, de wateren en de aarde. Zes betekent ook liefde; gezondheid; schoonheid; kans; geluk; het is de winnende worp bij het dobbelspel in het Westen. Er zijn zes stralen van het solaire wiel en de verstrengelde driehoeken, de zespuntige ster of het zegel van Salomo, vertegenwoordigt ook perfect evenwicht. *Chinees:* Het universum heeft het getal zes, met de vier hoofdrichtingen en het boven en beneden, om de zes richtingen te maken; er zijn zes zintuigen (de geest is het zesde); de dag en de nacht hebben elk zes perioden. *Christelijk:* Perfectie; voltooiing, de zes scheppingsdagen. *Hebreeuws:* De zes scheppingsdagen; meditatie; intelligentie. In het kabbalisme is het creatie, schoonheid. *Pythagorisch:* Kans; geluk. *Sumerisch:* De zes dagen van de schepping.

ZEVEN Het getal van het universum, de macrokosmos. Compleetheid; een totaliteit. Met de drie van de hemelen en de ziel en de vier van de aarde en het lichaam is het het eerste getal dat zowel het spirituele als tijdelijke bevat. Het is perfectie; veiligheid; zekerheid; rust; overvloed; reïntegratie; synthese, ook maagdelijkheid en het getal van de grote moeder. Er zijn zeven kosmische stadia, hemelen, hellen, belangrijke planeten en metalen van de planeten, cirkels van het universum, stralen van de zon, leeftijden van de mens, pijlers van wijsheid, lunaire delen van de regenboog, dagen van de week; zeven toonladders, zeven wereldwonderen enz. De zevende straal van de zon is het pad waarlangs de mens gaat van deze wereld naar de volgende. Zeven dagen is een periode van vasten en penitentie. De zevende macht van elk getal is, volgens Philo, zowel een vierkant als een kubus en dus van enorm belang. De draak met zeven koppen zien we in India, Perzië, het Verre Oosten, speciaal Cambodja, en in Keltische en mediterrane mythen. *Alchemistisch:* Er zijn zeven metalen betrokken bij het werk. *Astrologie:* De zeven sterren van de Grote Beer zijn 'onverwoestbaar', d.w.z. ze zijn gedurende het hele jaar te zien. Er zijn zeven Pleiaden, belangrijke planeten, stralen van de zon. *Boeddhistisch:* Het getal van opstijging en van neerdaling naar het hoogste en het bereiken van het centrum. De zeven voetstappen van Boeddha symboliseren de zeven kosmische stadia die tijd en ruimte transcenderen. De *prasada* met zeven verdiepingen op Borobudur is een heilige berg en *axis mundi,* zijn hoogtepunt vindend in het transcendente noorden, het gebied bereikend van de Boeddha. *Chinees:* Er zijn zeven feeën en dierlijke geesten. *Christelijk:* God wordt vertegenwoordigd door de zevende straal in het centrum van de zes stralen van de schepping. Er zijn zeven sacramenten; gaven van de geest; de zeven van 3 + 4 theologische en hoofddeugden; zeven doodzonden; verdiepingen of bergen in het vagevuur; vrije kunsten; kristallen sferen, de planeten bevattend; voornaamste profeten; engelen van de presentie;

Elk van de **acht** kanten van deze Chinese, uit de negentiende eeuw stammende, wierookbrander wordt beheerst door één van de acht fundamentele trigrammen, alle overheerst door en geïntegreerd in de yinyang, centraal en verenigend symbool van perfect ritme en vereniging van de tegendelen.

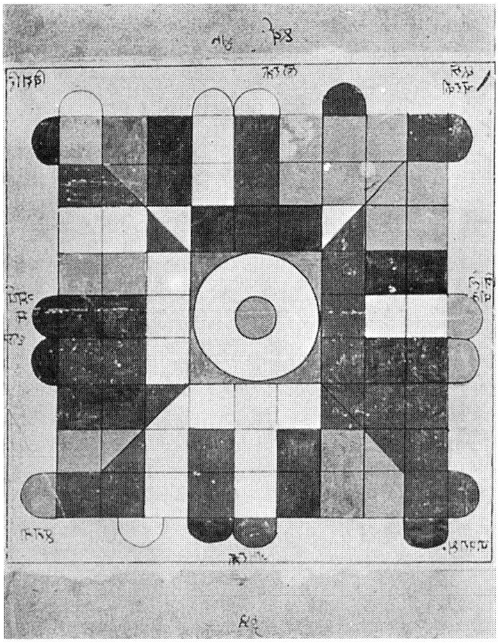

Deze **negen** bij negen vierkanten, gearrangeerd in negen ondervierkanten, elk van negen, komen voor op dit Indische diagram uit de achttiende eeuw. Het werd gebruikt om berekeningen te maken van astronomische perioden, maar ook als hulp bij meditatie.

door Christus verjaagde duivels; perioden van vasten en penitentie; vreugden en zorgen van Maria; voorvechters van het christendom; concilies van de vroege kerk; de zevende dag na de zesde van de schepping was een rustdag. In het Oude Testament zijn zeven altaren van Baäl; zeven ossen en rammen voor het offer; zeven trompetten; zeven rondgangen om Jericho; Naäman baadde zeven keer in de Jordaan; het getal van de banden van Simson; het kind opgewekt uit de dood door Eliza niesde zeven keer; de ark rustte op de zevende maand en de duif werd na zeven dagen uitgezonden. *Egyptisch:* Er zijn zeven Hathors als schikgodinnen en de priesteressen van Hathor hebben zeven kruiken; de zeven dochters van Re legden zeven knopen in hun zeven tunieken en de zeven haviken van Re zijn de zeven wijzen; zeven koeien met de stier verbeelden vruchtbaarheid; er zijn zeven huizen van de onderwereld met driemaal zeven poorten. Het getal is gewijd aan Osiris. *Grieks-Romeins:* Gewijd aan Apollo, wiens lier zeven snaren heeft en aan Athene/Minerva en Ares/Mars; Pan heeft zeven fluiten; er zijn zeven wijze mannen van Griekenland. *Hebreeuws:* Occulte intelligentie; er zijn zeven belangrijke heilige dagen in het joodse jaar; de menora heeft zeven armen; het duurde zeven jaar om de tempel te bouwen; er zijn zeven zuilen van wijsheid. *Hindoeïstisch:* Er zijn zeven juwelen van de Brahmana's en zeven goden voor de zondvloed, met zeven wijze mannen die werden gered. *Islamitisch:* Het eerste perfecte getal. Er zijn zeven hemelen, klimaten, aarden en zeeën, kleuren, profeten, actieve krachten, stadia of posities van het hart; er wordt zevenmaal om de Ka'aba gelopen, waardoor de zeven attributen van god worden gerepresenteerd. *Magisch:* Er zijn zeven knopen in een koord voor 'betovering' en toverspreuken worden zevenmaal uitgesproken. *Cultus van Mithras:* De grot van Mithras heeft zeven deuren en altaren en een ladder met zeven treden die de zeven graden van initiatie in de mysteriën verbeelden. *Pythagorisch:* Het kosmische getal met de drie van de hemel en de vier van de wereld; perfectie. *Sumerisch-Semitisch:* Er zijn zeven lunaire delen en dagen van de week. 'Gij zult schijnen met horens om zes dagen te bepalen en op de zevende met een halve kroon', de zevende wordt hierdoor het tegendeel van de zon en symboliseert duisternis en noodlot, daarom is het gevaarlijk iets op de zevende dag te ondernemen, zodat dit een rustdag wordt. Er zijn zeven zones van de aarde; zeven hemelen gesymboliseerd door de niveaus van de ziggurat; takken aan de levensboom, waarvan elk zeven bladeren heeft; poorten tot de hel; demonen van Tiamat en winden om haar te vernietigen; kleuren; zegels; schikgodinnen.

ACHT Spiritueel, acht is het doel van degene die wordt geïnitieerd, hij is door de zeven stadia of hemelen gegaan, en acht staat voor het herwonnen paradijs; regeneratie; wederopstanding; gelukzaligheid; perfect ritme; de achtste dag schiep de nieuwe mens van genade. Na de zeven dagen van vasten en straf wordt de achtste dag die van overvloed en vernieuwing. Als 7 + 1 is het het getal van de octaaf en van een nieuw begin. Als eerste dobbelsteen is het ook solidariteit en verbeeldt het de perfectie door de deugd van zijn zes oppervlakken. Er zijn acht winden en tussenliggende richtingen van ruimte. Acht staat ook voor de paren tegenstellingen. Het octagon is het begin van de transformatie van het vierkant in de cirkel en vice versa. *Boeddhistisch:* Voltooiing; alle mogelijkheden. Er zijn acht symbolen van goede voortekenen. *Chinees:* Het geheel; alle mogelijkheden in manifestatie; geluk. De Pa Kua (zie aldaar) is de afbeelding die de acht trigrammen en paren tegenstellingen, gewoonlijk in een cirkel geplaatst, weergeeft. De omtrek van de cirkel symboliseert tijd en ruimte. Er zijn acht heerlijkheden van het menselijk bestaan. *Christelijk:* Regeneratie; wedergeboorte. Het doopvont is gewoonlijk achthoekig als symbool van de regeneratie. Er zijn acht zaligsprekingen. *Egyptisch:* Het getal van Thoth. *Hebreeuws:* Perfecte intelligentie; pracht; de getalswaarde van IHVH, het 'getal van de heer'. De tempel werd in acht dagen gezegend. *Hermetisch:* Het magische getal van Hermes. In de hermetische theologie is er één hoofdgod, Thoth/Hermes, uitvinder van de getallen en geometrie, en acht mindere goden. *Hindoeïstisch:* 8 x 8 is de orde van de hemelse wereld, gevestigd op de aarde. Tempels worden gebouwd op het patroon van de mandala (zie aldaar), de 8 x 8 symboliek. Er zijn acht regio's van de wereld; acht zonnen; delen van de dag; chakra's. *Islamitisch:* De troon die de wereld omgeeft wordt ondersteund door acht engelen, die zowel corresponderen met de acht delen van de ruimte als met de groepen letters in het Arabische alfabet. *Japans:* Acht is 'het vele'; er zijn acht goden in de hemelen. *Platonisch:* Plato kent acht sferen van verschillende kleur die de heldere zuil van de hemelen omringen. *Pythagorisch:* Solidariteit; stabiliteit. *Sumerisch-Semitisch:* Het magische getal van Nebo. *Taoïstisch:* Alle mogelijkheden in manifestatie met de Pa Kua de krachten in de wereld van de verschijnselen representerend. Er zijn acht taoïstische genii of onsterfelijken.

NEGEN Samengesteld uit de almachtige 3 x 3.

Het is de triple triade; voltooiing; vervulling; bereiken; begin en einde; het geheel; een hemels en angeliek getal; het aardse paradijs. Het is een 'niet te corrumperen' getal. Negen is ook het getal van de omtrek, vandaar de verdeling in negentig graden en in 360 graden voor de hele omtrek. Het wordt gesymboliseerd door de figuur van de twee driehoeken, ✡ die op hun beurt een symbool zijn van de mannelijke en vrouwelijke, vuur en water, berg en grot principes. *Boeddhistisch:* De hoogste spirituele macht; een hemels getal. *Keltisch:* Een bijzonder betekenisvol getal in de Keltische traditie; een centraal getal met de acht windrichtingen en het centrum, samen negen. De drievoudige godinnen zijn driemaal drie; er zijn negen Keltische maagden, en negen witte stenen symboliseren de negen maagden die Bridgit vergezellen; negen is verbonden met de vuurriten van Beltane, die worden bijgewoond door 81 mannen, negen tegelijk. *Chinees:* Hemelse macht, 3 x 3 is het meest gunstige van alle getallen. Het verwijst ook naar de acht windrichtingen met de negende als middelpunt, zoals in de 'hal van licht'. Er zijn negen belangrijke sociale wetten en klassen van beambten. In de verdeling van land voor *feng-shui* zijn er acht buitenste vierkanten voor de bewerking van het land door de bezitters, en het centrale, negende, vierkant is een 'godsakker', gewijd aan Shang-ti, de hoogste heerser; het wordt ook wel het 'keizerlijke veld' genoemd, verwijzend naar diens positie als gedelegeerde van de hemelse macht. *Christelijk:* Negen komen we in de christelijke symboliek maar weinig tegen. Er zijn de negen koren der engelen en de negen sferen en ringen om de hel. *Egyptisch:* Het enneagram, het negental. *Grieks-Romeins:* Er zijn negen goden, en later, negen muzen. *Hebreeuws:* Zuivere intelligentie; waarheid, aangezien het zichzelf voortbrengt als het wordt vermenigvuldigd met zichzelf. In het kabbalisme symboliseert het fundering. *Hindoeïstisch:* Het getal van Agni, vuur; het vierkant van de negen vormt de mandala van tachtig-één vierkanten en leidt tot, en omsluit, het universum. *Maya's:* Er zijn negen onderwerelden, elk geregeerd door een god. *Pythagorisch:* Het einde van de getallen, alle andere bestaan erin en wentelen erin. *Scandinavisch:* Odin/Wodan hing gedurende negen dagen en nachten aan de Yggdrasil om de geheime wijsheid voor de mensheid te verwerven. Skeldi, de noordelijke Persephone, godin van de sneeuw, woonde gedurende drie maanden op haar berg en gedurende negen maanden bij de Niord-zee. Negen is in de Scandinavisch-Teutoonse symboliek het heilige getal.

Op dit 'Laatste Avondmaal' beeldt Leonardo de **dertien** personen af op het moment van onheilspellende verwarring en opwinding na de aankondiging van het verraad van Judas.

TIEN Het getal van de kosmos; het paradigma van creatie. Het tiental bevat alle getallen en daarom alle dingen en alle mogelijkheden; het is de radix of het keerpunt van al het tellen. Het is het alomvattende; wet; orde; soevereiniteit. De tetractys 1 + 2 + 3 + 4 = 10 ∴ symboliseert goddelijkheid; ook staat één voor een punt; twee voor lengte; drie voor een plat oppervlak (bijv. de driehoek); vier voor soliditeit of ruimte. Tien is een perfect getal, de terugkeer naar eenheid. Gebaseerd op de twee handen, is het compleetheid en de fundering van alle tellen. Zijn hogere reeksen van compleetheid, 100 en 1000, vormen de basis van de hindoeïstische kosmologie, en in China symboliseren de tienduizend dingen, met andere woorden het ontelbare, de gehele manifestatie. Tien is ook het getal voor voltooiing van de reis en terugkeer naar de oorsprong: Odysseus zwierf negen jaar rond en keerde het tiende jaar terug; Troje werd gedurende negen jaar belegerd en viel in het tiende. Het is ook de som van het getal negen van de omtrek en één van het centrum, vandaar perfectie. Het wordt gesymboliseerd door de meiboom, de axis met de rondedans erom heen. *Chinees:* Weergegeven door een kruis centraal gevormd door het karakter *chi,* zowel yin als yang; de perfecte figuur. De tien hemelse stammen *(Kan)* zijn mogelijk verbonden met de namen van de tiendaagse week van de wijdverspreide cyclische calculaties (zie zestig). *Christelijk:* Er zijn tien geboden, parabels van de tien lampen, maagden en talenten. Tienden moesten worden gegeven aan god. *Gnostisch:* De tien eonen worden tot de sefiroth, uitgaand van de pleroma. *Hebreeuws:* In het kabbalisme is het de numerieke waarde van yod, het eeuwige woord, de eerste letter van de goddelijke naam; luisterrijke intelligentie; goddelijke ondersteuning; de tien geboden; het koninkrijk; de tien namen van god; het getal van de sephiroth, de sferen of uitstralingen van de Ein Soph, gewoonlijk gesymboliseerd door de levensboom, de eerste, is als de monade, de eerste oorzaak van de andere negen die samengesteld zijn uit drie drie-eenheden, elk een beeld van de oorspronkelijke drie-eenheid van mannelijk-vrouwelijk en de verenigende intelligentie; de tien, Adoni, vertegenwoordigt de mystieke terugkeer tot eenheid. In de tempel van Salomo stonden tien wasbekkens, tafels en kandelaars; de cherubijnen waren tien el hoog en tien levieten verzorgden de dienst voor de ark. *Hindoeïstisch:* De hogere reeksen van tien, 100 en 1000, vormen de basis van de hele hindoeïstische kosmologie. *Islamitisch:* Het betalen van tienden neemt een belangrijke plaats in. *Pythagorisch:* De monade, het herbeginnen van een serie en oneindige uitbreiding; perfectie. *Romeins:* Het getal wordt weergegeven door de X, de volmaakte figuur; voltooiing. *Sumerisch-Semitisch:* De tiende dag van het lentefestival werd gevierd met een processie waarin alle goden waren opgenomen.

ELF Zonde; overtreding; gevaar. Tien is het perfecte getal en de wet, elf representeert het overschrijden van beide.

TWAALF Het tweede tiental is een complete cyclus; kosmische orde. Drie maal vier is zowel de spirituele als de tijdelijke orde, het esoterische als het exoterische. Er zijn twaalf tekens van de Dierenriem en twaalf maanden in het jaar, waarvan er zes mannelijk en zes vrouwelijk zijn, twaalf uren in de dag en twaalf in de nacht; twaalf vruchten van de kosmische boom enz.; er zijn ook twaalf dagen van terugkeer naar chaos tijdens de winterzonnewende, als de doden terugkeren. Dit wordt gevierd tijdens de Saturnalia in Rome en de Yuletide en Kerstmis; deze viering komen we ook tegen in de vedische, Chinese, heidense en Europese symboliek. Men zegt dat deze dagen een voorspelling zijn van het meteorologische patroon van de twaalf maanden van het komende jaar. *Boeddhistisch:* Er zijn twaalf leden van de raad van de Daila Lama. *Keltisch:* Er zijn twaalf paladijnen of edellieden van Karel de Grote en ridders van de ronde tafel. *Chinees:* Zie Dierenriem. *Christelijk:* Er zijn twaalf vruchten van de geest; sterren als stammen van Israël en twaalf apostelen; twaalf poorten en funderingsstenen van de heilige stad; dagen van Kerstmis. *Egyptisch:* Er zijn twaalf poorten van de hel, waarin Re de nachtelijke uren doorbrengt. *Grieks-Romeins:* Herodotus zegt dat er twaalf goden en godinnen van de Olympus zijn; Hesiodus noemt twaalf titanen. Twaalf is ook het getal van de tafelen van de wet en de dagen en nachten van de Saturnalia. *Hebreeuws:* Er zijn twaalf vruchten van de levensboom; twaalf poorten van de hemelse stad; twaalf broden op de tafel van de tempel die staan voor de twaalf maanden van het jaar, twaalf kostbare stenen op het borstschild van Aäron; twaalf stammen van Israël en zonen van Jacob. *Hermetisch:* Er zijn twaalf maanden in een jaar en twaalf plagen. *Islamitisch:* De twaalf afstammelingen van Ali, de imams, of 'directeuren', regeren de twaalf huizen van de dag. *Cultus van Mithras:* Mithras had twaalf discipelen. *Romeins:* Twaalf *flamines minores* volgden de Pontifex Maximus bij heilige riten. *Sumerisch-Semitisch:* Er zijn twaalf dagen van strijd tussen chaos en kosmos.

DERTIEN In het christendom zijn er dertien tenebrae, of vasten-lijkkoetsen, kaarsen, die één voor één worden gedoofd, als symbool voor de duisternis op aarde bij de dood van Christus. Dertien wordt als ongeluksgetal beschouwd omdat het het getal was van Judas Iskariot met Jezus en de twaalf discipelen; het is ook het getal van een samenkomst van heksen. De Maya's kennen dertien hemelen, elk geregeerd door een god. Dertien is een belangrijk getal op de kalender van de Azteken, die in perioden van dertien dagen is verdeeld; het was ook het getal dat bij waarzeggerij e. d. werd gebruikt.

TWINTIG Als de som van de vingers en de tenen heeft twintig de betekenis van de hele mens en van rekenen per 20-tal.

VEERTIG Onderzoek; beproeving; initiatie; dood. Als meervoud van vier is het heelheid en totaliteit. Het belang van de 'veertig dagen' is misschien afkomstig van de Babylonische veertig dagen tijdens welke de Pleiaden verdwijnen, een periode van regen, stormen, overstromingen en gevaren. Bij de terugkeer van de Pleiaden werd er feest gevierd en werd een bundel van veertig rietstengels verbrand voor de veertig dagen van de macht van het kwaad. De Romeinse 'quarantaine' isoleerde schepen veertig dagen. Tempels in Perzië, Baälbek, Tartarije, en die van de druïden en de tempel van Ezechiël, hadden veertig zuilen. *Christelijk:* Er zijn veertig vastendagen want Christus verbleef veertig dagen in de woestijn; dagen van wederopstanding, van Pasen tot Hemelvaart; tijd van onschendbaarheid of asiel; St. Swithin's weer. In het Oude Testament vertoefde Mozes veertig dagen op de berg; Elia verborg zich veertig dagen; veertig dagen van zondvloed; de joden zwierven veertig jaar door de woestijn; leden veertig jaar onder het juk van de Filistijnen; David regeerde veertig jaar; evenals Salomo; het oordeel van Elia over Israël. Ezechiël droeg de onrechtvaardigheid van Israël gedurende veertig dagen. *Cultus van Mithras:* Veertig is het aantal dagen van de initiatieriten, festivals en offers.

VIJFTIG Na de voltooiing van de cyclus van 7 x 7 jaren wordt het vijftigste een belangrijk jaar, een jubileum, een terugkeer naar het begin, de oerstaat en een nieuw begin. Er zijn vijftig omlopen van de maan, d.w.z. vier jaar tussen de Olympische spelen.

ZESTIG Het getal van de tijd en minuten en seconden. Het is een 'rond getal'. Het komt vaak voor in sagen. In Egypte stond zestig voor een lang leven. Het is het Chinese cyclische getal, een 'cyclus van zestig', in het Westen wordt dit de 'cyclus van Cathay' (Cathay = China), genoemd. Door de rondwentelende interactie van de tien hemelse stammen (*kan*) en de twaalf aardse tak-

Dit Chinese keizerlijke **gewaad** draagt de symbolen – draak, wolken, regenboog, golven, parel – van voorspoed, een lang leven en geluk, die de drager nodig zal hebben als hij zijn doel wil bereiken als bemiddelaar tussen hemel en aarde.

ken *(chih)* wordt een cyclus in het zestigste jaar in alle combinaties compleet; daarna wordt hij herhaald. Zes cycli omvatten zo ongeveer een zonnejaar.

ZEVENTIG In de Hebreeuwse symboliek zijn de zeventig armen van de kandelaber de decanen, de twaalf afdelingen van de Dierenriem van de zeven planeten in tienen. Zeventig is ook het aantal jaren dat de mens is toegewezen.

666 is ambivalent. Het is zowel het getal van het 'beest' als dat van Hakathriël, de engel van de diadeem. In het christendom is het het kenmerk van het beest, de antichrist. In het kabbalisme het getal van Sorath, de solaire demon tegengesteld aan de aartsengel Michaël. Het is een solair getal, de som van het vierkant van de zon, een basisfiguur in de heilige geometrie.

888 In het Hebreeuwse alfabet is dit het heilige getal van Jezus, tegenover de 666 van het beest.

Getij Wederkerigheid; evenwicht tussen het uitgaande en inkomende; gelegenheid. Geassocieerd met de vertrekkende ziel bij de dood; men geloofde dat de ziel vertrok op het keerpunt of bij eb.

Gevederde zon Een symbool van op de vlakten wonende indianen met gestileerde veren naar binnen en naar buiten wijzend. Naar binnen naar het centrum en naar buiten naar de cirkelomtrek; hij combineert de symbolen van de zon en de arend en beeldt het universum af; het centrum; solaire kracht; uitstraling van kracht; majesteit.

Gewaden *Chinees:* De keizerlijke en ambtelijke gewaden gaven een symboliek weer van het hele universum, de perfectie ervan en de macht van de hemel en van de keizer als de aardse vertegenwoordiger ervan; de symbolen in het taoïsme en het boeddhisme verschillen onderling enigszins maar de vorm van het gewaad was ook symbolisch omdat de rondheid van de mouwen elegantie verbeeldde, de rechtheid van de zomen stond voor onkreukbaarheid tijdens de rechtspleging, de laagste rand stond voor de horizontale positie van de balk van evenwicht, de standvastigheid van de wil en de rust van het hart. *Christelijk:* Het purperen gewaad geeft het lijden van Christus weer; het witte gewaad onschuld, of de overwinning van de geest over het vlees; het zoomloze gewaad verbeeldt geestdrift, ook vrijgevigheid, eenheid. *Cultus van Mithras:* Het gewaad van de *mystes*, of geïnitieerde, droeg de tekenen van de Dierenriem, en door dit aan te trekken werd de geïnitieerde de god die door het gesternte trok. Volgens Josephus representeerden gewaden het volgende: Linnen, de aarde; de blauwe kap, de hemelen en het firmament; granaatappels, de bliksem; bellen/schellen, donder; de efod, het universum vervaardigd uit de vier elementen; goud, de pracht van verlichting; het borstschild, het wereldcentrum; de gordel, de oceaan; de twee sardonyxen op de schouders, de zon en de maan; de twaalf stenen, de twaalf maanden en tekens van de Dierenriem; de kroon van goud de pracht die god verheugt; de smaragd, lente; de robijn, zomer; de saffier, herfst, waarheid, ernst, standvastigheid en kuisheid; de diamant, winter, de zon, licht; de topaas, ware liefde en vriendschap.

Geweien Attribuut van de gehoornde god en van de Sumerische Ea en Marduk, geweien kunnen geïncorporeerd zijn in de vis van Ea of het geit-vis lichaam. Geweien verwijzen naar vruchtbaarheid in de natuur en voortplanting bij mens en dier; bovennatuurlijke kracht; de kracht van de natuur. Het gewei met tien takken is het kenteken van de sjamaan.

Gewelf Het hemelgewelf; ook de yoni. Het onder een gewelf of boog doorgaan staat in initiatieceremoniën voor wedergeboorte, het achterlaten van de oude natuur. In de Grieks-Romeinse symboliek vertegenwoordigt het de god Zeus/Jupiter en in Rome werd de triomfboog gebruikt bij militaire overwinningen.

Gezicht De uiterlijke persoonlijkheid. De vele gezichten van de hindoeïstische goden tonen de verschillende aspecten, elementaire krachten, daden of functies van een godheid, ze kunnen ook een combinatie zijn van verschillende goden. De vier of vijf gezichten van Shiva of Brahma vertegenwoordigen ook de elementen.

Gier Ambivalent als moederlijke zorg, bescherming en beschutting, en als de doodbrengende verwoesting en vraatzucht. Men dacht dat alle gieren vrouwelijk waren en het vrouwelijke principe symboliseerden met de havik als het mannelijke; men zei dat ze 'de leeftijd van China, het geheim van Egypte en de bedrevenheid van Arabië', combineerden. Als aaseter representeerde de gier zuivering, een werker ten goede. In Egypte vertegenwoordigde hij de moedergodin, moederlijkheid en liefde, Isis in de gedaante van een gier; hij is zuivering en goede werken. Hathor heeft soms de kop van een gier, en de vogel wordt geassocieerd met Mut, als een ideogram van haar naam, ze draagt een gier als hoofdtooi, net als Neith en Nekhebet. In de Grieks-Romeinse mythologie is hij gewijd aan Apollo en is het ros van Kronos/Saturnus.

Gist Fermentatie, liefde. Een middel tegen de pest.

Gisten Het proces van gisting of fermentatie stelt de geest in staat de gewone beperkingen achter zich te laten, intuïtieve krachten te bevrijden en dromen te produceren. Het wordt ook in verband gebracht met desintegreren en uitwerpselen. In de alchemie staat het in verband met het werk van transformatie en transmutatie en dus met regeneratie; de passage van dood naar leven. Metalen gisten in de aarde en dat proces is een symbool voor cyclische ideeën en de eeuwige wederkeer.

Gitaar *Boeddhistisch:* Excellentie in kunsten en wetenschap; harmonie van bestaan in de wereld van de deva's.

Glas Zie Kristal.

Globe De wereld als cirkel en bol; eeuwigheid; de onafhankelijke; universele schommeling; gezag over de aarde; macht; keizerlijke waardigheid. De globe deelt de symboliek van de bol (zie Hemellichaam) als heelheid. Hij wordt gewoonlijk in de linkerhand gehouden en vertegenwoordigt verreikend gezag, óf van een godheid óf van een soeverein. Een globe bovenop een zuil verbeeldt het firmament, een grens of eindpunt. *Alchemistisch:* Een gekroonde globe is de steen der wijzen en wordt soms de grote koning genoemd. *Christelijk:* Een globe met daarboven een kruis wijst op de heerschappij van Christus over de wereld, ook gezag door geloof in Christus. In de kunst rusten de voeten van de vader soms op een globe. Embleem van Karel de Grote. *Grieks-Romeins:* Fortuin, lot, verbonden met Tyche/Fortuna die op een globe staat. De globe en het kompas zijn attributen van Urania. De blauwe globe is een attribuut van Zeus/Jupiter als god van het firmament, ook van Apollo en Cybele.

Gloeiworm *Chinees:* Volharding; arbeidzaamheid; schoonheid.

Golf Net als water in onophoudelijke beweging, betekenen golven wisselvalligheid, verandering, illusie, ijdelheid, agitatie.

Golgotha 'De schedelplaats' is de traditionele begraafplaats van de schedel van Adam, en Christus daar geofferd aan het kruis, vervaardigd van het hout van de levensboom, symboliseert de verlossing van de mens die viel bij de boom der kennis.

Gordel Ambivalent als aan de ene kant verbindend met het lot en de dood; en aan de andere kant de cirkel van het leven, of soevereiniteit, wijsheid en kracht; hij kan ook verwijzen naar waakzaamheid, huwelijkstrouw, of vruchtbaarheid. De gordel van het zwaard is kracht en macht; zich omgorden is zich voorbereiden op, of verbinden met een handeling, of een missie of reis vervolgen. De oceaan is de gordel van de aarde. De gordel van zuiverheid van een godin, heilige of maagd is een beschermende talisman en beschikt over de macht van een monster, bijv. Sint Joris en de prin-

Een detail van een Chinese schildering uit de twaalfde eeuw met **golven** van de zee, getekend in een spiraal van wording en beweging.

De **gorgone** (heks) op deze Atheense schaal uit de zesde eeuw v.Chr. geeft de donkere kant van de grote moeder weer: verslindend, afschrikwekkend, dreigend, starend.

ses, heer Gawain en de groene ridder, Tripitaka en de aap. *Christelijk:* Een gordel van touwen staat voor de touwen waarmee Christus werd gebonden en gegeseld en bindt de drager aan zijn dienst; de leeuwen omgorden wil zeggen aan 't werk gaan. Gordels van kloosterlingen zijn zowel de touwen van Christus als de onthouding van het kloosterleven, ook nederigheid; de drie knopen in de gordel verwijzen naar armoede, kuisheid, gehoorzaamheid. De gordel is één van de zes eucharistische liturgische kledingstukken, die priesterlijke kuisheid en spirituele waakzaamheid verbeelden. *Grieks:* Een attribuut van Hippolyta, koningin van de Amazones, als kracht en soevereiniteit. De magische gordel van Aphrodite, de cestus, goot liefde in allen die hem aanschouwden; hij is een symbool van vruchtbaarheid. *Hebreeuws:* De gordel van liturgische gewaden staat voor de omringende oceaan. *Hindoeïstisch:* De veelkleurige gordel verbeeldt de cycli van tijd en de circulaire vorm ervan is het wiel van de kosmische orde en een symbool van de tweemaal geborene, de heilige draad verkregen bij de initiatie. *Scandinavisch en Teutoons:* De kracht of dienst vastbindend; toewijding; vervulling; overwinning; deugd; kracht; de gordel van Thor verdubbelde zijn kracht.

Gorgone De grote moeder in haar afschrikwekkende en destructieve aspect.

Goud De zon; verlichting; de zelflichtende; de eigenschap van heiligheid; onomkoopbaarheid; wijsheid; duurzaamheid; het evenwicht van alle metaalachtige eigenschappen; adeldom; eer; superioriteit; rijkdom. Regens van goud symboliseren de stralen van de zon. *Alchemistisch:* Het levende goud, product van de wisselwerking tussen zwavel en kwikzilver, het mannelijke en vrouwelijke principe is het grote werk; het bereiken van het centrum; het doel; de zon; het hart; perfectie; heelheid; gestold licht; het evenwicht van alle metaalhoudende kenmerken. 'Het goud der wijzen lijkt noch wat kleur noch wat substantie betreft op gewoon goud.' *Azteken:* 'Het uitgroeisel van god.' *Boeddhistisch:* Licht; verlichting. *Chinees:* Harmonie; de zon; yang, samen met zilver als lunair yin. In de Chinese alchemie is goud het cinnaber; de essentie van de hemelen. *Christelijk:* Ambivalent als zuiver licht, een spirituele schat geschonken door Christus, triomf in tijden van tegenspoed, onomkoopbaarheid (ondergedompeld in vuil behoudt het zijn zuiverheid), maar ook afgodendienst (het gouden kalf) en wereldse rijkdom. *Egyptisch:* Goud is het vlees van de goden. *Hindoeïstisch:* Licht; onsterfelijkheid; een vorm van de goden; een schenker van leven. Zie ook Kleuren.

Gouden tak Zie Tak.

Goudsbloem Trouw. In de Chinese symboliek staat hij voor een lang leven, 'de bloem van tienduizend jaren'. In het hindoeïsme is hij de bloem van Krishna.

Goudvink In christelijke kunst wordt de goudvink afgebeeld in samenhang met het lijden van Christus en met Christus als de verlosser, de vogel wordt geassocieerd met dorens en distels. Hij staat ook voor vruchtdragend en hoffelijkheid.

Graal Vaak omschreven als een wonderbaarlijke verschaffer van voedsel en overvloed; een wensen vervullende schotel of schaal waarbij 'iedere ridder van dat vlees en die dranken werd voorzien waar hij het meest op gesteld was'; ook een steen, de *lapis exilis,* met magische krachten die de feniks nieuw leven schonk, en eeuwige jeugd verleende aan hen die de graal dienden, eveneens is gesuggereerd dat het de 'steen der wijzen' is; iets dat over de macht beschikte te verschijnen en zich te bewegen zonder zichtbare hulpmiddelen en dat was vervaardigd van goud of kostbare steen en een enorme glans uitstraalde; ook wordt hij wel een kelk of beker genoemd en als zodanig wordt hij in christelijke legenden beschouwd als de kelk van het laatste avondmaal, en de kelk waarin Jozef van Arimathea het bloed van Christus opving tijdens de kruisiging. In het algemeen beschouwt men de graal als een symbool van het levenswater; het heilige der heiligen; het kosmische centrum; het hart; de bron van het leven en van onsterfelijkheid; de kelk van de magiër; de bron van overvloed; vruchtbaarheid. Hij neemt in de westerse traditie dezelfde plaats in als de kruik in het Oosten, of de offerkom die de vedische Soma bevatte, de Haoma van de Mandeeërs of de Griekse Ambrosia en heeft een eucharistische bron van fysiek en spiritueel leven.

De graal, kelk of kruik kan worden afgebeeld als de naar beneden wijzende driehoek, het ontvangende waterige en vrouwelijke element, en wordt als zodanig geassocieerd met de symboliek van de lans, het actieve, vurige mannelijke element dat wordt afgebeeld als een omhoog wijzende driehoek. De twee samen zijn verbonden met en verenigd in het bloed of het heilige vocht in de kelk; het levensbloed. De kelk-kruik met de naar beneden wijzende driehoek is ook een symbool van het hart, waarmee de graal en kruik zijn geassocieerd als het centrum, zowel kosmisch als in de mens. In de Egyptische en Keltische symboliek bestaat er een verband tussen de kelk-kruik van het leven en het hart als centrum van het leven. In het christendom is de graal ook het heilige hart van Christus. Het verlies van de graal staat voor het verlies van het gouden tijdperk, het paradijs, de oorspronkelijke spiritualiteit van de mens, zuiverheid en onschuld. In de christelijke legende werd de graal aan Adam gegeven, hij werd na de zondeval achtergelaten in het paradijs. Hij bevindt zich in het centrum van het paradijs en moet worden teruggevonden, vandaar de verlosser (waarvan Seth, die erin slaagde weer binnen te komen en de graal ontving, het prototype is) die de kelk terugvindt en het paradijs teruggeeft aan de mensen. De zoektocht naar de graal is de terugkeer naar het paradijs, het spirituele centrum van de mens en het universum, en dus het symbolische patroon van initiatie door beproevingen, testen en ontmoetingen met de dood tijdens de zoektocht naar de verborgen betekenis en het mysterie van het leven. De tocht wordt gewoonlijk ondernomen door een held, vaak de zoon van een moeder die weduwe is en die is opgevoed in afzondering en in onwetendheid aangaande zijn ware natuur. Graalsymbolen zijn de kelk of de kruik, een glanzende beker, een beker met een hart, de lans, het zwaard, een schotel, omlaag wijzende driehoek, magische steen. De zoektocht wordt soms gesymboliseerd door het boek, en in dat geval wordt er gezocht naar het 'verloren woord'.

Graan Potentieel vermogen; het zaad van het leven; de *multum in parvo;* vruchtbaarheid. *Chinees:* Gerechtigheid, barmhartigheid en deugd verschuldigd aan alle wezens; het keizerrijk; de aarde. *Christelijk:* De menselijke natuur van Christus.

Granaat Zie Edelstenen.

Granaatappel Onsterfelijkheid; veelvuldigheid in eenheid; permanente vruchtbaarheid; creativiteit; overvloed. *Boeddhistisch:* Eén van de drie gezegende vruchten, samen met de citroen en perzik. *Chinees:* Overvloed; vruchtbaarheid; voorspoed; talrijk en deugdzaam nageslacht; een gelukkige toekomst. *Christelijk:* Eeuwig leven; spirituele creativiteit; de kerk, het zaad is de talloze leden. *Grieks-Romeins:* Lente; verjonging; onsterfelijkheid; vruchtbaarheid; embleem van Hera/Juno of Ceres en Persephone als de periodieke terugkeer van de lente en de vruchtbaarheid van de aarde. Het is ook de plant die groeide uit het bloed van Dionysos. *Hebreeuws:* Regeneratie; vruchtbaarheid. De granaatappelen met de bellen op de kleding van priesters representeren de vruchtbaarheid brengende donder en bliksem.

Gras Nuttigheid; overgave. Als grasveld is het geboorteland. Een handvol gras betekent overwinning, overwinning van een land; overgave. *Romeins:* Een kroon van gras werd geschonken

Het **gulden vlies** van Jason, op een pot uit de vijfde eeuw v.Chr., hing omlaag van de levensboom en werd beschermd door een omcirkelende draak of serpent; de held die op zoek is naar onsterfelijkheid en kennis kan de ontmoeting met kwaad en gevaar niet vermijden.

aan een militaire held of redder.

Gratiën De drie gratiën verbeelden schoonheid, liefde en plezier; geven, ontvangen, en belonen. Ze zijn dienaressen van Venus en zijn naakt omdat zij 'vrij moeten zijn van bedrog' (Servius), of als ze gekleed zijn dan is dat in transparante gewaden zonder ceintuur 'omdat weldaden gezien willen worden' (Seneca). In het neoplatonisme vormen ze het drievoudige aspect van de liefde. In de middeleeuwse kunst staan ze voor kuisheid, schoonheid en liefde. Hun attributen zijn de roos, de maagdenpalm, de appel en soms de dobbelsteen.

Grens Zie Drempel.

Griffioen Een legendarisch dier met de kop en klauwen van een arend en het lichaam van een leeuw, zonder vleugels, in de heraldiek. Hij symboliseert de zon, het firmament, het licht van de dageraad dat goud wordt, ook de gecombineerde kracht van de arend en de leeuw. Als bewaker van schatten verbeeldt hij waakzaamheid en wraak. In het Oosten deelt de griffioen de symboliek van de draak als wijsheid en verlichting. In Griekenland was hij gewijd aan Apollo, als solair, aan Athene als wijsheid en aan Nemesis als wraak. In het christendom staat hij voor het kwaad, de duivel die wegvliegt met zielen, ook die van hen die christenen vervolgen. Later, bij Dante, werd hij tot de twee naturen van Christus en de rol van de paus als spirituele en tijdelijke macht.

Groenblijvend Onsterfelijkheid; eindeloze duur; vitaliteit; jeugd en levenskracht; het eeuwige; voortplantingskracht. Kransen van groenblijvende planten wijzen op onsterfelijke roem, inwijding tot onsterfelijkheid.

Grond Moeder aarde; de matrix.

Grot 'Een symbool van het universum' (Porphyrius); een omfalos; het wereldcentrum; het hart; de plaats van vereniging van het zelf en het ego; de ontmoetingsplaats van het goddelijke en het menselijke, daarom zijn alle stervende goden en redders geboren in een grot; innerlijke esoterische kennis; hetgeen verborgen is; een initiatieplaats en plaats van de tweede geboorte. De grot is ook een vrouwelijk principe, de baarmoeder van moeder aarde en haar beschutting biedende aspect; hij is zowel een plaats van geboorte als van begrafenis, van mysterie, toename en vernieuwing, waarin de mens verschijnt en waarnaar hij terugkeert in het stenen grafgewelf; zijn verschijnen associeert de grot met het kosmische ei. De grot staat in nauw verband met de symboliek van het hart (zie aldaar) als het spirituele en initiatiecentrum van zowel de macrokosmos als de microkosmos; grot en hart worden gesymboliseerd door de vrouwelijke, neerwaarts wijzende driehoek. De berg is het mannelijke principe, het zichtbare en uiterlijke en wordt verbeeld door de opwaarts wijzende driehoek, terwijl de grot in de berg het vrouwelijke, verborgene en geslotene is; beide zijn kosmische centra. De grot, als deel van de berg, deelt de axiale symboliek ervan.

Initiatieriten vinden gewoonlijk plaats in een grot als symbool van de onderwereld en de graftombe waar de dood plaatsvond voorafgaand aan wedergeboorte en verlichting. Als plaats van initiatie was het ook een geheime plaats, waarvan de ingang verborgen was voor het profane door een labyrint of gevaarlijke gang, vaak bewaakt door een monster of een bovennatuurlijke persoon; toegang kon alleen worden verkregen door de vijandige kracht te overwinnen. Het binnengaan van de grot is ook het weer binnengaan in de baarmoeder van moeder aarde, zoals bij begraven in een grot. Een grot doorgaan wil zeggen een verandering van toestand, die ook wordt bereikt door het verslaan van gevaarlijke machten. Vaak is de grot de plaats van het heilige huwelijk tussen hemel en aarde, koning en koningin etc., de *hieros gamos. Indiaans:* De werelden worden gesymboliseerd door een reeks grotten boven elkaar. *Keltisch:* De ingang naar de andere wereld. *Chinees:* De grot is het vrouwelijke, yin-principe, de berg het yangprincipe. *Hindoeïstisch:* Het hart; het centrum; de 'grot van het hart' is de woonplaats van Atma. *Cultus van Mithras:* Verering en initiatie vond plaats in een grot waarin zich bloemen en bronnen bevonden ter ere van Mithras, vader en schepper van het al; de grot vertegenwoordigde in miniatuur het universum dat hij had geschapen. *Platonisch:* De wereld in zijn obscuriteit en illusie.

Gulden vlies Dubbel solair als de kleur goud en als afkomstig van een solair dier, de gouden ram, die Zeus besteeg op weg naar het firmament. Het lam is onschuld en goud de kostbaarste schat, vandaar dat de zoektocht naar het gulden vlies tevens het zoeken naar spirituele verlichting is, de hoogste identiteit, herkrijgen van onsterfelijkheid en de poging het schijnbaar onbereikbare te verkrijgen. Om dit te bereiken is het noodzakelijk de donkere kant van de natuur te overwinnen. Deze donkere kant wordt gesymboliseerd door de draak en Medea, het vraagt om een heroïsche of mystieke overwinning. Het vlies wordt op een boom, die de levensboom symboliseert, gevonden en wordt bewaakt door de draak als bewaker van schatten.

Haak Ambivalent als naar iemand toe trekkend, dus attractie, maar ook gevangenschap en straf. *Christelijk:* Dat wat wegtrekt uit de stroom van de wereld, Christus, of logos. *Egyptisch:* In de handen van Osiris verbeeldt de haak attractie. *Grieks-Romeins:* Een attribuut van Dionysos en Priapus. *Hindoeïstisch:* De ijzeren haak betekent veroordeling.

Haan Een solaire vogel, attribuut van zonnegoden, maar niet in Scandinavische en Keltische symboliek. Het mannelijke principe; de vogel van de roem; suprematie; moed; waakzaamheid; het ochtendgloren. Twee vechtende hanen verbeelden de levensstrijd. De zwarte haan is een instrument van de duivel. *Boeddhistisch:* De haan vormt, samen met het zwijn en de slang, het centrum van de kringloop van het bestaan, waarbij de haan de vleselijke passie en trots is. *Keltisch:* Chtonisch; een attribuut van de goden van de onderwereld. *Chinees:* Het yangprincipe; moed; welwillendheid; heldhaftigheid; betrouwbaarheid. De rode haan is de oorspronkelijke vorm van de zon en beschermt tegen vuur; de witte haan beschermt tegen spoken. De haan is het tiende symbolische dier van de twaalf aardse takken. Met een kroon op zijn hoofd geeft hij de literaire geest weer; met sporen heeft hij een krijgshaftig karakter. Een haan met een hen in een tuin verbeeldt de genoegens van landelijk leven. In sommige Chinese initiatieceremonies wordt een witte haan gedood om de dood van het oude leven weer te geven en de zuiverheid van het nieuwe. Een homofoon stelt 'haan' en 'fortuinlijk' op één lijn, vandaar dat deze gebruikt wordt tijdens begrafenisriten om de krachten van kwade geesten af te weren. In China vertegenwoordigt de haan de ondergang van de zon; agressief is hij een oorlogssymbool; astrologisch is hij oktober, als er voorbereidingen werden gemaakt voor een oorlog; hij is de Pleiaden. *Christelijk:* Begroet het opkomen van de zon van Christus in het oosten; Christus die de krachten van het kwaad en de duisternis op de vlucht jaagt; waakzaamheid, vandaar gebruikt als windvaan, zich in alle richtingen wendend om de krachten van het kwaad te bewaken; de vergulde, solaire, haan bewaakt de torenspitsen gedurende de uren van duisternis als de klokken niet luiden. Hij staat ook voor vrijgevigheid, dient zijn voedsel te delen met de hennen, en vertegenwoordigt predikers voor de gelovigen, verhalend over de komst van de dageraad van Christus; hij verbeeldt 'de zielen van de rechtvaardigen die wachten op de dageraad' (Bede). Als hij in verband staat met het lijden van Christus is hij wederopstanding; hij wordt ook geassocieerd met Petrus en is dan menselijke

Op deze oude Griekse bronzen plaat combineert de vrouwelijke **griffioen**, hier met haar jong, de vurigheid en majesteit van de leeuw en de arend, uit wier lichamen ze is gevormd en waarvan ze de gezamenlijke solaire natuur symboliseert.

Het symbool van de **haan** voor de verloochening van Christus door Petrus, maar ook voor zijn nauwlettendheid als eerste paus, versiert een vroeg-christelijke sarcofaag.

zwakheid en berouw. Vechtende hanen zijn christenen strevend naar Christus. De haan en de leeuw worden vaak tegenover elkaar staand afgebeeld. *Egyptisch:* Waakzaamheid; helderziendheid. *Gnostisch:* De haan met een maïskolf in zijn bek verbeeldt waakzaamheid die welvaart produceert. *Grieks-Romeins:* Waakzaamheid; strijdlustigheid. Gewijd aan Apollo, Aesculapius, Ares, Mercurius, Priapus, Athene; geassocieerd met Persephone in de lente als vernieuwing van het leven; ook gewijd aan Attis als voorjaarsvruchtbaarheid. Gewijd aan de Lares. *Hebreeuws:* Vruchtbaarheid; de haan en de hen worden geassocieerd met het bruidspaar. *Heraldisch:* Zowel soldateske moed als religieuze aspiratie. *Iraans:* Een koninklijke vogel, vaak bekroont hij een scepter. *Japans:* Een shinto-symbool, staand op de trom die de mensen oproept voor gebed in de tempel. *Mithrascultus:* Gewijd aan Mithras als een zonnegod. *Scandinavisch:* De vogel van de onderwereld; zijn kraaien maakt de helden van het Walhalla wakker voor de laatste grote strijd. *Sumerisch:* Nergal wordt soms afgebeeld als god met het hoofd van een haan.

Haar De levenskracht; kracht; energie; de levenssubstantie van het hoofd; de macht van het denken; viriliteit; het hoofdhaar representeert de hogere krachten en inspiratie, terwijl het haar op het lichaam voor de lagere krachten van lichaam en geest staat. Loshangend haar verbeeldt vrijheid, de huwbare staat; opgebonden geeft de huwelijkse staat aan en onderwerping. Het haar afscheren, of een tonsuur aanbrengen, verwijst naar een asceet of een gewijd iemand die afziet van de fysieke krachten. Opstaand haar verbeeldt magische kracht, goddelijk bezit of angst. Haar dat in de war is of de haren uitrukken, is verdriet of rouw, maar in het hindoeïsme verbeeldt verward of samengeklit haar Shiva de asceet, terwijl het zwarte haar van Kali de tijd is. Het systematisch gekrulde haar van Boeddha staat voor beheersing van de levenskracht, sereniteit, rust. In het christendom wijst lang, loshangend haar op straf, of de maagdelijke heiligen, een man met lang haar is de kracht van Simson. Het haar van een serpent, zoals bij de Erinyen (wraakgodinnen) en Medusa, staat voor het onheilspellende aspect van de vrouwelijke kracht. Egyptische koninklijke kinderen worden afgebeeld met een zware haarvlecht aan de rechterzijde van het hoofd. Haar dat het gezicht bedekt kan de rol krijgen van een sluier (zie aldaar) en de symboliek daarvan delen. Haar stelen, of een lok afknippen, wil zeggen overheersen en het mannelijke principe beroven van zijn solaire kracht in de stralen van het haar; een castratiesymbool, bijv. Simson en Delila.

Haard Een omfalos; het innerlijke, spirituele centrum; de transcendentie van de geest door vuur. Het centrum van het huis; vrouwelijke overheersing; vuur in zijn vrouwelijke-aardeaspect, maar het vuur kan ook een mannelijk aspect krijgen met de aarde als het vrouwelijke; warmte; voorziener van voedsel. De vedische ronde haard is de aarde, het gebied van de mens, terwijl het vuur gericht naar het oosten het gebied is van de goden. Zuid-Amerikaanse indianen noemen de haardsteen 'beer', en hij verwijst dan naar onderaardse krachten en het punt om met dezen te communiceren. In Keltische landen concentreerde de dodencultus zich om de haard.

Haas Een lunair dier, attribuut van alle maangodheden; als nauw verbonden met de maan representeert hij wedergeboorte, verjonging, wederopstanding, ook intuïtie, 'licht in de duisternis'. Hij wordt vaak in verband gebracht met het offervuur en 'leven via de dood'. Hij is een universeel vruchtbaarheidssymbool en typeert de perioden van de vrouw; hij is een liefdesuitdaging; verlegenheid; het omgekeerde; krachtige wijsheid; snelheid. De haas in de maan is zo goed als universeel en als lunair treedt hij, met de hond en de hagedis, op als bemiddelaar tussen lunaire godheden en de mens. In het Westen staat de witte haas voor sneeuw. De kop of voet van een haas zijn een middel tegen toverkracht, maar de haas is ook vaak de dienaar of metgezel van heksen. *Afrikaans:* Bij de Hottentotten verbonden met de maan. *Indiaans:* De grote haas, Manabozho, vader en bewaker, is een schepper en hervormer, de hervormer van de dierlijke natuur van de mens. Hij is de reddende held, een demiurg, held van de dageraad, de personificatie van licht; de grote Manitou die in de maan woont met zijn grootmoeder en hij is 'leverancier van alle wateren, heer van de winden en broeder van de sneeuw'. De latere ontwikkeling van bedrieger tot held betekent de geïntegreerde mens. Als bedrieger is hij ook de behendige geest die domme brute kracht te slim af is. Hij versloeg de mensenverslindende slang of vis. *Boeddhistisch:* De haas in de maan was daar door de Boeddha heengebracht en symboliseert het volkomen offeren van het zelf, aangezien de haas, als de Boeddha hongerig was, zichzelf offerde en in het vuur sprong. *Keltisch:* Een attribuut van lunaire en jachtgodheden, vaak houden jachtgoden hem in de hand. *Chinees:* De maan; een yindier; de vrouwelijke yinkracht; de keizerlijke vrouwelijke metgezel; lang leven. De haas is het vierde van de symbolische dieren van de twaalf aardse takken. De haas in de maan, met stamper en vijzel, mengt het elixer van onsterfelijkheid. De haas is de bewaker van wilde dieren. De witte haas is goddelijkheid; de rode, geluk, vrede, voorspoed en deugdzame regeerders; de zwarte, een gunstig lot en een succesvolle regering. Afbeeldingen van hazen of witte konijnen werden voor het maanfestival gemaakt. *Christelijk:* Vruchtbaarheid; wellust. Een witte haas aan de voeten van de maagd Maria betekent overwinning van de wellust. De weerloosheid van de haas representeert hen die op Christus vertrouwen. *Egyptisch:* De dageraad; het begin; de opening; het oprijzen; periodiciteit; een embleem van Thoth; ook geassocieerd met de maan. *Europees:* De paashaas, het konijn of konijntje symboliseert de dageraad en een nieuw leven; hij is een attribuut van de maangodin met het hoofd van een haas, waarschijnlijk Oestra (Teutoons) of Eostre (Anglo-Saksisch) die haar naam gaf aan Pasen; daarom ook wederopstanding en wedergeboorte van de maan. De paashaas legt het paasei. *Grieks-Romeins:* Vruchtbaarheid; wellust; een boodschapper; attribuut van Hermes/Mercurius, ook van Aphrodite en Eros. Cupido's worden vaak afgebeeld met hazen. *Hebreeuws:* Het onreine. *Hindoeïstisch:* Verschijnt samen met de halve maan in de hindoeïstische en boeddhistische kunst. *Scandinavisch:* Freyja wordt begeleid door hazen. *Teutoons:* Holda, Harke, of Harfa, de maangodin, wordt gevolgd door hazen als een stoet toortsdragers. De paashaas is verbonden met Oestra.

Hagedis Een lunair schepsel; het vochtige principe; men dacht dat hij geen tong had en leefde van dauw; de hagedis was een symbool van stilte. In de Egyptische en Griekse symboliek representeerde hij goddelijke wijsheid en geluk en was hij een attribuut van Serapis en Hermes; in de leer van Zaratusthra was hij een symbool van Ahriman en het kwaad. Ook in het christendom staat hij voor kwaad en de duivel. De hagedis is een attribuut van Sabazios en verschijnt gewoonlijk op diens hand. In de Romeinse mythologie gaat men ervan uit dat hij tijdens de winter slaapt en zo symboliseerde hij dood en wederopstanding. De hagedis Tarrotarro is in de cultuur van de Australische aboriginals een held.

Hallow-e'en (avond voor Allerheiligen) De terugkeer van de winter, chaos, de doorbraak tussen de wereld van de levenden en de doden. Samhuinn, het festival van de doden; het begin van het Keltische jaar.

Halsboord Met de ambtsketting en de halsketting betekent de halsboord functie en waardigheid, maar ook slavernij en dienstbaarheid. *Keltisch:* De halsboord of metalen halsring is een attribuut van Cernunnos. *Egyptisch:* Een embleem

De **haas** in de maan op deze bronzen schotel uit de Tung-dynastie stampt het elixer van onsterfelijkheid in de stamper en vijzel van verschijnselen en sleur van het dagelijkse leven.

Een **hand**, hier uitgesneden op de deur van het Alhambra, is een steeds terugkerend symbool van de vijf grondregels van de islam: belofte van geloof, gebed, pelgrimstocht, vasten en liefdadigheid.

van Isis; representeert ook de macht van haar zoon Horus.

Halssnoer Het halssnoer, de halsketting of ambtsketen verwijst naar een ambt en waardigheid, maar bindt eveneens aan dat ambt. Het halssnoer en de halsketting staan ook voor verscheidenheid in eenheid, de kralen of schakels zijn de veelvuldigheid van manifestatie, en de draad en verbinding zijn het niet-gemanifesteerde; de kralen zijn ook mensen, dieren en alle levende dingen die afhankelijk zijn van, en bij elkaar gehouden worden door, de goddelijke macht.

Halve maan De halve maan is bij uitstek het symbool van de grote moeder, de lunaire koningin van de hemel, en het attribuut van alle maangodinnen; hij is het passieve, vrouwelijke principe en is zowel de moeder als de hemelse maagd. De veranderlijke maan verbeeldt verandering in de wereld van de verschijnselen. De halve maan wordt vertegenwoordigd door 'koeien of stieren' met horens, maar neemt ook wel de vorm aan van de lunaire bark en de ontvangende kom; hij is het schip dat de nachtelijke hemel bestuurt, 'het schip van licht op de nachtelijke zee'. Halve manen achter elkaar, of boven en onder elkaar geplaatst, zijn de wassende en afnemende maan. De solaire schijf samen met de lunaire halve maan, of met de schijf geplaatst tussen twee koehoorns, stelt eenheid voor, de twee-in-één, of de verbonden zonne- en maangodheden en het heilige huwelijk van de goddelijke paren. Een halve maan met stralen staat voor begrafenis, een apotheose van de dood. *Keltisch:* De halve maan en twee halve manen met de ruggen naar elkaar toe symboliseren onsterfelijkheid. *Christelijk:* De maagd Maria, koningin van de hemel. *Egyptisch:* Isis, koningin van de hemel en Hathor als de koe met de solaire schijf tussen de horens. *Hindoeïstisch:* De halve maan, de nieuwgeborene; vlugge en onstuimige groei; de kom met het elixer van onsterfelijkheid. In het haar van Shiva vertegenwoordigt hij de stier Nandi. *Islamitisch:* De halve maan met de ster verbeeldt goddelijke soevereiniteit. *Maori's:* Licht uit duisternis. *Sumerisch:* Attribuut van de maangod Sin. Het embleem van Byzantium, islam en de Turken.

Hamer De vormende, mannelijke kracht; een attribuut van de dondergoden. Hamer en aambeeld zijn de vormende krachten van de natuur, schepping in de mannelijke actieve en de vrouwelijke, passieve aspecten. Als slaand en verbrijzelend vertegenwoordigt de hamer gerechtigheid en wraak. De hamer en tangen en de dubbele hamer, of het taokruis, worden samen met alle dondergoden afgebeeld, maar speciaal met Hephaistos, Vulcanus en Thor. *Chinees:* Goddelijke vorm van het universum; soevereine macht die duisternis en kwaad verdrijft. *Christelijk:* Een symbool van het lijden van Christus. *Egyptisch:* Het taokruis is het embleem van Ptah; het is de 'wreker' en 'pletter'. *Grieks-Romeins:* Donder, wraak; attribuut van Hephaistos/Vulcanus, en ook van de god van het firmament Zeus/Jupiter. *Hindoeïstisch:* Donder; een stenen hamer is een embleem van Parashu-Rama. *Japans:* Rijkdom; fortuin. *Scandinavisch en Teutoons:* De donderhamer van Thor, de 'vernietiger'; als hij weggeworpen wordt mist hij zijn doel nooit en hij keert terug naar Thor; hij kan ook de doden tot leven wekken. Hij komt overeen met de *vajra* van Indra en de bliksemschicht van Jupiter.

Hamer van hout Autoriteit; de wil richting gevend; mannelijke kracht. Deelt een gedeelte van de symboliek van de hamer als attribuut van de dondergod. *Keltisch:* Een attribuut van Sucellus. *Chinees:* De houten hamer en beitel zijn attributen van Lei-kung, god van de donder. *Japans:* Het is 'de creatieve hamer', de gecombineerde mannelijke en vrouwelijke kracht; geluk.

Hand Een van de meest symbolische expressieve delen van het lichaam. Volgens Aristoteles is de hand 'het gereedschap der gereedschappen'. Quintilianus zegt: 'Je zou kunnen zeggen dat de hand kan praten. Gebruiken we hem niet om een vraag te stellen, iets te beloven, te bevelen, weg te sturen, te dreigen, te smeken, afkeer of vrees uit te drukken, te betwijfelen of te ontkennen? Gebruiken we hem niet om vreugde uit te drukken, zorg, aarzeling, bekentenis, straf, maat, hoeveelheid, aantal en tijd? Hebben ze niet de macht te stimuleren en te verbieden, bijval, verwondering en schaamte uit te drukken?' Handen betekenen macht; kracht; voorzorg; zegen. De hand van God is goddelijke macht; overdracht van levenskracht; bescherming; gerechtigheid. De grote hand verbeeldt hoogste macht, de godheid. De hand duwt kwaad en moeilijkheden weg. Symbolische houdingen van handen zijn: *Op de borst* – overgave, de houding van de slaaf of bediende. *Ineengevouwen* – vereniging; mystiek huwelijk; vriendschap; bondgenootschap. *Gevouwen* – rust, onbeweeglijkheid. *De ogen bedekkend* – schaamte, afschuw. *Gekruist bij de polsen* – binden of gebonden zijn. *Opleggen* – overbrengen van kracht en zegen of genezing. *In de nek* – offer. *Open* – vrijgevigheid, ruimdenkendheid, gerechtigheid. *Samengebald* – dreigement; agressie. *Uitgestrekt* – zegening, bescherming, welkom. *Gelegd op die van een ander* – belofte van dienst, de rechterhand verleent het levensprincipe. *Tegen elkaar geplaatst* – machteloosheid; overgave van de vazal aan de soeverein; inferioriteit; niet-aanvallend; begroetend; loyaliteit. *Op elkaar geplaatst met de handpalm naar boven* – meditatie; ontvankelijkheid. *Opgeheven* – adoratie; betuiging van eerbied; gebed; begroeting; verbazing; afschuw; ook het ontvangen van de instromende kracht; *met de handpalm buitenwaarts* – zegening; goddelijke zegen en gunst; *beide handen opgeheven* – smeekbede, zwakte; toegeven van onwetendheid; afhankelijkheid; overgave; ook aanroeping en gebed. *Naar het hoofd geheven* – denken, zorgen. De hand schudden vormt het kruis, de ankh of verbond, een gelofte; de handen wassen betekent onschuld, zuivering; afwijzing van schuld; het wringen van de handen is enorm verdriet of geweeklaag.

De rechterhand is de 'hand van macht', hij wordt opgeheven om de zegen te geven en verleent het levensprincipe. Josephus schrijft: 'Geen van hen zal bedrog plegen als ge de rechterhand hebt gegeven noch zal iemand twijfelen aan hun trouw.' De linkerhand is het passieve aspect van macht, ontvankelijkheid; hij wordt vaak in verband gebracht met diefstal en zwendelarij.

Een hand met drie vingers, of een verminkte hand verbeeldt de fasen van de maan; met uitgestrekte vingers en eindigend in de zonnestralen is hij de leven gevende kracht van de hemel of het firmament; de hand die te voorschijn komt uit een wolk is goddelijke kracht en weldaden, ook majesteit. De hand als talisman afgebeeld met het oog en andere symbolen van macht typeert helderziendheid en de paranormale macht die deze verleent. *Boeddhistisch:* De hand van Boeddha is bescherming; met de handpalm naar boven staat hij voor onbeperkt geven; als in de iconografie van het boeddhisme de rechterhand de aarde raakt wijst dat op zijn heerschappij daarover, het oproepen van de aarde als getuige; hij is de actieve kant. Zijn linkerhand, met de bedelaarsnap, of omhoog gekeerd, is ontvankelijkheid en overgave; de passieve kant. In het boeddhisme en hindoeïsme is *moedra* de manuele expressie van goddelijke krachten en het is een volledige taal van symbolische houdingen en bewegingen van handen, te talrijk om te specificeren, maar in het algemeen is de opgeheven rechterhand onverschrokkenheid, of, met de handpalm naar boven, geven; handen samen, met de palm naar boven of in de schoot, wijzen op meditatie en ontvankelijkheid; handen samen voor het hart zijn de eenheid van wijsheid en methode. De hand met een oog in de handpalm verbeeldt de helpende hand van mededogen en wijsheid die niet blind is maar onderscheid maakt. *Keltisch:* De 'lange hand van Lugh' symbo-

Zegel van de katholieke Confederatie, die in 1642 in Ierland werd uitgeroepen. Het vlammende **hart** is het meest opvallende symbool voor religieuze ijver; het wordt vergezeld van de kroon, het kruis, de duif en de harp

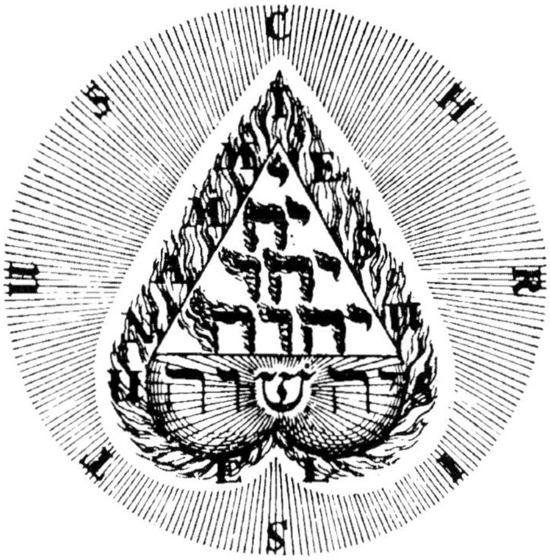

Op z'n kop gezet **hart**, een kabbalistische figuur van Jakob Boehme (1575-1624), waarin JHVH, de naam van God, in Hebreeuwse letters, is omgezet in JHSHVH, Jehoshua (Jezus).

liseert de stralen van de zon. *Chinees:* Ineengevouwen handen zijn vriendschap, verbond; de handen verbergen wijst op respect en achting. De rechterhand is yang en kracht en hij is het tegendeel van de linkerhand van eer, uitgezonderd in tijden van oorlog waarin de rechterhand de militaire hand van eer wordt als de hand met het zwaard. De linkerhand is yin, de zwakke, de kant van de eer omdat kracht voert tot geweld en destructie. *Christelijk:* De kracht en macht van God. In de christelijke kunst is de hand die verschijnt uit een wolk de aanwezigheid en macht van God de vader; soms laat hij de duif van de heilige geest los. De opgeheven hand met de handpalm naar buiten staat voor zegening, goddelijke zegen en gunst; met drie opgeheven vingers duidt hij op de drie-eenheid; met de hele hand opgeheven symboliseert de duim de vader, de wijsvinger de heilige geest, de middelvinger Christus en de ringvinger en pink de twee naturen van Christus. Het opleggen van handen bij de bevestiging/heilig vormsel is de overdracht van de geest, kracht en zegen. Een hand met een zak geld verbeeldt Judas Iskariot. *Egyptisch:* De 'hand van de Egyptenaren' ⧖ verbeeldt de vereniging van vuur en water, mannelijk en vrouwelijk. *Grieks:* De votieve hand van Sabazios heeft de duim en wijsvinger uitgestrekt, met de middelvinger en ringvinger gebogen (de cornuto) en draagt de kegel, slang, het kruis, de halve maan, caduceus, hagedis, insecten. Hij wordt beschouwd als de helpende hand van god, of bescherming, genezing en zegening, ook kunnen de drie vingers de triade zijn of mannelijke drie-eenheid, maar ook alleen gelukbrengend en bezwerend. *Hebreeuws:* De hand van God, is 'de rechterhand van de majesteit daarboven'. *Hindoeïstisch:* Van de handen van Shiva is de opgeheven hand vrede en bescherming, de omlaag hangende hand, wijzend naar de voeten, verbeeldt bevrijding, de slag van de trommel is de creatieve daad en de vlam in de hand verbeeldt de vernietiging van de wereld door vuur. *Islamitisch:* De geopende hand betekent zegening, adoratie en gastvrijheid. De hand van Fatima staat voor de hand van god, goddelijke macht, voorzienigheid en vrijgevigheid. De duim is de profeet en de vingers zijn zijn vier metgezellen, de wijsvinger is vrouwe Fatima, de middelvinger Ali, haar echtgenoot, de ringvinger en pink Hassan en Husain, hun zonen. De ringvinger is ook spirituele en morele uitnemendheid en de vijf vingers samen zijn de vijf fundamentele dogma's en de vijf zuilen van de religie. *Mandeeërs:* De rechterhand schudden betekent de reddende kracht van de godheid. *Sumerisch-Semitisch:* De hand is een attribuut van de grote moeder als gulle geefster en beschermster. De votieve hand komen we, net als die van Sabazios, vaak tegen in Syrië. *Tolteken:* De 'lange hand' van Huemac verbeeldt de stralen van de zon.

Handschoen Teken van goed vertrouwen; een uitdaging van de eer; zuiverheid van hart ('schone handen en een zuiver hart'); witte handschoenen die door priesters worden gedragen, wijzen op zuiverheid van hart en onomkoopbaar zijn. Handschoenen uittrekken betekent respect, ernst, omdat de gehandschoende ook degene is die verborgen kan zijn. De handschoen toewerpen wil zeggen de eer in een uitdaging betrekken. IJzeren handschoenen zijn een attribuut van Thor en smidsgoden. Handschoenen accentueren de symboliek van handen en gebaren.

Hangslot Chinees*:* Lang leven (het sluit het leven op); goede gezondheid.

Harp Deelt de symboliek van de ladder (zie aldaar) als leidend naar het hiernamaals. De harpist is de dood. Een embleem van koning David in het Oude Testament, en van Wales, en een attribuut van Dagda, de Keltische vuurgod, die de seizoenen oproept en wiens spel oorspronkelijk de verandering van de seizoenen bracht.

Harpij Zie Legendarische dieren.

Hars Niet te corrumperen; onsterfelijkheid. Bomen die hars produceren hebben dezelfde symboliek als die welke altijd groen blijven. Net als sap werd hars beschouwd als de zielensubstantie van de boom; hars werd ook wel 'de tranen van de grote moeder' genoemd. Een bron van vuur, vandaar voortplanting.

Hart Het centrum van zijn, zowel fysiek als spiritueel; de goddelijke aanwezigheid in het centrum. Het hart vertegenwoordigt de 'centrale' wijsheid van voelen tegenover de rationele wijsheid van het hoofd; beide zijn intelligentie, maar het hart is ook mededogen; begrip; de 'geheime plaats'; liefde; liefdadigheid; het bevat het levensbloed. Het hart wordt gesymboliseerd door de zon als centrum van het leven en deelt met de zon met haar stralen en het stralende of vlammende hart de symboliek als centrum van de macrokosmos en de microkosmos; als de hemelen en de mens en als transcendente intelligentie. Het hart wordt ook afgebeeld als een naar beneden wijzende driehoek. *Azteken:* Het centrum van de mens, religie en liefde; het verenigende levensprincipe. Het offeren van het hart wil zeggen het bevrijden van het levensbloed, het zaad van het leven, om te ontkiemen en te bloeien. Het doorstoken hart is straf. *Boeddhistisch:* De essentiële natuur van de Boeddha. Het diamanten hart is zuiverheid en onverwoestbaarheid en de mens die niets kan 'snijden' of verstoren. In het Chinese boeddhisme is het hart een van de 'acht kostbare organen' van Boeddha. *Keltisch:* Het vriendelijke hart symboliseert vrijgevigheid en mededogen; het is de antithese van het kwade oog. *Christelijk:* Liefde; begrip; moed; vreugde en zorgen. Het vlammende hart verbeeldt religieuze hartstocht, geestdrift en devotie. Een hart in de hand geeft liefde en vroomheid weer; een hart doorboord met een pijl is het berouwvolle hart; berouw; een embleem van de heilige Augustinus. Een hart gekroond met doornen is een embleem van Ignatius de Loyola; een hart met een kruis is een embleem van de heiligen Bernadine van Siena, Catherina van Siena, Teresa. *Hebreeuws:* Het hart is de tempel van god. *Hindoeïstisch:* Het goddelijke centrum; de woonplaats van Brahma; 'Het is Brahma'; het is het al; de atman. Het hart wordt gesymboliseerd door de lotus. Het 'oog van het hart' is het derde oog van Shiva, transcendente wijsheid; de alomtegenwoordige geest. Zie ook 'diamanten hart' onder *boeddhistisch* hierboven. *Islamitisch:* het centrum van zijn; het 'oog van het hart' is het spirituele centrum; het absolute intellect; verlichting. *Taoïstisch:* De zetel van inzicht. De wijze heeft zeven monden in zijn hart, ze zijn allemaal open.

Havik Een solair dier met ongeveer dezelfde symboliek als de arend (zie aldaar); hij is een attribuut van alle zonnegoden en vertegenwoordigt de hemelen; kracht; koningschap; adeldom. Hij was, net als de arend, in staat naar de zon te vliegen en ernaar te kijken zonder knipperen. Goden met een havik, of met het hoofd van een havik, zijn zonnegoden. *Azteken:* Een boodschapper van de goden. *Egyptisch:* De koninklijke vogel; de geest; de ziel; inspiratie; de vogel van Khensu; Re, de zon. Andere goden met het hoofd van een havik, zijn Ptah, Horus, Mentu, Rehu, Sokaris, Kebhsenuf. De krokodil met de kop van een havik is Sebek-Ra; de sfinx heeft soms het hoofd van een havik. De havik is ook een embleem van Amenti, de grote moeder en godin van het westen en de onderwereld. *Grieks-Romeins:* De 'snelle boodschapper' van Apollo; attribuut van Circe. *Hindoeïstisch:* De havik is ook een voertuig van Indra. *Iraans:* Een attribuut van Ahura Mazda, of Ormuzd, als licht. *De cultus van Mithras:* Een attribuut van Mithras als zonnegod.

Hazelaar Als alle noten is de hazelnoot een symbool van verborgen wijsheid en geassocieerd met de moedergodin. Hazelnoten staan ook voor vrede en geliefden. De roede van de hazelaar heeft magische krachten, hij is een regenmaker en wordt gebruikt om met een wichelroede water op

De Egyptische god Horus met uitgestrekte armen een offer aanbiedend, misschien aan zijn moeder Isis, uit wie hij werd geboren als de zon, gesymboliseerd door zijn hoofd van een **havik**.

Christus als de goede **herder**, een Romeinse sculptuur uit de derde eeuw: een overname van een traditioneel symbool.

te sporen. De hazelaar was de heilige boom van de Keltische bossen en stond voor wijsheid, inspiratie, voorspellingen, magie en chtonische krachten. Hij groeide als de levensboom in Avalon naast de heilige vijver of bron die de zalm (zie aldaar) bevatte en alleen de zalm mocht de noten eten. Hij werd ook in verband gebracht met de melkgevende godin en de vuurgod omdat de twijgen werden gebruikt om vuur te maken. In Griekenland was hij de roede van Hermes, de boodschapper van de goden, en daarom symboliseerde hij communicatie en verzoening. In Scandinavische en Teutoonse religies was hij aan Thor gewijd. In het Oude Testament gebruikt Jacob magische hazelaartakken om gevlekte schapen en gevlekt rundvee te produceren.

Held/Heldin Het prototype van de redder; het wonderbaarlijke. De held is gewoonlijk van eenvoudige geboorte, of, onbekend voor hemzelf, van adellijke geboorte, en wordt in eenvoudige omstandigheden opgevoed in onwetendheid van zijn staat; zijn kracht wordt al vroeg op de proef gesteld, vaak alleen, maar soms met een dierlijke metgezel; hij vecht tegen het kwaad en tegen verleidingen, wordt verraden en gedood of geofferd. Een andere mogelijkheid is dat hij alleen begint, maar massa's samenbrengt, of een selecte groep discipelen, die hem tenslotte verlaten om alleen te lijden en te sterven; dat symboliseert de reis van de ziel en het verschijnen in manifestatie, veelvoud en de uiteindelijke terugkeer tot de oorspronkelijke eenheid. In geval van een held en een onsterfelijke bruid, zoekt hij haar vaak in de onderwereld of op de een of andere mysterieuze plaats. De heldin kan hooghartig zijn, neerbuigend of lelijk vermomd, en symboliseert daarmee de egoïstische kant van de natuur van de mens die onderdrukt moet worden; maar de symboliek blijft die van scheiding en vereniging; zondeval en verlossing – de twee kanten van de natuur van de mens die moeten worden verzoend en geïntegreerd.

Heliotroop *Europees:* Het kruid van de zon; eeuwige devotie, liefde. Gewijd aan Apollo en Clytiè.

Helm Bescherming; behoud; het attribuut van een krijger of held. In de heraldische symboliek wijst de helm op verborgen gedachten. Hij is een attribuut van Ares/Mars als oorlog en van Athene/Minerva als denken; hij is ook een embleem van Hades/Pluto als de helm van duisternis. De gouden helm is een embleem van Wodan/Odin.

Hemel Hemel en aarde representeren geest en materie en, gewoonlijk, de vader-en-moederprincipes, met een opvallende uitzondering in Egyptische, Teutoonse en Oceanische symboliek, waar de posities omgekeerd zijn. In de heilige architectuur worden hemelen weergegeven door de koepel, stoepa, chörten, of het open centrale gat van een tipi, tent of heilige hut. In 't algemeen wordt hij blauw afgebeeld, maar af en toe zwart, en rond of gewelfd van vorm. In het Verre Oosten worden de hemelen gesymboliseerd door de draak en de aarde door de witte tijger, ook door nevel en bergen, paard en stier.

Hemelgewelf De plaats waar hemel en aarde elkaar ontmoeten; de toegang tot eeuwig leven; het firmament. Zie ook Koepel.

Hemellichaam Perfectie; het totaal van alle mogelijkheden in de beperkte wereld; de oorspronkelijke vorm die alle mogelijkheden van alle andere vormen bevat; het kosmische ei; de afschaffing van tijd en ruimte; eeuwigheid; het gewelf van de hemel; de wereld; de ziel; de *animus mundi* (Plato). De cyclische beweging van vernieuwing; omwenteling; de hemelen. In de islamitische symboliek is de hemelglobe de geest, het oorspronkelijke licht.

Hemelvaart Transcendent; doorbraak naar een nieuw ontologisch niveau en het transcenderen van de zuiver menselijke staat; de weg naar de realiteit en het absolute; reïntegratie; de vereniging van de ziel met het goddelijke; opstijging van de ziel; de passage van aarde naar hemel, van duisternis naar licht; vrijheid. Opstijgen volgt vaak op een neerdaling in de onderwereld en symbolen voor opstijging worden wel gebruikt voor het herwinnen van het paradijs, omdat spirituele vrijheid en verlichting niet alleen betekenen het bereiken van het centrum maar ook het transcenderen van aardse beperkingen.

Hen Voortplanting; voorzienigheid; moederlijke zorg. Een zwarte hen is een diabolisch middel, of een aspect van de duivel. Een kraaiende hen is vrouwelijke overheersing of een krachtige vrouw. In het christendom verbeeldt de hen met kuikens Christus met zijn kudde.

Hengelen *Chinees:* De kunst van regeren: 'Een onbekwame hengelaar vangt geen vis; een tactloze regeerder zal het volk niet overwinnen.' *Christelijk:* Bekeerlingen in de kerk brengen; de apostelen als 'vissers van mensen.'

Hengst In de Iraanse symboliek vertegenwoordigt de hengst de solaire kracht, vuur en is hij een attribuut van de klasse der krijgers. Hij is een Assyrisch symbool van superioriteit, solaire, aggresieve mannelijkheid. Na het vedische tijdperk werd hij vervangen door de lunaire, erotische merrie, die het vuur van de vernietiging aan het eind van de wereld bezit.

Herder Leider en beschermer van kuddes; een redder; de herder wordt soms ook geassocieerd met de god van de dood die dan de herdersstaf als attribuut heeft. De goede herder komen we tegen in Sumerische, Iraanse, Hebreeuwse, Orfische, Hermetische, Pythagorische, Tibetaanse en christelijke tradities. *Boeddhistisch:* (Tibetaans) Chenrezig, 'de barmhartige goede herder', is geïncarneerd in de Dalai Lama. *Christelijk:* Christus, de goede herder; symboliseert zijn menselijkheid en mededogen, ook de redding van hen die verdwaald zijn. *Egyptisch:* Re is 'de herder van alle mensen'. Egyptische koningen waren herders van hun kudden. *Grieks:* Orpheus Boukolos, de veehoeder, is de goede herder, zijn attribuut is een ram, of een kind, op zijn schouder. Hermes Kriophorus, de ramdrager, is een goede herder. Pan is een veehoeder en Hermes, of Mercurius, is een herder van zielen. *Hindoeïstisch:* Shiva is een veehoeder en Krishna wordt geassocieerd met veehoeders en de jonge vrouwen die de koeien hoeden. *Iraans:* Yima, de goede herder, met het solaire oog, bezit het geheim van de onsterfelijkheid. *Islamitisch:* 'De goddelijke glorie bevindt zich tussen de herders.' *Sumerisch-Semitisch:* Tammuz, een lunaire god en een herder, is de beschermer van de kudden. De Foenicische Amynos en Magos leerden het volk in een groep leven.

Herdersstaf/Bisschopsstaf De herdersstaf wijst op autoriteit; leiding; rechtspraak, genade; vertrouwen en is een attribuut van alle goede herders. *Christelijk:* Christus als de goede herder; de staf van de apostelen; het attribuut van een bisschop als herder van zijn kudde; embleem van de heiligen Gregorius, Sylvester, Zeno. *Egyptisch:* Attribuut van Osiris als rechter over de doden en vaak afgebeeld met de vlegel als hoogste macht. Egyptische koningen waren herders van hun volk en droegen een staf als scepter. *Grieks:* Attribuut van Proteus, herder van de kudden van de oceaan, van Orpheus als goede herder, ook van Apollo, Thalia, Pan, Argos en Polyphemus. *Sumerisch-Semitisch:* Eén van de koninklijke insignes van Assyrië en Babylon.

Hermafrodiet Zie Androgyn.

Hermelijn Als hij in de winter wit is staat hij voor zuiverheid; kuisheid; onschuld en dan wordt hij ook in verband gebracht met rechtvaardigheid. Op kleding verwijst hij naar koningschap en adeldom in de kerk of de staat. Aristocratische christelijke maagdelijke heiligen worden soms met een hermelijn afgebeeld, speciaal de heilige Ursula.

Hert Eenzaamheid; zuiverheid. In de christelijke symboliek betekent het religieus verlangen en hartstocht, de neofiet dorstend naar kennis zoals

De **hertenbokken** op dit mozaïek van de Lateraanse basiliek van St.Jan drinken van het vernieuwende levenswater dat stroomt uit het voetstuk van het verlossende kruis.

'Vrouw met een **hermelijn**' door Leonardo. De hermelijn staat voor maagdelijkheid en zuiverheid – maar hier zou de symboliek wel eens dubbelzinnig kunnen zijn, want de vrouw zou de maîtresse zijn van Lodovico il Moro, van de familie Sforza, en de hermelijn was hun embleem.

het 'hert snakt naar de waterbron'. Het hert stampend op het serpent is Christus die de kracht van het kwaad overwint. Het hert wordt vaak samen met de levensboom afgebeeld. *Indiaans:* Snelheid; snelvoetig. *Boeddhistisch:* Het hert aan iedere kant van een cirkel van het wiel van de wet staat voor het onderricht van de Boeddha in het hertenpark in Sarnath dat het wiel in beweging bracht; het hert staat voor meditatie, volgzaamheid en vriendelijkheid, maar is ook 'één van de drie zinloze schepselen' van het Chinese boeddhisme als verwijzend naar smoorverliefdheid, met de tijger als boosheid en de aap als gierigheid. *Keltisch:* Herten zijn de bovennatuurlijke dieren van de toverwereld en ze zijn tovervee en goddelijke boodschappers. De huid en geweien van een hert zijn rituele kledingstukken. Flidass, de godin van de jacht, heeft een wagen die door herten wordt getrokken. *Chinees:* Lang leven; hoge rang; officieel succes; rijkdom (het hert is een homofoon van *lu*, emolumenten). *Egyptisch:* Gewijd aan Isis in Phocis. *Grieks:* Gewijd aan Artemis, Athene, Aphrodite en Diana als maangodinnen, en aan Apollo in Delphi. *Japans:* Een attribuut van de goden van een lang leven, maar het is ook eenzaamheid en melancholie als het wordt geassocieerd met de esdoorn. Zie ook Hertenbok.

Hertenbok Solair; vernieuwing; schepping; vuur; de dageraad; hij wordt vaak in verband gebracht met de levensboom. De hertenbok in gevecht met het serpent representeert, net als de met elkaar strijdende arend en serpent, het conflict van de tegenstellingen, positief versus negatief, licht tegenover duisternis. De hertenbok die het serpent onder zijn voeten vertrapt is de overwinning van de geest op de materie, van goed op kwaad. Het volgen van het gejaagde hert of de hertenbok voert vaak tot symbolische situaties en de hertenbok kan ook een boodschapper van de goden zijn of van hemelse krachten. Hertenbokken trekken de voertuigen van vader tijd en de kerstman. *Alchemistisch:* De hertenbok en de eenhoorn samen verbeelden de dualistische natuur van Mercurius, het filosofische kwikzilver, de *nous*. *Keltisch:* Solair; therapeutisch; vruchtbaarheid; potentie; het attribuut van de strijder, de jagersgod Cocidius en van Ossian en een gedaante van de gehoornde god Cernunnos. *Chinees:* Geluk; geldelijk gewin. De witte hertenbok representeert Shou-hsien, de god van onsterfelijkheid. De draak wordt de 'hemelse hertenbok' genoemd. *Christelijk:* Vroomheid; religieus verlangen (Ps. 42); de ziel verlangend naar god; eenzaamheid; zuiver leven. Als vijand van het serpent staat de hertenbok voor Christus, of de christen die vecht tegen het kwaad. Embleem van de heiligen Adrianus, Eustachius, Ida, Felix, Julianus de Johannieter. De hertenbok met een kruis tussen zijn horens is een embleem van de heilige Hubertus. *Grieks-Romeins:* Een attribuut van Artemis/Diana. *Hettitisch:* Belangrijk als het ros van de beschermende mannelijke godheden. De god van de dieren staat op een hertenbok. *Japans:* De draak is de 'hemelse hertenbok'. *Cultus van Mithras:* De hertenbok en stier samen staan voor het moment van de dood. *Scandinavisch:* De vier hertenbokken van Yggdrasil zijn de vier winden. *Sjamanistisch:* De huid van de hertenbok wordt vaak gebruikt in sjamanistische riten (zie Huid). Zie ook Hert. *Sumerisch-Semitisch:* De vruchtbaarheidsgod was soms gekleed als een tot offer bestemde hertenbok. De kop van een hertenbok is een embleem van Reshep.

Hexagram Als de twee in elkaar grijpende driehoeken (zie aldaar) symboliseert het hexagram 'zo boven, zo onder' etc. *Chinees:* De acht trigrammen, of Pa Kua (zie aldaar) zijn symbolisch met elkaar verbonden, elk de yin-yang krachten en machten in de natuur symboliserend. Ze worden uitgebreid tot de 64 hexagrammen, die eindeloze interactie tussen die krachten betekenen.

Hiel Kwetsbaar deel van een verder onkwetsbare persoon, bijv. Krishna, Achilles, maar ook het deel dat het serpent doodt en kwaad verbrijzelt.

Hippogrief (gevleugeld paard met de kop van een griffioen) Zie Legendarische dieren.

Hippopotamus Soms gelijkgesteld met de Behemoth uit het Oude Testament. In de Egyptische symboliek vertegenwoordigt hij de grote moeder, Amenti, de 'voortbrenger van de wateren'; Taueret, de hippopotamusgodin, betekent vrijgevigheid en bescherming. De rode hippopotamus is Seth in zijn tyfoonachtige aspect, en de dij van de hippopotamus is het 'fallische been van Seth' als macht en viriliteit; hij verbeeldt ook de noordpool.

Hoed Autoriteit; macht. Aangezien de hoed het hoofd bedekt bevat hij gedachten, vandaar dat van hoed veranderen wil zeggen van gewoonten of opvattingen veranderen. Het bedekte hoofd is, als met de kap, adeldom en vrijheid, in tegenstelling tot de slaaf die blootshoofd gaat. Verschillende hoeden verbeelden sociale en hiërarchische orde, bijv. de hoed van de kardinaal, de mijter, baret, de hoed van de priester, hoge hoed, de ezelskap. De hoed afnemen is beleefdheid of een teken van sociale lagere rang dan degene die wordt gegroet; het afzetten van de hoed bij het binnenkomen van een gebouw toont eerbied.

Hoefijzer Opwaarts gericht en in de vorm van

een maansikkel vertegenwoordigt het de maan en de maangodinnen en neemt het de symboliek aan van de hoorns van macht en bescherming. Het kan ook voor de yoni staan; het is bezwerend en brengt geluk. Naar beneden gericht is het geleegd van macht en geluk.

Hoer In de alchemie is de hoer de *prima materia*, het lichaam verzonken in duisternis, de niet-verloste.

Hond Trouw; waakzaamheid; adeldom (honden en valken zijn emblemen van de adel); Plutarchus zegt dat honden het 'conservatieve, waakzame, het filosofische principe van het leven symboliseren'. 'De hond die zijn ruige nek opheft, zijn gezicht afwisselend zwart en goud, verwijst naar de boodschapper die heen en terug gaat tussen hogere en helse krachten' (Apuleius). Bewaker van de grens tussen deze wereld en de volgende; bewaker van de onderwereld; begeleider van de doden. Als een lunair dier is de hond, met de haas en de hagedis, een bemiddelaar tussen maangodheden; ook solair in het Verre Oosten als yang-dier overdag, maar yin tijdens de nacht. In Egypte en Sumerië is hij solair. Hij wordt in verband gebracht met de boodschapper van de goden en de goden van vernietiging en is een attribuut van Anubis en Hermes/Mercurius. De hond en de otter zijn heel bijzonder tussen de 'schone' dieren uit de leer van Zaratusthra; het is een zonde hem te doden. Hecate heeft haar oorlogshonden; de noordelijke Garmr, de 'verslinder', wordt vaak afgebeeld als een hond en Brimo, als vernietiger, wordt vergezeld van een hond. Soms vergezelt de hond de goede herder, hij is gewoonlijk de metgezel van genezers, zoals Aesculapius, en van alle jageressen en moedergodinnen; de moedergodin wordt vaak 'de teef' genoemd en afgebeeld terwijl ze jongen werpt. Een zwarte hond verwijst naar toverkunsten, diabolische machten, de verdoemden, dood. Katten en honden, als beschermgeesten van heksen, kunnen heksen vertegenwoordigen als regenmakers, vandaar in het Engels 'raining cats and dogs' en ons hondenweer.

Honden kunnen net als winden de beer van de winter of droogte verjagen. De cynocephalus (hondskopmens) vernietigt de vijanden van het licht of neemt deze gevangen. De hond is vaak een cultuurheld of mythische voorouder. Omdat hij een metgezel is geweest tijdens het leven blijft hij dit vaak ook na de dood en bemiddelt en interpreteert hij tussen de dode en de goden van de onderwereld. Hij heeft ook de eigenschap van vuurbrenger en is de meester van het vuur, omdat hij óf het vuur heeft uitgevonden door frictie óf, in sommige culturen, het mannelijke geheim van

Dit masker van een **hert**, 29 cm hoog, is uitgesneden uit een blok cederhout en ingelegd met schelpen. Waarschijnlijk werd het door een sjamaan gedragen tijdens een rituele dans om een succesvolle jacht te verkrijgen.

het maken van vuur heeft gadegeslagen en het daarna aan de vrouwen heeft doorgegeven. Als hij met vuur in verband wordt gebracht wordt hij een seksueel symbool, vuur en seksuele kracht zijn met elkaar verbonden. *Afrikaans:* Hij is vaak een cultuurheld en uitvinder en brenger van het vuur. *Alchemistisch:* De hond met de wolf is de dualistische natuur van Mercurius, het filosofische kwikzilver, de *nous*. *Indiaans:* Verwisselbaar met de prairiewolf; een donderdier, een regenbrenger, ook de uitvinder van het vuur en, net als de prairiewolf, een cultuurheld en mythische voorouder; een bemiddelaar en boodschapper. Met Nieuwjaar werd er door de Irokezen een witte hond geofferd, om de gebeden naar de volgende wereld te brengen. *Azteken:* Xoltl, god van de dood en de ondergaande zon, heeft het hoofd van een hond en was patroon van de honden. De hond was een psychopomp en werd vaak geofferd op het graf om de dode te vergezellen op zijn reis naar de volgende wereld. Het laatste teken van de Mexicaanse Dierenriem, die de periode van geen tijd of chaos vertegenwoordigt, was de hond als het einde van het jaar en de dood, maar ook wederopstanding en wedergeboorte. *Boeddhistisch:* De leeuwhond, een bewaker, is een verdediger van de wet; bewegingloze gehoorzaamheid en de onderwerping van de passies door de wet. Hij is ook een attribuut van Yama, god van de dood. *Keltisch:* Geassocieerd met geneeskrachtige wateren en metgezel van jachtgoden, oorlogsgoden en helden, en de god van genezing, Nodens. Sucellos wordt ook vergezeld door een hond. *Chinees:* Trouw, onwankelbare devotie. De komst van een hond wijst op toekomstige voorspoed. De rode hemelse hond, T'ien Kou, is yang en helpt Erhlang de kwade geesten verdrijven; maar als bewaker tijdens de nachtelijke uren wordt hij yin en symboliseert dan vernietiging en catastrofe; als de hond dol wordt en de zon of de maan bijt is hij verbonden met meteoren en eclipsen. De leeuwhond van Boeddha wordt vaak afgebeeld in Chinese kunst. *Christelijk:* Trouw; waakzaamheid; echtelijke trouw. Als bewaker van de kudde vertegenwoordigt de hond de goede herder, een bisschop of een priester. Zwarte en witte honden beelden de Dominicanen uit. De hond is een embleem van de heiligen Bernardus, Rochus (die door zijn hond werd gevoerd), Sira, Tobias, Wendelin. *Egyptisch:* Een gids naar de solaire god met het hoofd van een havik om de zon op het juiste pad te houden. Gewijd aan Anubis, de god met het hoofd van een hond of jakhals, en aan Hermes als boodschappergod; attribuut van de grote moeder, Amenti. *Grieks-Romeins:* In het Grieks houdt de pejoratieve term 'cynisch', honds, ook in onbeschaamdheid, vleierij. Volgens Homerus is de hond schaamteloos, maar ook een attribuut van Hermes/Mercurius, als boodschapper en gezaghebbende geest en degene die, als goede schaapherder, wordt vergezeld van de hond Sirius, de 'allesziende waakzaamheid', die ook de jager Orion vergezelt. Als hij in verband wordt gebracht met Aesculapius geneest de hond bij de geboorte in een nieuw leven; zijn trouw overleeft de dood. De honden van Hades representeren de schemering van de dageraad en de duisternis die vijandige krachten bevatten en gevaarlijke, demonische momenten zijn. De monsterachtige hond Cerberus bewaakt de ingang tot de onderwereld. Hecate heeft haar oorlogshonden en honden waren op kruispunten aan haar gewijd; ze werden ook geofferd aan Eileithyia. Gewijd aan Heracles/Hercules en Diana/Artemis. *Hebreeuws:* Onreinheid. Zie ook hieronder bij Semitisch. *Hindoeïstisch:* De jagende hond is een attribuut of metgezel van Indra; een hond met vier ogen verbeeldt Yama, de god van de dood, en heeft dezelfde symboliek als Hades, zie hierboven bij *Grieks*. *Islamitisch:* Onreinheid; alleen toelaatbaar als waakhond. *Japans:* Bescherming; een bewaker. *Maya's:* Een hond met een toorts betekent bliksemstraal. *Cultus van Mithras:* De hond wordt in verband gebracht met de stier als offer en wordt samen met de slang en de schorpioen afgebeeld. *Oceanisch:* Een uitvinder en brenger van het vuur. *Parsisch (Leer van Zaratusthra):* De *sag-dig*, witte hond met gele ogen, of wit met vier ogen wordt niet uitgelegd; misschien een psychopomp omdat een hond naar een doodsbed wordt gebracht en de begrafenisstoet vergezelt. De dood van een vrouw tijdens een geboorte vraagt om twee honden voor de twee zielen. *Scandinavisch:* Odin/Wodan heeft twee honden en twee raven als raadgevers. De monsterachtige hond Garmr bewaakt de onderwereld. *Sjamanistisch:* De boodschapper van de bosgeesten. *Sumerisch-Semitisch:* In de Semitische symboliek wordt de hond, als onheilspellend, kwaad en demonisch, geassocieerd met het serpent en de schorpioen en alle reptielen, maar in de *Foenicische* iconografie vergezelt de hond de zon en is hij een embleem van Gala, de grote geneesheer, en een aspect van de moedergodin en de Accadische Belit-ili wiens troon ondersteund wordt door honden, ook kan er een hond naast zitten. Een attribuut van Astarte.

Honing Onsterfelijkheid; initiatie; wedergeboorte. Men veronderstelde dat deze viriliteit, vruchtbaarheid en energie verschafte en de eigenschappen had van een afrodisiacum. Werd gebruikt als offer voor de hoogste godheden en vruchtbaarheidsgeesten. De veronderstelde ongeslachtelijke oorsprong van bijen maakte honing tot een onbezoedeld heilig voedsel. In de astrologie wordt honing in verband gebracht met de maan en dus met toename en groei. *Chinees:* Honing, met olie, is valse vriendschap. *Christelijk:* De aardse dienst van Christus; de zoetheid van het goddelijke woord. *Grieks:* Dichterlijke genialiteit; welbespraaktheid; wijsheid; het voedsel van de goden. Bijen vulden de mond van Homerus, Sappho, Pindarus en Plato met honing. Honing werd ook in chtonische riten gebruikt. *Hindoeïstisch:* Het voedsel van Hamsa, zich voedend met de lotus van kennis. *Jain:* Een verboden voedsel op grond van zijn eigenschappen als afrodisiacum en als zodanig geofferd aan vruchtbaarheidsgeesten. *Minoïsch:* Speelde een belangrijke rol in ritualen als voedsel voor zowel de levenden als voor de doden. *Cultus van Mithras:* Geofferd aan Mithras, waarschijnlijk stonden de bijen voor de sterren aan de hemel. Werd ook op de handen en tong van hen die geïnitieerd waren gegoten. *Sumerisch:* Godenvoedsel.

Hoofd Wordt met het hart beschouwd als het belangrijkste deel van het lichaam, de zetel van de levenskracht en de ziel en haar macht; het wijst op wijsheid; geest, beheersing; heersen. Het hoofd is zowel de zetel van de intelligentie als van de dwaasheid en is het eerste object van eer en schande; de kroon van glorie en de krans van de overwinning worden op het hoofd geplaatst, maar dat gebeurt ook met de as van rouw en straf, de narrenkap en 'kolen van vuur'. Bij consecratie en inwijding wordt het hoofd gekroond of geschoren. Beelden van hoofden op graftomben of gedenktekens representeren de levenskracht of het genie van de persoon die in het hoofd zit, vandaar het gebruik van 'borstbeelden'. Het hoofd van bloemen bevat het zaad van toekomstig leven. Hoofden met vleugels betekenen levenskracht, de ziel en bovennatuurlijke wijsheid. Hoofden van paarden, ossen of zwijnen, geofferd of gejaagd, bevatten hun vitale kracht en vruchtbaarheid en werden opgehangen of meegevoerd in rituele processies, of opgediend als voedsel tijdens rituele maaltijden. Jagers op hoofden verkrijgen de vitale kracht en vruchtbaarheid van het slachtoffer. Het hoofd buigen verlaagt de zetel van de levenskracht voor een ander als eerbetoon of onderwerping. Met het hoofd knikken is de levenskracht binden.

Het gesluierde hoofd (zie ook Sluier) is óf ondoorgrondelijkheid, geheime en verborgen kennis, de hoofden van offers waren vaak gesluierd en met guirlandes omgeven, vandaar de sluier

Deze islamitische keramiek uit de veertiende eeuw heeft de vorm van een **hoefijzer**, zodat het gebouw in de muur waarvan het was geplaatst, altijd welvarend zou zijn en gelukkig.

Hermes met twee **hoofden**, beschermer van paden en wegen, kijkt in twee richtingen, en onderzoekt nauwkeurig verleden en toekomst, bestemming en keuze, vertrek en terugkeer - alle dubbele aspecten van één enkel verschijnsel.

of guirlande van de bruid, óf de non, die offert, en sterft aan, haar oude leven. De sluier beschermt ook het innerlijke leven in het hoofd, zoals het bedekken van het hoofd met hoeden, kappen enz. en het bedekken van het hoofd door getrouwde vrouwen.

Tweehoofdige goden en figuren, zoals Janus, symboliseren het begin en het einde; verleden en toekomst; gisteren en vandaag, solaire en lunaire kracht, ook Lunus-Luna; de afdalende en opstijgende kracht van de zon; de keuze op de kruispunten; bestemming; het begin van een onderneming of reis, vertrek en terugkeer; de macht van het openen en sluiten van deuren, vandaar dat sleutels een attribuut zijn van Janus en van de bewakers van deuren. De twee hoofden vertegenwoordigen ook gerechtigheid en scherpzinnigheid; oordeel en gevolg; naar binnen zien en naar buiten zien. Met het mannelijke en vrouwelijke hoofd verenigd, of de koning en de koningin, wordt het androgyne afgebeeld, de tegendelen verenigend; deze figuur symboliseert ook spirituele en tijdelijke macht. Er bestaat ook de tweehoofdige figuur van 'voorzichtigheid' dat naar twee kanten kijkt. De twee hoofden van Janus betekenen ook de *Janua inferni,* de zomerzonnewende in Kreeft, de 'deur van de mensen' en de dalende en afnemende kracht van de zon, en de *Janua coeli,* de winterzonnewende, de 'deur van de goden' en de stijgende en toenemende kracht van de zon. De twee hoofden van de Dioscuri, omhoog en omlaag kijkend, verbeelden het beurtelings verschijnen van de zon in de hogere en lagere hemisferen; dus ook dag en nacht. Goden met drie hoofden symboliseren de drie gebieden; verleden, heden en toekomst; de drie fasen van de maan; de rijzende zon, de middagzon en de ondergaande zon. Serapis, Hecate en soms Cernunnos worden zo afgebeeld. Astrale godheden met meer hoofden zijn de Alziende, of kunnen het aantal cycli of seizoenen voorstellen. Hoofden van dieren of monsters die een ring in hun kaken hebben zijn bewakers van de weg. Hoofden als fonteinen verbeelden de macht van het spreken, ook verfrissing. *Keltisch:* Solair; goddelijkheid; wijsheid van de andere wereld. Een hoofd bovenop een zuil is fallisch; een hoofd met een fallus verwijst naar vruchtbaarheid en is verbonden met begrafenissen en weert kwaad af; er is een traditionele Keltische associatie van hoofd met fallus. De god Cernunnos wordt soms afgebeeld met drie hoofden. *Christelijk:* Christus, het hoofd van de kerk. Onthoofde heiligen, met een hoofd als embleem, zijn Albanus, Clara, Denis, Petrus, Valeria. *Grieks:* Het 'hoofd' van koren, volgens Plato 'het beeld van de wereld', werd geïdentificeerd met Ceres als vruchtbaarheid en was het centrale symbool in de mysteriën van Eleusis. *Hebreeuws (Kabbala):* De *Arik Anpin,* het onmetelijke gelaat, is de allerhoogste godheid. *Hindoeïstisch:* De vier hoofden van Brahma zijn de bronnen van de Veda's. *Scandinavisch:* De kop van het zwijn, embleem van Freyja, bevatte de vitale kracht, vandaar dat hij bij Yuletide overvloed en geluk voor het komende jaar verbeeldt. *Slavisch:* De vroege Slavische god met drie hoofden keek naar het firmament, de aarde en de zee; hemel, aarde en hel; verleden, heden en toekomst. *Sumerisch-Semitisch:* De Semitische El en de Sumerische Marduk worden met twee hoofden afgebeeld, naar links en rechts kijkend. Zij hebben dezelfde betekenis als Janus.

Hoofddeksel Adeldom; vrijheid (slaven gingen blootshoofds). *Grieks-Romeins:* Het kegelvormige hoofddeksel van de Dioscuri zijn de twee helften van het ei van Leda waaruit ze zijn geboren, ze vertegenwoordigen ook de twee hemisferen. *Hebreeuws:* Het blauwe rituele hoofddeksel van de liturgische gewaden verbeeldt de hemel. *Sjamanistisch:* Het hoofddeksel van de macht is een van de voornaamste symbolen van de sjamaan. *Teutoons:* Adeldom; macht; de 'Tarnkappe' of 'Nebelkappe'. Zie ook Frygische muts.

Hoofdstel Beteugeling; beheersing. Attribuut van Nemesis en Fortuna. In christelijke kunst soms samen met zelfbeheersing afgebeeld.

Hoofdwindstreken Zie Richtingen van de ruimte.

Hoop In het Westen gesymboliseerd door het anker, of een vrouw met een globe, cornucopia, peer of bijenkorf op haar hoofd; soms draagt ze een galjoen met volle zeilen op het hoofd. In de christelijke kunst wordt ze afgebeeld als een gevleugelde vrouw met haar handen ten hemel geheven en met een anker, of met Jacobus de meerdere aan haar voeten. Andere emblemen van hoop zijn het kruis van de wederopstanding en een kroon die door een engel wordt aangeboden. In Egypte staat Isis ook voor hoop.

Hoorns Bovennatuurlijke kracht; goddelijkheid; de macht van de ziel of het levensprincipe dat oprijst uit het hoofd, vandaar dat hoorns op helmen of hoofdbedekkingen dubbele macht verschaffen; de macht en waardigheid van het goddelijke; manifestatie van de geest; koningschap; kracht; overwinning; bescherming; viriliteit; overvloed van rundvee en in de landbouw. Hoorns zijn zowel solair als lunair als attributen van de zonnegoden en de halve maan en het afnemen en wassen van de maan, lunaire dieren zonder hoorns verbeelden de laatste fase van de afnemende maan. Hoorns zijn attributen van alle moedergodinnen, koninginnen van de hemel; de maansikkel van de hoorn van de koe zien we vaak vergezeld van de zonneschijf, vooral in Egyptische kunst.

Gehoornde godheden representeren strijders, vruchtbaarheid van dieren en mensen en ook heersers over de dieren; hun attributen zijn hoorns van dieren of koeien die duiden op eer, waardigheid en macht en van rammen en geiten als voortplantende kracht en vruchtbaarheid; ze dragen ook wel geweien en hebben het serpent bij zich, of het serpent met de kop van een ram. Hoorns waarvan een lang lint afhangt verwijzen naar stormgoden. Scherp en doorborend zijn ze mannelijk en fallisch, maar hol zijn ze vrouwelijk en ontvangend. De kracht van hoorns kan zowel weldoend als kwaadaardig zijn, afhankelijk van de context. Later, in het middeleeuwse Engeland, werden hoorns een symbool van schande en ongenade, verachting, verdorvenheid en de bedrogen echtgenoot. Het christendom heeft de gehoornde god gemaakt tot de duivel en kwade machten. *Indiaans:* Het hoofd is gewapend met hoorns 'opdat het afschrikwekkend zal schijnen'. *Keltisch:* Vruchtbaarheid; de gehoornde god is de vorst van de dieren. Cernunnos, 'de gehoornde', een hertengod, wordt vergezeld van een serpent met de kop van een ram of hert. *Christelijk:* De twee hoorns zijn het Oude Testament en het Nieuwe Testament waardoor de tegenstander kan worden overwonnen. De zeven hoorns van de Apocalyps zijn de zeven geesten van God; alwetendheid en macht. Hoorns werden later tot een symbool van de duivel. *Egyptisch:* De koehoorns zijn een symbool van Hathor als de grote moeder; als de halve maan zien we ze bij Isis en Nût, de vrouwe van de hemel. De hoorns van de stier zijn solair, het solaire en lunaire symbool samen verschijnen als koehoorns die de solaire schijf dragen. De hoorns van Ammon zijn gekruld als ramshoorns. Seth/Sutek heeft hoorns met een lang afhangend lint, dat verwijst naar de stormgod. *Grieks-Romeins:* Dionysos wordt vaak afgebeeld met hoorns. Pan is een gehoornde natuurgod en zijn gehoornde saters verbeelden viriliteit en vruchtbaarheid. Pluto, als god van rijkdom, heeft de hoorn van overvloed en de cornucopia is de hoorn van overvloed of de 'hoorn van Amaltheia', schenker van rijkdom en overvloed. *Hebreeuws:* Macht; het 'oprijzen van hoorns' is overwinning en het 'breken van hoorns' is nederlaag. Mozes wordt soms afgebeeld met de hoorns van macht. *Hindoeïstisch:* De vier hoorns van de Rig Veda zijn de vier hoofdpunten.

Op deze rituele ratel van de Cheyenne-indianen versterken de **horens** de spookachtige uitdrukking op het gezicht en het angstaanjagende geluid dat hij maakt als hij heen en weer wordt bewogen.

Xipe, de god van het voorjaar van de Azteken, draagt de **huid** van een geofferd slachtoffer als dat van hemzelf. Dit symboliseert de belofte van wedergeboorte en vernieuwing bij de jaarlijkse terugkeer van het voorjaar.

Islamitisch: Kracht; 'de hoorn verheerlijken' is overwinning; succes. *Minoïsch:* Hoorns worden gevonden in verband met de boom, het altaar en de dubbele bijl als symbolen van macht en goddelijkheid. De 'hoorn van consecratie' wordt opgeroepen als de halve maan, en ook als een representatie van een inwonende godheid. *Scandinavisch:* Macht; viriliteit; krijgers. *Sumerisch-Semitisch:* Goddelijkheid; het hoogste principe; macht, zowel solair als lunair. De gehoornde hoofdbedekking wordt door Assur, Anu en Bel gedragen. Adad, als de stormgod, heeft hoorns met een lang lint dat neervalt van een kroon.

Hout De heelheid van de oorspronkelijke, paradijselijke staat; dat wat bescherming biedt bij geboorte en dood, in de wieg en de lijkkist; het vormt ook het huwelijksbed, het kruis van de galg en het schip van de doden, de lunaire bark. Hout is de *prima materia* van het Oosten, vandaar Christus als timmerman; de timmerman gebruikt gereedschap, symbolen van de goddelijke macht orde te scheppen uit chaos. In de hindoeïstische en Tibetaanse symboliek is het de *prima materia* waaruit alle dingen werden gevormd. 'Brahman was het hout. Brahman de boom waaruit zij hemel en aarde schiepen' (*Taittiriya Brahmana).* In de Chinese symboliek representeert hout de lente, het oosten en de kleur blauw of groen.

Huid Materie. De huid van een offerdier, zoals de stier of het paard, het vlies van het ram of schaap, representeert het vet van het dier en, door uitbreiding, alle levenondersteunende producten; ook nageslacht en een lang leven. Het dragen van een huid wil zeggen de kracht of *mana* van het dier overnemen en de drager in aanraking brengen met de dieren en hun instinctieve kennis, zoals in het sjamanisme. Als ze tijdens ceremonies worden gedragen verbeelden de huiden de graden van initiatie; wedergeboorte; verzekering van onsterfelijkheid. De zwarte en witte huiden van vogels en andere dieren, tijdens dergelijke riten gedragen, symboliseren de twee naturen van de mens, ook manifestatie en het niet gemanifesteerde. Het afwerpen van de huid, zoals slangen doen, wil zeggen de 'oude mens' afleggen en de nieuwe aannemen, jeugd herwinnen, een hogere staat bereiken, onsterfelijkheid.

Huis Een centrum van de wereld; het beschermende aspect van de grote moeder; een omsluitend symbool; bescherming; het cultushuis, de cultushut of tipi van religies van verschillende stammen is het kosmische centrum, 'onze wereld'; het universum; het is de *regressus ad uterum* van initiatie, neerdaling in de duisternis voor de wedergeboorte en regeneratie.

Hulst Goede wil; vreugde; een attribuut van zonnegoden. In Rome was de hulst gewijd aan Saturnus en werd hij tijdens de Saturnalia gebruikt als een symbool van gezondheid en geluk. In het christendom wordt hij soms afgebeeld als de boom van het kruis (net als de eik en de esp), zijn bladeren met naalden verwijzen naar de doornenkroon en het lijden en de rode bessen zijn het bloed van Christus. Hij is een embleem van de heilige Hiëronymus en Johannes de Doper. Hij is bezwerend.

Huwelijk De verzoening, interactie en vereniging van tegendelen; relatie tussen de godheid en de wereld; de *hieros gamos,* het heilige huwelijk tussen god en godin, priester en priesteres, koning en koningin, de mystieke vereniging verbeeldend tussen hemel en aarde, zon en maan, de solaire stier en de lunaire koe, waarvan de vitale krachten van het firmament en de aarde en de vruchtbaarheid van vee en gewassen afhangen. Het symboliseert ook spirituele vereniging, het bereiken van perfectie en voltooiing door de vereniging van tegendelen tijdens het leven en bij de dood, iedere partner 'overgevend' aan de ander, maar met de dood een nieuw leven vormend. In de alchemie is het de *conjunctio,* de vereniging van zwavel en kwikzilver, zon en maan, goud en zilver, koning en koningin enz. In het christendom representeert het de vereniging van de ziel met de goddelijke geliefde, Christus, de bruidegom.

Hyacint *Europees:* Gemoedsrust; hemelse aspiratie. Het bloed van Hyacinthus, waaruit de hyacint voortkwam toen deze per ongeluk door Apollo werd gedood, symboliseert vegetatie die wordt gegeseld door de hitte van de zomerzon; maar de bloem die ontspruit uit het bloed representeert de wederopstanding in de lente. Ook een embleem van Kronos.

Hyacint Zie Edelstenen.

Hydra Zie Legendarische dieren.

Hyena Naamloze zonde; onzuiverheid; instabiliteit; onstandvastigheid; iemand met twee gezichten. In het christendom is hij het beeld van de duivel die zich voedt met de verdoemden.

Hysop Louterend; zuivering; bezwerend. In het christendom betekent het straf; nederigheid; de zuiverende eigenschappen ervan verbeelden herkregen onschuld, dus de doop.

I.H.S. Symbool van Dionysos, de betekenis ervan is onbekend maar men veronderstelt dat het zou zijn *in hoc signo, in hac salus* of de rituele kreet 'Iacchos'. Geadopteerd door de christenen als een afkorting van 'Jezus' en later opgevat als *Iesous Hominum Salvator.* In een hart gegrift is het een embleem van de heiligen Bernardinus van Siena, Ignatius van Loyola, Teresa.

Ibex (steenbok) In Egypte gewijd aan Seth en Reshep. Hij deelt de symboliek van de gazelle (zie aldaar).

Ibis (nijlreiger) *Egyptisch:* De ziel; aspiratie; volharding; de morgen; gewijd aan Thoth. De ibis, voorzien van een pluim, is de zon; de 'gezegende geest'; als vernietiger van reptielen in hun kwaadaardige aspect is de ibis solair, maar als behorend tot het waterige element is hij lunair en wordt hij soms afgebeeld met een maansikkel op zijn hoofd.

Icoon Een icoon symboliseert een microkosmos; de kleuren ervan mogen niet gemengd zijn, en de gouden achtergrond is het licht en de genade van God en God als de achtergrond van het al. De materialen ervan representeren de gemanifesteerde wereld, met inbegrip van de dieren, de vegetatieve en minerale koninkrijken, de innerlijke verbondenheid van de hele schepping symboliserend. Een icoon is een gewijd voorwerp in die zin dat het 'het uiterlijke en zichtbare teken is van een innerlijke en spirituele genade' of betekenis, een kanaal naar goddelijke genade. Het koorhek, de iconostasis, in de oosterse kerk, verdeelt hemel en aarde verticaal door de boog (hemel) en de zijden en de grond (aarde) en horizontaal door het koor te scheiden van het schip. Het is de grens tussen het heilige en profane, het goddelijke en het menselijke.

Iep *Christelijk:* Waardigheid; zijn omvangrijke en wijduit gespreide takken zijn de kracht en macht van de geschriften voor de gelovigen.

Incest Tussen goden en in legenden en mythen is incest een symbool van oorspronkelijke identiteit; de oorspronkelijke eenheid herstellend door het huwelijk van de afgescheiden delen. In de alchemie betekent het regeneratie, wederkeer tot de matrix, de *prima materia.* In het 'werk' wordt het soms gesymboliseerd door incest, waarbij de moeder zich verenigt met de zoon; de noodzakelijke *regressus ad uterum* voor de wedergeboorte.

Infant Zie Kind.

Ingewanden 'Darmen van mededogen'; de ingewanden werden beschouwd als zijnde de zetel van gevoelens. Geassocieerd met het serpent en het labyrint. Gebruikt bij waarzeggerij. *Chinees:* Mededogen; affectie; de mystieke knoop.

Initiatie Het archetypische patroon van dood en wedergeboorte; overgang van de ene staat in de andere, van het ene ontologische niveau naar een ander; dood vóór wedergeboorte en overwinning

Een Egyptisch beeld uit de vierde eeuw van een **ibis** (nijlreiger) combineert de vogel als symbool van de vasthoudendheid van de ziel met de veer van een struisvogel, symbool van waarheid en gerechtigheid.

De Egyptische god Anubis, met het hoofd van een **jakhals**, neemt een gemummificeerd lichaam onder zijn hoede als hij voorbereidingen maakt de dode ziel naar de onderwereld te begeleiden.

van de dood; terugkeer naar de duisternis voor de wedergeboorte van licht; dood van de oude mens en wedergeboorte van de nieuwe; aanvaarding, of wedergeboorte, óf spiritueel óf fysiek, in de maatschappij der volwassenen. Initiatie vraagt gewoonlijk om een 'neerdaling in de hel' om de donkere kant van de natuur te overwinnen voor de wederopstanding en verlichting en opstijging naar de hemel, vandaar dat initiatieceremoniën gewoonlijk in grotten worden gehouden, of in de een of andere plaats in de onderwereld, of in een labyrint waaruit de wedergeboren mens tevoorschijn treedt in het licht. Stervende goden offeren zichzelf voor wedergeboorte en wederopstanding.

Inkt *Islamitisch:* De weerspiegeling van alle bestaande mogelijkheden; ook de 'inkt van de geleerden is als het bloed der martelaren' (Mohammed).

Iris De kracht van het licht; hoop; vaak afgebeeld als de 'fleur-de-lis'. Deelt de symboliek hiervan, evenals die van de lelie (zie aldaar). *Chinees:* Gratie; affectie; schoonheid in eenzaamheid. *Christelijk:* Als lelie is hij de bloem van de maagd Maria, koningin van de hemel, en de onbevlekte ontvangenis. Als zwaardlelie (gladiool) verbeeldt hij de zorgen van de heilige maagd. *Egyptisch:* Macht. *Grieks:* Het symbool van Iris, de vrouwelijke boodschapper van de goden.

Ivoor De ivoren toren symboliseert het ontoegankelijke, ook het vrouwelijke principe. In het christendom staat het voor de maagd Maria; zuiverheid; onkreukbaarheid en morele kracht.

Jaar Het grote jaar staat voor een cyclus van schepping en vernietiging in het universum, of *aiones* van de gnostici. Het is een tijd van wedergeboorte waarin de wereld terugkeert naar de oerstaat, een apocatastasis, de terugkeer van het gouden tijdperk. Zie ook Getallen, vijftig.

Jacht/Jager Dood; actieve participatie; verlangen; het achtervolgen van wereldse doelen. De wilde jager met zijn meute honden is de dood die zijn slachtoffer achtervolgt.

Jade *Chinees:* 'Alles wat het aller, allerbeste en hoogste is'; yang; het principe van de hemelse vader. Het is het juweel van de hemel, het product van de samenwerking van bergen en water, de verenigde krachten van yin en yang. 'De perfecte mens wedijvert met jade in deugd.' 'Gepolijst en flonkerend vertegenwoordigt jade zuiverheid; glad en glanzend vrijgevigheid; het compacte en de kracht ervan vertegenwoordigen de zekerheid van het intellect; hoekig maar niet scherp of snijdend staat jade voor gerechtigheid; hangend in druppels voor nederigheid; de heldere, aanhoudende noot die klinkt bij aanraking staat voor muziek. Barstjes bederven de schoonheid ervan niet, en de schoonheid ervan verbergt de barstjes, er wordt een beroep gedaan op de loyaliteit van de geest; het transparante ervan staat voor ernst; iriserend als de regenboog is jade als de hemelen, exquis en mysterieus; gevormd uit bergen en water, als de aarde. Gekloofd zonder ornamenten staat jade voor kuisheid. Door allen hogelijk gewaardeerd worden waarheid en schoonheid erdoor gesymboliseerd' (*The Book of Rites*). De verschillende kleuren van jade zijn *wan*, de tienduizend dingen, eindeloosheid symboliserend. De schijf van jade met een vierkant gat in het midden, de *pi*, verbeeldt de cirkel van de hemel en het vierkant van de aarde, en is de 'zonnedeur' ofwel 'de poort naar de hemel'. De vier punten van het kompas met de zes rituele objecten van jade die de hemel en de aarde eerbied betuigen zijn: het ronde blauwe tablet – hemel; de gele buis – aarde; het groene tablet – het oosten; het rode tablet – het zuiden; een wit tablet in de vorm van een tijger – het westen; een zwart halfrond stukje jade – het noorden. Witte jade met gele strepen is een beeld van de gecombineerde krachten en deugden van hemel en aarde. Jade symboliseert altijd geluk.

Jaguar *Azteken:* De krachten van de duisternis in conflict met de solaire arend. *Mexicaans:* De boodschapper van de geesten van het woud. *Sjamanistisch:* Soms is de jaguar een bevriende geest, of een vorm die de sjamaan aanneemt.

Jakhals De jakhals, die zowel 's nachts als overdag kan zien, is het symbool van de Egyptische Anubis, 'de padvinder', de 'opener van de weg', hij leidt de zielen van deze wereld naar de volgende; wordt ook geassocieerd met het kerkhof. Anubis wordt afgebeeld als een zwarte jakhals of met de kop van een jakhals. *Boeddhistisch:* Iemand die vastgegroeid zit in het kwaad, die niet in staat is het dharma te begrijpen. *Hindoeïstisch:* Jakhalzen en raven als aaseters volgen Kali als de vernietiger.

Japa Zie Mantra.

Jasmijn *Chinees:* Vrouwelijkheid; zachtheid; gratie; attractie. *Christelijk:* Gratie, elegantie; de maagd Maria.

Jaspis Zie Edelstenen.

Jeneverbes *Grieks-Romeins:* Bescherming; vertrouwen; initiatief; gewijd aan Hermes/ Mercurius.

Jubileum De terugkeer naar het begin, de oorspronkelijke staat. Na zeven maal zeven jaar, wordt het vijftigste heilig en een nieuw begin.

Ju-i In het Chinese boeddhisme is de *ju-i* de diamanten scepter die Boeddha en de leerstellingen symboliseert; oppergezag; overwinnende kracht. Zie ook Dorje en Vajra.

Juk Eenheid; controle; evenwicht; discipline; gehoorzaamheid; slavernij; vernedering; zwoegen; geduld. In het hindoeïsme is het de yoga, de oorsprong van het woord 'juk' als de vereniging van de menselijke ziel met de 'ene', het uiteindelijk bereiken van harmonie en eenheid van zijn. In het christendom verbeeldt het juk de wet van Christus. In associatie met de os kan het offer betekenen; landbouw en vruchtbaarheid.

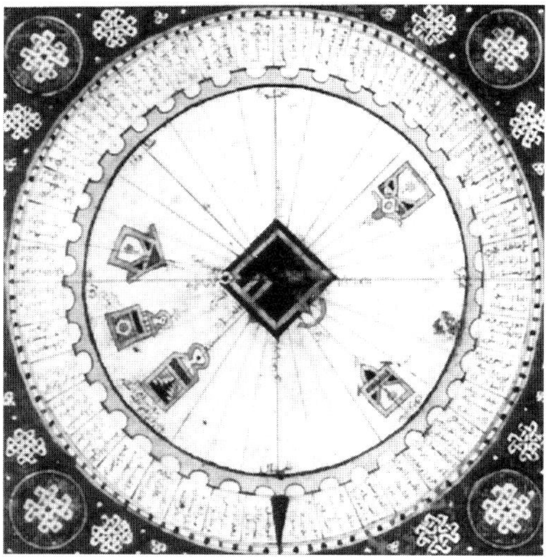

Als een moslimpelgrim zeven keer rond de **Ka'aba** loopt, hier afgebeeld op een illustratie uit een manuscript uit de zestiende eeuw, past hij de zeven attributen van God af rondom het geografische punt waar God en de mens elkaar het dichtst en meest intiem naderen.

Ka'aba *Islamitisch:* Een omfalos; het punt van communicatie tussen god en de mens; de essentie van god; het hart van het bestaan. De zeven rondgangen van de pelgrim representeren de zeven attributen van god. Als een kubus (zie aldaar) deelt de ka'aba daarvan ook de symboliek.

Kaak De kaken van een monster beelden of de poorten van de hel en de toegang tot de onderwereld uit, of ze delen de symboliek van de elkaar rakende rotsen, de muur zonder deur, het oog van de naald enz. als de tegendelen, polariteit en dualiteit, die moeten worden getranscendeerd om de uiteindelijke werkelijkheid en de spirituele verlichting te bereiken; ze moeten op het 'tijdloze moment' worden gepasseerd. Zie ook Passage.

Kaars Licht in de duisternis; illuminatie; de vitaliserende kracht van de zon; ook de onzekerheid van het leven dat gemakkelijk uitgeblazen wordt; vluchtigheid. Kaarsen die bij een dode worden ontstoken verlichten de duisternis ervan en vertegenwoordigen het licht in de komende wereld; ze maken deel uit van katholieke en de meeste oosterse begrafenisriten. *Christelijk:* Het goddelijke licht schijnend in de wereld; Christus als het licht van de wereld; spirituele vreugde; Christus verrezen uit de dood in het licht van de transfiguratie. Kaarsen aan beide zijden van het kruis op het altaar zijn de tweevoudige natuur van Christus, menselijk en goddelijk. In het oosterse christendom beelden drie met elkaar verbonden kaarsen de heilige drie-eenheid uit en twee verbonden kaarsen de tweevoudige natuur van Christus. *Hebreeuws:* De Hebreeuwse zevenarmige kandelaar, de menora, wijst op de goddelijke aanwezigheid (vetkaarsen zijn aan Jahweh gewijd); de steel van de kandelaar wordt wel beschouwd als de kosmische boom en een *axis mundi.* Josephus zegt dat

De zeven armen van de Hebreeuwse **menora** symboliseren de zon, maan en voornaamste planeten, die schijnen in de duisternis van de chaos en de onzekerheid van het leven. De afbeelding is afkomstig uit een bijbel uit de twaalfde eeuw.

de zeven armen de zon, maan en planeten zijn, en ook de zeven dagen van de week, de zeven sterren van de Grote Beer en de zeven cycli of krachten in de wereld. Volgens Philo vertegenwoordigt de menora de werking van genade voor alle hemelse dingen. In het kabbalisme zijn de drie kaarsen of kandelaars wijsheid, kracht en schoonheid.

Kaarten Speelkaarten. De tweeënvijftig kaarten in het pak symboliseren de weken van het jaar, de dertien kaarten in iedere kleur zijn de dertien maanmaanden van het jaar, de vier kleuren vertegenwoordigen de vier werelden, elementen, gebieden van de ruimte, winden, seizoenen, hoeken van de tempel etc. Twee rode kleuren verwijzen naar de warmte van de seizoenen en de krachten van het licht; twee zwarte zijn de koude seizoenen en de machten van de duisternis. Alle vier de afbeeldingen op de kaarten zijn symbolen van leven: schoppen, een blad, de kosmische boom; harten, centrum van het leven en de wereld; de diamant, ruiten, het vrouwelijke principe; klaveren, klaverblad, het mannelijke principe. De aas is de eencellige; de koning, de geest, essentie, vader; de koningin, de ziel, de persoonlijkheid, moeder; de boer, het ego, energie, de boodschapper. Samen vormen de koning-koningin-boer de spirituele triade. De joker is het vijfde element, de niet-materiële wereld, de kwintessens van de alchimisten en de ether van de Hindoes. *Schoppen*, of zwaarden, dringen door in het intellect; de cirkel of de sfeer; uitdagend; actie; uitdrukking; firmament; stof in vluchtige vorm; de astrale wereld; de donderslag; dood. De koning is de aardse koning, Saturnus, Pluto, David. De koningin is oorlog, de bliksemflits, Pallas Athene, Neith. De boer vertegenwoordigt Mercurius, Aesculapius. *Harten* zijn kennis; geest; de creatieve en formele wereld, de creatieve wateren; stof in vloeibare vorm; de kelk (avondmaalsbeker); de zilveren halve maan. De koning is de waterkoning, Poseidon/Neptunus, Karel de Grote. De koningin, liefde, rozen, Hathor, Sekhet, Semiramis, Venus, Helena. De boer Mars, god van de oorlog en de landbouw, Parasurama. *Ruiten*, munten, zijn de wereld van de zintuigen; stoffelijke aarde; fysieke vorm; voorraden; geld; vaste stof; de kubus of het vierkant. De koning is de vuurkoning, Caesar. De koningin, vuur en brandstof, Nephthys, Persephone. De boer, de strijder. *Klaveren,* scepters of roeden, zijn de wil; vuur; stof in ontbranding; ideeën; stralende energie; de archetypische wereld; de driehoek van de piramide. De koning is de firmamentgod Zeus/Jupiter, Alexander de Grote, Koning Arthur. De koningin, koningin van de firmament, Hera/Juno. De boer, Apollo, Aeneas, Lancelot.

Kaartspel Zie Kaarten.

Kalebas (pompoen) *Christelijk:* Wederopstanding; pelgrimage; attribuut van de aartsengel Raphaël en Jacobus de meerdere. *Indiaans:* De vrouwelijke borst; voeding. *Chinees:* In de Chinese alchemie is de kalebas, als een pompoen, de kosmos in miniatuur; de creatieve kracht van de natuur; de oorspronkelijke eenheid van de oerouders. De dubbele pompoen is het verenigde yin en yang. Lang leven; mysterie; dodenbezwering; een embleem van Li Tieh-kuai, één van de acht taoïstische genii of onsterfelijken. Rook opstijgend uit een kalebas is het bevrijden van de geest uit het lichaam.

Kalf Het offeren van het kalf is onbezoedeld, vandaar dat het in de christelijke iconografie Christus kan voorstellen. In de vedische symboliek is het de geest van Aditi, met de stier als de vitale adem van Aditi, de al-omsluitende.

Kalkoen De heilige vogel van de Tolteken. De 'juwelen vogel', het voedsel bij rituele gelegenheden, dankbetuigingen en festivals. De kalkoen, pauw en fazant worden geassocieerd met donder en regen omdat ze rusteloos worden voordat het gaat stormen.

Kam Vruchtbaarheid; regen; stralen van de zon; verwarring; muziek. Attribuut van Venus, zeemeerminnen en sirenen.

Kameel *Christelijk:* Beheersing; koningschap; waardigheid; gehoorzaamheid; uithoudingsvermogen; geassocieerd met magie en met Johannes de Doper, die gekleed was in kamelenhaar. Ook beeldt hij, omdat hij knielt om zijn last te ontvangen, nederigheid en onderworpenheid uit. *Iraans:* De kameel wordt in verband gebracht met de draak/het serpent. *Romeins:* De personificatie van Arabië op munten.

Kameleon Het element firmament (men veronderstelde dat hij werd gevoed door de wind). In het christendom verbeeldt hij de Satan die verschillende vermommingen aanneemt om de mensheid te misleiden. Bij sommige Afrikaanse stammen is hij een regenbrenger.

Kan Zuiverheid; het wassen van de handen in onschuld. Embleem van Dionysos als wijngod.

Kannibalisme Het eten van het vlees houdt het absorberen van de vitale kracht van de persoon die wordt gegeten in.

Kano Een lunaire bark; de halve maan. In de symboliek van de Maori's is hij de moeder van het volk.

Kap en bellen Zie Dwaas.

Karbonkel *Christelijk:* Een symbool van het lijden en het offer van Christus; een kruis met vijf karbonkels verwijst naar de vijf wonden.

Karnen Scheppen; in het *hindoeïsme* bracht bijv. het karnen van de wateren met de *axis mundi* de schepping voort; of de oerwateren kunnen worden gekarnd met een fallisch symbool, zoals een speer.

Karper *Chinees:* Letterlijk eminentie; volharding in de strijd tegen moeilijkheden; moed. Men zegt dat de karper 'over de poort van de draak' sprong door volharding en daardoor een draak werd, daarom is de succesvolle leerling tijdens examens letterkunde 'een karper die over de poort van de draak is gesprongen'. Twee karpers verwijzen naar de vereniging van geliefden. *Japans:* Een embleem van de Samurai als moed; waardigheid; overgave aan het lot; volharding; geluk. Hij symboliseert ook de liefde als homofoon van karper.

Kastanje *Christelijk:* Deugd, kuisheid, omringd door dorens maar er niet door aangeraakt; overwinning van de verleidingen.

Kaste Indien gesymboliseerd door het vierkant, het patroon van het universum; de paren tegenstellingen; de vier voornaamste punten die beurtelings verbonden zijn met de vier seizoenen, elementen en symbolische kleuren. Brahmanen, de priesterlijke kaste, worden gelijkgesteld aan het poolgebied, winter en het noorden; Kshatriya's, koningschap en strijder, met de opkomende zon, lente en het solaire oosten; Vaishya's, handel en landbouw, met de ondergaande zon (met andere woorden dat wat het zenit is gepasseerd en dus tweemaal is geboren), zomer en het zuiden; Sudra's, bedienden, duisternis, obscuriteit, herfst en het westen.

Kasteel Zowel de omheining als de ommuurde en verdedigde stad en hetgeen moeilijk te verkrijgen is; spirituele testen. Vaak is er een schat of gevangene in verborgen en wordt het bewoond door een monster of boosaardig wezen dat moet worden overwonnen om de schat te verwerven of de gevangene te bevrijden, deze verbeelden de schat van esoterische kennis of spirituele verworvenheden. Brugsymboliek (zie Brug) is ook betrokken bij het oversteken van de gracht om het kasteel.

Kat Omdat zijn ogen steeds kunnen veranderen symboliseert de kat de variërende kracht van de zon, het wassen en afnemen van de maan en de pracht van de nacht; hij staat ook voor heimelijkheid; verlangen; vrijheid. Een zwarte kat is lunair, kwaad en dood; pas in onze moderne tijd beschouwt men een zwarte kat als teken van geluk. *Indiaans:* De wilde kat staat voor heimelijkheid. *Keltisch:* Chtonische krachten; begrafenis. *Chinees:* Een yin-dier en dier van de nacht; krachten van het kwaad; krachten van transformatie. Een vreemde kat is een ongunstige veran-

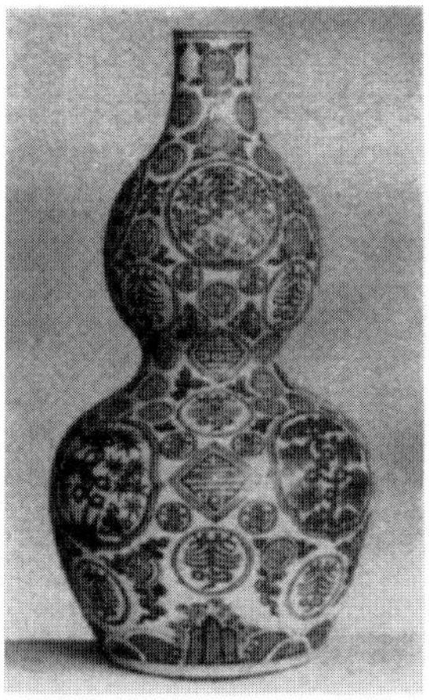

Een lang leven, gesymboliseerd door deze Ming **kalebasvaas**, wordt weerspiegeld in het karakter voor *chou* (lang leven) waarmee hij is gedecoreerd.

Voor de oude Egyptenaren symboliseerde de mummie van een **kat**, zoals deze uit Abydos, de blijvende bescherming en gunst van Isis, de moedergodin, en Bastet (Ubastet), de maangodin, die het hoofd had van een kat.

dering; een zwarte kat brengt ongeluk, ziekte. *Christelijk:* Satan; duisternis; wellust; luiheid. *Egyptisch:* lunair; gewijd aan Seth als duisternis; lunair kan een kat ook een attribuut zijn van Isis en van Bastet, de maan; hij vertegenwoordigt zwangere vrouwen omdat de maan ervoor zorgt dat het zaad in de baarmoeder groeit. *Grieks-Romeins:* attribuut van de lunaire Diana. Aan de voeten van de godin van de vrijheid zit een kat. *Japans:* Krachten van transformatie; vredige rust. *Scandinavisch:* Attribuut van Freyja, wier strijdwagen door katten wordt getrokken. *Toverkracht:* Een beschermgeest en vermomming van heksen; de zwarte kat is als beschermgeest van heksen kwaad en ongeluk. Katten en honden zijn als beschermers van heksen ook regenmakers.

Kazuifel *Christelijk:* Het naadloze kleed van Christus, dat liefdadigheid representeert. Het kruis op de rug ervan is het kruis dat naar de Calvarieberg wordt gedragen en de Y van Christus' armen op het kruis; de streep op de voorkant duidt op de geseling; bedekkende andere gewaden geven de bescherming van liefdadigheid weer; het is ook het purperen gewaad van koningschap dat de 'koning der joden' omgehangen wordt.

Kegel (spar). Fallisch; vruchtbaarheid; geluk. Een attribuut van Dionysos en 'het hart van Bacchus' genoemd; ook een embleem van Sabazios, Serapis, Cybele, Astarte in Byblus en Artemis in Pamphylië. De witte kegel is een embleem van Aphrodite. De kegelvormige hoofdbedekking werd gedragen door Sumerische en Egyptische koningen en priesters. Bastius zegt dat de kegel van een spar en de ronddraaiende top beide, de wervelíng of spiraalkrans - dat wil zeggen de grote voortplantende en creatieve kracht - symboliseren.

Keizer/keizerin De keizer is de incarnatie van de zonnegod en zijn gedelegeerde op aarde. In China symboliseert de keizer, 'de zon van de hemel', de spirituele macht van de hemel, de keizerin de aardse macht; hoogste perfectie en wijsheid. Het embleem van de keizer was de draak met de vijf klauwen, het embleem van de keizerin was de feniks. De keizer van Japan, de Mikado, beweert af te stammen van de zonnegodin Amaterasu.

Kelk De bron van onuitputtelijke steun; overvloed. Hij wordt geassocieerd met de symboliek van het hart, omdat hij het levensbloed bevat dat, in de kelk, wordt vertegenwoordigd door wijn; wijn en bloed hebben dezelfde potentie. Hij wordt ook in verband gebracht met de graal (zie aldaar). *Keltisch:* Huwelijk. *Christelijk:* Het bloed van Christus en het Nieuwe Testament (Marcus 14:23); de kelk van redding; de eucharistie; vertrouwen. Embleem van de heiligen Barbara, Thomas van Aquino, Bonaventura. De open, ontvangende, passieve, vrouwelijke vorm. Levensdrank; onsterfelijkheid; veel. De symboliek van de heilige kom verschijnt in veel initiatieriten. Een omvergeworpen kom wijst op leegte, vandaar ijdelheid. *Boeddhistisch:* Zie Kom. *Keltisch:* Het hart; leven; evenals de hamer is de kom een attribuut van Sucellus. *Christelijk:* De zielenstrijd van Christus in Gethsemane. Een kom waaruit een serpent tevoorschijn komt is het embleem van de heiligen Benedictus en Johannes. *Grieks-Romeins:* Een attribuut van Heracles/Hercules. *Hindoeïstisch:* De vier offerkommen van de Veda's representeren de vier rivieren van het paradijs die het kruis vormen van de aardse wereld; de vier elementen; fasen of cycli van ontwikkeling; leeftijden, seizoenen, kasten etc. Een kelk, geplaatst bovenop een steun, symboliseert een wezen dat zich aan de hemel offert en dat van de hemel zegeningen en overvloed ontvangt. *Islamitisch:* De kelk van Jamshi waarin de soefi kijkt, staat voor een spiegel van de wereld.

Kers Omdat hij bloemen draagt voor de bladeren symboliseert de kersenboom de mens die naakt en zonder bezittingen in deze wereld wordt geboren en zo ook terugkeert naar de aarde. *Chinees:* De bloesem is lente; hoop; jeugd; potentie; vrouwelijke schoonheid; het vrouwelijke principe. *Christelijk:* Een vrucht uit het paradijs en de gezegende; goede werken, zachtheid; vaak samen afgebeeld met het Christuskind. *Japans:* Voorspoed; rijkdom; een bloemenembleem van Japan.

Kerstboom De altijdgroene boom is de winterzonnewende; het nieuwe jaar en een fris begin. Hij is de boom van wedergeboorte en onsterfelijkheid, de boom in het paradijs van licht en geschenken, schijnend in de nacht. Ieder lichtje is een ziel en de lichtjes vertegenwoordigen de zon, maan en sterren schijnend in de takken van de kosmische boom. De pijnboom gewijd aan Attis, Atargatis, Cybele werd volgehangen met gouden en zilveren ornamenten, klokjes etc. met de heilige vogel in de takken en offergaven eronder; de boom werd naderhand verbrand. De Yuletide boom (zie aldaar) was de spar, gewijd aan Wodan/Odin.

Ketel In de magie symboliseert de ketel transformerende kracht. Voeding; steun; overvloed; vruchtbaarheid; het vrouwelijke ontvangende en voedende principe. De magische ketel is vruchtbaarheid en de vrouwelijke kracht van transformatie; leven en dood; vernieuwing en wedergeboorte. Hij kan ook gelijk worden gesteld met de graal. De ketel van heksen symboliseert magische betoveringen. *Keltisch:* Overvloed; onuitputtelijke steun (zoals van de hoorn des overvloeds); kracht van wederopwekking; de reproductieve krachten van de aarde; wedergeboorte; het terugroepen van strijders in het leven. De magische ketel van Keridwen heeft drie krachten, onuitputtelijkheid, regeneratie, inspiratie. Attribuut van Bran en Dagda. *Christelijk:* Embleem van de heiligen Fausta, Felicitas, Johannes, Vitus. *Scandinavisch:* 'De razende ketel is de bron van alle rivieren.'

Ketting Ambivalent als ambt, waardigheid en eenheid, maar ook onderworpenheid en slavernij. Kettingen behorend bij een functie zoals bijvoorbeeld burgemeester, mandarijn etc. zijn verbonden met een ambt en macht. De schakels van de ketting symboliseren communicatie en huwelijk. In het boeddhisme binden de schakels de mens aan een verder fenomenaal bestaan. In het christendom zijn kettingen het embleem van de heiligen Balbina en Leonardus. In de islam is de ketting van zijn de hiërarchische orde van de dingen. Zie ook Banden.

Kever Zie Scarabee.

Kikker Lunair en regenbrenger; vruchtbaarheid; voortplanting; erotiek. Als hij opstijgt uit het water staat hij voor vernieuwing van het leven en wederopstanding; hij is, met zijn vochtige huid van het leven, ook leven en wederopstanding, in tegenstelling tot de droogte van de dood. De grote kikker, die het universum ondersteunt, staat voor de duistere en niet-gemanifesteerde *prima materia*, het waterige element en het oerslik, de basis van de geschapen materie. *Keltisch:* De heer van de aarde; de kracht van de genezende wateren. *Chinees:* Het lunaire, yin-principe. Een kikker in een bron verbeeldt iemand met beperkte visie en inzicht. *Christelijk:* Ambivalent als wederopstanding maar ook het weerzinwekkende aspect van de zonde; kwaad; heidenen; het zich overgeven aan wereldse genoegens; jaloezie; gierigheid. *Egyptisch:* De groene kikker van de Nijl is nieuw leven en overvloedige voortplanting; overvloed, vruchtbaarheid; de reproductieve krachten van de natuur; lang leven; kracht ontstaand uit zwakheid; een attribuut van Heket als de embryonale kracht in de wateren; beschermer van moeders en pasgeborenen; ook een embleem van Isis. *Grieks-Romeins:* Embleem van Aphrodite/Venus; vruchtbaarheid; wellust; harmonie tussen geliefden. *Hindoeïstisch:* De grote kikker, die het universum ondersteunt, symboliseert de duistere, niet-gemanifesteerde *materia*. Zie ook Pad.

Kind/Kinderen De belichaming van potenties; mogelijkheden voor de toekomst; eenvoud;

Tegen een achtergrond van de drie nagels van de kruisiging ondersteunen de engelen op deze vijftiende-eeuwse miniatuur de **kelk** met het bloed van Christus, waarvan de afmetingen verwijzen naar de overvloed van barmhartigheid, bevrijding en verlossing.

Deze grote Gundestrup **ketel**, versierd met afbeeldingen van handel tussen goden en mensen, is een tastbaar symbool van de goddelijke krachten van vernietiging en regeneratie op een en hetzelfde voorwerp.

onschuld. Het kind, of de zoon, symboliseert ook een hogere transformatie van de individualiteit, het zelf getransmuteerd en herboren in perfectie. Kinderen, gewoonlijk kleine jongens, stellen de seizoenen voor: winter gewikkeld in een jas; lente met bloemen en bladeren; zomer met korenaren; herfst met fruit. Kinderen zijn embryonaal in de grote moeder, die de grote wateren beheerst, vandaar dat ze in legenden gebracht worden door vissers zoals de ooievaar, of waterbewoners zoals de kikvors, of geboren worden uit moeder aarde, onder een struik of in een grot. In de Egyptische iconografie is een kind dat op een vinger zuigt de infant Horus, als symbool door de Grieken verkeerd geïnterpreteerd en door hen geadopteerd als verwijzend naar stilte. In de alchemie symboliseert een gekroond kind de steen der wijzen. In het christendom verbeeldt een kind op de rug of schouders de heilige Christoforus; een kind in de armen is St. Vincent de Paul; de heilige Antonius van Padua heeft het Christuskind in de armen; een vrouw die een kind de borst geeft is een christelijk symbool van liefdadigheid.

Klaver Goddelijke triaden; het drievoudige aspect van leven als lichaam, ziel en geest. *Chinees:* Zomer. *Christelijk:* De drie-eenheid; embleem van St. Patrick in Ierland.

Klaverblad De drie-eenheid; integratie; evenwicht; ook desintegratie. Het is ook fallisch als de mannelijke drie-eenheid, en als zodanig symbolisch verwisselbaar met het vijgenblad.

Kleuren Kleuren symboliseren het verschillende, het gemanifesteerde; diversiteit; de bevestiging van licht. Kleuren die zwart licht geven, bijv. oranje, geel, rood, zijn actief, warm; vooruitbewegend; kleuren die licht absorberen, bijv. blauw, violet, zijn passief, koud, terugtrekkend; groen maakt de twee delen tot een geheel. Zwart en wit representeren negatief en positief en alle tegenstellingen. Lichte en donkere kleuren in contrast gebruikt symboliseren de materialisatie van licht. God, als licht, is de bron van kleur.

Blauw: Waarheid; het intellect; openbaring; wijsheid; loyaliteit; trouw; standvastigheid; kuisheid; zuivere affecties; goede reputatie; edelmoedigheid; wijsheid, medelijden; contemplatie; koelheid. Blauw is de kleur van de grote diepte, het vrouwelijke principe van de wateren; als het blauw van het firmament is het de kleur van de grote moeder, de koningin van de hemel en van alle goden of krachten van het firmament, zoals de azuren draak. Blauw staat ook voor leegte; oorspronkelijke eenvoud en eindeloze ruimte, die daar hij leeg is, alles kan bevatten. Het is ook een lunaire kleur. *Indiaans:* Het firmament; vrede. *Boeddhistisch:* De koelheid van de hemel boven en de wateren onder; de wijsheid van de Dharma-Dhatu. *Keltisch en druïdisch:* Een bard of dichter. *Chinees:* De hemelen; wolken; de azuren draak van het oosten; lente; bos. *Christelijk:* Hemel; hemelse waarheid; eeuwigheid; geloof; trouw; de kleur van de maagd Maria als koningin van de hemel. *Gnostisch:* Doop met water. *Grieks-Romeins:* Attribuut van Zeus/Jupiter en Hera/Juno als godheden van het firmament, ook de kleur van Venus. *Hebreeuws (kabbala):* Genade. *Hindoeïstisch:* De blauwe regencape van Indra. *Maya's:* Nederlaag van een vijand.

Bruin: De aarde. *Chinees:* De kleur van de Sung dynastie. *Christelijk:* Spirituele dood; dood voor de wereld; zelfverloochening; straf; degradatie. *Hindoeïstisch:* De noordelijke regio.

Geel: Ambivalent, licht- of goudgeel is de zon; het licht van de zon; intellect; intuïtie; vertrouwen en goedheid. Donkergeel wijst op ontrouw; verraad; jaloezie; ambitie; geheimzinnigheid; gierigheid; misleiding; onbetrouwbaarheid. Een gele of geelzwarte vlag betekent quarantaine. Een geel kruis verwijst naar de pest. *Indiaans:* De ondergaande zon; het westen. *Boeddhistisch:* Oranjegeel, het kleed van de monnik, symboliseert terugtrekking, geen verlangen; nederigheid. *Chinees:* De aarde; het centrum; metaal; de lunaire haas; de Ch'ing dynastie. *Christelijk:* Als goud, heiligheid; goddelijkheid; geopenbaarde waarheid; het 'gewaad van glorie'; gebruikt tijdens feesten van biechtvaders. Als dof geel, verraad; bedrog; de joden; heidenen; Judas Iskariot. *Hebreeuws (Kabbala):* Schoonheid. *Hindoeïstisch:* Goudgeel: licht; leven; waarheid; onsterfelijkheid; het westen.

Goud: De zon; goddelijke kracht; de heerlijkheid van verlichting; onsterfelijkheid; God als ongeschapen licht; de hoogste waarde; de grondstof van het leven; vuur; straling; glorie; standvastigheid; het mannelijke principe. Het goud van de zon symboliseert alle zonnegoden, de godinnen en goden van het graan en de rijpheid van de oogst. Het gouden koord van Zeus trekt alle dingen naar hem toe; volgens Homerus is het de verbinding tussen hemel en aarde; volgens Plato, de zon en rede. Goud en zilver, zon en maan, zijn de twee aspecten van dezelfde kosmische realiteit. *Alchemistisch:* De 'essentie' van de zon; de aardse zon; gestold licht; duurzaamheid; het evenwicht van alle metaalachtige eigenschappen. Het veranderen van onedele metalen in goud betekent de transmutatie van de ziel; het herwinnen van de oorspronkelijke zuiverheid van de menselijke natuur. *Indiaans:* Het westen. *Keltisch:* Vuur.

Egyptisch: De zonnegod Re; het gouden graan. *Hindoeïstisch:* Leven; licht; waarheid; onsterfelijkheid; het zaad; het vuur van Agni.

Groen: Ambivalent als zowel leven als dood in het lentegroen van het leven en het loodgroen van de dood; ook als jeugd, hoop en blijdschap, maar eveneens verandering, vergankelijkheid en jaloezie. Als samengesteld uit blauw en geel, hemel en aarde gecombineerd, vormt groen de mystieke kleur; het combineert ook het koude blauwe licht van het intellect met de emotionele warmte van de gele zon om de wijsheid van gelijkmatigheid, hoop, vernieuwing van het leven en wederopstanding te vormen. Als de kleur van Venus en Mercurius, het liefdespaar, is groen het voorjaar; voortplanting; blijheid; vertrouwen; natuur; paradijs; overvloed; voorspoed; vrede. Als onrijpheid vertegenwoordigt hij onervarenheid; dus dwaasheid en naïviteit. Het wordt geassocieerd met het cijfer 5 en is de kleur van feeën. Groen veranderend in goud is de jonge god van het graan, de groene leeuw, of de groene man, voordat het verandert in het goud van het rijpe graan. De groene knecht verbeeldt dood als onbevooroordeeld en vertegenwoordigt verraad als het doden van jeugd en schoonheid. Een groene vlag wijst op een wrak op zee. *Alchemistisch:* De groene leeuw of de groene draak is het begin van het grote werk; de jonge god van het graan; groei; hoop. *Boeddhistisch:* Lentegroen is leven; lichtgroen verwijst naar het rijk van de dood, een lijk en alles wat tot het gebied van de dood behoort. *Keltisch:* Tir-nan-og; het groene eiland; de kleur van Bridgit, de aardegodin. *Chinees:* Groen is de kleur van de Mingdynastie. *Christelijk:* Lentegroen is onsterfelijkheid; hoop; de groei van de heilige geest in de mens; leven; triomf over de dood en van de lente over de winter. Het betekent ook initiatie; goede werken, en in de Middeleeuwen werd het de kleur van de drie-eenheid, goddelijke openbaring en Johannes, de evangelist. Lichtgroen wordt gelijkgesteld met de Satan, kwaad en de dood. *Egyptisch:* Osiris symboliseert het onrijpe groene graan dat tot het goud wordt van de zonnegod Re. *Hebreeuws (kabbala):* Overwinning. *Hindoeïstisch:* Zie boeddhistisch. *Islamitisch:* Groen is de heilige kleur.

Grijs: Het neutrale; rouw; depressie; as; nederigheid; straf. *Christelijk:* Dood van het lichaam en onsterfelijkheid van de ziel; daarom wordt de kleur gedragen door religieuze gemeenschappen. *Hebreeuws (kabbala):* Wijsheid. *Heraldisch:* Rampspoed.

Oranje: Vlam; vuur; luxe. *Chinees en Japans:* Liefde; geluk; wordt gesymboliseerd door de

Zwart wijst in de christelijke wereld op rouw en dood. Deze begrafenisscène is afkomstig uit het Grimani gebedenboek, 1480-1520.

In andere tijden en andere culturen symboliseerde **wit** lijden. Deze afbeelding op een kruik door een schilder uit het atelier van de keramiekfabrikant Kleophrades, van omstreeks 480 v. Chr., toont een dode jonge man opgebaard op een praalbed; om hem heen staan in het wit geklede rouwenden.

'gevingerde muskuscitroen'. *Hebreeuws (kabbala):* Heerlijkheid.

Purper: Koningschap; keizerlijke en priesterlijke macht; prachtvertoon; trots; waarheid; gerechtigheid; zelfbeheersing; de kleur van rituele diensten voor godheden van de onderwereld. 'Karmozijnrood', 'de hoogste glorie' (Plinius) was de kleur van gestold bloed, ook het 'bloed met purperen tint' (Homerus). *Azteken en Inca's:* Majesteit; soevereiniteit. *Christelijk:* Koninklijke en priesterlijke macht; God de vader; waarheid; nederigheid; straf. De kleur voor de grote vasten, de advent. *Romeins:* De kleur van Jupiter.

Rood: Het zenit van kleur; vertegenwoordigt de zon en alle oorlogsgoden. Het is het mannelijke, actieve principe; vuur; de zon; koningschap; liefde; vreugde; feestelijkheid; passie; hartstocht; energie; wreedheid; seksuele opwinding; de bruidstoorts of vuur; gezondheid, kracht; ook bloed; bloeddorst; bloedschuld; boosheid; wraak; martelaarschap; vastberadenheid; geloof; edelmoedigheid. Het kan ook de kleur zijn van de woestijn en onheil. Rood verven of schilderen verbeeldt vernieuwing van het leven. Rood met wit is dood; rood met wit en zwart vertegenwoordigt de drie stadia van initiatie. Goden werden vaak roodgeverfd om hun bovennatuurlijke kracht, hun heiligheid of solaire kracht aan te geven. *Alchemistisch:* Man, het mannelijke principe, de rode leeuw of rode draak; de zon; zwavel; goud; het hoogste punt van alle kleuren; het derde stadium van het grote werk, de *servus rubens*. *Indiaans:* Vreugde; vruchtbaarheid; het rood van de dag staat tegenover het zwart van de nacht. *Azteken:* Vruchtbaarheid, als kleur van bloed; maar ook de woestijn; kwaad; onheil. *Boeddhistisch:* Activiteit; creativiteit; leven. *Keltisch:* Dood, de rode ruiter; mislukking. *Chinees:* De zon; de feniks; vuur; zomer; het zuiden; vreugde; geluk; de gelukkigste van alle kleuren. *Christelijk:* Het lijden van Christus; het bloed dat vloeide op de Calvarieberg; het vuur van Pinksterzondag; doel in vertrouwen; liefde; macht; waardigheid; priesterlijke macht; onverschrokkenheid; de kleur van de gewaden van de kardinalen als soldaten van de paus. Rood is ook de kleur van martelaarschap en wreedheid. Heilige dagen worden in rood geschreven, vandaar 'rode-letterdagen'. Het is de kleur van de pinkstertijd en de feesten van de martelaren. Rood met wit staat voor de duivel; vagevuur; dood. *Grieks:* Het actieve mannelijke principe tegenover het purper, het passieve principe en het principe van koningschap. Het is de kleur van Phoebus als solair en Ares als oorlog, ook van Priapus, bekend als de rode god. *Hebreeuws (kabbala):* Nauwgezetheid. *Hindoeïstisch:* Activiteit; creativiteit; levensenergie; de *raja's* als expansie in manifestatie; het zuiden. *Maya's:* Overwinning; succes. *Oceanisch:* Goddelijkheid en adeldom. *Romeins:* Goddelijkheid; de gezichten van goden werden vaak roodgeschilderd. De kleur van Apollo als solair en van Mars als oorlog. *Semitisch:* De zonnegod Baäl/Bel.

Violet: Intelligentie; kennis; religieuze devotie; heiligdom; soberheid; nederigheid; straf; zorgen; zelfbeheersing; nostalgie; verdriet; rouw; ouderdom. *Christelijk:* Priesterlijk bewind en autoriteit; waarheid; vasten; droefheid; obscuriteit; straf. De kleur van Maria Magdalena. *Hebreeuws (kabbala):* Stichting. *Romeins:* De kleur van Jupiter.

Wit: Het ongedifferentieerde; transcendente perfectie; licht; zon; lucht; verlichting; zuiverheid; onschuld; kuisheid; eerbiedwaardigheid; heiligheid; verlossing; spirituele autoriteit. Een wit gewaad wijst op zuiverheid, kuisheid of de overwinning van de ziel over het vlees; in het oosten wordt het tijdens de rouw gedragen en als zodanig werd het ook in Griekenland en Rome gebruikt. Wit wordt zowel in verband gebracht met leven en liefde als met dood en begrafenis. Bij het huwelijk betekent het de dood van het oude leven en geboorte in het nieuwe, terwijl het bij de dood staat voor geboorte in het nieuwe leven in het hiernamaals. Een in het wit geklede vrouw draagt ook de liefde-leven-dood associaties, zoals de Aphrodite van de graven van Delphi, de Scandinavische Freyja of Frigg en de Teutoonse Hel/Freyja, 'de geliefde', godin van de dood. Wit met zwart en rood geeft de drie stadia van initiatie weer. Wit met rood is dood. De witte vlag duidt op overgave, wapenstilstand; vriendschap; goodwill. *Alchemistisch:* De *femina alba*, de witte lelie, is vrouwelijk, het vrouwelijke principe, de maan, zilver, kwikzilver, de zuiverheid van het ongedeelde licht en het tweede stadium van het grote werk. *Indiaans:* Heiligheid; het oosten. *Azteken:* De stervende zon; nacht. *Boeddhistisch:* Beheersing van het zelf; verlossing; de witte tara, de hoogste spirituele transformatie via vrouwelijkheid, 'zij die voert voorbij de duisternis van slavernij', de moeder van alle boeddha's. *Keltisch:* De aardse godin. *Chinees:* De witte tijger; het westen; herfst; metaal; rouw. *Christelijk:* De gezuiverde ziel; vreugde; zuiverheid; maagdelijkheid; onschuld; het heilige leven; licht; integriteit. Wit wordt tijdens alle sacramenten gedragen: doop, bevestiging; eerste communie; huwelijk; dood. Het is de kleur van de heiligen die niet gemarteld zijn, van maagdelijke heiligen, van Pasen,

Kerstmis, Driekoningen en Hemelvaart. Wit met rood is de duivel, vagevuur, dood. *Druïdisch:* Wordt door priesters gedragen tijdens het dopen. *Egyptisch:* Wit met groen staat voor vreugde. *Grieks:* Rouw, liefde, leven en dood. *Hebreeuws:* Vreugde (Eccl. 9, 8); reiniging (Jes. 1, 18). Kabbala*:* de kroon. *Hindoeïstisch:* Zuiver bewustzijn; zelfilluminatie; licht; *sattva* – opwaartse beweging; manifestatie; het oosten. *Maori's:* Wapenstilstand; overgave. *Maya's:* Vrede; gezondheid. *Romeins:* Wordt bij gunstige gelegenheden gedragen, maar ook tijdens de rouw.

Zilver: De maan; het vrouwelijke principe; maagdelijkheid. Goud en zilver zijn de twee aspecten van dezelfde kosmische realiteit. *Alchemistisch:* Luna, 'gezuiverde affecties'.

Zwart: Oorspronkelijke duisternis; het niet gemanifesteerde; de leegte; kwaad; de duisternis van de dood; schaamte; wanhoop; destructie; zelfverloochening; ernst; standvastigheid. Zwart betekent ook tijd, hard, zonder medelijden en irrationeel en wordt geassocieerd met het donkere aspect van de grote moeder, in het bijzonder als Kali, die *Kala* is, tijd, en met de zwarte maagden. Zwart of zwart/blauw is de kleur van chaos. In het westen is zwart verbonden met rouw en met het sinistere aspect van toverkracht, zwarte magie en zwarte kunst. Het is de kleur van Kronos/Saturnus (ook als tijd) en het cijfer 8. *Alchemistisch:* De afwezigheid van kleur; het eerste stadium van het grote werk; oplossing; fermentatie; het sinistere; neerdaling in de hel. *Indiaans:* Het noorden; rouwen; nacht, als tegengesteld aan het rood van de dag. *Boeddhistisch:* De duisternis van slavernij. *Chinees:* Het noorden; yin; winter; water; de schildpad tussen de vier spiritueel begiftigde dieren. *Christelijk:* De vorst van de duisternis; hel; dood; verdriet; rouw; vernedering; spirituele duisternis; wanhoop; corruptie; zwarte kunst. Het is de kleur die wordt gebruikt voor dodenmissen en op Goede Vrijdag. *Egyptisch:* Wedergeboorte en wederopstanding. *Hebreeuws (kabbala):* Inzicht; het koninkrijk. *Heraldisch:* Voorzichtigheid; wijsheid. *Hindoeïstisch:* De tama's; sensuele en neerwaartse beweging; tijd; het duistere aspect van Kali en Durga. *Maya's:* De dood van een vijand.

Klimmen Zie Ladder.

Klimop Zoals alle groenblijvers is de klimop onsterfelijkheid en eeuwig leven. Hij staat ook voor uitgelatenheid; vasthechtende afhankelijkheid; gehechtheid; blijvende affectie; vriendschap. *Christelijk:* Altijddurend leven; dood en onsterfelijkheid; trouw. *Egyptisch:* 'De plant van Osiris'; onsterfelijkheid. *Grieks:* Gewijd aan Dionysos, die met klimop is gekroond en waarvan de kom een

Dionysos, bladeren van **klimop** meeslepend, zijn speciale symbool, versiert een schaal gemaakt door de Hermaios-schilder, 525-500 v.Chr.

Dit late beeldhouwwerk van farao Psammetichus I uit de 26ste dynastie toont hem onder de bescherming van Hathor, de grote moeder van de Egyptenaren, gesymboliseerd door een **koe**, met de zonneschijf van koninklijke goddelijkheid tussen de horens.

'kom van klimop' is; de thyrsus (Bacchusstaf) is omwikkeld met klimop, en één van de emblemen van Bacchus is een paal waaraan klimop ontspruit. *Semitisch:* Gewijd aan de Frygische Attis; onsterfelijkheid. Het blad van de klimop is fallisch, en verbeeldt de mannelijke drie-eenheid.

Klok (bel) Consecratie; de beweging van de elementen; tovermiddel tegen vernietigende krachten. Het luiden van de klok vertegenwoordigt de uitersten van goed en kwaad, dood en onsterfelijkheid; hij heeft de vorm van het hemelgewelf. Kleine klokjes klingelend in een bries symboliseren de zoete geluiden van het paradijs. Het luiden van de klok kan zowel een oproep als een waarschuwing zijn. *Boeddhistisch:* Het zuivere geluid van de leer van perfecte wijsheid. In het tantrische boeddhisme is de klok het vrouwelijke principe met de *dorje* als het mannelijke. *Chinees:* Respect; verering; gehoorzaamheid; betrouwbare geestelijken; verdienstelijke krijgers; hij weert het boze oog af en schrikt kwade geesten af. De rituele klok symboliseert harmonie tussen mens en hemel. *Christelijk:* De sanctus-klok (bel) kondigt de aanwezigheid van Christus aan tijdens de mis. Kerkklokken roepen de gelovigen op en moedigen ze aan, jagen kwade geesten op de vlucht en doen stormen liggen. De holte van de klok is de mond van de priester, de klepel is zijn tong. *Grieks-Romeins:* Klokken waren gehecht aan beelden van Priapus en werden in bacchanalische riten gebruikt omdat ze werden geassocieerd met de fallus. *Hebreeuws:* Ambtsgewaden: klokken met granaatappelen zijn de kwintessens, de granaatappelen zijn de vier elementen, op de efod. Ze kunnen misschien ook donder en bliksem symboliseren. Klokken betekenen maagdelijkheid als ze tot aan het huwelijk worden gedragen (Jes. 3, 16). *Hindoeïstisch:* Rang; waardigheid. De stier van Nandi wordt altijd afgebeeld met een bel (klok) om zijn nek, of een ketting. De klok betekent net als de yoni kuisheid. *Teutoons:* De havik-klok is een symbool van adeldom.

Kluisters Zie Banden.

Knapzak De vrouwelijke macht van bevatten en een plaats van conservering, vandaar leven en gezondheid; hetgeen kostbaar is of waaraan waarde wordt gehecht bewaren. Als hij in verband wordt gebracht met de bergmap kan hij mogelijk ook het conserveren van persoonlijke daden betekenen om te bewaren als bewijs tot op de dag des oordeels. De knapzak, met de staf, is een attribuut van de pelgrim, wiens ransel wordt afgebeeld als hangend over zijn schouder of aan de staf; hij is ook een embleem van de bedelaar en koopman en van alle boodschappers van god, zeer speciaal van Hermes/Mercurius, ook van Priapus en van de christelijke heiligen Judas, Mattheüs en Nicolaas.

Knie/knielen De voortplantende kracht; vitaliteit; sterkte. Op de knie zetten symboliseert de erkenning van vaderschap; adoptie, moederlijke zorg. Knielen staat voor eerbied voor een hoger geplaatste, smeekbede, onderdanigheid en inferioriteit.

Knoflook Magische bescherming; bliksem (de geur wordt als hetzelfde beschouwd).

Knoop Een ambivalente symboliek aangezien alle bindende krachten ook die van losmaken bevatten, van bedwingen maar ook van verenigen; hoe harder hij aangetrokken is hoe steviger hij wordt en hoe sterker de vereniging. Knopen representeren ook continuïteit; verbinding; een overeenkomst; een band; lot; dat wat de mens bindt aan zijn bestemming; besluitvaardigheid; het onontkoombare. Knopen kunnen eveneens de instrumenten zijn van de tovenares, magiër of heks en in dat geval is het aantrekken van de knopen de macht om te betoveren en het weven van betoveringen; andere knopen kunnen bezwerend zijn. Het losmaken van knopen is vrijheid; redding; het oplossen van problemen. Het doorsnijden van een knoop verbeeldt het nemen van de korte, steile weg naar redding en realisatie. *Boeddhistisch:* De mystieke knoop is een van de acht gunstige voortekenen en staat voor continuïteit van leven; eindeloosheid en eeuwigheid. *Chinees:* Lang leven; het vastbinden van het goede en een obstakel voor het kwade. *Christelijk:* De drie knopen in de gordel van de monnik zijn de drie beloften van armoede, kuisheid en gehoorzaamheid. *Hindoeïstisch:* De mystieke knoop van Vishnu verbeeldt continuïteit; onsterfelijkheid; eindeloosheid. *Iraans:* Het heilige koord, *kosti,* is van voren en van achteren tweemaal geknoopt. Zie Koord. *Toverkracht:* Obstructie; 'steken'; slechte wensen.

Knopen Chinese ceremoniële gewaden hebben grote knopen die de zon en de maan symboliseren, kleine knopen zijn de sterren.

Knots Grote kracht; fallisch. *Keltisch:* Het wapen van Dagda als heer van leven en dood; grote kracht en eetlust; ook een attribuut van de Gallische Sucellos, 'de grote aanvaller' of 'goede aanvaller'. *Christelijk:* Het verraad van Christus en een embleem van Jacobus de mindere en Judas. *Grieks-Romeins:* Attribuut van Heracles/Hercules en van Melpomene. *Semitisch:* 'De pletter en verbrijzelaar van de wereld'; attribuut van Baäl en Ninurta; correspondeert in de symboliek met de bliksemflits als die wordt gebruikt door de goden van het firmament.

Koe De grote moeder; alle maangodinnen in hun

voedende aspect; de productieve krachten van de aarde; veel; voortplanting; het stoffelijke instinct. De horens zijn de halve maan en als zowel maan- als aardegodinnen representerend is de koe hemels en chtonisch. *Keltisch:* De chtonische koe wordt rood afgebeeld met witte oren. *Chinees:* Het yin-, aardeprincipe, met het paard als yang en de hemelen. *Egyptisch:* Voortreffelijke Hathor, de grote moeder van Egypte. De koe met twee koppen representeert Neder-Egypte en Boven-Egypte. De poten van de hemelse koe, Nût, de koningin van de hemel, zijn de vier kwarten van de aarde en zij heeft de sterren van het firmament op haar onderlichaam. Hathor, Isis en Nût kunnen allen worden afgebeeld als koeien, of met horens. *Grieks:* Een vorm van Hera en Io. *Hindoeïstisch:* Het heilige dier. Vruchtbaarheid; veel; de aarde; Nandini; de wensenvervullende koe geeft melk en een elixer; Additi het al-omringende; de koe Prithivi. Als de aarde verschijnt de koe met de hemelse stier. De vier poten van de heilige koe zijn de vier kasten. Een onvruchtbare zwarte koe is gewijd aan Nirriti, godin van ongeluk en ziekte. *Scandinavisch:* De oerkoe, degene die voedt, kwam voort uit het ijs; zij likte het ijs om de eerste mens voort te brengen.

Koek Offerkoekjes en broodjes, waarop een kruis, symboliseren de rondheid van de maan en zijn vier kwartieren.

Koekoek Symboliseert de lente in Zuid-Europa en de zomer in meer noordelijke regionen. *Grieks:* Huwelijk; een van de transformaties van Zeus om Hera te winnen. *Japans:* Onbeantwoorde liefde. *Foenicisch:* De koninklijke vogel, bekroont koninklijke scepters.

Koepel/gewelf De koepel van de hemel; het hemelse gewelf; de hemelse wereld. Bovenop een hindoeïstische of boeddhistische stoepa, chörten of tempel is het 'de kleine plaats' en neemt dan de plaats in van de kroon (zie aldaar) of de paraplu van spirituele protectie of van koningschap.

Koffer/Doodkist Verkrijgt dezelfde symboliek als het grafgewelf waar stervende goden en redders neergelegd werden, de *regressus ad uterum;* de mystieke baarmoeder van de tweede geboorte, vandaar verlossing, wederopstanding, redding.

Kom Een kop water staat voor het vrouwelijke, ontvangende principe en vruchtbaarheid. De bedelaarsnap (kop) betekent afstand van het leven; terugtrekking; de overgave van het ego. *Boeddhistisch:* De bedelaarsnap is een attribuut van de monnik of *bhikkhu.* De zeven kleine koppen water op een graftombe representeren de zeven offers voor een geëerde gast*:* water om te drinken, water om te wassen, bloemen, wierook,

De 'witte roos' van de alchemie, de **koningin**, wier soevereine macht ondergeschikt is aan die van haar gezel en tegendeel, de koning.

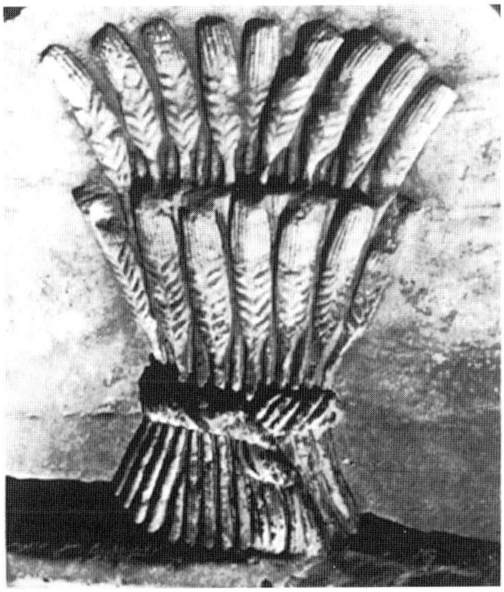

In Eleusis, de plaats en het heiligdom van de grote mysteriën, wemelt het van symbolen van vruchtbaarheid en voortplanting, zoals dit basreliëf van **koren**, het meest verheven en voornaamste symbool van de mysteriën.

lampen, parfum, voedsel. *Hindoeïstisch:* De kom is een attribuut van Ganesha.

Komeet De komst van onheil, oorlog, brand of pest, ook kan hij een boodschapper zijn van de zonnegoden.

Komfoor De zintuigen die, zoals een komfoor, leegbranden zonder dat er ook maar iets overblijft.

Kompas Onfeilbare en onbevooroordeelde gerechtigheid; de perfecte figuur van de cirkel met het centrale punt, de bron van het leven. Met het vierkant definieert het kompas de beperkingen en grenzen van correctheid. In heilige architectuur vertegenwoordigt het kompas kennis; het archetype dat alle werken controleert; de navigator. *Chinees:* Juist gedrag. Een attribuut van Fo-hi, wiens zuster, Niu-kua, het vierkant vasthoudt; samen vormen zij de vrouwelijke en mannelijke principes, de yin-yang-harmonie. *Grieks:* Met de globe een attribuut van Urania.

Konijn Een lunair dier, het konijn en de haas wonen beiden in de maan en zijn verbonden met maangodinnen en aardemoeders. In de symboliek van de Azteken is de maan een konijn of een haas. Chinese figuren van witte konijnen werden voor het maanfestival gemaakt. Het konijn of de haas is de bedrieger (zie aldaar) van de indianen in de oostelijke bossen van Amerika. Ze representeren ook vruchtbaarheid en wellust, maar het dragen van de huid van een konijn tijdens riten verwijst naar onderworpenheid en nederigheid voor de grote geest. Zie ook Paasei, Haas.

Koning Het mannelijke principe; soevereiniteit; tijdelijke macht; hoogst bereikte in de tijdelijke wereld; oppergezag, gelijkgesteld met de scheppende god en de zon, waarvan hij op aarde de gedelegeerde is. In veel tradities ging men ervan uit dat zijn vitaliteit de vitaliteit van zijn volk en de vruchtbaarheid van het land weerspiegelde en dat hij daarvoor verantwoordelijk was, vandaar het offeren van de koning, of, later, de zondebok, als zijn vitaliteit afnam. Koning en koningin samen representeren de perfecte vereniging, de twee helften van het perfecte geheel, compleetheid, het androgyne; ze worden ook gesymboliseerd door, en symboliseren, de zon en de maan, hemel en aarde, goud en zilver, dag en nacht, en, in de alchemie, zwavel en kwikzilver. Attributen van de koning zijn de zon, kroon, scepter, rijksappel, zwaard (met uitzondering van de Chinese keizers), pijlen, de troon.

Koningin Het vrouwelijke principe, gelijkgesteld met de grote moeder, de koningin van de hemel. In de alchemie is zij kwikzilver, met zwavel als de koning. Haar attributen zijn: de kroon; de kroon van sterren; de kroon voorzien van torentjes; de maansikkel; sterren; hemelgewelf; scepter; kelk; blauwe mantel. Haar kleur en metaal is het lunaire zilver met de koning als het solaire goud. Zie ook Schaakspel.

Koord Het leven van het individu, dat bij de dood wordt afgebroken. Het zilveren koord verbindt de ziel tijdens de incarnatie met het lichaam. Aan het gouden koord van Zeus hangt het universum, het is het 'touw van de hemel' waarvan alle dingen 'afhangen' of waarmee ze zijn doorboord. Plato spreekt over 'het heilige koord van de rede'. Het koord is ambivalent want het is zowel het middel van binding en beperking als van de mogelijkheid tot eindeloze uitbreiding en vrijheid; het kan de mens voorwaarts leiden of hem vastbinden aan zijn bestemming. Het Iraanse heilige koord is driemaal om het middel gewonden en symboliseert goede gedachten, goede woorden, goede handelingen. Het koord met knopen van een hindoeïstische gelovige of heilige verwijst naar de vele daden van verering die zijn verricht. Het koord om het middel van een christelijke monnik bindt hem aan zijn roeping en symboliseert zijn belofte van het celibaat. Zie ook knoop.

Koorhek *Christelijk:* Scheidt het schip, het lichaam, van het koor, hemel, het koorhek is de poort van de dood tussen het lichaam van de kerk en de toegang tot de hemelse staat. Het kruis boven op het hek symboliseert het sterven van Christus als middel tot verlossing en het binnengaan in de hemel. Het hek staat ook voor de sluier van de ark des Verbonds. Zie ook Icoon.

Koraal De zeeboom van de moedergodin; de maan, schenker van leven; de vruchtbaarheid van de wateren. Het is apotropeïsch. *Chinees:* Lang leven; promotie. *Grieks:* De groei uit het bloed van Medusa.

Koren Koren- , tarwe-aren of schoven zijn attributen van alle korengodheden, in het bijzonder in de Griekse mysteriën, en symboliseren de vruchtbaarheid van de aarde, ontwakend leven, leven voortkomend uit de dood; ontkieming en groei door de solaire kracht; overvloed. De gouden korenaren zijn het nageslacht van het huwelijk tussen de lichtgevende zon en de maagdelijke aarde. De korengodin wordt geïdentificeerd met de constellatie Maagd. Koren en wijn samen, als brood en wijn, vertegenwoordigen het evenwichtige product van de landbouwwerkzaamheden van de mens en voorzieningen voor het leven. Korenmaten beelden vruchtbaarheid, overvloed, uit. Bij begrafenissen verwijst koren naar overvloed in het hiernamaals. Geforceerde groei van koren, tarwe, of gerst werd in veel culturen gebruikt tijdens begrafenissen en rouwriten, speciaal in Egypte (zie Gerst), riten in landen rondom de Middellandse Zee, in Perzië en China en tijdens ceremonies in de heilige week van het oosterse christendom. Het groeiende graan wijst zowel op de vernieuwde wederopstanding van de held als de lenteoogst. *Indiaans:* De maïskolf met al zijn zaden vertegenwoordigt de mensen en alle dingen in het universum. *Christelijk:* Tarwe-aren zijn het brood van de eucharistie, het lichaam van Christus; vrijgevigheid; de rechtvaardige; het goddelijke. Koren en de wingerd samen staan ook voor de eucharistie. *Egyptisch:* De korenaar is een attribuut van Isis en een korenmaat is een embleem van Serapis. *Grieks-Romeins:* Vruchtbaarheid; overvloed; leven voortkomend uit de dood; schepping; embleem van Demeter/Ceres, Gaia en Maagd. Koren werd aan Artemis geofferd. De korenaar was het centrale symbool van de mysteriën van Eleusis: 'Ze werd tentoongesteld als het grote, het bewonderenswaardige en meest perfecte voorwerp van mystieke contemplatie, een korenaar die was geoogst in stilte' (*Philosophoumena*). In de cultus voor Cybele, is Attis de 'rijpe gele korenaar'. Het planten van koren op graven door de Romeinen verzekerde de levenden van de macht van de doden. *Mexicaans:* De maïsplant met een kolibrie staat voor de zonneheld; ontwakende vegetatie. *Sumerisch-Semitisch:* Koren was gewijd aan Cybele en brood werd als offer gegeten tijdens haar feest; het was ook een attribuut van Tammuz/Dumuzi. Dagon, de voortreffelijke godheid van Philistia, was een koren- en aardegod in Askalon en Gaza.

Korf De aarde geregeerd door de vrouwelijke macht in de natuur; de aarde-ziel; beschermend moederschap; nijverheid; zuinigheid. De korf is ook een attribuut van de gedaante van de hoop. In het christendom stelt de heilige Bernardus hem op één lijn met de geordende, kloosterlijke gemeenschap. Zie ook Bijenkorf.

Kornalijn Zie Edelstenen.

Kraai *Alchemistisch:* De *nigredo,* het eerste stadium van de stof tijdens het grote werk. *Indiaans:* Bij sommige stammen neemt de kraai de functies over van een demiurg. *Chinees:* Als hij zwart is verwijst hij naar kwaad; venijn; ongeluk en zaken; als hij rood of goudkleurig wordt afgebeeld is hij de zon, ook respect voor de ouders. Er bestaat echter enige twijfel over of dit niet eerder dan de kraai de haan zou moeten zijn, die verbonden is met de zon, gestileerde schepsels kunnen wel eens aanleiding geven tot verwarring. De kraai, of haan, met drie poten, woont in de zon. De zwarte kraai samen met de witte reiger symboliseert

De pop van **korenhalmen**, gemaakt van de laatste halmen van de oogst en gekleed als beeld van de grote moeder, werd bewaard tot de volgende oogst en dan vernietigd, een symbool van geboorte, groei, dood en wedergeboorte van de korengodheid.

De witte **kraanvogels** op deze Chinese vaas van blauw porselein uit de zestiende eeuw symboliseren, zoals alle soortgelijke vogels, een lang leven en welvarend geluk; het feit dat ze wit zijn maakt ze bovendien tot heilige vogels, bewoners van de gezegende eilanden.

yin-yang. *Christelijk:* Eenzaamheid; als de duivel ogen uitpikt verblindt hij zondaren. *Egyptisch:* Een paar kraaien wijzen op echtelijk geluk. *Grieks:* Gewijd aan Apollo en Athene. *Hebreeuws:* Kadaver; een lijk. *Hindoeïstisch:* Een attribuut van Varuna. *Japans:* Slecht voorteken; ongeluk, maar in het Shintoïsme worden heilige kraaien, als de boodschappers van godheden, geassocieerd met tempels. Soms wordt de kraai voor de zon afgebeeld.

Kraanvogel Een boodschapper van de goden; gemeenschap met de goden; de kundigheid binnen te gaan in hogere bewustzijnsstaten. *Keltisch:* Een vorm van Pwyll, koning van onderwereld; aankondiger van de dood of van oorlog; spaarzaamheid; gierigheid; slechte vrouwen. *Chinees:* 'De patriarch van het gevederde volk'; boodschapper van de goden; bemiddelaar tussen hemel en aarde; draagt zielen naar het westerse paradijs; waakzaamheid; voorspoed; hoge officiële positie; geluk. De kraanvogel wordt gewoonlijk in verband gebracht met de zon en de pijnboom. Zuiver witte kraanvogels, heilige vogels, bewonen de eilanden van de gezegenden. *Christelijk:* Waakzaamheid; loyaliteit; goedheid; goede orde in het kloosterleven. *Grieks-Romeins:* Gewijd aan Apollo als aankondiger van de lente en het licht. *Japans:* De 'eerbiedwaardige heer kraanvogel' heeft dezelfde betekenis als in China.

Kralen Een kring van kralen geeft continuïteit, eindeloosheid en eindeloze duur weer.

Krans Ambivalent als roem, overwinning, superioriteit, trouw, heiligheid en daarom geplaatst op een heilig of vereerd object, en als de *corona convivialis* wijzend op tevredenheid, een gelukkig lot en geluk, maar ook als de *corona funebris* de dood betekenend, rouw en geplaatst op een offer. De bruidskrans representeert de bloemen van maagdelijkheid, maar neemt ook de betekenis aan van de grafkrans als stervend aan het oude leven en beginnend aan een nieuw. Een krans rond een zuil wijst op de loop van de hemellichamen rond de zon. *Arabisch:* Een krans van oranjebloesem is vruchtbaarheid en huwelijk en wordt door bruiden gedragen. *Chinees:* Een olijvenkrans verbeeldt literaire verdiensten en succes. *Grieks-Romeins:* Een krans van bloemen is een diadeem van Flora; van meidoorn of ijzerkruid, huwelijk; van eikenbladeren, de beloning voor het redden van een leven; een krans van gras werd gegeven aan een Romeinse militaire held of redder. Kransen werden geschonken aan de overwinnaars tijdens de spelen: Olympische spelen, wilde olijven; Isthmische spelen, van de pijnboom; Pythische spelen, laurier; Nemeïsche spelen, peterselie. De krans van venkel werd gedragen tijdens de riten van Sabazios. De Romeinse keizer droeg een krans van rozen.

Kreeft Als Kreeft is hij de schuine, retrograde beweging van de zon na de zomerzonnewende. Die schuine beweging symboliseert ook oneerlijke mensen; onbetrouwbaarheid; gewetenloosheid; geldwisselaars. *Boeddhistisch:* De slaap van de dood: de periode tussen incarnaties; regeneratie tussen twee opeenvolgende geboorten. *Inca's:* Het afschrikwekkende aspect van de grote moeder; de afnemende maan; de verslinder van de tijdelijke wereld. *Sumerisch:* Krabben, kreeften en schorpioenen worden geassocieerd met Nina, de heerseres over de wateren. *Japans:* Lang leven; heilwens; een gelukkige gebeurtenis, vooral geassocieerd met festiviteiten en feesten van Nieuwjaar. Zie ook Dierenriem.

Krekel In het Westen het symbool van de huiselijke haard. In China zomer; moed.

Kreupelheid Met Hephaistos/Vulcanus en de smidsgoden, wijst kreupelheid op de imperfectie van de demiurg die de onvolmaakte wereld smeedt. Kreupelheid en een manke representeren ook de zigzagbeweging van de bliksem van de stormgoden. Het is een castratiesymbool.

Kristal Zuiverheid; spirituele perfectie en kennis; de zelf lichtgevende. Boten, torens, pantoffels etc. van kristal of glas betekenen de overgang van het ene niveau naar het andere, verandering van staat of overgang naar het innerlijke niveau. Het kristal heeft magische krachten en is voor de aboriginals het symbool van de grote geest. Het is ook het passieve aspect van de wil, met het zwaard als het actieve aspect. *Boeddhistisch:* Staat van transparantie; de sfeer van spirituele kennis; de zuivere geest; perfect inzicht. Het weerspiegelt de vijf kleuren en symboliseert de vijf aggregaten van lichaam en geest. *Christelijk:* Een glazen of kristallen bol verbeeldt de wereld van het licht van God. *Grieks-Romeins:* Gewijd aan Selene als maangodin. *Sjamanistisch:* Hemelse kracht en licht.

Krokodil De verslinder; de noodzakelijkheid van de passage door de dood naar het leven. Met open mond verbeeldt hij ingaan tegen de stroom, vandaar bevrijding van beperkingen van de wereld. De krokodil is soms bewaker van de toegang. Als levend op het land en in het water verwijst hij naar de dualistische natuur van de mens. Plinius zegt dat de krokodil en de hagedis stilte typeren; men dacht van beiden dat ze geen tong hadden. De krokodil wordt ook gelijkgesteld met de neerdaling in de hel. Hij is een embleem van Seth in zijn tyfoonachtige aspect als brutaliteit en kwaad. Sebek heeft de kop van een krokodil en symboliseert kwaadaardige passies; misleiding; verraad; dissimulatie en hypocrisie; hij weent als hij de maan heeft ingeslikt, vandaar de 'krokodillentranen'. Gewijd aan Apep, Serapis, Sebek, en afgebeeld aan de voeten van Ptah.

Kronkeling Wolken; donder; de beweging van water; een mogelijke ontwikkeling van de spiraal (zie aldaar). Zie ook Labyrint.

Kronkellijn In de Chinese symboliek wordt de kronkellijn gebruikt om gebrek aan ernst weer te geven; kunstmatige standaarden; opzichtige en poenige elegantie tegenover de rechte lijn van de oprechtheid van de perfecte mens.

Kroon Soevereiniteit; overwinning; eer; waardigheid; beloning; de hoogste verworvenheid; inwijding; volledigheid; de cyclus van tijd, continuïteit en oneindige duur. De stervormige kroon vertegenwoordigt de energie en macht die in het hoofd zitten, dat werd beschouwd als de zetel van levenziel; vaak is hij een attribuut van zonnegoden, hun zonneschijf voorstellend; van bovennatuurlijke mensen; van heiligen enz.; de punten van de kroon symboliseren de stralen van de zon. Een kroon van altijdgroene takken betekent leven; onsterfelijkheid; overwinning. Een kroon aan de voeten betekent afstand van koningschap. De kroon met torentjes verwijst naar de van torentjes voorziene muren van de heilige plaats van de godheid en wordt vaak door de grote moeders gedragen. *Boeddhistisch:* De kroon van Boeddha symboliseert de realisatie van de vijf *gyana's*. De vijfbladige *chodpan* beeldt de vijf hemelse boeddha's af. *Chinees:* Keizerlijke macht; suprematie. Als de kroon de oren bedekt betekent hij 'hoor geen laster', als hij de ogen bedekt met een kort masker van aangeregen juwelen hangend van de kroon betekent hij 'zie niets onwaardigs'. *Christelijk:* De rechtvaardigen; zegening en gunst; overwinning op de dood; verworvenheid; beloning voor de martelaren. De gouden kroon betekent overwinning van ondeugden. De kroon, vaak van sterren, wordt door de maagd Maria gedragen als koningin van de hemel; de drieledige kroon staat voor de drie-eenheid en wordt door de paus gedragen als teken van drievoudig koningschap tijdens niet-liturgische belangrijke functies; hij is ook een symbool van de heilige Elizabeth van Hongarije. De doornenkroon, geplaatst op het hoofd van Christus, als parodie op de kroon van rozen van de Romeinse keizers, beeldt lijden en martelaarschap uit en is ook attribuut van de heiligen Catherina van Siena, Lodewijk de negende van Frankrijk, Maria Magdalena, Veronica. De kroon van rozen is een embleem van de heiligen Casimir, Cecilia, Flavia. Drie kronen zijn het embleem van

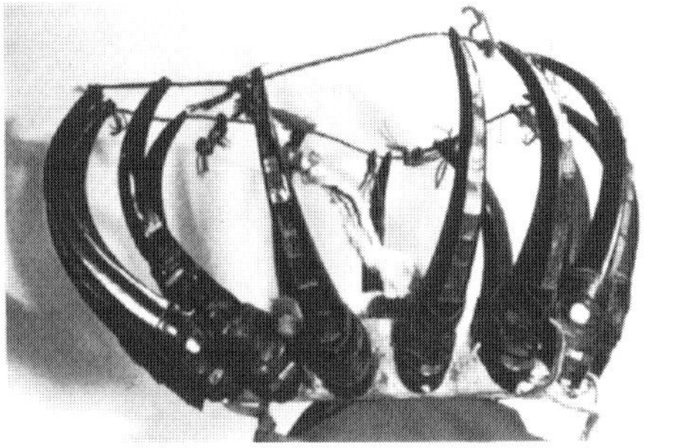

Een Tsimshiaanse sjamanen-**kroon**, gemaakt van de horens van een berggeit, symboliseert de macht van de drager zich veilig en zeker tussen de hoge plaatsen van de goden te bewegen.

De ongetwijfeld meest overladen **kroon** in de geschiedenis, de keizerlijke kroon van het heilige Romaanse rijk, werd waarschijnlijk in 961 vervaardigd voor de kroning van Otto I. Het kruis en de boog, de edelstenen en de parels vormen een unieke verzameling symbolen van heilige en wereldlijke macht.

Karel de Grote en (met het kruis) van St. Helena. *Egyptisch:* De farao werd gekroond met de dubbele kroon bestaande uit de witte kroon van het zuiden en de rode kroon van het noorden, die de hogere wereld en de hogere geest en de lagere wereld en lagere geest symboliseren. *Grieks:* De lauwerkrans, gewijd aan Apollo, werd toegekend aan de overwinnaar tijdens de Pythische spelen; en verschillende andere kronen aan overwinnaars tijdens de Nemeïsche spelen, gewijd aan Zeus, de Isthmische spelen, gewijd aan Poseidon, en de Olympische spelen, gewijd aan Zeus (zie ook Krans). Tyche draagt een kroon met torentjes, Flora een kroon van bloemen en Ceres van korenaren. *Hindoeïstisch:* De kroon bovenop de centrale zuil van een tempel vertegenwoordigt goddelijke glorie en wijst ook op de passage naar de hemel; hij is het bouwkundige symbool van de hemelse wereld en de toegang tot het goddelijke. *Romeins:* Overwinning. De stervormige kroon verbeeldt een zonnegod of goddelijkheid. De keizer droeg een kroon van rozen. Fortuna heeft een kroon met torentjes. *Sumerisch-Semitisch:* De kroon van veren beeldt autoriteit, macht, hemelse macht uit; hij is een attribuut van Marduk en Shamash. De kroon met torentjes wordt door alle moedergodinnen van het Midden-Oosten gedragen.

Kruik De kruik, waterpot en vaas symboliseren de kosmische wateren; de grote moeder; de matrix; het vrouwelijke ontvangende principe; aanvaarding; vruchtbaarheid; het hart. De kruik wordt vaak geassocieerd met de symboliek van de levensboom. Een kruik waaruit een vlam komt verbeeldt de vereniging van vuur en water; een kruik wijn betekent inspiratie; een volle kruik die geen geluid maakt is de mens van kennis; een kruik/vaas met bloemen of uitlopende takken geeft de vruchtbaarheid van de wateren weer; een kruik waaruit vloeistof stroomt, gewoonlijk in de handen van een godheid, symboliseert een weldoende vrouwelijke godheid, of de grote moeder, die het water van het leven en vruchtbaarheid op de hele wereld uitgiet; in de handen van een man betekent deze kruik een offer aan een godheid. Voor lijkvazen/kruiken zie Urn. *Boeddhistisch:* Een van de goede voortekenen op de voetstap van Boeddha, verwijzend naar de spirituele overwinning en de overwinning op geboorte en dood. *Keltisch:* De genezende wateren; een attribuut van moedergodinnen. *Chinees:* Voortdurende harmonie; de kruik met bloemen is een Chinees-boeddhistisch symbool van harmonie en een lang leven. *Christelijk:* Een vaas/kruik met een lelie verwijst naar de annunciatie; een lege kruik op een graftombe verbeeldt de ziel die het lichaam heeft verlaten. Een kruik met zalf is een embleem van Maria Magdalena. *Egyptisch:* Het hart; de wateren; de matrix; de levenbrengende krachten van de natuur; embleem van Osiris en Isis. *Grieks-Romeins:* Zie Urn. De wijnkruik van een sater en een attribuut van Hebe. *Grieks: Pithos* representeert het graf, de begrafenis en de onderwereld; graan werd onder de grond in kruiken bewaard tijdens het dode seizoen van de vegetatie. *Hindoeïstisch:* De macht van shakti. *Sumerisch-Semitisch:* Een attribuut van de grote moeders als de bevruchtende kracht van de wateren. De kruik wordt vaak afgebeeld als offers voor de goden uitgietend. Anu wordt vaak afgebeeld als de overlopende kruik van de wateren van eeuwig leven. *Dierenriem:* Een attribuut van Aquarius.

Kruis Een universeel symbool van de meest ververwijderde tijden; het is het kosmische symbool bij uitstek. Het is het wereldcentrum en daardoor een punt van communicatie tussen hemel en aarde en een kosmische as, de symboliek van de kosmische boom, berg, zuil, ladder etc. delend. Het kruis staat voor de levensboom en de boom van voeding; het is ook het symbool van de universele, archetypische mens, die in staat is tot oneindige en harmonische expansie, zowel op het horizontale als op het verticale vlak; de verticale lijn is de hemelse, spirituele, intellectuele, positieve, actie en het mannelijke, terwijl de horizontale staat voor aarde, rationeel, passief, negatief en vrouwelijk; het hele kruis vormt het oer-androgyne. Het is het dualisme in de natuur en de vereniging van de tegendelen en vertegenwoordigt spirituele vereniging en de integratie van de ziel van de mens in de horizontale/verticale aspecten die nodig zijn voor een volledig leven; het is de hoogste identiteit. Het kruis is de figuur van de mens volledig uitgestrekt; ook het neerdalen van de geest in de stof. Omdat het in staat is zich in alle richtingen uit te breiden betekent het eeuwig leven. Het wordt ook gevormd door de vier rivieren van het paradijs die ontspringen aan de voet van de levensboom. Het bevat de hoofdassen; het viertal onder zijn dynamische aspecten; het vijftal, de vier elementen van de wereld verenigd in het vijfde punt, het centrum. Kosmologisch zijn het opwaartse en neerwaartse het zenit en nadir, de noord-zuid-as is de solstitiale as en de oost-west as is de equinoctiale as.

Crux ansata: De Egyptische 'ankh' de vrouwelijke en mannelijke symbolen combinerend is de vereniging van de seksen; de vereniging van hemel en aarde; leven; onsterfelijkheid; eeuwig leven; 'het leven dat komt' en de 'tijd die komt'; verborgen wijsheid; de sleutel tot de mysteriën van het leven en kennis. Het wordt ook wel de levensboom genoemd; of het ovaal kan de eeuwigheid zijn geweest en het kruis uitbreiding in lengte en breedte, dat is van oneindigheid naar ruimte. Het kan ook worden vertegenwoordigd door de zon, die opkomt boven de horizon. *Het kruis in een cirkel:* Solaire mobiliteit; het wiel van verandering, het wiel van fortuin. De christelijke kerk vormt vaak een kruis binnen de cirkel van het kerkhof. Zie ook Cirkel. *Kruis in vierkant:* Het Chinese symbool voor de aarde; stabiliteit. *Kruis met wiel in het centrum:* De hindoeïstische *chakra;* macht; majesteit; solair. *Kruis pattée:* De open vleugels van een vogel; embleem van de johannieterridders. *Andreas-kruis:* Perfectie; het cijfer 10. *Maltezer kruis:* De vier voornaamste goden van Assyrië: Re, Anu, Belus, Hea. Embleem van de ridders van Malta. *Rozenkruis:* Harmonie; het hart; het centrum. *Het krukkruis:* De levensboom; regeneratie; verborgen wijsheid; goddelijke macht en voorschriften; het leven dat komt. Het staat ook voor de hamer van de dondergoden, 'de wreker', 'slijper'; de strijdbijl van Thor. *Dubbel kruis:* Solair symbool van Zeus als god van het firmament; komt ook voor op boeddhistische stoepa's en vergezelt Chaldeeuwse goden van het firmament en Arische godheden. *Kruis met een hand:* Een oude talisman tegen het kwade oog. *Kruis met de halve maan:* De halve maan is de lunaire bark; het vrouwelijke ontvangende element. Het kruis is de spil van de mast en een fallisch symbool, samen verbeelden de twee de vereniging van het mannelijke en vrouwelijke, hemel en aarde. Offerbrood is gewoonlijk voorzien van een kruis. *Afrikaans:* (Bosjesmannen en hottentotten) De godheid; bescherming bij de geboorte van een kind. *Alchemistisch:* De natuurlijke orde van de elementen; het centrale punt van de *quinta essentia. Indiaans:* De menselijke vorm, regen; sterren; houtvuur; maagdelijkheid; de vier hoofdrichtingen en de vier winden. De noordelijke arm van het kruis is de noordenwind, de allermachtigste, koude, alles overwinnende reus, het hoofd en intelligentie; het Oosten is de oostenwind, het hart, de levensbron; het Westen is de zachte wind uit het spirituele land, de laatste adem en gaan naar het onbekende; de zuidenwind is de zetel van vuur en passie, smeltend en brandend. Het centrum van het kruis is de aarde en de mens, door tegengestelde krachten van goden en winden bewogen. Het kruis van de hut, ingekrast in een cirkel, is heilige ruimte, een kosmisch centrum. De vier dimensies van ruimte in de hemelse cirkel symboliseren de totaliteit met inbegrip van de

Een **kruis** uit de zevende eeuw afkomstig uit het Rijnland toont de kruisiging boven een schuinkruis, of Andreaskruis, en staat voor lijden en martelaarschap.

grote geest; het kruis staat ook voor de kosmische boom, die zich horizontaal over de aarde uitbreidt en de hemel raakt via de verticale centrale as. *Boeddhistisch:* De spil van het wiel van de wet en de ronde van het bestaan. *Keltisch:* Fallisch leven; bevruchting. *Chinees:* Het kruis in het vierkant is het symbool van de aarde met de cirkel als de hemelen. *Christelijk:* Redding door het offer van Christus; verlossing; boetedoening; lijden; geloof. Het Y-kruis op de kazuifel beeldt de armen van Christus uit, uitgestrekt op het kruis en het 'opheffen van de handen' (Psalm 141:2). Het kruis betekent ook aanvaarden van de dood of lijden en offer. Het Andreaskruis betekent martelaarschap, lijden en vernedering. Ecclesiastische kruisen met twee dwarsbalken duiden op aartsbisschoppen en patriarchen en met drie dwarsbalken op de paus. Het borstkruis is rechtspraak. In de middeleeuwse symboliek werd gezegd dat het kruis van Christus gemaakt was van het hout van de boom van kennis, de oorzaak van de zondeval, dat daardoor het instrument werd van verlossing. De boom wordt gezien als goede en kwade vruchten dragend (ook gesymboliseerd door de goede en slechte misdadiger) aan tegenovergestelde kanten, met Christus, als de stam van de verenigende levensboom, als het centrale kruis van de drie op de Calvarieberg. De twee armen van het kruis staan ook voor genade en oordeel en hebben, in christelijke kunst, vaak de zon en de maan aan een kant om deze twee eigenschappen af te beelden, evenals de twee naturen van Christus, die zo worden gesymboliseerd door de verticale, hemelse en de horizontale, aardse as van het kruis. Het met een bloemmotief versierde kruis is voorgesteld zowel als het uitlopen van de stok van Aäron als de wederopstanding van Christus als herrijzend leven. *Egyptisch:* Het *crux ansata;* of de ankh (zie aldaar) is leven; vereniging; onsterfelijkheid; gezondheid. Het wordt vastgehouden door Maat, godin van de waarheid; het symboliseert ook de vereniging van Isis en Osiris. Het krukkruis is de hamer; de wreker; de slijper. *Gnostisch:* Het evenwicht van perfectie. *Grieks:* Afgebeeld op de wenkbrauw van Artemis van Ephese. *Hebreeuws (Kabbala):* Het kruis met zes stralen slaat op de zes dagen van de schepping en de zes fasen van de tijd en de duur van de wereld. *Hindoeïstisch:* De *raja's,* de uitbreiding van zijn, het verticale representeert de *sattva's* of hogere, hemelse staten van zijn, terwijl het horizontale de *lama's* voorstelt of lagere aardse staten. Het kruis wordt ook geassocieerd met de heilige Ganges en met de gekruiste vuurstokken van Agni. *Islamitisch:* Perfecte gemeenschap van alle staten van zijn, zowel in 'uitgestrektheid' als 'verrukking'; horizontale en verticale expansie; de hoogste identiteit. *Manicheïstisch:* Het kruis van licht symboliseert het lijden van Jezus; het licht dat doordringt in alle natuur. *Maori's:* De maangodin; de algemene god. *Maya's:* Het krukkruis is de levensboom en de boom van voeding. *Mexicaans:* De levensboom. God wordt soms afgebeeld aan het kruis en zijn heilige slachtoffers als gekruisigd. Het kruis staat ook voor de vier winden, vandaar vruchtbaarheid. Het is het symbool van Tlaloc en Quatzalcoatl. *Platonisch:* De schepper, 'de wereld langs zijn hele lengte in twee delen splitsend en ze overdwars samenvoegend'. *Romeins:* Veroordeling van de boosdoener. *Scandinavisch en Teutoons:* Het krukkruis is de hamer van Thor en staat voor donder, bliksem, storm, regen en vruchtbaarheid; ook de macht van de stormgoden. *Sumerisch-Semitisch:* In Babylonië verschijnt het kruis met de halve maan in verband met maangodheden; in Assyrië staat het kruis voor de vier richtingen waarin de zon schijnt, en het zonnekruis werd gedragen als een hanger door de aristocratie. In Foenicië betekent het kruis leven en gezondheid. In Chaldea staat het kruis met zes stralen voor de zes dagen van de schepping en de zes fasen van de tijd en de duur van de wereld.

Kruisende wegen Keuze, maar ook de vereniging van tegendelen; de ontmoetingsplaats van tijd en ruimte; een magische maar ook gevaarlijke plaats waar heksen en demonen elkaar ontmoeten. Het begraven van zelfmoordenaars, vampiers en misdadigers op kruispunten zorgde ervoor dat ze de juiste weg niet konden vinden en dat voorkwam dat ze de levenden konden achtervolgen. Gewijd aan Hecate; honden werden op kruispunten aan haar geofferd. Worden ook in verband gebracht met Ganesha en Janus.

Kruispunt Verbinding; de vereniging van tegendelen; communicatie, het kruispunt is een 'centrum' van waaruit verandering plaats kan vinden.

Kruk Steun, maar ook, daaruit voortvloeiend, verlamming, dus moreel tekortschieten. Ouderdom; een bedelaar. *Christelijk:* Embleem van de heiligen Antonius de hermiet, en Romauld. *Grieks-Romeins:* Attribuut van Hephaistos/Vulcanus en Saturnus, als de lamme smid. *Islamitisch:* Vormt de letters van de naam van Nasiree, de behoeder, de machtige.

Kubus Met de wereldbol als de oerstaat, een cyclisch begin en beweging, staat de kubus voor het laatste stadium van een cyclus in onbeweeglijkheid; symbolisch is hij de kwadratuur van de cirkel. De kubus is ook waarheid omdat hij, van welke kant je hem ook bekijkt, altijd hetzelfde is;

hij is perfectie; volledigheid; stabiliteit; statische perfectie; onberispelijke wet. Hij staat ook voor het opgevouwen kruis. In de traditionele architectuur wordt de kubus, als stabiliteit, gebruikt als de funderingssteen, het lagere deel van het gebouw, met de cirkel of koepel als het hogere. *Alchemistisch:* De kubus vertegenwoordigt zout, het product van de kristallisatie van zwavel en kwikzilver. *Chinees:* De godheid van de aarde, met de wereldbol als de hemelse godheid. *Hebreeuws:* Het heilige der heiligen. *Islamitisch:* De Ka'aba is een kubus; stabiliteit; statische perfectie. *Maya's:* De aarde; de levensboom groeit uit het centrum van de kubus.

Kudde De gelovigen; gemeenschappen van gelovigen; leden van een kerk.

Kundalini Gesymboliseerd door het serpent dat aan de basis van de rug opgerold ligt in de chakra, bekend als de muladhara, en dat slaapt tot het wordt gewekt door yoga-oefeningen en spirituele oefeningen. Het stijgt dan op door de chakra's en brengt toenemende krachten in het spel, totdat het het hoogste punt bereikt in volkomen gewaarzijn en realisatie. Het is latente energie, niet-ontwaakt zijn; de kracht van het slapende serpent; de oorspronkelijke shakti in de mens. Het doen ontwaken en het zich doen ontrollen wil zeggen door het ontologische niveau breken en het heilige centrum bereiken; verlichting. De symboliek van kundalini is verbonden met die van het serpent of de draak en de rug, de wereldas.

Kus Een teken van goede wil; vrede; het bezegelen van een overeenkomst; goed vertrouwen; kameraadschap; verzoening; affectie. In het Midden en Nabije Oosten en in het katholieke christendom verschaft hij ook contact met het één of andere heilige voorwerp zoals de Ka'aba, iconen, een heilig boek of crucifix, standbeeld of kledingstuk. Het kussen van de hand of voet houdt nederigheid in of het vragen om bescherming. De kus van Judas is verraad.

Kwaad De krachten van de duisternis; demonen; de duivel; Satan; Beëlzebub; Angra Mainu of Ahriman. Symbolen van het kwaad zijn: het serpent of de draak (behalve in het Oosten); de adder; de schorpioen; schorpioen-man; de orkaan; alle verslindende dieren en sommige dieren met horens; de mier; het ene oog van de cycloop.

Kwartel Geassocieerd met de nacht, maar ook met geluk en de lente; hij heeft een fallische bijbetekenis en representeert verliefdheid. *Chinees:* Moed; militaire geestdrift; zomer; ook armoede (verstelde kleding). *Grieks:* Lente; vernieuwing van het leven; attribuut en vorm van Asteria; verbonden met Zeus en Latona op Delos, en dus met

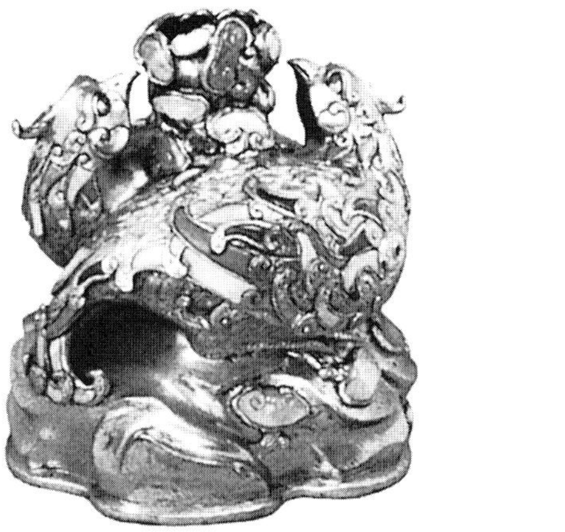

Een verliefd paar **kwartels** vormt het centrale deel van deze Chinese wijnkaraf uit de achttiende eeuw.

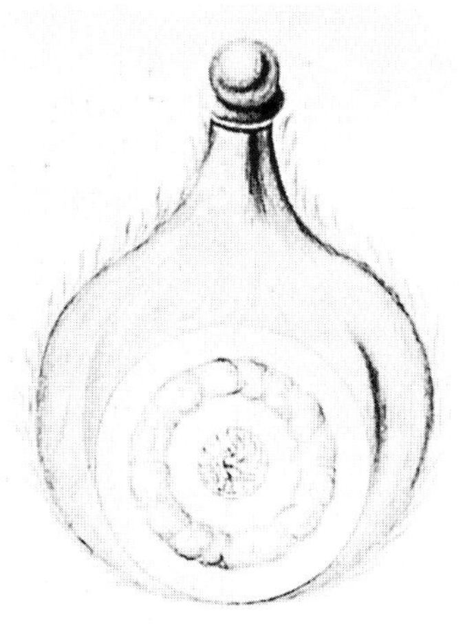

De **kwintessens** van de alchemie wordt hier gesymboliseerd door een arend, omringd door vuur, binnen in de fles van de alchemist.

Apollo en Diana. *Hebreeuws:* Miraculeuze voeding in de woestijn, maar ook het voedsel van toorn en wellust. *Foenicisch:* Gewijd aan Melkarth nadat hij Typhon of Sephon als duisternis heeft verslagen. *Hindoeïstisch:* De Asvins, als dag en nacht, licht en duisternis, brengen de kwartel, die verslonden is door de wolf, weer tot leven; d.w.z. de kwartel verdwijnt in de winter, maar keert terug met de zon in de lente. *Romeins:* Moed; overwinning in de strijd. *Russisch:* In de Russische folklore zijn de kwartel en de haas de zon en de maan die door de maagd van de dageraad worden gevonden. Embleem van de zon, de lente en de tsaren. *Toverkracht:* De vogel van de duivel; duivelse krachten; tovenarij.

Kwarts De symboliek van de Australische aboriginals kent kwarts de hemelse macht van licht toe.

Kweeboom Een Grieks symbool voor vruchtbaarheid, het voedsel voor bruiden*:* de 'appel' van Dionysos en gewijd aan Venus.

Kwiksulfide *Alchemistisch:* Het 'levende goud', product van de geslachtelijke interactie van zwavel en kwikzilver, het mannelijke en vrouwelijke principe, het harde en het vluchtige, heet en koud, bij elkaar in het grote werk.

Kwikzilver 'Standvastig water', dat zowel het vaste als vloeiende symboliseert. Het is de ziel, de koningin, het vrouwelijke, vloeibare, vluchtige, koude principe dat inwerkt op het mannelijke principe en dat zo bevrijdt van zijn beperkingen van droogheid en hardheid. Dat is ook het tantrische 'spel' van het vrouwelijke en het mannelijke dat oproept tot nobele activiteit, verheldering en kracht. De oplossende werking van kwikzilver vertegenwoordigt ook het afschrikwekkende aspect van de grote moeder, het giftige aspect van het serpent of de draak, ontbinding en dood die noodzakelijk zijn voor, en leiden tot, wedergeboorte en wederopstanding, dus het *aqua vitae.* Kwikzilver is ook de baarmoeder van alle metalen. Samen vormen kwikzilver en zwavel de basis van alle generatieve krachten van het universum. Als Mercurius bevat kwikzilver alle drie de fundamentele astrologische symbolen, de maansikkel, de cirkel en het kruis en het solaire en lunaire vuur en water.

Kwintessens De kwintessens van schepsels onder de hoogste godheid is de leeuw te midden van de viervoeters; de os te midden van het vee; de arend te midden van de vogels; de dolfijn te midden van de vissen; de mens te midden van alles.

Ky-lin Dit legendarische Chinese dier, soms eenhoorn genaamd, is de vereniging van de yin- en yangkrachten, met ky als het mannelijke en lin als het vrouwelijke. Het hele dier symboliseert vrijgevigheid, goede wil, en vruchtbaarheid; het kondigt de geboorte aan van een grote wijze of wijze keizer. 'Een ky-lin berijden' wil zeggen beroemd worden, en in de Chinese kunst worden wijzen en onsterfelijken weergeven als gezeten op een ky-lin om hun buitengewone kwaliteiten aan te geven. Een bijzonder knap kind is een 'zoon van een ky-lin'. Het is een bijzonder vriendelijk dier, dat niet aanvalt met zijn hoorn, die heel zacht is, en vrijgevigheid betekent; dat het slechts één hoorn heeft verwijst naar de eenheid van de wereld onder een groot heerser. De ky-lin is een incarnatie van de vijf elementen en de vijf deugden en heeft vijf symbolische kleuren. Als het niet wordt afgebeeld als een eenhoorn, is het een samengesteld schepsel met de kop van een draak met een enkele hoorn, de manen van een leeuw, het lichaam van een hertenbok en de staart van een os.

Laagheid/laagte Inferioriteit; ondergeschiktheid; nederigheid; getypeerd door knielen en teraardewerping. Kwaad wordt gelijkgesteld met neerdaling, tegenover hoogte en opstijging als het goede.

Labarum of Chi-Rho (vaandel) De volledige betekenis van dit symbool is nog niet achterhaald. Het is een vervanging van 'chreston', 'een goed ding' of goed omen en werd in Griekenland gebruikt om een belangrijke passage aan te geven. De verticale lijn zou de kosmische boom zijn en een axiaal symbool. Het labarum was ook een symbool van de Chaldese god van het firmament, en in het christendom werd het geadopteerd als de chi-rho, de eerste twee letters van 'Christus'; het was het symbool van Constantijn, en er wordt gezegd dat dit hem tijdens een droom werd geopenbaard; het werd op een standaard geplaatst en op de schilden van zijn soldaten, zodat deze onder de bescherming van Christus werden geplaatst. Het wordt vaak samen met de alfa en omega op lampen, schotels en graftomben afgebeeld.

Labyrint Een bijzonder complex symbool; het kan een tekening zijn, een gebouw, een open pad, een pad omsloten door taluds of heggen, een dans, dansen, spelen of muren. Het ligt vaak ondergronds, in de duisternis. Er zijn twee soorten labyrinten*:* 1. met één enkele route die rechtstreeks naar het centrum leidt en er weer uit, met geen enkele keuze, puzzel of verwarring, de reiziger meevoerend over het hele terrein zonder tweemaal hetzelfde pad te betreden (het begint in de richting van het centrum, buigt dan naar de omtrek en werkt, er iedere keer op terugkerend, langzaam naar het centrum toe en er weer vanaf); 2. ontworpen met het doel in verwarring te brengen en met doodlopende paden, vragend om kennis van de sleutel tot of oplossing van het probleem. De symboliek van het labyrint is vaak opgevat als terugkeer naar het centrum; herwonnen paradijs; bereiken van realisatie na verschrikkingen, beproevingen en testen; initiatie, dood en wedergeboorte en de 'rites de passage' van het profane naar het heilige; de mysteriën van leven en dood; de levensreis door de moeilijkheden en illusies van de wereld naar het centrum als verlichting of hemel; een beproeving van de ziel; het pad van de reis en de vlucht naar de volgende wereld (je kunt die wereld gemakkelijk binnenkomen, maar als je er eenmaal binnen bent is het moeilijk er weer uit te komen); een knoop die ontward moet worden; gevaar; moeilijkheden; lot.

Ook wordt het labyrint wel gezien als de loop van de zon, het opkomen en ondergaan ervan, of de bevrijding door de lente van de zon, nadat deze zo lang door de demonen van de winter gevangen is gehouden; of als het lichaam van moeder aarde, en dan is het centrum de maagdelijkheid van de godheid en om het centrum te bereiken dien je mystiek terug te keren tot de matrix, de *regressus ad uterum;* of het begin van de nachtelijke zeereis tijdens welke de man neerdaalt in de onderwereld, het domein van de grote moeder in haar verslindende aspect. Het labyrint wordt vaak beheerd door een vrouw, een man loopt erin, en het wordt bewaakt of geregeerd door de heer van het labyrint, de rechter over de doden, in het centrum, vergelijk Minos. Men zegt ook dat het de wereld symboliseert; totaliteit; ondoorgrondelijkheid; beweging; elk complex probleem; de eindeloze lijn ervan is eeuwigheid, eindeloze duur, onsterfelijkheid, de draad is 'het koord naar de hemel' waarvan alle dingen afhangen en waarmee alle dingen doorboord zijn. Het labyrint stemt, terzelfder tijd, toe en verbiedt, een symbool van zowel uitsluiting door het moeilijk maken van de weg en van vasthouden door het moeilijk vindbaar maken van de uitgang; alleen zij die daartoe gekwalificeerd zijn en zijn uitgerust met de noodzakelijke kennis kunnen het centrum vinden, zij die ronddwalen zonder kennis zijn verloren. Hier deelt het labyrint de symboliek van het betoverde bos.

Als weg naar het verborgen centrum is het verbonden met het zoeken naar het verloren woord, en de zoektocht naar de heilige graal, of in de oosterse symboliek, de ontsnapping uit *samsara* en de

Men zegt dat het **labarum** (vaandel) dat hier een vroeg-Romeinse grafsteen versiert, in een droom aan Constantijn is verschenen. Traditioneel wordt het geïnterpreteerd als de eerste twee letters van de naam van Christus in het Grieks, maar het was daarvóór een embleem van de oude Chaldeeuwse hemelgod.

Het **labyrint** van Theseus, hier op een Florentijnse tekening uit de vijftiende eeuw, houdt een paradoxaal antwoord in op een schijnbaar onbeantwoordbare vraag; beide komen voort uit de symboliek van het labyrint: wat is er, als je de moeilijke en gecompliceerde reis eenmaal gemaakt hebt, in het centrum? – Jij.

wetten van *karma*. Het is ook verbonden met de symboliek van de grot en met de gedachte aan een mysterieuze reis in de onderwereld, of een reis naar de andere wereld en met initiatieriten, die vaak worden gehouden in een spelonk of krocht, of met begrafenisriten, allemaal zijn ze verbonden met dood en wedergeboorte. Het deelt ook de symboliek van de knoop als verbinden en losmaken, beperken maar verenigen. Men denkt ook dat het labyrint verbonden is geweest met de opgerolde slang, of met patronen van waarzeggerij en de diepten van de aarde. Het kan ook worden weergegeven als een net, of een spin in het midden van zijn web. Het labyrint in de vorm van een vierkant verbeeldt de vier windrichtingen en de kosmos en kan verbonden zijn met de swastika.

Afbeeldingen van labyrinten op huizen zijn bezwerend en een vorm van magie om in verwarring te brengen, en te voorkomen dat vijandige krachten en kwade geesten binnenkomen. Graven, grafgrotten en grafheuvels in de vorm van een labyrint beschermen de doden maar beletten hen tevens terug te keren. De labyrintdans of de troydansen en -spelen typeren het moeilijke pad, reizend van geboorte naar dood en wedergeboorte, het centrum is de plaats van beide, van dood en wedergeboorte; van naar binnen en naar buiten gaan, zinken en oprijzen, reizen naar de diepte en opstijgen naar de hoogte. Dit staat eveneens in verband met de dans van de kraanvogel; het is ook een nabootsend solair ritueel pad van dans. Het binnengaan van een labyrint symboliseert de dood, eruit gaan is wedergeboorte. *Keltisch:* Het is mogelijk dat troy, troja of troia is afgeleid van het Keltische 'tro', 'to turn', d.w.z snelle revolutie, dansen door een doolhof. *Christelijk:* In het vroege christendom werd het symbool omgekeerd en kreeg het de betekenis van het pad van onwetendheid, met de hel in het centrum en de Minotaurus als de duivel, totdat Christus, als Theseus, de weg wijst. Het was ook een valstrik voor duivels. In de kunst van de catacomben komt het labyrint niet voor. Later werd het wel gebruikt in kerken en kathedralen en de symboliek wordt vaak uitgelegd als de verbijstering en problemen die de christen op het pad door de wereld bestoken; de verwarrende en verstrikkende natuur van de zonde als men het rechte pad verlaat; de pelgrimstocht van de ziel van de aarde naar de hemel; de kronkelende koers van de zondaar die zwicht voor de verleiding; het vinden van de weg door de verstrikking van de zonde; de weg van het huis van Pilatus naar de Calvarieberg, soms 'weg van Jeruzalem' genoemd. Men denkt ook wel dat de labyrinten in kerken zijn ontworpen als pelgrimstochten voor boetelingen die niet in de gelegenheid waren reizen naar afgelegen heiligdommen of het heilige land te maken. *Egyptisch:* Mogelijk is er een parallel met de Amenti, het bochtige pad dat de doden bewandelen tijdens hun reis van dood naar wedergeboorte, met Isis als gids, Horus als overwinnaar van moeilijkheden en Osiris als rechter over de doden. *Grieks:* Theseus, held/redder, bereist het pad, geleid door Ariadne's gouden draad van goddelijk instinct, en hij verslaat de wilde natuur van de Minotaurus. Het labyrint wordt niet door Homerus genoemd. *Minoïsch:* De stier in het centrum zou de mannelijke, solaire, vruchtbare kracht zijn, gesitueerd in het centrum van het labyrint dat, als de spiraal, het vrouwelijke, lunaire aspect is; of als hitte invloed uitoefenend op vochtigheid, de zon die de nevel en moerasdampen opdroogt. *Oceanisch:* Het patroon van de reis van de ziel in het gebied van de doden. *Romeins:* Geheimzinnigheid; onkreukbaarheid. 'Zoals niemand het geheim van het labyrint mag kennen, zo mag ook niemand de beraadslagingen van de monarch kennen.' *Sumerisch-Semitisch:* Een kunstmatige imitatie van de lagere wereld (van een tablet met betrekking tot de initiatie van een priester).

Ladder De passage van het ene niveau naar een ander of van de ene wijze van zijn naar een andere; de doorbraak naar een nieuw ontologisch niveau; communicatie tussen hemel en aarde met verkeer in twee richtingen, het opstijgen van de mens en het neerdalen van het goddelijke, daarom is de ladder een symbool van de wereld-as, die hem op zijn beurt verbindt met de kosmische boom en de zuil. Hij staat ook voor toegang tot de werkelijkheid, het absolute, het transcendente, gaande van het 'onwerkelijke naar het werkelijke, van de duisternis naar het licht, van de dood naar onsterfelijkheid'. De overgang is ook een weg naar de volgende wereld via de dood. De ladder is een middel om toegang te verkrijgen, maar hij kan ook worden verwijderd. Oorspronkelijk bestond er in het paradijs een ladder tussen hemel en aarde en er was ononderbroken communicatie tussen god en mens, maar die ging verloren door de zondeval.

De treden van de ladder typeren de opstijgende kracht van het bewustzijn van de mens, dat door alle trappen van het bestaan heengaat; ze representeren ook de graden van initiatie, altijd een aantal van zeven of twaalf; bij initiatie stijgt men door kennis en realisatie van elk volgend stadium en daalt neer door de deugden, dat wil zeggen, de vruchten van kennis en realisatie. De twee kanten van de ladder zijn de linker en rechter zuil (zie aldaar) of de twee bomen in het paradijs, verenigd door de treden. Net als bij alle initiaties, kan het doel niet zonder het doorstaan van gevaren worden bereikt en het beklimmen van de ladder gaat gepaard met tweeledige emoties van vreugde en vrees. De ladder is ook verbonden met de symboliek van de brug in de 'rites de passage' en kan, net als de brug, vlijmscherpe randen hebben. (Deze symboliek komen we in een decadente vorm tegen bij de zwaard-treden van de ladders van jongleurs in het Oosten.) *Indiaans:* De regenboog is de ladder die toegang geeft tot de andere wereld. *Boeddhistisch:* De ladder van Sakya-muni wordt vaak afgebeeld door een voetstap van de Boeddha op de laagste en hoogste trede. *Christelijk:* Een embleem van het lijden van Christus, ook van Jacob en de heilige Benedictus. *Egyptisch:* Een symbool van Horus uitstijgend boven de materiële wereld en deze verbindend met de hemel. 'Ik richt een ladder op naar de hemel tussen de goden' (Dodenboek). Hathor heeft ook een ladder voor de goeden die hem op kunnen klimmen naar de hemel. *Hebreeuws:* Het middel tot communicatie, via engelen, tussen god en mens. *Islamitisch:* De ladder die Mohammed zag, voert de gelovigen naar god. *Japans:* De ladder is een attribuut van de dondergod en staat voor het verkeer tussen hemel en aarde. *Cultus van Mithras:* Degene die wordt geïnitieerd bestijgt de stadia van de planetaire ladder met zeven treden, die staat voor het gaan van de ziel door de zeven hemelen. *Sjamanistisch:* De sjamaan bestijgt de ladder, of paal met zeven inkepingen, om te communiceren met de geesten en de spirituele wereld.

Lam Zachtheid; jonge onschuld; meegaandheid; zuiverheid; de onbevlekte. Tovenaars zijn onmachtig tegenover de onschuld ervan. Lammeren symboliseren neofieten en mystieke geboorte. Het lam met de leeuw verbeeldt de paradijselijke staat. *Chinees:* Respect voor de ouders. *Christelijk:* De kruisiging, Christus gekruisigd voor de zonden van de wereld, het lam Gods, het 'offer zonder smet'. Het lam representeert Christus als lijdend en als overwinnaar, het lijden en de wederopstanding. Het wordt in christelijke kunst uitzonderlijk veel gebruikt: Christus een lam dragend is de goede herder zorgend voor zijn kudde, of het verdwaalde lam gered hebbend dat de weg kwijt was, de zondaar, of zijn kudde leidend; het lam met het kruis staat voor de kruisiging; het lam met de wimpel of vlag is de wederopstanding; het lam in de Apocalyps, met het boek en de zeven zegelen, is Christus als rechter

Jacob, op de titelplaat van een alchemistische tekst uit de achttiende eeuw, wordt door de engelen bevolen op te staan uit de slaap van de zintuigen en de aardse verschijnselen te overstijgen door de wachtende **ladder** naar de hemel te beklimmen.

Het **lam** op een christelijke grafsteen in Ravenna uit de zesde eeuw wordt vergezeld van verscheidene andere symbolen van Christus, van verlossing en van offer: het kruis als labarum, de duif, de krans van de overwinning.

bij de wederkomst; het lam met de zeven hoorns en zeven ogen verwijst naar de zeven gaven van de geest; het lam met een heuvel en vier stromen betekent de kerk als de heuvel en de stromen als de vier rivieren van het paradijs en de vier evangeliën; als een lam vergezeld is van een kudde schapen, is het lam Christus en zijn de schapen de discipelen; Johannes de doper met een lam verbeeldt de voorloper verwijzend naar de komst van Christus. Cyrillus van Alexandrië zegt dat het lam en de duif samen lichaam en ziel van Christus uitbeelden, zijn menselijke en zijn goddelijke natuur. Het lam is een embleem van de heiligen Agnes, Catharina, Clementius, Geneviève, Johanna, Johannes de doper, Regina. *Hebreeuws:* De komende Messias, het lam zonder smet.

Lamia Zie Legendarische dieren.

Lamp Leven; het licht van goddelijkheid; onsterfelijkheid; wijsheid; het intellect; leiding; de sterren; ook individueel leven in zijn vergankelijkheid; goede werken, licht werpend in de duisternis; herinnering. De zeven lampen van het christendom zijn de zeven gaven van de geest. De lamp is een embleem van de heiligen Agatha, Bridgit, Gudula, Geneviève, Hugh, Hiltrudis, Lucia, Nilus. Lampen op altaren wijzen op het licht van de aanwezigheid van het goddelijke; ze kunnen ook worden gebruikt als vervanging voor de zon tijdens eerbetuigingen aan de zon of het vuur. In het hindoeïsme is de olie van de lamp de oceaan en devotie, de pit is de aarde en de geest, en de vlam is liefde.

Landbouw Gesymboliseerd door de godin van het koren en de landbouw met oren van graan, ook door de ploeg, hoorn des overvloeds en takken in knop.

Lans Een aspect van de mannelijke kracht; fallisch; solair; oorlog. De lans, het zwaard en de pijlen kunnen alle zonnestralen uitbeelden. De lans is een attribuut van lagere vormen van ridderschap, met het zwaard, als scherpzinnigheid, voor de hogere. De symboliek van de lans als mannelijk en de kom, of kelk, als vrouwelijk, staat in verband met die van de berg en de grot; de berg en de verticale schaduwloze lans zijn beide symbolen van de *axis mundi.* De lans en de kom zijn ook geassocieerd met de graal (zie aldaar). *Christelijk:* De lans en de kom zijn verbonden met de heilige graal, waarbij de kom het bloed opving van Christus aan het kruis toen hij gewond werd door de lans. Hij is een embleem van het lijden en van de heiligen Joris van Cappadocië, Thomas. *Grieks-Romeins:* Solair; oorlog, een attribuut van Ares/Mars en Athene. De lans van Achilles kon, net als de solaire stralen en bliksem, de wonden genezen die hij veroorzaakte. *Hindoeïstisch:* Kracht; macht; overwinning van kwaad; een attribuut van Indra. Goddelijke wijsheid die onwetendheid doorboort. *Japans:* Attribuut van Izanagi die de hemelse lans van schepping bezit waarmee hij de wateren in beweging brengt om land te maken.

Lantaarn Zie Lamp.

Lapis lazuli Goddelijke gunst; succes. *Chinees:* Een van de zeven kostbare stenen; succes; kundigheid. *Grieks-Romeins:* Liefde; een embleem van Aphrodite/Venus. *Sumerisch:* Lapis lazuli werd in tempels gebruikt en verbeeldde het firmament en de heilige kracht daarvan.

Laurier Triomf; overwinning. Als groenblijvend staat hij voor eeuwigheid; onsterfelijkheid; als geofferd aan de Vestaalse maagden is hij kuisheid. In de Grieks-Romeinse symboliek is hij overwinning, wapenstilstand en vrede en hij is gewijd aan Apollo, Dionysos, Juno, Diana en Silvanus en vertegenwoordigt de nimf Daphne die veranderd is in een laurier. In het christendom is hij de kroon van martelaarschap.

Laurierkrans Vernieuwing van het leven; onsterfelijkheid; neemt de symboliek van laurier over (zie aldaar). *Chinees:* Overwinning; litteraire grootheid. *Romeins:* Wederopstanding; vernieuwing; glorie en eer; embleem van Apollo.

Lauwerkrans Toewijding; heiligheid; apart zetten; eer; onderscheiding voor een held of gast; een gelukkig lot; geluk. Lauwerkransen zijn ook betrokken bij de symboliek van binden en verbinden; zij werden gebruikt bij de initiatie als teken van apart zetten en bij een offer offerdieren en krijgsgevangenen omgehangen die werden geofferd. Tijdens begrafenisriten vertegenwoordigt hij de productiviteit en het geluk van het leven na dit leven en deelt hiermee de symboliek van bloemen.

Leeuw Ambivalent als zowel solair als lunair, goed en kwaad. Als solair representeert hij de hitte van de zon, de pracht en kracht van de zon van het middaguur; het vurige principe; majesteit; kracht; moed; de koning der dieren; maar hij is ook wreedheid; woestheid; en de dierlijke manier van leven; hij is een symbool van oorlog en een attribuut van oorlogsgoden. Als lunair is hij de leeuwin die de grote moeder vergezelt of haar wagen trekt en typeert dan het moederlijke instinct; hij wordt vaak afgebeeld met maagdelijke oorlogsgodinnen; godinnen van Kreta, Mycene, Phrygië, Thracië, Syrië, Lycië en Sparta hebben allemaal de leeuw als embleem; hij verschijnt ook samen met de gevleugelde Artemis, Cybele, Fortuna en de Gorgonen en in India en Tibet als een attribuut van Tara, als een aards en moederlijk symbool.

De leeuw en de eenhoorn vertegenwoordigen de wedijverende solaire-lunaire, mannelijke-vrouwelijke krachten. De leeuw die het everzwijn verslaat verbeeldt de kracht van de zon die het everzwijn van de winter verslaat. De leeuw en de draak die elkaar verslinden betekent vereniging zonder verlies van identiteit. De leeuw en het lam samen staan voor het herwonnen paradijs en oorspronkelijke eenheid, het gouden tijdperk; ook het einde van de tijdelijke wereld en ontbreken van conflicten. De solaire held die de leeuw verslaat is de zonnegod die de geselende hitte van de middagzon afzwakt. Macrobius zegt dat leeuwen zinnebeelden zijn van de aarde, 'de moeder van de goden'. Paren leeuwen zijn 'de meesters van de kracht', de bewakers van deuren, poorten en schatten, of de levensboom. Ze ondersteunen vaak een solair symbool en vertegenwoordigen waakzaamheid en moed. De gevleugelde leeuw, of griffioen, staat voor de vereniging van twee naturen of het androgyne. De groene leeuw is de jonge god van het graan voordat dit rijpt tot het gouden koren. Koppen van leeuwen aan waterspuwers of fonteinen verbeelden de zon van de dag, het geschenk van het water uitgegoten over de aarde. De leeuwentroon representeert de overwinning van de kosmische krachten. *Alchemistisch:* De rode leeuw, zwavel, is het mannelijke principe, samen met de eenhoorn, kwikzilver, als het vrouwelijke principe. De groene leeuw is het begin van het alchemistische werk, het alles-veranderende elixir. Twee leeuwen verbeelden de tweeledige natuur van Mercurius, *nous*. *Boeddhistisch:* De verdediger van de wet, de wijsheid van Boeddha; spirituele geestdrift; vooruitgang en kennis; dapperheid; iemand met soevereiniteit die verlicht is. Boeddha zit soms op een leeuwentroon. De leeuwin is een attribuut van Tara. Ratnasambhava berijdt een leeuw. Een leeuwenjong staat voor een pas geïnitieerde Bodhisattva; een leeuw met een jong onder zijn poot is ook de Boeddha, de wereld regerend en mededogen. Het brullen van de leeuw is het onverschrokken onderricht van de Boeddha van dharma. *Chinees:* Heldhaftigheid; energie; sterkte. De leeuw-met-een-bal staat óf voor de zon óf voor het kosmische ei; dualisme in de natuur. De leeuw als kracht, met het paard als snelheid, representeert de man in het huwelijk, met bloemen als beeld van de vrouw. *Christelijk:* Ambivalent als zowel de kracht en de macht van Christus, zijn koninklijke natuur, als de leeuw van Juda, of de macht van Christus om de christen te verlossen uit de muil van de leeuw die de duivel is als 'een brullende leeuw'. Men veronderstelde dat

Een Romeins goudstuk uit de eerste eeuw herdenkt en eert de overwinningen van Brutus te land en ter zee door zijn hoofd te omcirkelen met een krans van **laurier**, de altijdgroene plant en het symbool van triomfen.

Een Mogol-kunstenaar uit de zeventiende eeuw heeft hier een heerser uit India en een sjah van Perzië afgebeeld, elkaar vreedzaam omhelzend en staande op de traditionele symbolen van vrede in de wereld, de **leeuw** en het lam, in harmonie bij elkaar liggend.

de leeuw met open ogen sliep, vandaar dat hij staat voor waakzaamheid, spirituele waakzaamheid en vastberadenheid; als schildwacht ondersteunde hij de zuilen van de kerk. Men geloofde ook dat de jongen dood werden geboren en dat de hengst hun leven inblies, vandaar dat de leeuw een symbool werd van de wederopstanding. Als alleenlevend dier betekende hij kluizenaar en eenzaamheid. De leeuw werd tot het embleem van Marcus omdat diens evangelie de nadruk legt op de majesteit en het koningschap van Christus. Hij is ook een embleem van de heiligen Adrianus, Euphemia, Hiëronymus, Maria van Egypte, Paulus de heremiet, Prisca, Thecla. In catacomben zijn de tekeningen van het verhaal over 'Daniël in de leeuwenkuil' symbolisch voor de neerdaling van god naar zijn mensen. *Egyptisch:* Bescherming; een wachter; hij is solair als hij wordt afgebeeld met de zonneschijf en lunair als hij wordt afgebeeld met de maansikkel. Een leeuw met een kop aan ieder eind van het lichaam representeert de zonnegoden van de zonsopgang en de zonsondergang. Twee leeuwen met de ruggen naar elkaar toe, met de zonneschijf, zijn verleden en heden, of gisteren en morgen. De leeuwin is een attribuut van Sekmet en de moedergodinnen en symboliseert moederschap, maar als Sekmet kan ze ook wraak betekenen. Met de zonneschijf vertegenwoordigt de leeuw Re, de zonnegod, en met de maansikkel Osiris, rechter over de doden. Tefnut heeft het hoofd van een leeuw. *Grieks:* Vergezelt Phoebus, Artemis, Cybele, Tyche en de Gorgonen en soms ook Dionysos. Leeuwen trekken de wagens van Cybele en Juno. De huid van een leeuw is een attribuut van Hercules, die, worstelend met de leeuw, de solaire held is die de dood overwint. *Hebreeuws:* De machtige; wreedheid. De gevleugelde leeuw vertegenwoordigt het zuiden, de leeuw van Juda. *Hindoeïstisch:* De vierde avatar van Vishnu; soms half mens, half leeuw, de leeuw van Agni; de leeuw en leeuwin samen verbeelden de shakta-shakti, de leeuw is de opperste heer, ritme, en de leeuwin de macht van het uitgesproken woord. De leeuw is de bewaker van het noorden en een attribuut van de godin Deva en van Durga, als vernietiger van de demonen. *Iraans:* Koningschap; solaire kracht; licht. *Islamitisch:* Bescherming tegen kwaad. *Japans:* De leeuw is de koning der dieren en verschijnt met de pioen als koningin van de bloemen. *Cultus van Mithras:* Solair; de vierde graad van initiatie. Kronos met de kop van leeuw is Aion, tijd en bestemming, die alle dingen verslindt; de zon als vuur. De leeuw en de stier samen zijn symbolen van de dood; de leeuw en hertenbok samen representeren het moment van sterven. *Romeins:* Solair vuur; koningschap; een attribuut van Apollo, Hercules en Fortuna. De vraatzuchtige macht van de dood; ook de overwinning van de mens op de dood. *Sumerisch-Semitisch:* Solair vuur; soevereiniteit; moed; attribuut van de Sumerische zonnegod Marduk. Inanna/Ishtar als de grote moeder wordt vergezeld door twee leeuwen. Een leeuw met een tak in zijn klauwen, of een leeuw met twee koppen, representeert Ninib. solair en een oorlogsgod. De Chaldeeuwse Nergal, een god van oorlog en dood, wordt afgebeeld als een leeuw, en is dan het symbool van het vijandige aspect van de zon, de verslindende hitte van de zonnewende, of als twee leeuwenkoppen, rug aan rug, als god van de zon en van de onderwereld. Een leeuw vergezelt Atargatis als de grote moeder. *Taoïstisch:* De holle 'bal van brokaat' of 'de bal van de leeuw' is de leegte, leeg zijn; het terugtrekken van de geest. Zie ook Dierenriem, Leo.

Legendarische dieren De combinatie van verschillende karakteristieken veronderstelt andere mogelijkheden van schepping en latente krachten, ook vrijheid van conventionele principes van de wereld van verschijnselen. Samengestelde monsters zijn ook symbolen van de oerchaos of de angstaanjagende en afschrikwekkende krachten van de natuur. Soms is aan iedere kant van de levensboom een legendarisch dier afgebeeld, vaak vinden we ze ook bij deuren als bewakers, of als bewakers van een schat, óf van ondergrondse schatten óf van esoterische kennis. Angstaanjagende monsters vertegenwoordigen het kwaad of chaotische krachten in de wereld of in de eigen natuur van de mens, ook kunnen ze symbolen zijn van een pestepidemie of destructieve krachten. Ze worden gewoonlijk bevochten door een god of held zoals Marduk, de schepper, die Tiamat als oerchaos overwint; Theseus en de Minotaurus, of ridders die draken verslaan; ze vertegenwoordigen de triomf van orde over chaos en goed over kwaad, licht over duisternis. De wijdopen kaken van een monster verwijzen naar de deuren van de hel of naar de ingang tot de onderwereld.

Anemait: Leeuw, krokodil en hippopotamus, is de verslinder; vergelding. *Amphisbaena:* Gelijk aan de basilisk, maar met een kop aan ieder eind en daardoor in staat naar twee kanten te kijken. *Anata:* Het reuzenserpent waarop in voor-kosmische tijden Vishnu sliep.

Basilisk: Een combinatie van een vogel en een reptiel, met de kop en de klauwen van een vogel en het lichaam van een serpent; als de staart in een andere kop eindigt is hij Amphisbaena (slang met kop aan beide uiteinden). In het christendom is hij de duivel of de antichrist, een van de vier aspecten van de duivel. *Behemoth* (zie Job 40:10-19): Gewoonlijk gaat men ervan uit dat hij de hippopotamus is, hij vertegenwoordigt de macht van het land tegenover Leviathan (Job 40:20, Ps. 74:14), de macht van de zee, en Zis, de macht van de lucht. *Benhu/Bennu:* De vogel die soms gelijkgesteld wordt met de feniks; hij is de incarnatie van de ziel van Osiris. *Bucentaur:* Half mens, half stier; de dualistische natuur van de mens.

Capricornus: Half geit, half vis; de winterzonnewende. Hij is ook een vorm van de Babylonische Ea-Oannes, 'de heer van de afgrond' (hel). *Centaur:* Half mens, half paard, met een pijl en een gespannen boog, de Sagittarius van de Dierenriem. *Cerberus:* Een enorme hond met drie koppen, de drie-eenheid van de onderwereld vertegenwoordigend; bewaker van de ingang van de onderwereld. *Charybdis:* Een brullend monster of draaikolk die de zee verslond en hem weer uitwierp; met Scylla als het andere monster van de zee bij Sicilië samen, is hij het symbool voor de moeilijke passage (zie aldaar). *Chimaera:* Kop, manen en poten van een leeuw, lichaam van een geit en staart van een draak; storm en winden; gevaren op het land en ter zee; het niet bestaande.

Draak: (zie aldaar) Verschillende vormen; enorme kwade krachten in het Westen en weldoende krachten in het Oosten.

Epimacus: zie *Opinicus.*

Feniks: (zie aldaar) Een legendarische vogel die oprijst uit de vlammen; dood en wederopstanding; wedergeboorte door vuur. *Furia:* Vrouwen met vleugels en serpent; verbeeldt wraak.

Gargouilles (waterspuwers): Monsterachtige koppen, menselijk, dierlijk of legendarisch; worden verondersteld als kwade geesten weg te vliegen van de kerk, of geobjectiveerde krachten van het kwaad, of kwade krachten te verjagen. *Garoeda:* De vogel van het leven, soms gelijkgesteld met de feniks; de zon; het firmament; overwinning; een voertuig van Vishnu, schepper en vernietiger van het al. Verschijnt volledig volgroeid uit het ei en nestelt in de wensenvervullende levensboom; hij is in oorlog met de naga's. *Gevleugelde draak/serpent:* met vleugels, maar met slechts twee poten zoals een arend; voorspelt oorlog en epidemieën. *Gorgone:* De drie Gorgonen hebben vrouwenhoofden en de huid van slangen; de grote moeder in haar afschrikwekkende aspect van de vernietigster; verschrikking. *Grylli:* zie *Chimaera.* *Griffioen: (zie aldaar)* Kop van een arend en lichaam van een leeuw; de zon; de rijkdom van de zon; kracht; waakzaamheid; wraak. Zonder vleu-

De **leeuw** in zijn symbolische rol als bewaker van de deur; Ferrara kathedraal, ca. 1140.

Een Boeddha van de Angkor Thom in Cambodja zit in nadenkende kalmte op het opgerolde lichaam van een **naga**, symbool van de kennis verborgen in het instinct dat hij heeft overwonnen en getransformeerd tot zijn beschermer en steun.

gels is hij de mannelijke griffioen.
Harpij: Hoofd en borsten van een vrouw en de klauwen van een gier; wordt geassocieerd met een plotselinge dood; wervelwinden en stormen; het vrouwelijke principe in het destructieve aspect. *Hemelse hond:* T'ien Kou; vernietiging; catastrofe; eclipsen; meteoren. *Hippogrief:* Half paard, half griffioen; waarschijnlijk solair, zoals de gevleugelde paarden voor de wagen van Apollo. *Hippolectryon:* Half paard, half haan; solair. *Hydra:* Draak of serpent met zeven koppen, blind, dierlijke levenskracht.
Kala-makara: Leeuw en makara of krokodil; solair en de macht van de wateren. *Ky-lin:* (zie aldaar) De yin-yang, wordt soms gelijkgesteld met de eenhoorn; hij is de vereniging van het mannelijke en vrouwelijke; perfectie; zuiverheid van de natuur; de essentie van de vijf elementen. *Lamia:* De wrede koningin die veranderd is in een dier; wordt gelijkgesteld met sirenen en heeft de symboliek van een vis. *Leogrief:* Leeuw en serpent of griffioen; illusie; het afschrikwekkende aspect van de grote moeder als Maya. *Leviathan (watermonster):* Een enorme vis, het 'gekke serpent'; het oermonster van de oceaan en de chaos; het serpent en de macht van de diepte, met Behemoth als de macht van het land en Zis als de lucht.
Makara: vis en krokodil of olifant; een zeemonster dat bereden wordt door Varuna als de god van de diepten. *Minotaurus:* (zie aldaar) Een man met de kop van een stier; de wilde passies van de natuur; de miasmen (moerasdampen).
Naga: Een veelkoppige slang, bewaker van schatten en esoterische kennis; serpent-koningen en koninginnen; de levenskrachten van het water; de moerasachtige gepassioneerde natuur. Zie Serpent, hindoeïstisch.
Opinicus/Epimacus: Een soort griffioen met het lichaam en de poten van een leeuw, hoofd, nek en vleugels van een arend en de staart van een kameel, soms ook zonder vleugels afgebeeld; deelt de symboliek van de griffioen. *Pegasus:* Gevleugeld paard; de combinatie van de hogere en lagere natuur strevend naar de hogere; solair.
Rok: Een reusachtige vogel, een stormvogel met de wind als de beweger van zijn vleugels en de bliksem als zijn vlucht. Volgens de Arabische traditie landt hij nooit op aarde behalve op de berg Qaf, de *axis mundi*; hij is solair en het firmament.
Salamander: (zie aldaar) Gewoonlijk afgebeeld als een kleine, gevleugelde draak of hagedis; soms lijkt hij op een hond die uit de vlammen springt; hij is het element vuur. *Simurg:* Een combinatie van pauw, griffioen, leeuw en hond; hij is het firmament, de bemiddelaar tussen de twee werelden.
Scylla: Evenals Charybdis een monster van de Middellandse Zee. Van oorsprong een mooie nimf, werd ze veranderd in een monster met zes hoofden met drie rijen tanden; Scylla en Charybdis samen zijn symbolisch voor de moeilijke passage en de macht van de wateren. *Sfinx:* (zie aldaar) Heeft het hoofd van een man of vrouw, het lichaam van een stier, de voeten van een leeuw en de vleugels van een arend; hij combineert de vier elementen en symboliseert de mysterieuze, geheimzinnige en solaire macht. *Sirene:* Een vogel met het hoofd van een vrouw, een verleidster van zeevarende mannen; een begrafenis. De attributen van sirenen zijn lieren en fluiten en zij staan voor de verleidelijke krachten van de zintuigen en het gebied van de illusies.
Tengu: Een man met de kop van een vogel en vleugels en met klauwen aan zijn voeten; betekent oorlog, conflict, hypocrisie, onheil. *Tiamat:* Het monster van de diepte; oerchaos; de wateren; duisternis. *Triton:* Een meerman, half man, half vis; heeft een hoorn of schelp bij zich waarop hij blaast, hij beheerst de machten van de wateren. *Unicorn/eenhoorn:* (zie aldaar) Een dier met één horen en met het lichaam van een paard of hertenbok; hij symboliseert het vrouwelijke, lunaire principe; kuisheid; zuiverheid.
Zeemonsters: symboliseren gewoonlijk de onmetelijke diepte, oerchaos; of goddelijke macht in manifestatie. *Zeemeermin:* half vrouw, half vis; een godheid van de wateren. *Zis:* Een grote vogel, de macht van de lucht, met Behemoth op het land en Leviathan op de zee. *Zu:* Een stormvogel, dief van de Sumerische tabletten van het lot die almacht verlenen.

Legering Huwelijk; de vereniging van mannelijk en vrouwelijk, vuur en wat water.

Lelie Zuiverheid; vrede; wederopstanding; koningschap. Gewijd aan alle maagdelijke godinnen, de moeder en maagd, de ene en de vele. De lelie vertegenwoordigt ook de vruchtbaarheid van de aardegodin en later van de goden van het firmament. De lelie, in het Westen, deelt de symboliek van de lotus (zie aldaar) in het Oosten. Een tak lelies verbeeldt maagdelijkheid, ook regeneratie en onsterfelijkheid. *Alchemistisch:* De witte lelie is het vrouwelijke principe. *Christelijk:* Zuiverheid; onschuld; de maagd Maria; haar rechte stengel is haar goddelijke geest, haar bladeren haar nederigheid; de geur is goddelijkheid, haar witheid zuiverheid; ze is ook een symbool van de annunciatie en van maagdelijke heiligen, als kuisheid; ze is de bloem van Pasen. Dante noemt haar 'de bloem van vertrouwen'. De lelie tussen dorens verwijst naar de onbevlekte ontvangenis als zuiverheid te midden van de zonden van de wereld. De lelie is het embleem van de heiligen Antonius van Padua, Franciscus van Assisi, Casimir, Catherina van Siena, Clara, Dominicus, Euphemia, Franciscus Xavier, Jozef. In de kunst staat een lelie aan de ene kant en een zwaard aan de andere voor onschuld en schuld. *Egyptisch:* Vruchtbaarheid, maar in de Egyptische symboliek wordt de lotus vaker gebruikt. *Grieks-Romeins:* Zuiverheid; zij ontsprong uit de melk van Hera en is een embleem van Hera/Juno en van Diana als kuisheid. *Hebreeuws:* Vertrouwen op god; embleem van het volk van Judea. *Islamitisch:* De symboliek ervan kan worden overgenomen door de hyacint. *Minoïsch:* Voornaamste attribuut van de godin Britomartis. *Sumerisch-Semitisch:* Vruchtbaarheid; creativiteit.

Lelie des velds Zoetheid; maagdelijkheid; nederigheid. In het christendom een embleem van de maagd Maria en een symbool van de komst van Christus als de aankondiging van nieuw leven in de lente.

Lente Zie Wateren; Seizoenen.

Lepel In het hindoeïstische ritueel is de offerlepel een attribuut van Brahma of Agni.

Lepralijder De onreine; de verworpene; degene die spiritueel en moreel is gevallen.

Leviathan Zie Legendarische dieren.

Libel Kan de symboliek van de vlinder delen als onsterfelijkheid en regeneratie. *Indiaans:* De wervelwind; snelheid; activiteit. *Chinees:* Zomer; instabiliteit; zwakte. *Japans:* Een nationaal embleem van het 'Libelleneiland', maar ook onverantwoordelijkheid; onbetrouwbaarheid.

Libra Zie Dierenriem.

Licht Manifestatie van het goddelijke; kosmische creatie; de logos; het universele principe in manifestatie; het oorspronkelijke intellect; leven; waarheid; verlichting; gnosis; rechtstreekse kennis; het onstoffelijke; *nous;* de bron van goedheid. Straling symboliseert nieuw leven vanuit het goddelijke; het is het eerste geschapen iets; de kracht om kwaad en de krachten van de duisternis te verjagen; glorie; pracht; vreugde. Verlichting verleent, of is het resultaat van, bovennatuurlijke krachten. Licht is geassocieerd met regen in de symboliek van de neerdaling van hemelse en weldoende invloeden. De ervaring van licht is de ontmoeting met de ultieme realiteit. Licht is verbonden met het begin en met het einde; het bestond in het gouden tijdperk, de duisternis daalde neer bij de zondeval en de herwinning van het paradijs herstelt het oorspronkelijke licht; het licht bereiken wil zeggen het centrum bereiken.

Licht en duisternis zijn dualistische aspecten van

Op de 'Annunciatie' van Jan van Eyck, heeft de engel Gabriël een **lelie** in de hand. Dit versterkt de paradoxale situatie van de maagdelijkheid en zwangerschap van Maria en van haar rol als de maagdelijke moedergodin.

de grote moeder, leven en liefde, dood en begrafenis, creatie en verwoesting. Het licht van de zon representeert rechtstreekse kennis en staat tegenover de indirecte of analytische lunaire kennis. Het 'lichtfeest' aan het begin van februari, als toortsen en kaarsen in processie werden rondgedragen, vond plaats als bescherming tegen de pest, hongersnood en aardbevingen; later door het christendom geadopteerd als Maria-Lichtmis. Licht wordt gesymboliseerd door stralen, dat kunnen rechte of kronkelende stralen zijn, door de zonneschijf, of de nimbus; de rechte lijn is gewoonlijk licht, met de kronkelende als hitte; licht en hitte vullen elkaar symbolisch aan en polariseren het element vuur. *Boeddhistisch:* Licht is waarheid; bevrijding; rechtstreekse kennis; identificatie met de Boeddha; transcendentie van de wereld en het geconditioneerde wezen. Het heldere licht is de ultieme realiteit; zuiver zijn; de kleurloze en vormloze leegte. Onzuiver licht verwijst naar een formeel leven na dit leven en wedergeboorte in de wereld van de verschijnselen. Lichten tijdens verering zijn de lichten van de drie werelden. *Keltisch:* Bridgit had een lichtfestival aan het begin van februari als er kaarsen werden ontstoken rondom het graan. *Chinees:* De hemelse yang-macht. In Chinese manicheïstische teksten is Vahman het licht van wijsheid en het vriendelijke licht. *Christelijk:* Christus, 'het licht van de wereld', 'de vader der lichten bij wie geen verandering is of zweem van ommekeer' (Jacobus 1, 17). De maagd Maria is de draagster van licht in haar zoon en het feest van het licht werd geadopteerd en aangepast als de zuivering van Maria-Lichtmis. *Grieks-Romeins:* Zeus/Jupiter, 'helderheid', 'god van het heldere firmament'. Tijdens de riten in Eleusis voor het zoeken van Demeter naar Kore en de terugkeer van de lente werden kaarsen meegevoerd. *Hebreeuws (kabbala):* De Ain Soph, het 'eindeloze licht'. *Hindoeïstisch:* Het zelf; atman; kosmische schepping; de 'voortplantende kracht'; spiritualiteit; wijsheid; heiligheid; de manifestatie van Krishna, heer van het licht. *Iraans:* Zuiver zijn; zuivere geest. In de leer van Zaratusthra is licht de macht van waarheid als Ormuzd of Ahura Mazda, heer van licht, tegenover de duisternis van Ahriman of Angra Mainyu, heer van de leugen. Gewijd aan de Magiërs. *Islamitisch:* Het luisterrijke licht van Allah die de wereld verlicht; zuiver zijn; de hemelen; lucht; de manifestatie van goddelijke kennis, majesteit en schoonheid; het intellect; het woord; de goddelijke Name Nur. De wever van vormen is het voertuig van het licht. 'Allah is het licht van de hemelen en van de aarde' (Koran). *Parsisch:* Heilig als de vlam van licht. *Taoïstisch:* Het tao; het hemelse licht; de manifestatie van niet-zijn, eenheid.

Liefdadigheid In de christelijke kunst wordt liefdadigheid óf uitgebeeld door een vrouw omringd door kinderen, óf, vaker, door een vrouw die een kind voedt of de borst geeft; ze heeft dan gewoonlijk een hart of bloem in haar hand. Andere symbolen van liefdadigheid zijn het hart, het lam, de pelikaan die zijn jong voedt met zijn eigen bloed, of iemand die kinderen ontvangt of koestert; ook door het naadloze kleed van Christus.

Lier De onderliggende numerieke harmonie van het universum. Het zevensnarige instrument stelt de harmonie van de planetaire sferen voor en de zeven snaren ervan corresponderen met de planeten. Het viersnarige instrument symboliseert vuur, het subtiele, scherpe, beweegbare; lucht, het subtiele, stompe, beweegbare; water, het compacte, stompe, beweegbare; aarde, het compacte, stompe, onbeweegbare (Proclus). De lier is een attribuut van Erato, Apollo, Orpheus, Harmonia, Aeolus.

Linde *Europees:* Vrouwelijke gratie; schoonheid; geluk; een Grieks embleem van Baucis, met Philemon als de eik, als huwelijksgeluk. De linde is een Duits embleem in steden en dorpen.

Linga *Hindoeïstisch:* De fallus; creativiteit; het mannelijke voortplantende principe met de yoni als het vrouwelijke. Hij is bij uitstek het symbool van Shiva als schepper. Het symbool is niet zomaar een symbool van fysieke kracht maar van kosmische schepping en vernieuwing van het leven; hij is een symbool van spirituele viriliteit in de asceet of yogi; hij is de op zichzelf bestaande; een omfalos; wordt gesymboliseerd door de zuil, kolom, kegel enz. Hij rijst symbolisch uit, en is geworteld in, het water. In het boeddhisme ging hij vooraf aan gedaanten als een aniconische representatie van de Boeddha. Hij wordt vaak geassocieerd met de boom.

Links De linkerkant is gewoonlijk sinister, duister, onwettig, lunair; het naar binnen gerichte aspect en hij vertegenwoordigt het verleden. In het christendom bevinden de schapen zich bij het laatste oordeel aan de rechterkant en de bokken aan de linkerkant en op afbeeldingen van de kruisiging staat de goede dief aan de rechterkant van Christus en de slechte aan zijn linkerkant, of de maagd Maria aan de rechterkant en Johannes aan de linkerkant, of de kerk rechts en de synagoge links. In China is echter het tegendeel het geval, links was de kant van de eer als de zwakke, yin, kant, terwijl rechts, als yang en kracht, neigt naar geweld en dus zelfvernietiging. In tijden van oorlog, een tijd van geweld en verwoesting, was de positie omgekeerd.

Linnen *Christelijk:* Het linnen kleed op het altaar stelt het kleed voor waarin Christus in het graf gewikkeld was. Fijn linnen betekent zuiverheid en rechtschapenheid, het kleed van de bruid van Christus, de triomferende kerk. *Hebreeuws:* Het linnen van de gewaden symboliseert het aardse aspect.

Longen *Chinees:* de zetel van rechtschapenheid, bron van innerlijke gedachten. Een van de acht kostbare dingen van Boeddha, gesymboliseerd door de heilige baldakijn.

Lood In de alchemie is lood de zware 'zieke' conditie van metaal of menselijk bestaan of de ziel; het is onedel metaal, dichtheid, het ondoorzichtige lichamelijke bewustzijn, de niet geregenereerde mens, object van het werk van transformatie en transmutatie. Het metaal van Saturnus.

Lotus Een bijna universeel symbool, als de lotus in het Oosten of de westerse lelie of roos. Hij is solair en lunair, geboorte en dood en we zien hem samen met Egyptische en hindoeïstische zonnegoden en met Semitische maangoden en de grote moeder als lunaire godin. Hij was de bloem 'die er was in het begin, de prachtige lelie van de grote wateren'; 'dat waarin bestaan tot ontstaan komt en verdwijnt'; hij is de kosmos oprijzend uit de wateren van de pre-kosmische chaos zoals de zon oprees uit de lotus aan het begin van de wereld. Hij is de bloem van het licht, het resultaat van de interactie van de grote creatieve krachten van het vuur van de zon en de lunaire kracht van de wateren. Hij symboliseert als het resultaat van de interactie van geest en materie, vuur en water, de bron van alle bestaan. Hij is 'de universele basis van het bestaan, opbloeiend uit de wateren met zijn onbeperkte mogelijkheden'; de solaire matrix; hij opent zich als de zon schijnt en sluit zich bij het ondergaan van de zon, hij representeert solaire renaissance, dus alle renaissance, schepping, vruchtbaarheid, vernieuwing en onsterfelijkheid. Hij staat ook voor perfecte schoonheid.

Hij wordt geassocieerd met het wiel als de solaire matrix en dan vormt de ontvouwen bloem de rozet en het zonnewiel van de voortdurende cycli van het bestaan; hij vormt ook de kop van het ontvangende vrouwelijke principe. Volgens Iamblicus is hij het symbool van perfectie omdat zijn bladeren, bloemen en vruchten de figuur van een cirkel vormen. De lotus verbeeldt spirituele ontvouwing, die begint bij zijn wortels in de modder en, omhoog groeiend door de ondoorzichtige wateren, bloeit in de zon en het hemelse licht. Zijn wortels staan voor onverbrekelijkheid, de stam voor de navelstreng die de mens verbindt

De **lier** van Orpheus, wiens dood op deze vaas is afgebeeld, was het symbool van zijn macht om het ritme van discipline op te leggen aan het instinctieve leven, zoals dat werd belichaamd in dieren.

met zijn oorsprong; de bloem heeft de vorm van de zonnestralen; de zaadhouder is de vruchtbaarheid van schepping. De bloem rust op de wateren van verpozing; in knop is hij totaal potentialiteit; in bloei is hij uitbreiding, verlichting, het hart; het kosmische wiel van manifestatie, de zaadhouders ervan zijn schepping, de 'beweger van de wateren' (de openingen van de zaadhouder zijn kleiner dan de zaden die erin groeien, hij barst open en laat de zaden eruit om penwortels neer te laten op de plaatsen waar het water ze heenbrengt).

De lotus is ook een symbool van een bovenmenselijke of goddelijke geboorte, onbedorven opstijgend uit het modderige water. God ontspringend aan de lotus betekent de wereld oprijzend uit het waterige element, met de lotus als beeld van de zon voortkomend uit de oerwateren van chaos. Als solair/lunair is de lotus ook het androgyne, het op zichzelf bestaande en de vlekkeloze zuiverheid. Een vlam opstijgend uit een lotus is zowel goddelijke openbaring als vereniging van de dualistische krachten van vuur en water, zon en maan, mannelijk en vrouwelijk. Of de bloem of het blad van de lotus kan een bron van hulp zijn op ieder niveau van het bestaan. In de Assyrische, Foenicische en Hettitische cultuur en in de Grieks-Romeinse kunst heeft de lotus een funeraire op de dood betrekking hebbende betekenis en verbeeldt hij dood en wedergeboorte, wederopstanding, en de reproductieve krachten van de natuur.

Afgebeeld samen met de stier is de lotus solair en is hij verbonden met zonnegoden, samen met de koe wordt hij lunair en een attribuut van maangodinnen. Vaak verschijnt hij samen met de leeuw, de ram, het hert, de gans, de zwaan en de swastika. Met de cobra verbeeldt hij de leven schenkende en de dood brengende krachten van de grote moeder en de dualiteit van manifestatie, de spanning tussen de tegendelen tijdens het proces van manifestatie in de ultieme eenheid. De lotus met duizend bloembladen is de zon, de koepel van het firmament en in de mens staat hij voor de schedel. De lotustroon symboliseert perfecte ontvangende harmonie in het universum, het toppunt van spirituele perfectie. Twee lotussen verbeelden de hogere en de lagere wateren. *Boeddhistisch:* De oerwateren; de mogelijkheden van de gemanifesteerde wereld en de mens daarin; spirituele bloei en ontvouwing; wijsheid; nirvana. De stengel is de wereldas die de bloem van de troon, de spirituele top, ondersteunt. Gewijd aan Boeddha die is gemanifesteerd als een vlam oprijzend uit de lotus, het 'juweel in de lotus' waarvan Boeddha het hart vormt; hij zetelt ook wel op een volledig geopende lotus en deze is één van de acht schatten of gunstige tekenen van het Chinese boeddhisme. De 'lotus van het hart' is solair vuur, ook tijd, de ongeziene en alles verslindende, de al het bestaande ontvouwende; vrede; harmonie; vereniging. De volledige bloem verbeeldt, net als de vorm van het wiel, de kringloop van het bestaan en is tevens een symbool van Amitabha, Kwan-yin en de Maitreya Boeddha. Bodhisattva's staan op een bloem die zich nog niet geopend heeft. Het boek van helderheid schenkende wijsheid, dat rust op de lotus van spirituele bloei, is een attribuut van de witte Tara, de moeder van alle boeddha's. Zie ook hieronder bij *hindoeïstisch*. *Chinees:* Zuiverheid; perfectie; spirituele genade; vrede; vrouwelijk talent; zomer; vruchtbaarheid. De lotus representeert ook het verleden, heden en de toekomst daar de plant tegelijkertijd knoppen, bloemen en zaad draagt. Hij verbeeldt de gentleman die opgroeit uit het vuile water maar er niet door is verontreinigd. *Egyptisch:* 'Het vuur van intelligentie'; schepping; vruchtbaarheid; onsterfelijkheid; koninklijke macht; embleem van de Boven-Nijl; samen afgebeeld vertegenwoordigen ze de vereniging van de twee. Gewijd aan Horus, 'hij van de lotus', 'een zuivere lotus, uitstromend van het veld van de zon' (Dodenboek). De vier zonen van Horus stonden op een lotus voor Osiris. Geassocieerd met Amon Re in Thebe is de lotus solair, maar hij is lunair als Hathor hem in de hand heeft, en als een attribuut van Isis is hij vruchtbaarheid, maar ook zuiverheid en maagdelijkheid, de maagdelijke moeder. De lotus komen we in de Egyptische iconografie samen tegen met de stier, leeuw, ram, griffioen, sfinx, het serpent. *Grieks-Romeins:* Een embleem van Aphrodite/Venus. *Hindoeïstisch:* Het universum in het passieve aspect van manifestatie; de hoogste vorm of het hoogste aspect van de aarde; de voortplantende kracht van de eeuwige substantie; de beweger op het oppervlak van het water; de zelf-voortplantende; de uit zichzelf voortkomende; de onsterfelijke en spirituele natuur van de mens. De ontvouwing van alle mogelijkheden; eeuwige regeneratie; bovenmenselijke oorsprong; zuiverheid; schoonheid; lang leven; gezondheid, roem, fortuin, vooral voor kinderen. Hij is ook de solaire matrix, de troon van Brahma, geboren uit de lotus. Ook Agni rijst op uit de lotus. Als solair is hij een embleem van de zonnegoden Surya en Vishnu; als lunair is hij een aniconisch symbool van Sri Lakshmi of Padma, de 'vochtige godin', metgezel en 'de geliefde van Vishnu'. Rustend op het water en zich openend voor de zonnestralen symboliseert de lotus interactie tussen Purusha en

Prakriti. De lotus op de drempel van een tempel verbeeldt de woonplaats van de godheid en de staat van zuiverheid en koelheid die van de gelovige worden gevraagd. De lotus op een drievoudige stengel staat voor het drievoudige aspect van tijd. De lotus is ook een woordsymbool, aangezien het midden van de bloem soms de berg Meru, de wereldas, representeert. De chakra's (zie aldaar) worden afgebeeld als lotussen, die in deze context ook verbonden zijn met de symboliek van het wiel, omdat ze, ontwaakt, openen en rondwentelen. *Iraans:* Solair licht. *Maya's:* De aarde; het gemanifesteerde universum. *Sumerisch-Semitisch:* Solair met de zonnegoden en lunair met de grote moeders. Creatieve, voortbrengende kracht; maar ook verbonden met begrafenissen, vandaar leven en dood; wederopstanding; onsterfelijkheid. *Taoïstisch:* De gouden bloem; het kosmische wiel van manifestatie; spirituele ontvouwing; het hart; embleem van Ho Hsien-ku, een van de acht taoïstische genii of onsterfelijken.

Luipaard Wreedheid; gewelddadigheid; agressie; onverschrokkenheid. De vlekken op de luipaard lijken op ogen, men noemt het dier de 'grote wachter'. *Chinees:* Moed; strijdlustige gewelddadigheid. *Christelijk:* De duivel; zonde; de dubbelhartigheid van Satan; de antichrist; seksuele begeerte. *Egyptisch:* Een embleem van Osiris. *Grieks:* Een attribuut van Dionysos als schepper en vernietiger. *Hebreeuws:* Snelheid. *Heraldisch:* Moed; onstuimigheid.

Luit *Chinees:* Harmonie tussen heersers en ministers; vriendschap; huwelijkszegen. Een van de vier symbolen van de geleerde, samen met literatuur, schilderen en schaken. *Christelijk:* Het symbool van Orpheus en zijn luit werd door vroege christenen gebruikt om de volgelingen uit te beelden die werden aangetrokken door Christus en de evangeliën. De onderworpen wilde beesten waren de menselijke hartstochten, onderworpen door Christus, die ook werd afgebeeld als de goede herder. *Grieks:* Orpheus, als de goede herder, was een bemiddelaar, en zijn luit symboliseerde harmonie en de verzoening van de natuurkrachten; het bezweren van wilde beesten betekende zelfkennis en beheersing van ronddraaiende conflicten.

Lus Zie Banden.

Luxe Wordt gesymboliseerd door de geit, het varken en de aap; ook Aristoteles op handen en voeten en Vergilius in een mand.

Lijkwade Dood; begrafenis. Geassocieerd met Theseus en gerelateerd aan de symboliek van zeilen.

Lijn Verdeling; meting; slavernij. De rechte lijn stelt eindeloze tijd voor vanuit een punt waarop

Zowel op deze oude Egyptische inscriptie als op de Indiase schildering uit de achttiende eeuw wordt de **lotus** gebruikt als voornaamste en ultieme houder en ontvanger van het leven en alles wat er zich van het goddelijke in het leven van de mens bevindt.

het mogelijk is oneindig achterwaarts of voorwaarts te gaan; eenvoudig besluiteloosheid. De lijn is verbonden met het koord/touw als zowel een middel om te binden en beperken als een mogelijkheid tot onbeperkte uitbreiding en vrijheid, dat wat de mens beperkt maar tevens naar zijn bestemming voert; het pad dat de mens tijdens zijn leven bewandelt. Een horizontale lijn is de tijdelijke wereld, het passieve aspect; een verticale lijn is de spirituele wereld, het actieve aspect, de kosmische as. Golvende lijnen geven de idee van beweging weer, of van water of van de hitte van zonnestralen of hemelse lichamen. De rechte lijn verbeeldt ook rechtschapenheid en een onwankelbare gedragslijn.

Lijsterbes Wijsheid; macht tegen feeën en toverkracht. Hij is de Gallische levensboom. In de Scandinavische en Teutoonse mythologie is hij gewijd aan Thor en Donar en verleent macht tegen toverkunst.

Lynx Scherp gezichtsvermogen, 'met de ogen van een lynx'. Men dacht dat de lynx door muren kon zien. In het christendom verwijst hij naar de waakzaamheid van Christus. In de heraldiek staat hij voor waakzaamheid en scherpe visie.

Maag *Chinees:* Eén van de acht schatten, gesymboliseerd door de heilige kruik.

Maagd/maagdelijkheid De ziel in haar staat van oorsponkelijke zuiverheid; onschendbare zuiverheid; het zuivere en passieve aspect; de onschendbaarheid van het heilige. Maagdelijkheid wordt vaak in verband gebracht met onschendbaarheid, zoals bij de vestaalse maagden, waarbij men ervan uitging dat ontering de magische kracht zou verzwakken en dus de hele sociale structuur. De maagd staat voor het vrouwelijke ideaal en is het onderwerp van de strijd, het verwerven en de bescherming van de mannelijke held. De zwarte maagd symboliseert de duisternis van het ongedifferentieerde, de leegte, de *prima materia,* de kleur zwart representeert ook het verborgen en geheime aspect van kennis. Als het duistere, vrouwelijke aspect is ze, in het bijzonder als Kali, tijd, de vernietiger, het irrationele en meedogenloze. Als ongedifferentieerde substantie wordt de maagd geassocieerd met de moeder, die het manifeste, gedifferentieerde universum is. Zie Dierenriem.

Maagd-moeder/maagdelijke geboorte De maagd-moeder is de *prima materia,* de matrix, maagdelijke aarde, de draagster van licht, transformerende kracht; ze wordt gesymboliseerd door de boom, bloemen en vruchten, en verschijnt in 't bijzonder als de korengodin van de maagdelijke spruiten die in februari groeien, de maand van de maagd-moeder. Maagdgodinnen zijn niet noodzakelijkerwijs *virgo intacta,* maar ongetrouwd, d.w.z. vrij; hun belangrijkste symbolen zijn de maan en het serpent. Maagdelijke geboorte is de vereniging van het goddelijke en het menselijke, hemel en aarde, hetgeen resulteert in de geboorte van een god of superieur wezen. Het symboliseert ook de geboorte van intelligentie, of de hogere kundigheden van de mens. De grote moeder, koningin van de hemel, is een maagd en haar zoon werd geboren uit de geest of de wil, of ze is geboren uit haar eigen zoon, de oorspronkelijke identiteit symboliserend.

De christelijke maagd Maria wordt met een aantal symbolen geassocieerd; alle omsloten plaatsen zoals de ommuurde tuin, verzegelde fontein, de ark, de levende bron; ook met het 'levende bos', met het brandende braambos, een plaats van goddelijke manifestatie; de gesloten poort en de poort tot de hemel, de 'lichte wolk', zuiver en onaangeraakt, waarvan de zegen valt in de spirituele regen; de onbewerkte grond van Eden; de 'nooit dovende lamp', een brug leidend naar de hemel; een ladder waarop Christus afdaalde naar de aarde; ster van de zee; en vele andere attributen afkomstig uit het Hooglied.

Maaien Dood; sterfelijkheid; castratie. De maaier is de dood en hij wordt gewoonlijk afgebeeld met een zeis, sikkel of zandloper, in de vorm van een oude man of een skelet; hij is ook tijd en Kronos/Saturnus.

Maan Wordt gewoonlijk gezien als de vrouwelijke macht, de moedergodin, koningin van de hemel, met de zon als het mannelijke; uitzonderingen hierop vormen de symboliek van enkele Afrikaanse en Indiaanse stammen en de Teutoonse, Oceanische, Maori en Japanse symboliek waarin de maan het mannelijke bevruchtende principe is. Of hij nu mannelijk of vrouwelijk is, de maan staat altijd symbolisch voor het ritme van cyclische tijd; universele wording. De geboorte-, dood- en wederopstandingsfasen van de maan symboliseren onsterfelijkheid en eeuwigheid, eeuwige vernieuwing; verlichting. De maan staat ook voor de donkere kant van de natuur, haar ongeziene aspect; het spirituele aspect van licht in de duisternis; innerlijke kennis; het irrationele, intuïtieve en subjectieve; menselijke logica weerspiegeld in het licht van de goddelijke zon. Hij is het oog van de nacht, zoals de zon het oog is van de dag. Als periodieke herschepping is hij tijd en meting, de tijd die eerst gemeten wordt door de fasen van de maan, en als zodanig is de maan de brenger van verandering, lijden en teloorgang, de conditie van de mens op aarde; door zijn verschillende fasen symboliseert hij het gebied van wording. Hij beheerst de getijden, regen, wateren, overstromingen en de seizoenen, vandaar de spanne van het leven. Alle maangodinnen beheren de bestemming en ze zijn weefsters van het lot, soms worden ze afgebeeld als een spin midden in het web; spinklos en spinrokken zijn ook haar attributen.

De zon en de maan samen representeren de *hieros gamos,* het heilige huwelijk van hemel en aarde, koning en koningin, goud en zilver enz. De drie dagen van donkere maan zijn de tijd waarin de stervende god afdaalt in de onderwereld, vanwaar hij, net als de maan, weer oprijst. De volle maan betekent heelheid, voltooiing, sterkte en spirituele kracht. De halvemaan staat in verband met begrafenissen; de afnemende maan is het sinistere, demonische aspect; de maansikkel en wassende maan zijn licht, groei, regeneratie.

De maan wordt in hoofdzaak gesymboliseerd door de maansikkel of horens van een koe; hij is ook 'het schip van licht op de zee van duisternis'. Alle nachtelijke dieren, zoals de kat en de vos, zijn lunair, net als dieren die verschijnen en verdwijnen, bijvoorbeeld, de beer die een winterslaap houdt en in de lente weer tevoorschijn komt met een pasgeboren jong; de slak, haas en het konijn, amfibieën en alles wat is geassocieerd met de wateren, moerassen en overstromingen. De kikker en pad wonen in de maan, evenals, bijna universeel, de haas en het konijn. Vaak hebben de haas of de pad drie poten, de drie fasen van de maan weergevend, en verleden, heden en toekomst; er is ook een man in de maan die een lading houtblokken draagt als straf; het christendom stelt hem op één lijn met Kaïn of Judas Iskariot. Een kreupele oude man kan de afnemende maan symboliseren. Lunaire godheden zijn vaak drie-benig, vooral als schikgodinnen (zie Getallen). Bomen en verschillende planten houden verband met de maan, zoals de hindoeïstische soma, de Amerikaanse maïs en de Zuid-Amerikaanse pachimbapalm. Semitische maangoden worden geassocieerd met bomen en struiken. *Afrikaans:* Ashang; tijd en dood; sommige Afrikaanse stammen associëren de maan met een boom; bij sommige stammen is de maan de mannelijke godheid. *Alchemistisch:* Luna, zilver, is gezuiverde affecties; zon en maan zijn ziel en lichaam, goud en zilver, koning en koningin. *Indiaans:* 'De oude vrouw die nooit sterft'; ook de 'waternimf' met een waterkruik. Wordt in Zuid-

Dit oude reliëf van Palmyra toont de **maan** als een mannelijke god, wiens pantser, zwaard en, vooral, maansikkel, de horens van kracht voor de geest roepen, die in verband staan met de mannelijke vruchtbaarheidsgoden in hun agressieve, bevruchtende aspect.

Amerika in verband gebracht met de palm en maïs en in het noorden met een boom. De volle maan lijkt op het licht van de grote geest, maar bij sommige stammen is de maan een kwade en kwaadwillige kracht. *Astrologie:* de ziel van het dier; de zetel van sensatie; seksueel leven en impuls. Met de zon als het hart en zijn verlangens en het element karakter vertegenwoordigt de maan de algemene stijl van gedrag. *Boeddhistisch:* Vrede, sereniteit; schoonheid. De volle en nieuwe maan zijn perioden van sterke spirituele kracht. De maancirkel is een embleem van Avalokitesvara, Kwan-yin en Kwannon. Hij is ook een symbool van eenheid, het zelf. 'Een maan verschijnt weerspiegeld in alle wateren/waarvan alle manen van de 'ene' afstammen' (Yang Chia's *Song of Enlightenment).* De maan en wateren samen representeren de niet belemmerende natuur van dharma. *Chinees:* De essentie van het yin, vrouwelijke, principe in de natuur; het passieve en vergankelijke, maar ook onsterfelijkheid. De haas in de maan, samen met de stamper en vijzel, mixen het elixer van onsterfelijkheid. *Christelijk:* De maan met de zon in afbeeldingen van de kruisiging verbeeldt de dualistische natuur van Christus. De maan is de woonplaats van de aartsengel Gabriël, en Michaël woont in de zon. *Egyptisch:* 'De maker van de eeuwigheid en de schepper van eindeloosheid.' De maansikkel is bij uitstek een attribuut van Isis als koningin van de hemel. Thoth is een lunaire god. *Eskimo's:* 'De zender van sneeuw'. *Grieks:* Geassocieerd met de boom. Moira, de maangodin, bevond zich boven de goden, en de Moirai, de drie schikgodinnen, vormen de macht tot lotsbestemming van de maan. In de Orfische symboliek representeert de maan de lever, het hart is de zon van het universum. *Hindoeïstisch:* De maansikkel is de pasgeboren baby, vlug en verlangend om te groeien. Hij is ook de kelk van het elixer van onsterfelijkheid en wordt in verband gebracht met de plant soma, die de heilige drank voortbrengt. *Iraans:* Vereerd als Mah, met Hvare-Khshaeta als de zon. De maan is zowel in het Avestisch als Pahlevi mannelijk. *Islamitisch:* 'Het aantal jaren en de maat van de tijd' (Koran). Het islamitische jaar is gebaseerd op de maan. De gespleten maan verbeeldt de dualiteit in manifestatie uiteindelijk terugkerend naar eenheid. De maansikkel, goddelijkheid en soevereiniteit, is een symbool van de islam. Boven de levensboom, soms afgebeeld op graftomben van moslims, bevindt zich gewoonlijk een halve of volle maan. *Japans:* De maan is mannelijk, de god Tsukiyomi, geboren uit het rechteroog van Izanagi. De haas met de stamper en vijzel woont in de maan. *Manicheïstisch:* De maan is Jezus, de schitterende, met de zon als Mithras. *Maori's:* 'De echtgenoot van alle vrouwen'; de vader-god. *Cultus van Mithras:* Luna, in een door één paard getrokken wagen, met de Cautopates, wordt in de iconografie gewoonlijk aan de linkerkant afgebeeld, met de zon, zijn quadriga (strijdwagen met vier paarden) en Cautes rechts. *Oceanisch:* De maan is mannelijk en symboliseert ook eeuwige jeugd. *Scandinavisch:* De lunaire wagen van Freyja wordt door lunaire katten getrokken. *Sumerisch-Semitisch:* Sin, de maangodheid, is de mannelijke godheid van wijsheid en hij meet de tijd. De nacht van de volle maan was een tijd voor gebed, vreugde en offer. Zijn maan kan worden afgebeeld als op zijn rug liggend. *Sjamanistisch:* Magische macht. *Taoïstisch:* Waarheid; 'het oog dat schijnt in de duisternis'. De maan is yin, maar de zon en de maan samen zijn één en al straling; bovennatuurlijk wezen. *Teutoons:* De maan is de mannelijke goddelijke kracht.

Macht Gesymboliseerd door de leeuw, draak, hamer en aambeeld, donderbijl, gebroken zuil.

Madeliefje Dit staat in het Westen voor onschuld en zuiverheid; embleem van de nimf Belides. Solair, als 'het oog van de dag'.

Magnolia *Chinees:* Eigenwaarde; praalzucht; lente; vrouwelijke charme en schoonheid.

Maïs In Amerika neemt maïs de symboliek over van graan (zie aldaar); in Europa en beschavingen in het Middellandse-Zeegebied vertegenwoordigt maïs de moedergodin, de leven ondersteunende kracht van de aarde; overvloed; voeding; vrede. Een maïskolf is bij de Pawnee en andere volksstammen een symbool van leven.

Makara Zie Legendarische dieren.

Mand Manden zijn attributen van de seizoenen en symboliseren offers en de eerste vruchten; vruchtbaarheid en heiligheid; ook het vrouwelijke omsluitende principe. Een volle mand is volledige bloei; overvloed; de eerste vruchten. In de kunst met betrekking tot begrafenissen verwijzen ze naar onsterfelijkheid. Morsen uit de mand geeft het einde weer van het vruchtbare seizoen. In een mand zitten wil zeggen wedergeboorte of ontsnapping aan de dood. Manden met brood verwijzen naar een offermaal. *Boeddhistisch:* De tripitaka, de 'drie manden', zijn de boeddhistische canon: de vinaya, of mand van discipline; de dhamma of sutta, de mand van het sermoen of gesprek; en de abhidhamma, de mand van verklaring. *Chinees:* Een mand bloemen staat voor een lang leven; vruchtbare ouderdom. *Egyptisch:* Attribuut van Bastet, de godin met het kattenhoofd. *Grieks:* Een mand bedekt met klimop verwijst naar de mysteriën van Dionysos en is ook het embleem van Ceres. De *liknon* was een mand die werd gebruikt tijdens de mysteriën en die fruit bevatte en een bedekte fallus, symbolen van de vruchtbaarheid van Dionysos en de krachten van leven en dood.

Mandala Een symbolisch diagram, hetzij verbeeld of afgebeeld, een cirkel die een vierkant insluit met een centraal symbool dat een gedaante kan zijn. Een mandala is een symbool van existentie en een systeem waarop meditatieve visualisatie is gebaseerd. Ook een *imago mundi;* de omheining van heilige ruimte en doordringing in het heilige centrum; totaliteit; de microkosmos; kosmische intelligentie; integratie. Kwalitatief vertegenwoordigt de mandala de geest, kwantitatief existentie. De alternerende vierkanten verbeelden de dualistische maar complementaire principes van het universum, en het geheel is de heropvoering van het kosmische drama en een pelgrimstocht van de ziel; hij is een symbool van de universele geest en de rituele, schematische vorm van Purusha. Hij is ook het centrum van macht, een begrensd gebied dat veilig is voor vijandige invloeden. Het centrum is de zon of de hemeldeur, een middel de hemelen binnen te gaan.

De hindoetempel is gebouwd als een mandala, die het universum op de verschillende niveaus symboliseert en die poorten, of deuren, heeft, op de vier voornaamste windrichtingen. De vijfdelige groepering van beelden verbeeldt de vier punten die rondwentelen rondom het centrum – 'het ego wentelend rond het zelf in tijd en ruimte'. De vijf punten staan voor de vijf elementen van de menselijke persoonlijkheid, de vijf boeddha's, de vijf 'families', die corresponderen met de vijf gezichten van Shiva: het westen, wit, Sadyojata; het noorden, geel, Vamedeva; het zuiden, zwart, Aghora; het oosten, rood, Tatpurusha; het centrum groen, het gezicht van Isana (creatieve kracht); ook de vijf aardgeesten, waarvan de vijf Tathagata's de symbolen zijn: Vairocana (briljant) – kennis, de archetypes weerspiegelend als in een spiegel; het centrum; het wiel; wit. Akshobhya (onwankelbaar) – oorspronkelijk bewustzijn; de ene; 'Vajra', het oosten; blauw. Ratnasambhava (juweel-geboren) – kennis van de fundamentele identiteit van de dingen; het juweel; het zuiden; geel. Amitabha (grenzeloos licht) – kennis van het ene wezen als dit of dat; de lotus; het westen; rood. Amoghasiddhi (feilloos succes) – kennis als macht en actie; het zwaard; het noorden; groen. De demonen (Vighna) in de mandala symboliseren het bedreigende aspect van geestdriftige en hartstochtelijke krachten die de gang van de mens

De drager van dit doden**masker** van de Aleoeten zorgde voor een ontmoeting met de dood voor hen die deelnamen aan de rituelen, zo hun oorspronkelijke angst transformerend in een vertrouwdheid met sterven als een moment in een proces van verandering, niet van een einde.

Menhir uit het zuiden van Frankrijk; fallisch, en een heilige offerplaats.

naar het licht belemmeren. De mandala berust op de 8 x 8 vierkanten, de orde van de hemelse wereld gevestigd op de aarde, of op 9 x 9 vierkanten, die leiden naar het universum en dit omsluiten.

Mandorla De *vesica piscis*, of *ichthus*, het aureool in de vorm van een amandel, de 'mystieke amandel' die goddelijkheid weergeeft; heiligheid; het geheiligde; maagdelijkheid; de schaamspleet. Hij wijst ook op een opening of poort en de twee zijden representeren dan tegendelen en alle dualiteit. De mandorla wordt ook gebruikt om een vlam weer te geven en verbeeldt dan de geest of een manifestatie van het principe van het spirituele of de ziel.

Mandragora Een symbool van de grote moeder, schenkster van leven; de plant van betovering; embleem van Circe. In de Hebreeuwse symboliek vertegenwoordigt hij conceptie en vruchtbaarheid; in de toverkracht is hij de kracht van de magie.

Manipel *Christelijk:* De ketenen of het koord waarmee Christus werd gebonden; berouw; waakzaamheid; goede werken.

Manna Voedsel uit de hemel; voedsel voor de ziel; het brood van de hemel; de genade van God. Men zegt dat het werd afgescheiden door de tamarisk, de levensboom, gewijd aan Anu. Ma-nu is ook verbonden met de dadelpalm.

Mantel Bescherming en beschutting voor de mensheid, maar ook verbergen, mysterie, macht en een bijzondere rol. Het dragen van een rituele mantel symboliseert transformatie. De mantel van de grote moeder, de koningin van de hemel, is gewoonlijk hemelsblauw van kleur.

Mantra/Japa De klinkende vorm van de godheid, corresponderend met een naam of aspect. De kosmische, creatieve trillingen; het gesproken woord; oergeluid; het woord van macht; een naam of lettergreep van macht met *japa* als de herhaling van een speciale aanroep van de naam en de voortdurende herinnering ervan.

Masker Bescherming; verbergen; transformatie; niet-zijn. Het masker kan zowel staan voor verenigen als identificeren, men draagt een 'masker' om verloren te gaan in de massa of om zich met iets bepaalds te identificeren. Het masker van god is de illusie van de wereld der verschijnselen, *maya*. Maskers in heilige toneelstukken geven de bovennatuurlijke krachten van de godheden weer die worden afgebeeld; in gewone toneelstukken symboliseren zij de innerlijke karakteristieken die gewoonlijk verborgen worden door de uiterlijke persoonlijkheid.

Maskers van vogels en andere dieren wijzen op het opnieuw vestigen van de gemeenschap met vogels en andere dieren en het herwinnen van de paradijselijke staat; ze vertegenwoordigen ook dierlijke instinctieve wijsheid waarvan de mens iets kan leren, ook de dierlijke natuur van de mens waarmee hij tot een vergelijk moet komen. Het masker verbeeldt ook de rigiditeit van de dood en kan bezwerend zijn. In Griekenland symboliseerde het masker hetzij de dood brengende macht van de Gorgone of de tragische of komische natuur van een rol in een toneelstuk. Het komische masker is een attribuut van Thalia en het tragische masker van Melpomene. De 'maskers van vacht of struiken' van de Australische aboriginals identificeren de drager met de macht van het dier of de plant die worden gerepresenteerd. Bij Afrikaanse stammen kunnen maskers van stammen een eigen macht symboliseren en verlenen.

Meer Het vrouwelijke, vochtige principe; vaak de woonplaats van monsters of magische vrouwelijke krachten, zoals de 'Vrouwe van het meer'. In de Chinese symboliek is het meer de *tui* (zie Pa Kua), de verzamelde wateren, open wijsheid, absorptie, het vochtige en passieve.

Meiboom De *axis mundi* waar omheen het universum wentelt. De boom, waarvan de bladeren die verandering symboliseren verwijderd zijn, wordt de onveranderlijke axis of het centrum. De paal is het fallische, mannelijke symbool en de schijf aan de top van de paal is het vrouwelijke; de twee samen verbeelden vruchtbaarheid. De zeven linten zijn de kleuren van de regenboog. De meiboom symboliseert ook het cijfer tien, met de paal als de centrale '1' en de '0' als de schijf en de cirkel rond de meiboom.

Oorspronkelijk was het de heilige pijnboom van Attis die meegedragen werd in een processie of op een wagen naar de tempel van Cybele en werd opgericht om te worden vereerd; hij werd gevolgd door mannen, vrouwen en kinderen en er werd rondom gedanst. Later verscheen deze ceremonie bij de Romeinse Hilaria, het lentefestival, en vervolgens bij de meidagvieringen van de meikoningin en de groene man. De linten van de meiboom worden ook wel gezien als wollen banden gebonden rondom de Attis pijnboom. De hele ceremonie is een symbool van vernieuwd leven, seksuele vereniging, wederopstanding en de lente.

Meidoorn *Europees:* Een toverbloem; bezwerend. Het dragen van een guirlande van bloemen van de meidoorn symboliseert maagdelijkheid, kuisheid of wonderbaarlijke maagdelijke conceptie. Meidoorn was de Grieks-Romeinse bruidsbloem, gewijd aan Hymen, Chloris, Hecate, Flora en de

Romeinse Maia; hij beschermde tegen tovenarij. Geesten en feeën ontmoeten elkaar in de meidoorn.

Melk Melk van de moedergodin is het goddelijke voedsel voor de goden, goddelijke voeding. Als voedsel voor de pasgeborene wordt ze gebruikt bij initiatieriten als een symbool van wedergeboorte. Melk is ook een gezinsbloedband en een symbool van moederschap. Als ze ritueel wordt gebruikt is ze een levensvloeistof. Bedoeïenen beschouwden de verkoop van melk als zondig. Melk en honing zijn beide levensvoedsel en ze worden vaak gebruikt tijdens initiatie- en begrafenisriten als het voedsel uit het paradijs; ze verbinden de koe en de bij met de boom van de moedergodin. Melk en water worden gecombineerd als de melk van de geest en het water van de materie; ze worden ook wel beschouwd als een representatie van zwakheid. Melk, water en honing samen vormen een plengoffer voor de muzen. *Boeddhistisch:* Het voedsel van de boeddha dharma. *Christelijk:* de logos; de hemelse melk van de mystieke bruid, de kerk; melk is ook het eenvoudige onderricht dat aan de neofiet wordt gegeven voor zijn initiatie en de wijn van het sacrament. Melk en honing, voedsel voor de nieuwgeborene, werd gegeven aan iemand die net was gedoopt. In de christelijke iconografie is de melkemmer, *muletra,* de spirituele voeding van Christus en de kerk. *Grieks:* Orfisch; de geïnitieerde die de schoot van de aarde-moeder binnenging, werd herboren en dronk van de melk uit haar borsten. *Hindoeïstisch:* Er is een melkgevende boom in het paradijs. *Leer van Zaratusthra:* Heilig als een product van de koe.

Menat De Egyptische zweep van autoriteit; kracht; hij kan ook, als verdrijver van zorgen, geluk en plezier zijn.

Menhir Fallisch, de mannelijke creatieve kracht, verbonden met de dolmen als de vrouwelijke schoot-poort; hij is ook de *axis mundi* en een heilige offerplaats.

Menora Zie Kaars.

Mens De kosmische mens is de microkosmos, een weerspiegeling van de macrokosmos en de elementen, het lichaam vertegenwoordigt de aarde; de hitte van het lichaam, vuur; het bloed, water; de adem, lucht. Het mannelijke principe wordt in de meeste tradities gesymboliseerd door de zon en de hemelen – met Teutoonse en Oceanische tradities als uitzondering – en door alles wat fallisch, doordringend, indringend en rechtstandig is en geassocieerd met hitte, bijv. de zon, het zwaard, de speer, de lans, de pijl, de spade, de ploeg, de voorsteven van een schip, zuil, paal, kegel, obelisk,

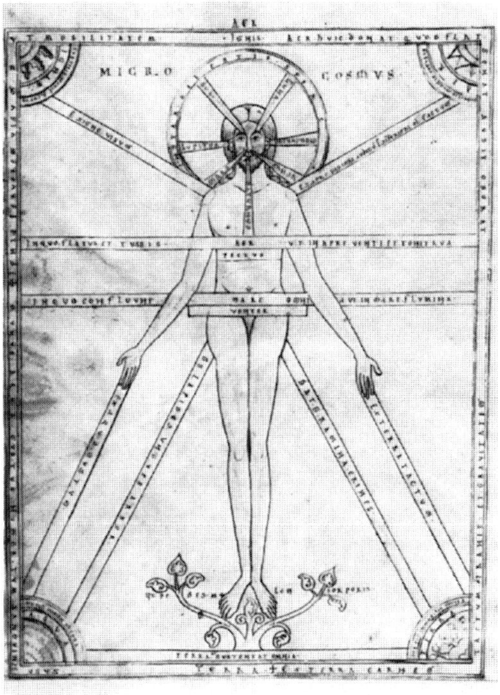

Christus als de microkosmische **mens**, de perfecte weerspiegeling in zich bevattend van alle eigenschappen, krachten, elementen en andere karakteristieken van het universum.

vuur, vlam, toorts, ook de linga, de shakta en yangkrachten enz. In de Indiaanse symboliek wordt het mannelijke principe aangegeven door de witte arendsveer. In het taoïsme is de mens de centrale en bemiddelende kracht van de grote triade van hemel-mens-aarde. In de islam betekent hij universeel bestaan, de 'band tussen god en natuur'. De soefi's definiëren de mens als 'het symbool van universeel bestaan'.

Merel *Christelijk:* Beheersing van het vlees (zijn betoverende lied en zwarte veren). Tijdens de verzoeking van de heilige Benedictus verschijnt de duivel als een merel.

Merg Het merg van de beenderen vertegenwoordigt de levenskracht; vitaliteit; sterkte.

Merrie Zie Paard en Hengst.

Mes Offer; wraak; dood. Snijden met een mes wil zeggen scheiden; verdelen; bevrijden. *Boeddhistisch:* Snijden met een mes representeert bevrijding als het doorsnijden van de banden van onwetendheid en trots. *Christelijk:* Martelaarschap; een embleem van de heiligen Bartholomeüs, Crispinus, Crispinianus, Petrus de martelaar en van Abraham.

Metalen Verbonden met goud als de zon; zilver als de maan; lood, Saturnus; tin, Jupiter; ijzer, Mars; kwikzilver, Mercurius; koper of messing, Venus. Onedele metalen zijn de wereld van de zintuigen van de niet-herboren mens en goud symboliseert het bereiken van verlichting en spiritualiteit. In de alchemie is het basismetaal lood waarmee gewerkt wordt om het superieure metaal van goud als verlichting te verkrijgen. Metalen zijn embryonaal in de schoot van de aarde.

Mier IJver. *Chinees:* 'Het deugdzame insect'; ordelijk; deugd; patriottisme; ondergeschiktheid. *Grieks:* Attribuut van Ceres. *Hindoeïstisch:* De vluchtigheid van het bestaan.

Mierenegel In de symboliek van de Australische aboriginals speelt hij de rol van de lunaire haas of het lunaire konijn en vertegenwoordigt hij initiatie, dood en wederopstanding.

Minotaurus Vaak beschouwd als de wilde hartstochten van de natuur; de solaire stier; het vochtige principe; de moerasdampen verslagen door de zon als Theseus, een solaire held; met het labyrint als de bochtige levensweg en de draad als het goddelijke instinct in de mens. Embleem van Kreta.

Mirre Lijden en zorgen.

Mirte Vreugde; vrede; rust; geluk; bestendigheid; overwinning; het vrouwelijke principe; de *vesica piscis.* Hij is 'de bloem van de goden', een magisch kruid. Een krans van mirte is de krans van degene die wordt ingewijd. *Chinees:* Roem; succes. *Christelijk:* Heidenen bekeerd tot het christendom. *Egyptisch:* Liefde; vreugde. Gewijd aan Hathor. *Grieks-Romeins:* Liefde en huwelijk; huwelijkszegen; geboorte van een kind. Gewijd aan Poseidon/Neptunus als de macht van de wateren, ook aan Adonis, Aphrodite/Venus, Artemis, Europa. *Hebreeuws:* De bloem van het tabernakel; huwelijk. *Mandeeërs:* Gebruikt in alle riten als deel van de hoofdbedekking van priesters, op de hoofden van hen die worden gedoopt, op een pasgeboren baby, een bruid en bruidegom en een stervende. Een ring van mirte wordt bij religieuze ceremonies gebruikt. Mirte is een vitale essentie en brengt de levensadem over. Hij is een symbool van ontkiemend leven, wedergeboorte en vernieuwd leven.

Mist Een staat van verwarring en vergissing. Religies met mysteriën gebruiken de symboliek van mist tijdens de initiatie; de ziel moet de duisternis en verwarring van de mist achter zich laten en gaan naar het heldere licht van verlichting.

Mistletoe De essentie van het leven; goddelijke substantie; het alles genezende; onsterfelijkheid. Als noch boom noch struik symboliseert hij dat wat noch het één noch het andere is, hetgeen, met uitbreiding, het gebied is van vrijheid van beperkingen, zodat iedereen onder de mistletoe vrij is van beperkingen, maar ook vrij van bescherming, en zo de wereld van de chaos weer binnengaat. Mistletoe is de gouden boog van de druïden en Aeneas, en vertegenwoordigt het heilige vrouwelijke principe met de eik als het mannelijke. Ook worden nieuw leven en wedergeboorte na de winterzonnewende erdoor gesymboliseerd. Men dacht dat hij het resultaat was van de bliksem die de tak van een eik raakte en daarom was begiftigd met bijzondere spirituele eigenschappen (zie Bliksem). Het sap van de bessen is voedsel voor lichaam en geest. Hij is geassocieerd met de Scandinavische god Baldur. Sommige geleerden relateren het verzamelen van mistletoe door de druïden, met een gouden sikkel, aan de mythe van Kronos die Ouranos castreert.

Modder De ontvangende aarde doordrenkt van de bevruchtende wateren; de bron en het potentieel van vruchtbaarheid en groei. Modder representeert ook de primitieve en niet-hervormde mens.

Moeder/Grote moeder/Moedergodin 'Natuur, de universele moeder, meesteres van alle elementen, oerkind van de tijd, soeverein over alle spirituele zaken, koningin van de doden, ook koningin van de onsterfelijken, de enige manifestatie van alle goden en godinnen die er zijn, wier wenken alle glanzende hoogten van de hemel regeert, alle briesjes van de zee, de erbarmelijke stilten van de wereld eronder. Ze wordt in veel aspecten vereerd, staat onder vele namen bekend en wordt verzoend door middel van alle mogelijke riten' (Apuleius). 'Ze wordt de min van de hemel genoemd, en heeft vele namen, in één woord ontelbare vormen en verschijningen' (Plutarchus). Brahma bidt tot de grote godin: 'Gij zijt de oorspronkelijke geest, waarvan de natuur zegen is; gij zijt de ultieme natuur en helder licht van de hemel dat de zelfhypnose van de vreselijke cyclus van wedergeboorte doorbreekt en gij zijt degene die het universum, voor alle tijden, met uw eigen diepe duisternis omwikkelt'.

Ze is het archetypische vrouwelijke; de oorsprong van alle leven; De *primum mobile* en het uiteindelijke *plenum,* het omsluitende principe; ze symboliseert alle fasen van het kosmische leven, alle elementen, zowel de hemelse als de chtonische, verenigend. Ze is de koningin van de hemel, de moeder van god, 'degene die de weg opent'; ze beheert de sleutels van vruchtbaarheid en de poorten tot geboorte, dood, en wedergeboorte. Als moedergodin is ze voortdurende vernieuwing, de brengster van de seizoenen, de beheerster van de leven schenkende wateren, de groei uit de vruchtbaar geworden aarde en de wederopstanding van het leven ervan, de Tellus Mater. Als de maan is ze degene die de tijd meet, het jaar verdelend in de maanden van een cyclus van achtentwintig dagen en als tijd is ze de weefster van het lot, daarom zijn alle grote moeders weefsters en spinsters, het web en het patroon wevend van het leven met de draad van bestemming, symbolisch voor haar macht te verstrikken en vast te binden, maar ook om los te maken en te bevrijden. Ze heeft de dualistische natuur van schepper en vernietiger en is zowel voedster, beschermster, degene die warmte en beschutting geeft, als de afschrikwekkende kracht van verwoesting, verslinding en brengster van de dood; ze is de schepper en voedster van alle leven en het graf ervan.

Mythologisch is ze de maagdelijke moeder, de moeder van god, ze baart een man en is voortgebracht door haar zoon-geliefde, of door de geest of de wil; ze is zowel de bruid als de moeder van god, en de Mater Dolorosa, rouwend over de dood van haar zoon of minnaar. Spiritueel is ze archetypische heelheid; zichzelf onderhoudend, onafhankelijk; de maagd uit wie de zoon van het licht geboren wordt; ze is de moeder van alle wijsheid, zelfbeheersing en verlossing door verlichting en transformatie, 'zij die wegleidt uit duisternis en slavernij', en, als wijsheid, veroorzaakt ze de transformatie van de mens van het meest elementaire naar het hoogste niveau. Ze is het ultieme mysterie: 'Ik

Isis, de **grote moeder** van de Egyptenaren, draagt de horens van zon en maan van oppergezag, en houdt haar zoon Osiris op een manier vast die we later terugvinden bij de christelijke madonna.

Tlazolteotl, **grote moeder** van de Azteken, heeft niets van de hemelse afstandelijkheid van Isis en Maria, maar hurkt neer en trekt lelijke gezichten tijdens het werk van geboorte en schepping.

ben alles wat geweest is en is, en zal zijn, en mijn sluier heeft nog geen sterveling opgetild.'

In de alchemie is de grote moeder dynamisch als vuur en hitte, transformerend, zuiverend, verterend en vernietigend; ze is ook de draagster van het embryo-erts in de schoot van de aarde. In de gnostiek is ze een Aeon van de pleroma. In het boeddhisme en taoïsme is ze het passieve en statische principe, wijsheid, realisatie en gelukzaligheid, met de lotus en een open boek van wijsheid als haar attributen. In haar weldoende, voedende, creatieve aspect is ze de Magna Mater als Isis, Hathor, Cybele, Ishtar, Lakshmi, Parvati, Tara, Kwan-yin, Demeter, Sophia, Maria, 'bekleed met de zon en met de maan aan haar voeten'. Als verstrikkend en brengster van de dood is ze Astarte, Kali, Durga, Lilith, Hecate, Circe en ook de zwarte maagd, ze kan het haar hebben van een serpent of er afschrikwekkend uitzien. Ze wordt door ontelbare dingen gesymboliseerd*:* de maansikkel, een kroon van sterren, een kroon met torentjes, een blauw gewaad, horens van een koe, de spiraal, concentrische cirkels, de ruit, alle wateren, fonteinen, bronnen enz., alles wat beschut, beschermt en omsluit – de grot, muur, aardhoop, poort, tempel, kerk, huis, stad enz. – alle schotels bestemd voor voedsel, en borsten als voedinggevend, alles wat overvloed bevat, en alles wat hol is en ontvangend – de kom, kookpot, mand, kelk, hoorn des overvloeds, kruik, yoni enz. – alles wat uit het water komt – schelpen, vissen, parels, de dolfijn enz. Van de vogels zijn haar attributen de duif, zwaan, gans, zwaluw, patrijs enz., en van de planten en bloemen de lotus, lelie, roos, heggenrank, pioen, wierookboom, ceder, samen met bomen en vruchten ook stenen die verbonden zijn met bomen en zuilen, boomstammen verbeeldend. In haar weldoende aspect, alle voedsel schenkende dieren, de koe, zeug, geit, hert etc.; in haar duistere aspect is ze verbonden met het koningsoffer*:* de koning, geïdentificeerd met irrigatie en vruchtbaarheid, werd aan de aarde-moeder geofferd als zijn vruchtbaarheid afnam; later werd hij vervangen door de zondebok. Dit doden identificeerde haar, op haar beurt, met de mensendodende cobra, de lunaire serpenten en de leeuwin. De eenhoorn is haar symbool als maagdelijkheid en zuiverheid.

De grote moeder wordt geassocieerd met de Grote Beer aan de hemelen, met het getal zeven en de dag van de week, vrijdag, als het visoffer werd gebracht en te harer ere gegeten. In de gedaante van Artemis, Britomartis en andere godinnen is ze ook de heerseres over de dieren, geassocieerd met de jacht en vergezeld van verschillende dieren.

Moerbeiboom De drie kleuren van de drie stadia van rijping, wit, rood en zwart, worden gebruikt om de drie stadia van initiatie te symboliseren, evenals de drie stadia van het leven van de mens*:* wit, het onschuldige kind; rood, de actieve periode; zwart, ouderdom en dood. *Chinees:* De moerbeiboom is een levensboom en heeft magische krachten tegen de krachten van de duisternis. Hij representeert ook ijver en respect voor de ouders. *Grieks:* Tegenslag in de liefde als het gemengde bloed van Pyramus en Thebe.

Mol Als dier dat onder de grond leeft is hij chtonisch en vertegenwoordigt hij de krachten van de duisternis; hij is ook de misantroop.

Molen/molensteen De hervormer; lot. De kosmische molen die de schepping voortbrengt, heeft de lagere stilstaande steen als de aarde en de bovenste draaiende steen als de hemelen, en de vervormer, de god van het firmament, is de grote vervormer. De stenen staan ook voor wil en intellect. Molenstenen representeren ook straf; een zware last; persen; hardheid, martelaarschap. Ze staan in verband met de vruchtbaarheid van graan en de symboliek van het wiel. In het boeddhisme symboliseert de molensteen de cyclus van bestaan, *samsara.* In de Scandinavische mythologie is hij het rondwentelende universum. In het christendom is hij een embleem van de heiligen Aurea, Christina, Callixtus, Florianus, Quirinus, Vincentius, Victor, en ook van een diaken.

Molligheid/gezetheid Bij afbeeldingen van oosterse figuren als Shiva, Ho-tei en de lachende Boeddha is de betekenis bereiking, hoge status, belangrijkheid. De molligheid van de Chinese god van de rijkdom en de hindoeïstische Ganesha verbeeldt gulzigheid, en daarom, voorspoed.

Mond Het verscheurende, verslindende aspect van de grote moeder. De mond is ook een symbool van de toegang tot de onderwereld, de buik of de walvis. In de iconografie van de Azteken staat een gigantische, open mond voor de hongerige, alles verterende aarde. De mond openen is oordelen, de macht van het spreken, woorden van macht uiten. De gouden mond is de kostbare doctrine van de Boeddha. De mond van een rivier neemt de symboliek aan van de deur of poort als toegang tot een ander gebied en de oceaan van eenheid.

Monoliet Eenheid; solidariteit; sterkte. De monoliet deelt de symboliek van de menhir (zie aldaar).

Mot Een vorm van Psyche.

Mudra's In het hindoeïsme en boeddhisme vormen de mudra's een volledige taal van symbolische bewegingen, gebaren en houdingen.

Muis Chtonisch; de krachten van de duisternis; onophoudelijke beweging; zinloze agitatie; turbulentie. *Christelijk:* De duivel, de verslinder; de muis wordt afgebeeld als knagend aan de wortel van de levensboom. *Grieks:* Een attribuut van Zeus/Sabazios en Apollo (er wordt wel gezegd dat ze het voedsel voor zijn slangen verbeelden). *Hebreeuws:* Hypocrisie; dubbelhartigheid.

Mus *Christelijk:* Laagheid; onbetekenend; ook wellust en ontucht. *Grieks:* Een attribuut van Aphrodite. Geïdentificeerd met Lesbia. *Japans:* Loyaliteit.

Muskiet *Chinees:* Rebellie en boosaardigheid.

Muur Symbool van de drempel (zie aldaar); passage van de buitenste, profane ruimte naar innerlijke en heilige ruimte; ook symbolisch voor de heilige omheining, die zowel bescherming als beperking is. Stadsmuren/stadswallen, 'de grote ronde', representeren het omsluitende, beschermende principe van het centrum en de baarmoeder; ronde muren worden vaak in verband gebracht met de bescherming van de magische cirkel. De 'grote muur' scheidt de kosmos van de duisternis. De muur van vlammen betekent zowel initiatie als magische bescherming. De vier muren van een rechthoekig heilig gebouw hebben uitzicht op de vier heilige aspecten. In de hindoeïstische heilige architectuur verbeeldt de muur stabiliteit en veelomvattendheid. Muurschilderingen verbeelden absolute kennis. De 'muur zonder deur' deelt de symboliek van de enge poort, elkaar rakende rotsen, enz. Zie Passage.

Muzen De negen aspecten van de vrouwelijke kracht van de godin.

Muziek Heilige muziek is een symbool van de natuur in haar vergankelijke en steeds veranderende aspect; muziek is relatief, maar bevat een onderliggende realiteit, het absolute. De muziek van de sferen betekent de harmonie van de sferen en van het leven. Muziekinstrumenten verwijzen naar gelukzaligheid; sommige blaasinstrumenten zijn fallisch en veel van de snaarinstrumenten vertegenwoordigen de vrouwelijke vorm.

Mijter Autoriteit. Hij was de kap met de kop van een vis van de priesters van Ea-Oannes. Hij werd ook door de joodse hogepriester gedragen, in de cultus van Mithras en door christelijke bisschoppen.

Mystieke knoop De continuïteit van altijddurend leven; oneindigheid; nooit eindigende wijsheid en gewaarzijn. Hij is één van de acht schatten of goede voortekenen van de voetafdruk van de Boeddha. In China symboliseert hij een lang leven, ook een hart vol mededogen.

De verslindende **mond** van de hel, ingang tot de buik van de walvis van vergetelheid, ontvangt de zielen van de verdoemden, op dit twaalfde-eeuwse miniatuur in het psalmboek uit Winchester, terwijl een engel de sleutel in het slot van de eeuwigheid omdraait.

Naadloos kleed Heelheid*:* het geïntegreerde; de heelheid van een traditie; het kleed scheuren wil zeggen breken met de traditie, deze scheuren. In het christendom is het naadloze kleed een symbool van het lijden van Christus.

Naaktheid De natuurlijke, onschuldige paradijselijke staat; geboorte; schepping; wederopstanding in wedergeboorte; ook het zichzelf ontdoen van wereldse rijkdom en ambitie; zelfverloochening; ongesluierde werkelijkheid en waarheid. Een naakte vrouw symboliseert de Tellus Mater, de natuur. Een held of godheid die naakt wordt afgebeeld betekent vrijheid van alle aardse smetten. In de kunst is een naakte vrouw ambivalent, óf ze is waarheid, onschuld, deugd óf wellust en gebrek aan deugd, schaamteloosheid. Rituele naaktheid is het weer binnengaan in de paradijselijke staat en in de tijdloosheid waarin geen 'slijtage' is van de tijd; het is ook naakt staan voor god, naakt en zonder schaamte zijn in oorspronkelijke onschuld; de ziel ontdaan van het 'kleed van schaamte', het lichaam en de persoonlijkheid, en staand 'gekleed in de eigen kracht'. Naaktheid bij de doop is het afwerpen van de oude zondige natuur en opnieuw geboren worden in een nieuwe spirituele natuur.

In de hindoeïstische, boeddhistische, tantrische en jaïn symboliek is 'gekleed zijn in ruimte' de oorspronkelijke staat, vormeloosheid en eenvoud, en een naakte vrouw representeert Prakriti als oorspronkelijke natuur en kosmische macht. De naakte Kali verbeeldt de staat van vrijheid van illusies; volkomenheid en integriteit. Voor de Romeinen betekende naaktheid schaamte en armoede. In de christelijke kunst was naaktheid ambivalent want deze kon zowel martelaarschap, gebrek aan bezittingen in armoede of in heilig verzaken van wereldse goederen betekenen, als straf of, aan de andere kant, heidense of satanische schaamteloosheid.

Nacht Net als duisternis, betekent nacht pre-kosmogene, prenatale duisternis die voorafgaat aan wedergeboorte of initiatie en verlichting, maar hij staat ook voor chaos; dood; dwaasheid; desintegratie; terugkeer naar de feodale staat van de wereld. Volgens Hesiodus is nacht ook 'de moeder van de goden', het omgevende, moederlijke aspect van de vrouwelijke kracht, gewoonlijk gesymboliseerd door de figuur van een vrouw met een met sterren bespikkelde sluier, die een kind, één zwart (dood) en één wit (slaap), op iedere arm draagt; of door de maansikkel, papavers, de uil of zwarte vleugels. Als alles verslindende tijd, kunnen dag en nacht worden afgebeeld als een witte en zwarte rat. Gaan in de nacht betekent esoterie.

Naga's Zie Serpent (*hindoeïstisch*), ook Legendarische dieren.

Nagel (spijker) Een symbool van de kosmische bijl. Hij deelt de symboliek van binden (zie Banden) en is lot en noodzaak. In het christendom zijn spijkers (Christus aan 't kruis genageld) een symbool van het lijden van Christus; attribuut van de heiligen Helena en Bernardus van Clairvaux.

Nar Zie Dwaas.

Narcis De onafhankelijke; eigenliefde; ijdelheid; het houden van de schaduw voor substantie. *Chinees:* Introspectie; eigenwaarde, maar ook geluk voor het komende jaar. *Christelijk:* De narcis kan de plaats van de lelie innemen op afbeeldingen van de annunciatie en betekent goddelijke liefde; offer. *Grieks:* Eigenliefde; koelheid; jong sterven. De zoete en vergiftige geur van de bloem, die waanzin veroorzaakt, symboliseert het resultaat van eigenliefde en ijdelheid. Gewijd aan Narcissus, Demeter, Nemesis, Selene en Hades. *Japans:* Stille zuiverheid; vreugde.

Navel Zie Omfalos.

Navelstreng Het koord of de draad waarmee de grote wever als schepper, of de grote moeder, de mens hecht aan het web van het leven en zijn verleden, heden en toekomst (zie Spin, Weven). De navel, of omfalos (zie aldaar) is het wereldcentrum en wordt gesymboliseerd door heilige stenen, bergen of welk ander heilig centrum ook.

Neerdalen Afdalen in de onderwereld of zoeken naar een ondergrondse schat wordt gelijkgesteld aan het zoeken naar mystieke wijsheid, wedergeboorte en onsterfelijkheid. Het is ook het begrijpen van, de verlossing van, de duistere kant van de eigen natuur van de mens en overwinning van de dood; de *regressus ad uterum;* neerdalen in de oerduisternis voor wedergeboorte en regeneratie; neerdalen in de hel voor wederopstanding en opstijging naar de hemel; het is de reis die tijdens alle initiatieriten en door alle stervende goden wordt ondernomen.

Net/netwerk Verstrikking; verwarring; het attribuut en eigendom van alle goden die binden (zie Banden) en het verstrikkende, negatieve aspect van de vrouwelijke macht, de grote moeder, die vaak een godin van de netten is. Netwerk staat symbolisch voor een complexe relatie die de tijd/ruimte-sequentie overstijgt, onbeperkte relatie; een structuur gevormd van het zichtbare en onzichtbare; het is ook eenheid. *Chinees:* Het 'net van de hemel' zijn de sterren van het firmament. *Christelijk:* Ambivalent als het onbreekbare net van de kerk, en de valstrik van de duivel. Een attribuut van de discipelen als vissers van mensen. *Egyptisch:* 'Het net van de onderwereld'. *Grieks-Romeins:* Een attribuut van Hephaistos/Vulcanus als smidsgoden en goden die binden. In de orfische viscultus is, zoals in de Semitische, het net, het woord van de godheid, 'het grote net dat hemel en aarde omsluit'. *Scandinavisch:* Attribuut van de godin Ran, 'de rover'. *Sumerisch-Semitisch:* In de viscultus 'omsluit het grote net hemel en aarde'; het is een embleem van goden die binden. Bel wordt aangeroepen als 'het vangende net' en Marduk overmant Tiamat met een net; Ishtar is een godin van het net. *Taoïstisch:* Het hemelse net is eenheid.

Nieren *Chinees:* Het element van water; de heilige vis; emoties.

Nieuwjaar Kosmische regeneratie; de toenemende kracht van de zon; de belofte van nieuwe groei; het verlangen naar vernieuwing; een nieuw begin.

Nieuw Jeruzalem De uiteindelijke transformatie van de wereld; het herwonnen paradijs, maar in een uiteindelijke en gefixeerde toestand, niet in de symboliek van de groeizame tuin van de gelukzalige conditie. De heilige stad is gebaseerd op een vierkant; hij heeft twaalf poorten, die corresponderen met de twaalf stammen en de tekens van de Dierenriem. Hij wordt bewaakt door twaalf engelen. De levensboom staat in het centrum, en draagt twaalf vruchten, één voor elke maand van het jaar.

Niezen Een spontane uitdrukking van het levensprincipe dat zich in het hoofd bevindt; een manifestatie van de ziel; een storing van de ziel of het verliezen van iets van de levenskracht van het hoofd; de bevestiging van een profetie.

Nimbus Stralenkrans of aureool. Oorspronkelijk een verwijzing naar solaire macht en de zonneschijf, vandaar een attribuut van de zonnegoden. Hij vertegenwoordigt ook goddelijke straling en macht die is samengesteld uit vuur en goud van de solaire of goddelijke energie; straling die uitgaat van heiligheid; de spirituele macht en kracht van licht; heiligheid; glorie; 'de krans van glorie'; talent; deugd, de uitstroming van de levenskracht ingesloten in het hoofd; de vitale energie van wijsheid; het transcendentale licht van kennis. Het aureool omcirkelt soms de hele figuur.

Een ronde nimbus of stralenkrans verbeeldt iemand die dood is; een vierkant of hexagonaal aureool verbeeldt een levende heilige of heilig persoon, hij kan ook de totaliteit van de godheid symboliseren, met drie zijden als de drie-eenheid en de vierde als totaliteit. De dubbele nimbus, stralenkrans, of stralen, vertegenwoordigen het

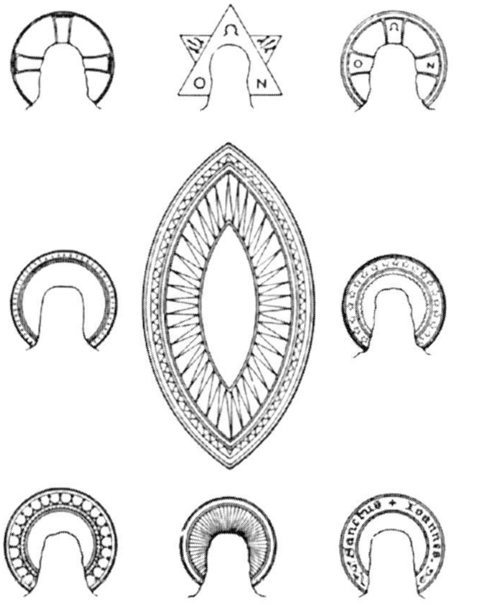

De **nimbus**, of stralenkrans, die het hoofd van een heilige omgeeft, symboliseert het goddelijke licht dat schijnt vanuit de heilige persoonlijkheid; de mandorla, of vesica piscis, hier in het midden, omgeeft het hele lichaam van een persoon van bijzondere waardigheid en heiligheid.

De schildpad op een Chinese sarcofaag uit de derde eeuw symboliseert het **noorden**, het land van duisternis en de dood.

dualistische aspect van de godheid. De stralenkrans in de vorm van een kruis is speciaal christelijk. Hexagonale stralenkransen verbeelden fundamentele deugden. Soms wordt de nimbus gebruikt om spirituele macht aan te geven als verschillend van tijdelijke macht die wordt gesymboliseerd door een kroon. Af en toe wordt de nimbus gebruikt als attribuut van de feniks als symbool van solaire macht en onsterfelijkheid. De kleuren zijn geel, blauw of de regenboog. *Boeddhistisch:* De rode stralenkrans van Boeddha is solaire, dynamische activiteit. *Christelijk:* De stralenkrans werd in het christendom voor de vierde eeuw niet gebruikt. Hij betekent heilig; heiligheid. De driehoekige nimbus en de nimbus in de vorm van een diamant betekenen god de vader; de stralenkrans met het kruis verwijst naar Christus. In de Byzantijnse kunst werd Satan soms afgebeeld met een stralenkrans als uitstraling van macht. *Grieks:* De blauwe nimbus is een attribuut van Zeus als god van het firmament; Phoebus heeft een aureool als zonnegod. *Hindoeïstisch:* De stralenkrans van Shiva met de franje van vlammen symboliseert de kosmos. *Cultus van Mithras:* De stralenkrans staat voor het licht van de zon en Mithras als zonnegod. *Romeins:* Een blauwe nimbus is een attribuut van Jupiter als god van het firmament, en van Apollo. De gewone stralenkrans duidde op majesteit, een halfgod of een vergoddelijkte keizer.

Nimfen Emanaties van de vrouwelijke productieve krachten van het universum; later bewakende geesten, in het bijzonder van bosjes, fonteinen, bronnen en bergen.

Nis In heilige gebouwen is de nis een symbool van de 'grot van de wereld', die het heilige, de aanwezigheid van de godheid, bevat. Een nis met een lamp staat voor het licht van de godheid dat schijnt in de wereld.

Noorden Kou; duisternis; obscuriteit; het land van de doden; nacht; winter; ouderdom, behalve in de hindoeïstische en Egyptische symboliek waarin het helderheid, de dag en een mannelijke kracht betekent. *Chinees:* Kou; winter; water, yin; angst; de zwarte schildpad als oorspronkelijke chaos. *Christelijk:* Duisternis; nacht; kou; het gebied van Lucifer en de machten van het kwaad; barbaars. Het evangelie gelezen van het noordelijke einde van het altaar vertegenwoordigt het werk van de kerk om heidenen te bekeren. *Egyptisch:* Het licht; mannelijke kracht; afgebeeld als Hopi met het hoofd van een baviaan. *Hebreeuws:* Het licht; dag; mannelijke kracht. *Iraans:* Kwaad, de machten van de duisternis en Ahriman.

Nul Zie Getallen.

Obelisk Fallisch; mannelijke voortplantende kracht; vruchtbaarheid; regeneratie; stabiliserende kracht. Hij is ook een *axis mundi* en levensboom, een ritueel wereldcentrum, een 'vinger van de zon'. In Egypte verbeeldt hij Re; de straal van de zon; solaire voortplantende kracht.

Obsidiaan *Azteken:* De bron van het leven; brenger van zowel leven als dood.

Oceaan De oerwateren; chaos; vormeloosheid; stoffelijk bestaan; eindeloze beweging; de bron van alle leven, die alle mogelijkheden van manifestatie bevat; het onpeilbare; de *anima mundi,* de grote moeder. De oceaan is ook een symbool voor de levenszee die moet worden overgestoken. *Hindoeïstisch:* De kosmische oceaan is de rustende Vishnu die slaapt op het opgerolde serpent van de wateren; de oceaan wordt ook gesymboliseerd door de omringende stenen van het Vedische altaar; 'Dat huisaltaar is deze wereld en de omringende stenen zijn de wateren' (*Satapatha Brahmana*). *Islamitisch:* Oneindige goddelijke wijsheid. De twee zeeën, één zoet en fris, de andere zout en bitter, zijn hemel en aarde, de hogere en lagere wateren, die oorspronkelijk één waren; de zoute zee is exoterisch, kennis, de frisse esoterisch. *Sumerisch-Semitisch:* De bewoners van Accadië brachten de oerwateren in verband met wijsheid. Alle leven komt voort uit het zoete water, Apsu, en het zoute water, Tiamat, die de kracht van de wateren symboliseerden, het vrouwelijke principe en de blinde krachten van de chaos. *Taoïstisch:* De oceaan wordt gelijkgesteld met het tao, het oorspronkelijke en onuitputtelijke, 'de schepping vormend zonder uitgeput te raken' (Chuang Tzu).

Ocelot In de symboliek van de indianen krijgt de ocelot de krachten en attributen van leeuwengodinnen van Egypte en Babylon en de tijgerin van Oost-Azië.

Octogoon (achthoek) Acht is het getal van de regeneratie; vernieuwing; wedergeboorte; overgang. Na de zeven stappen van de initiatie is de achtste het herwonnen paradijs en de achtste dag schiep de mens van genade. In de heilige architectuur kan een octogone structuur een koepel ondersteunen, zo een overgang vormend tussen het vierkant en de cirkel; in sommige tempels wordt de cirkel van het dak ondersteund door acht zuilen die op een vierkante basis rusten, op deze manier de cirkel vierkant makend. De vier hoofdpunten en de vier tussenliggende punten die de octogoon vormen worden in verschillende tradities de 'acht winden' genoemd; ze zijn ook de acht deuren die doorgang verlenen van de ene staat naar de andere; in het hindoeïsme representeren ze de acht delen van de dag. In het christendom heeft het doopvont, dat regeneratie en wedergeboorte symboliseert, vaak de vorm van een achthoek.

Octopus Gerelateerd aan de draak, spin en symboliek van de spiraal; men neemt aan dat hij ook een symbool was van de donder, of de fasen van de maan verbeeldde; hij is verbonden met het teken van de dierenriem Kreeft, de diepte van de wateren en de zomerzonnewende, de verderfelijke *Janua inferni.* In de Keltische en Scandinavische kunst zijn de vangarmen van de octopus recht, maar in Minoïsche en Myceense kunst zijn de vangarmen opgerold en dan krijgen ze de symboliek van de spiraal (zie aldaar). De octopus wordt vaak vergezeld van de swastika.

Oeros Het symbolische dier van de Assyrische-Sumerische Bel of Enil, heerser over de hemel, de aarde en het lot.

Oester De baarmoeder; de creatieve kracht van het vrouwelijke principe; geboorte en wedergeboorte; initiatie; de gerechtigheid en de wet van kosmisch leven. In de Chinese symboliek vertegenwoordigt de oester kosmisch leven; de macht van de wateren en de 'heiligheid van de maan'; de yinkracht; vruchtbaarheid.

Offer Het herstel van de oorspronkelijke eenheid, het opnieuw verenigen van hetgeen in manifestatie is verspreid. Daar de hele schepping een offer inhoudt is het de cyclus van dood - leven, geboorte – wedergeboorte, zodat offer gelijkgesteld wordt met schepping, en de mens identificeert met aspecten van de kosmos. Het is ook onderwerping aan goddelijke leiding door verzoening, het offeren van het zelf aan de wil van god; boetedoening. Elke offerplaats is een omfalos. Een menselijk offer hield een boetedoening in voor de *hubris,* de aanmatigende trots van de mens, en een bloedoffer aan de goden. Koningen werden ritueel geofferd daar ze werden beschouwd als brengers van vruchtbaarheid van het land door het in werking stellen van irrigatiewerken die het vruchtbaar makende en leven schenkende water brachten. Als de vruchtbaarheid van de koning afnam leden het land en het volk, vandaar het offer aan de godin moeder-aarde om de potentie in de nieuwe koning te vernieuwen. Het offer vond plaats bij de dood van het oude jaar, tijdens de twaalf dagen van chaos voor de wedergeboorte van de zon en het nieuwe jaar. Later werd een vervanging of zondebok geofferd in plaats van de koning. Op het vedische offerterrein vertegenwoordigde het oosten het gebied van de goden, het zuiden dat van

Deze **obelisk** werd oorspronkelijk in de zesde eeuw voor Christus opgericht in Egypte – hemelwaarts wijzend teken van Re, de zonnegod – maar werd in 1667 aan de hand van een tekening van Bernini opnieuw geplaatst, in Rome.

Een oude gouden schijf uit Mycene, met in reliëf een **octopus**, waarvan de opgerolde tentakels de spiraalsymboliek verdubbelen en versterken die inherent is aan dit dier.

de voorouders, het westen het serpent, het noorden het volk. In veel tradities en mythologieën werd de wereld geschapen uit delen van het slachtoffer van het offer, in de Babylonische symboliek was de wereld bijvoorbeeld gemaakt van de in stukken gesneden Tiamat, of in de Teutoonse mythen, van de Yinir. Bij het dierenoffer verbeeldt de kop de dageraad, het oog de zon, de adem de wind, de rug het firmament, de buik de lucht, de onderbuik de aarde. Bij het offer worden de offeraar en het offer één, en het universum, de microkosmos en de macrokosmos ontmoeten elkaar en bereiken eenheid.

Offerande Zie Offer.

Olie Consecratie; toewijding; spirituele verlichting; genade; vruchtbaarheid. Insmeren met olie (zalven) wil zeggen met een nieuw goddelijk leven bezielen; de goedertierenheid van god schenkend of wijsheid verlenend.

Olifant Kracht; trouw; lang geheugen; geduld; wijsheid; huwelijkse trouw. De witte olifant is solair. *Boeddhistisch:* Gewijd aan Boeddha, omdat een witte olifant is verschenen aan koningin Maya om de geboorte aan te kondigen van een koninklijke wereldheerser. De witte olifant is ook het juweel van de wet, de *vahan* van de bodhisattva; mededogen; liefde; vriendelijkheid. Een olifant wordt bereden door Akshobhya. De huid van de olifant symboliseert onwetendheid. *Chinees:* Kracht; scherpzinnigheid; voorzichtigheid; energie; soevereiniteit. *Christelijk:* Een symbool van Christus als een vijand van het serpent, het serpent onder zijn voeten vertrappend; kuisheid; welwillendheid. *Grieks-Romeins:* Een attribuut van Mercurius als intelligentie. Plinius zegt dat de olifant een religieus dier is, dat de zon en de sterren eerbied betuigt en zichzelf reinigt tijdens nieuwe maan, als hij baadt in de rivier en de hemelen aanroept. In de Romeinse kunst, een lang leven, onsterfelijkheid, overwinning op de dood. *Hindoeïstisch:* Het voertuig van de god Ganesha; kracht of heilige wijsheid; voorzichtigheid, koninklijke rang; onzichtbare macht; lang leven; intelligentie. Indra, bewaker van het Oosten, rijdt op de olifant Airavata. De wereld wordt ondersteund door olifanten.

Olijf Onsterfelijkheid; vruchtbaarheid; bruiloft, laten delen in vruchtbaarheid; vrede; overvloed (de olie is waardevol). De olijftak is, en wel in 't bijzonder samen met de duif, een symbool van vrede, en bij uitstek van het gouden tijdperk. De olijftak was de prijs bij de wedloop van de maanmaagd, zoals de grote tak van de appelboom dat was bij de wedloop van de zonbruidegom. De olijfboom is de woonplaats en het embleem van de maan. De kroon van olijven die tijdens de Heraea werd gedragen identificeerde de overwinnende maagd met Hera en de maan, terwijl de kroon van wilde olijven voor de overwinnaar bij de Olympische spelen Zeus vertegenwoordigde; de twee samen stonden voor het heilige huwelijk van Zeus en Hera, zon en maan. Het olijfblad verwijst naar vernieuwing van het leven. *Chinees:* Rust; volharding; gratie; verfijning. *Christelijk:* De vrucht van de kerk; het geloof van de rechtvaardigen; vrede. De duif met de olijftak verbeeldt de zielen van de gelovigen, vertrokken in vrede. Soms wordt de olijftak gedragen door de aartsengel Gabriël bij de annunciatie. *Grieks-Romeins:* Succes; vrede. De olijfboom op de Acropolis bevatte het leven en lot van de mensen. Embleem van Zeus/Jupiter, Athene/Minerva, Apollo en Cybele; de krans van olijftakken werd door de overwinnaar in wedlopen ter ere van Hera en Athene gedragen. *Hebreeuws:* Sterkte; schoonheid; veiligheid tijdens reizen.

OM (AUM) Het heilige geluid; het onvergankelijke woord; het absolute; Brahman; het oer AUM, de totaliteit van alle geluiden en hetgeen de hele kosmos doordringt en ondersteunt; het zelf; het licht van de bovennatuurlijke zon. Het is ook een drie-eenheid daar het drie factoren heeft A. U. M., de drievoudige Brahman. 'Dit hele universum is slechts het resultaat van geluid' (*Vakya Padiya*).

Omega Ω Het einde; finaliteit. Met alfa (zie aldaar) samen totaliteit, het begin en het einde van alle dingen. Wordt vaak samen met Ouroboros afgebeeld als totaliteit.

Omfalos Het kosmische centrum; het centrum van waaruit het universum wordt gevoed; de navel van de wereld; een toevluchtsoord. Zowel reini gend als bezwerend. De plaats van communicatie tussen de drie werelden en iedere heilige plaats is een omfalos. Ook een punt van uitbreiding of een belangrijke ruimte die zich nog niet ontplooid heeft. Navel en wereldcentrum, zoals de zon het centrum van het universum is. De omfalos is een symbool van de aarde en alle geboorten, hij wordt vaak afgebeeld als een berg of eiland oprijzend uit de wateren van de chaos; als ontmoetingsplaats van hemel en aarde is hij ook een woonplaats van de goden, evenals de berg Meru, Heliopolis, Olympus, Sinaï, Himinbjorg, Genizim. In het hindoeïsme is er de 'machtige Agni' verblijvend op de navel van de aarde *(Rig Veda 11, 33)*.

Ommegang Fixeert de wereldas op een bepaalde heilige plaats zoals een tempel of kerk; representeert ook de relatie en harmonie van beweging en stilte, het manifeste en de hoogste realiteit; hij definieert de grens tussen het heilige en het profane; en is ook een imitatie van het pad van de zon. Het maken van een rituele ronde werd ook geassocieerd met de rondgang van de Grote Beer die de seizoenen aangaf en deze beheerste. De hindoeïstische en boeddhistische ommegang van een heilig object *(Pradakshina)*, waarbij het voorwerp altijd in de rechterhand wordt gehouden, staat symbolisch voor het rondgaan van de wereld, het al, vervat in het zelf; het is een pelgrimstocht om het zelf te vinden. In de islam representeren de zeven rondgangen om de Ka'aba, die de pelgrim maakt tegen de wijzers van de klok in, de zeven attributen van God.

Omsluitend Alle omsluitende vormen zijn symbolen van de grote moeder in haar aspect van bescherming, beschutting, voeding en de baarmoeder. Gesymboliseerd door de grot, stad, tempel, kerk, huis, tent, hek, deur, afrastering, graf, wal, kist, ketel, kelk, kop enz. en door de zee en alle wateren, speciaal de bron. De omheining in verband met de baarmoeder staat ook voor vruchtbaarheid.

Onbeweeglijkheid Zoals het centrale punt van een cirkel symboliseert onbeweeglijkheid het eeuwige nu, de *nunc stans,* de ongeconditioneerde staat; het niet-dualistische heden; de 'onbewogen beweger'; het bevrijde zelf. Rigiditeit en onbeweeglijkheid geven in de iconografie onverzettelijkheid, bovenmenselijke uitdrukkingsloosheid en onbevooroordeeldheid weer.

Onderdompeling Doop door onderdompeling symboliseert de terugkeer naar de oerwateren van het leven en ongerepte onschuld; transformatie; vernieuwing; wedergeboorte. Onderdompelen in water is een handeling van wedergeboorte; als rite zuivert, revitaliseert en beschermt het.

Onzichtbaarheid Dood; magische krachten. Wordt gesymboliseerd door de cape, mantel, sluier en kap.

Oog Alwetendheid; de allesziende godheid; de mogelijkheid tot intuïtieve visie. Het oog is een symbool van alle zonnegoden en hun leven schenkende kracht van vruchtbaarheid door de zon; hun kracht is geïncarneerd in de god-koning. Plato noemt het de meest solaire van alle instrumenten. Het is ook het mystieke oog; licht; verlichting; kennis; de geest; waakzaamheid; bescherming; stabiliteit; vaste gerichtheid op een doel, maar ook de beperking van het zichtbare. De 1000 tot 10.000 ogen van de goden van het firmament zijn de sterren, de ogen van de nacht, alwetendheid representerend; nooit slapende waakzaamheid; onfeilbaarheid. Het 'oog' aanwezig op een heilig gebouw is de opening hemelwaarts in het centrum van een koepel van een

Voor de geboorte van de Boeddha droomde zijn moeder, koningin Maya, van een **olifant** (de scène is afgebeeld op dit Indiase bas-reliëf uit de tweede eeuw v.Chr.), het symbool van het geduld, de wijsheid, het geheugen en de suprematie van de toekomstige prins Gautama onder de grote wereldleraren.

Deze cirkel van met pleister verstevigd linnen, hypocephalus genoemd, werd door de Egyptenaren naast het hoofd van een mummie gelegd en symboliseerde het **oog** van een god – Re, Horus of een andere. Hij vergezelde de ziel van de dode op zijn duistere reis naar de onderwereld.

tempel, kathedraal, hut of welk ander traditioneel gestructureerd 'wereldcentrum' ook; het representeert de solaire deur die toegang geeft tot hemelse regionen. Het 'oog van het hart' is spirituele waarneming; verlichting; intellectuele intuïtie. Het oog kan ook het androgyne vertegenwoordigen als het gevormd is van het ovale vrouwelijke symbool en de cirkel van het mannelijke.

Het ene oog is óf een symbool van het kwaad met de cyclopen of monsters van destructieve krachten, óf het ene oog van verlichting, het oog van God en eeuwigheid, de op zichzelf staande. Een driehoek met een oog in het midden is het 'alziende oog', alomtegenwoordigheid en alwetendheid. In het Westen is het rechteroog de zon, het oog van de dag, en de toekomst, met het linkeroog als de maan, het oog van de nacht en het verleden. In het Oosten is dat net andersom. De veren van een pauw kunnen de symboliek van het oog aannemen. *Indiaans:* Het oog van het hart ziet alles. Het is het oog van de grote geest, alwetendheid. *Boeddhistisch:* Licht; wijsheid. Het derde oog van Boeddha, 'de vlammende parel', is spiritueel bewustzijn, transcendente wijsheid. *Keltisch:* Het boze oog, als symbool van kwaadwilligheid en jaloezie, is de antithese van het goede hart van vrijgevigheid en mededogen. *Chinees en Japans:* Het linkeroog is de zon, het rechteroog de maan. *Christelijk:* De alziende God; alwetendheid; macht; licht, 'Het licht van het lichaam is het oog' (Matt. 6:22). De zeven ogen van de Apocalyps zijn de zeven geesten van God. Het oog van God in een driehoek verbeeldt het hoofd van God; in een driehoek omgeven door een stralende cirkel, de oneindige heiligheid van het hoofd van God. Een paar ogen is het embleem van de heiligen Lucia en Ottilia. *Egyptisch:* Hoogst gecompliceerd. 'Het oog van Horus', de Utchat, het 'alziende', wordt wel beschouwd als de poolster en verlichting; het oog van de geest. Het oog en de wenkbrauw van Horus verbeelden kracht en macht. Twee gevleugelde ogen zijn de twee delen van de hemel, het noorden en het zuiden; de zon en de maan; hemelse ruimte. Het rechteroog is de zon, Re en Osiris, het linkeroog de maan en Isis. Het oog van Re is ook Uraeus. Het oog van Horus kan in verband worden gebracht met de maan en zijn fasen, en kan ook offers symboliseren die in de tempels aan de goden worden gebracht. *Grieks:* Het oog symboliseert Apollo als 'de ziener van de hemelen', de zon, die ook het oog van Zeus/Jupiter is. *Hindoeïstisch:* Het derde oog van Shiva, de parel in het midden van zijn voorhoofd, staat voor spiritueel bewustzijn, transcendente wijsheid. Het oog van Varuna is de zon. *Iraans:* Yima, de goede herder, bezit het solaire oog en kent het geheim van onsterfelijkheid. *Islamitisch:* Het 'oog van het hart' is het spirituele centrum, de zetel van het absolute intellect; verlichting. *Japans:* Het rechteroog van Izanagi schenkt het leven aan de maangod. *Oceanisch:* De zon is 'de grote bal van het oog'. *Platonisch:* 'Er is een oog van de ziel.... daarmee alleen kan de waarheid worden gezien'. *Sumerisch-Semitisch:* Het oog verbeeldt Ea of Enki, 'de heer van het heilige oog', en is wijsheid; alwetendheid; waakzaamheid. De Foenicische Kronos heeft vier ogen, twee zijn er open en twee zijn er gesloten, als eeuwige waakzaamheid.

Ooievaar Met de arend en de ibis (nijlreiger) is de ooievaar een vernietiger van reptielen, in hun kwaadaardige aspect, en als zodanig een solaire vogel; maar als een waterdier en een visser, wordt hij geassocieerd met de wateren van de schepping. Kinderen 'gebracht door de ooievaar' bevinden zich embryonaal in de schoot van moeder aarde en de creatieve wateren en worden gevonden door vissende ooievaren. De ooievaar symboliseert ook de komst van de lente en nieuw leven, hij is een vogel van een goed voorteken. *Chinees:* Lang leven; een gelukkige en tevreden oude dag; kinderlijke liefde, de kluizenaar, waardig, afstandelijk en afgezonderd. *Christelijk:* Kuisheid; zuiverheid; vroomheid; voorzichtigheid; waakzaamheid. Als voorbode van de lente werd hij gebruikt als een symbool van nieuw leven door de komst van Christus en zijn aankondiging. *Egyptisch:* Kinderlijke liefde; men dacht dat de ooievaar zijn ouders voedde als ze oud waren. *Grieks:* In de mysteriën representeerde de ooievaargodin de archetypische vrouw, de brengster van leven, de voedster. Een attribuut van Hera. *Romeins:* Vroomheid; kinderlijke devotie; een attribuut van Juno.

Oor Wordt geassocieerd met de spiraal, de kronkelige schelp en de zon; dat verklaart het anders wat vreemde idee van geboorte uit het oor, want de schelp is een geboortesymbool dat samenhangt met de vulva. Karma, de zoon van de zon Surya, werd geboren uit het oor van zijn moeder. De schelp werd ook beschouwd als een talisman om te helpen bij een gemakkelijke geboorte. Het oor hoort het 'woord' van schepping en wordt als zodanig geassocieerd met de levensadem. In de Egyptische symboliek ontvangt het rechteroor de 'lucht van het leven' en het linkeroor de 'lucht van de dood'. In de christelijke kunst wordt de heilige geest soms afgebeeld in de vorm van een duif die het oor van de maagd Maria binnengaat. Oren van goden, koningen en alle regenbrengende reptielen en andere regenbrengende dieren zijn verbonden met de spiraal. Uitgerekte oorlellen aan hindoeïstische, jain, boeddhistische of Chinese figuren wijzen op koninklijke of spirituele autoriteit of grootheid; ze zijn een van de Chinese 'gunstige tekenen'. Puntige oren worden in verband gebracht met Pan, saters en duivels. Ezelsoren vinden we aan de narrenkap en zijn een attribuut van Midas; ze verbeelden dwaasheid.

Oorlog Het proces van disintegratie en reïntegratie; opruimen van wanorde en scheppen van orde uit de chaos; het conflict tussen goed en kwaad; de spirituele strijd tussen goed en kwaad in de eigen natuur van de mens; het bereiken van eenheid. Het is in het hindoeïsme de strijd van Krishna en Arjuna; in de islam de heilige oorlog.

Oosten De opkomende zon; de dageraad; lente; hoop; kindertijd; het ontluikende leven; jeugd. Het is de richting waar verering zich op richt, in het bijzonder voor alle zonnegoden. In China wordt het gesymboliseerd door de groene draak, in Egypte door een man, in Mexico door een krokodil, in Tibet door een man-draak. Ceremoniën die verband houden met dood en wederopstanding leggen de nadruk op het Oosten als opkomst van de zon en leven en het Westen als zonsondergang en dood.

Opaal Zie Edelstenen.

Opperkleed *Christelijk:* Geestelijke functie, het gewaad van de diaken; redding; oordeel; wordt bij feestelijke gelegenheden gedragen. Als het de vorm heeft van een kruis staat het voor het lijden van Christus en is het ook een embleem van de heiligen Laurentius, Stephanus, Vincentius en Leonardus. Het is de wijde jas van de Oosterse kerk en wordt tijdens de kroning ook door de Britse soeverein gedragen.

Orchidee Pracht; gunsten; luxe. In de Chinese symboliek is hij de perfecte mens; harmonie; verfijning; liefde; schoonheid, vrouwelijke charme; de geleerde in afzondering.

Orgie Terugkeer in de chaos; de oorspronkelijke staat voor de schepping; kosmische nacht; oplossing; de lagere eigenschappen van wezens. Landbouw, de lenteorgiën en die in de maand mei representeren de vereniging van de zon met moeder aarde, de kracht van de natuur aanmoedigend; nabootsende vruchtbaarheid; het zaaien van het zaad; regeneratie. De terugkeer van de chaos vond ook plaats bij de winterzonnewende, het nieuwe jaar, tijdens de twaalf dagen die volgen op de wedergeboorte van de stervende god, de vegetatiegod, bij de Romeinse Saturnalia. In Babylon waren er twaalf dagen van strijd tussen chaos en kosmos en in het christendom de twaalf dagen

De **os** van opoffering komt voor op een afbeelding van Lucas in het manuscript van een vroeg Iers evangelie. Het is het symbool van Lucas, omdat deze de nadruk legt op het aspect van het offer in het leven van Christus.

De in zijn eigen staart bijtende **ouroboros**, de eeuwige cirkel van desintegratie en reïntegratie, is een symbool dat in de hele wereld voorkomt. Deze is afkomstig uit Dahomey, West-Afrika.

van Kerstmis onder de heerschappij van de heer van het wanbestuur. Dezelfde symboliek geldt voor het carnaval en festiviteiten.

Os De os kan symbolisch de plaats innemen van de stier (zie aldaar) en in dat geval is hij solair en vruchtbaarheid; maar als gecastreerde os deelt hij de vruchtbaarheidssymboliek niet en wordt hij lunair. Hij staat voor kracht; geduldige zware arbeid; rijkdom; aangeboren kracht; offer. *Keltisch:* Symbool van Hu. *Chinees:* In de lente en vruchtbaarheidssymboliek neemt de os de plaats in van de stier en representeert hij landbouw. Hij is de tweede van de twaalf dieren van de aardse takken. De witte os is beschouwende wijsheid in het Chinese boeddhisme. *Christelijk:* Geduld; kracht; het juk van Christus; Christus als het ware offer; hij is een embleem van Lucas, die in zijn evangelie de nadruk legt op het aspect van het offer in het leven van Christus. De os en de ezel op afbeeldingen van de geboorte worden wel opgevat als zijnde de heidenen en de joden. De os is een embleem van Blandina, Julietta, Leonardus, Medardus, Sylvester. *Grieks-Romeins:* Landbouw; offer. *Taoïstisch:* Ongetemde dierlijke natuur; gevaarlijk als niet-gedisciplineerd maar bijzonder nuttig en krachtig als hij getemd is. Deze symboliek wordt gebruikt in de taoïstische en Ch'an boeddhistische 'tien afbeeldingen van het hoeden van de os', waarin de os eerst helemaal zwart wordt afgebeeld, en als het proces van het temmen vorderingen maakt, wordt de os langzamerhand wit en uiteindelijk, als de natuurlijke condities zijn getranscendeerd, verdwijnt hij helemaal.

Otter Een van de 'schone' dieren uit de leer van Zaratusthra. Het is, evenals het doden van een hond, een grote zonde hem te doden. In het christendom is hij het embleem van de heilige Cuthbertus.

Oude man Sterfelijkheid. Naakt of gedeeltelijk gekleed is hij de tijd en dan wordt hij vaak kaal afgebeeld of met slechts één enkele haarlok op het voorhoofd; 'die kale doodgraver tijd'. Met een zeis of zandloper, en soms met krukken, verbeeldt hij de man met de zeis, de dood. In het kabbalisme staat hij voor esoterische en occulte wijsheid; in de Dierenriem is hij Saturnus.

Ouroboros Wordt afgebeeld in de vorm van een serpent of draak die in zijn eigen staart bijt. 'Mijn eind is mijn begin.' Hij symboliseert het ongedifferentieerde; de totaliteit; oorspronkelijke eenheid; onafhankelijkheid. Hij verwekt, verenigt en doodt zichzelf. Hij is de cirkel van desintegratie en reïntegratie, macht die zich eeuwig verteert en vernieuwt; de eeuwige cirkel; de cyclische tijd; ruimtelijke oneindigheid; waarheid en kennis in één; de verenigde oorspronkelijke ouders; het androgyne; de oerwateren; duisternis voor de schepping; de beperking van het universum in de chaos van de wateren voor de komst van het licht; de mogelijkheid vóór actualisatie. In grafkunsten vertegenwoordigt Ouroboros onsterfelijkheid, eeuwigheid en wijsheid. In veel mythen omcirkelt hij de hele wereld en is hij de rondgaande gang van de wateren om de aarde. Hij kan de wereld ondersteunen en handhaven, de dood injecteren in het leven en leven in de dood. Schijnbaar onbeweeglijk is hij toch eeuwig in beweging, steeds rondwentelend om zichzelf. In de orfische symboliek omringt hij het kosmische ei. Hij wordt ook wel 'heracles' genoemd en dat identificeert hem met de gang van de zon; Macrobius associeert hem met de beweging van de zon. Alfa en omega worden vaak afgebeeld met Ouroboros. *Alchemistisch:* De niet-verloste macht van de natuur; latente kracht; de ongevormde *materia;* de *opus circulare* of chemische substanties in de hermetische schotel. *Boeddhistisch:* Het wiel van *samsara. Egyptisch:* De cirkel van het universum; het pad van de zonnegod. *Grieks:* 'Alles is één.' 'Het al was van het begin als een ei, met het serpent (*pneuma)* als de stevige band of cirkel eromheen' (Epicurus). In de orfische symboliek is hij de cirkel om het kosmische ei en Aeon, de levensduur van het universum. *Hindoeïstisch:* Het wiel van *samsara.* Als latente energie deelt Ouroboros de symboliek van kundalini (zie aldaar) *Sumerisch-Semitisch:* De al ene.

Ovaal Net als de ruit is dit het vrouwelijke levenssymbool; de schaamspleet; de *vesica piscis.* Wordt ook gebruikt als een halo om een heilige figuur. Zie ook Getallen, nul.

Oven De vrouwelijke transformerende kracht; de baarmoeder; geboorte. In de alchemie is hij de Athanor, het 'lichaam' van de psyche of de ziel van de mens waarin het proces van het grote werk plaatsheeft, de transmutatie van het onedele metaal, een proces dat de ontwikkeling van zelfbeheersing in de niet-hernieuwde mens symboliseert. De geest representeert het vuur.

Overstroming Zie Zondvloed.

Overwinning Symbolen van overwinning zijn de palm, kroon, guirlandes, lauwerkransen, klimop, mirte, peterselie (zie Krans), de triomfboog, vleugels. Vier gevleugelde figuren van overwinning ondersteunen de troon van Zeus.

Pa Kua De acht complementaire paren van tegendelen, gewoonlijk in een cirkel geplaatst, waarvan de omtrek tijd en ruimte symboliseert. Elk trigram in de Pa Kua vertegenwoordigt een kracht in de natuur en er zijn vier yin- en vier yangkrachten die voor evenwicht en harmonie in het universum zorgen. De gebroken lijnen zijn yin en de ongebroken lijnen zijn yang. *K'ien:* ☰ Hemel; firmament; actie; macht van de geest; onvermoeibare kracht; creatieve energie; oorzaak; het alles doordringende mannelijke principe; de vader; het paard; het zuiden. *Tui:* ☱ Verzameld water; meren; moerassen; nevel; wolken; absorptie; impregnatie; ontvangende wijsheid; vruchtbaarheid; tevredenheid; genoegen; zich naar binnen bewegende intelligentie; de geit; het zuidoosten. *Li:* ☲ Vuur; de zon; bliksem; hitte, doordringende ijver; de wijsheid van devotie; zuivering; zich naar buiten richtend bewustzijn; helderheid; elegantie; de fazant; het oosten. *Chen:* ☳ Donder; versnellende energie; kracht; wil; impuls; beweging; de draak; het noordoosten. *Zon:* ☴ Wind; geest; het intellect; de levensadem; ziel; soepelheid; penetratie; hout; de haan; het zuidwesten. *K'an:* ☵ Water; de maan; regen; rivieren; de verlangende natuur; emoties; instabiliteit; zuivering; verbeelding; moeilijkheid; gevaar; het varken; het westen. *Kan:* ☶ Bergen; fysieke natuur; opstijgen; gescheidenheid; eenzaamheid; rusten en bedwingen; de hond; het noordwesten. *K'un:* ☷ Aarde; het passieve, ontvangende aspect van de creatieve geest; het vormgeven van oermaterie; de moeder; voeding; de wet; de os; het noorden.

Paal De 'paal van de aarde' is de wereldaxis, het kosmische centrum, het 'stille punt'; hij verbeeldt de stabiliserende kracht en kan de symboliek aannemen van de levensboom; hij is ook fallisch, voortplanting en vruchtbaarheid. In de zweethut van de indianen representeert de gebogen paal van het zweetbad ouderdom en de levensspanne van jeugd tot ouderdom. In Siberische en sjamanistische culten kan een paal de berkenboom symboliseren en de plaats hiervan innemen als een wereldaxis en ook het hemelgewelf ondersteunen; hij zit vast aan de poolster en het firmament wentelt er rond omheen. Zie ook Zuil.

Paard Ambivalent, want het is solaire kracht als de witte, gouden of vurige paarden samen met de zonnegoden verschijnen en hun wagen voorttrekken, maar lunair als het vochtige element, de zee en de chaos en de strijdrossen van de oceaangoden; het paard is dus zowel een symbool van de

Het **paard** op deze Romeinse sarcofaag is lunair, sterfelijk, als het ten onder gaat in de dodelijke strijd met de kracht van het voornaamste solaire dier, de leeuw, symbool van krachtig leven en uithoudingsvermogen.

dood als van het leven, solair en lunair. Het symboliseert ook het intellect; wijsheid; geest, reden; adeldom; licht; dynamische kracht; snelheid; de snelheid van de gedachte; het vlugge voorbijgaan van het leven; het is de instinctieve dierlijke natuur; magische krachten van waarzeggerij; de wind; de golven van de zee. Het paard zien we ook samen met de vruchtbaarheidsgoden en de Vanir. Het kan worden bereden door de duivel en wordt dan fallisch, maar ook door de wilde jager of de 'Erlkönig', en dan wordt het de dood. Het gevleugelde paard is de zon of het kosmische paard, net als het witte paard, en staat voor zuiver intellect; het onbezoedelde; onschuld; leven en licht, het wordt bereden door helden.

In latere tijd verving het paard de stier als offerdier; beide representeerden het firmament en vruchtbaarheidsgoden, mannelijke viriliteit en vruchtbaarheid en tegelijkertijd de chronische en vochtige krachten. Het witte paard van de oceaan is verbonden met zowel vurige als vochtige krachten. De leeuw die het paard of de stier verslaat verbeeldt de zon die vocht en nevel opdroogt. Het zwarte paard staat in verband met begrafenissen, kondigt de dood aan en symboliseert chaos; we zien het tijdens de twaalf dagen van chaos tussen het oude en het nieuwe jaar. Het offer van het oktoberpaard symboliseerde de dood van de dood. *Boeddhistisch:* Het onverwoestbare; de verborgen natuur van de dingen. Het gevleugelde, of kosmische, paard is een vorm van Avalokitesvara of Kwan-yin. Boeddha verliet zijn huis op een wit paard. In het Chinese boeddhisme droeg het gevleugelde paard het boek van de wet op zijn rug. *Keltisch:* Het attribuut, of de gedaante, van paardgodheden zoals Epona, het grote paard, de godinmerrie, Medb van Tara en Macha van Ulster, beschermsters van paarden als chtonische godheden en krachten van de dood. Het paard kan ook solair zijn als viriliteit en vruchtbaarheid; eveneens een boodschapper van de goden. *Chinees:* De hemelen; vuur; yang; het zuiden; snelheid; volharding; een goed voorteken. Het paard is het zevende dier van de symbolische dieren van de twaalf aardse takken. Zijn hoef (niet hoefijzer) is geluk. Als het kosmische paard solair is staat het tegenover de koe als de aarde; maar als het samen verschijnt met de draak, die de hemel symboliseert, representeert het paard de aarde. Het gevleugelde paard, met het boek van de wet op z'n rug, verbeeldt geluk en rijkdom. In de huwelijkssymboliek betekent het paard snelheid en vergezelt het de leeuw van kracht voor de bruidegom, terwijl bloemen de bruid voorstellen. Het paard staat ook voor vruchtbaarheid en de macht van degene die regeert. *Christelijk:* De zon; moed; vrijgevigheid. Later, in de Renaissance, werd hij wellust. In de catacomben stond hij voor het snelle voorbijgaan van het leven. De vier paarden van de Apocalyps zijn oorlog, dood, honger en epidemieën. Het paard is het embleem van de heiligen Joris, Martinus, Mauritius, en wilde paarden van St. Hippolytus. *Egyptisch:* Het paard is opvallend afwezig in de Egyptische symboliek. *Grieks:* Witte paarden trekken de zonnewagen van Phoebus en worden ook in verband gebracht met het vochtige principe, met Poseidon als god van de zee en aardbevingen en bronnen die we tegenkomen in de gedaante van een paard. De Dioscuri rijden op witte paarden. Pegasus verbeeldt het gaan van het ene niveau naar het andere; draagt de bliksem van Zeus. Centauren verschijnen regelmatig in de riten van Dionysos. Zie ook Centaur. *Hindoeïstisch:* Het paard is het lichamelijke voertuig en de berijder is de geest. De merrie van Manu is vergoddelijkte aarde. Kalki, een wit paard, wordt beschouwd als de laatste incarnatie of het voertuig van Vishnu als het voor de tiende keer verschijnt, en brengt dan vrede en redding voor de wereld. Varuna, het kosmische paard, is geboren uit de wateren. De Gandhava's, menspaarden, representeren een combinatie van natuurlijke vruchtbaarheid en abstract denken, intelligentie en muziek. Het paard is de bewaker van het Zuiden. *Iraans:* De wagen van Ardvisura Anahita wordt getrokken door de vier witte paarden van de wind, regen, wolken en ijzel en het paard van de Magi wordt getrokken door vier rossen, de vier elementen en hun goden. *Islamitisch:* Geluk; rijkdom. *Japans:* Een wit paard is het voertuig of de gedaante van Bato Kwannon (de boeddhistische Avalokitesvara van India en de Kwanyin van China), godin van barmhartigheid en een grote moeder; ze kan óf verschijnen als een wit paard óf met het hoofd van een paard, óf met de afbeelding van een paard in haar kroon. Het zwarte paard is het attribuut van de regengod. *De cultus van Mithras:* Witte paarden trekken de wagen van Mithras als zonnegod. *Romeins:* Witte paarden trekken de wagen van Apollo en Mithras. Epona, overgenomen van de Kelten, werd de Romeinse paardengodin en de beschermster van paarden; ze was ook een begrafenisgodin. De Dioscuri rijden op witte paarden. Het paard is een attribuut van Diana, de jageres. *Scandinavisch en Teutoons:* Gewijd aan Wodan/Odin die een merrie had met acht benen, Sleipnir. Het paard zien we samen met de Vanir als goden van de velden, wouden, zon en regen. Wolken zijn de rossen van de Walkure. *Sjamanistisch:* Passage van de ene wereld naar de andere. Het paard is ook verbonden met offers en is het offerdier van het sjamanisme in Siberië en de Altaï; zijn huid en hoofd worden ritueel van groot belang, de huid, evenals de vacht, vertegenwoordigt het vet, en het hoofd bevat het levensprincipe. *Sumerisch-Semitisch:* De wagen van de zonnegod Marduk werd door vier paarden getrokken. Het hoofd van het paard was het embleem van Carthago. Het gevleugelde paard zien we op Assyrische bas-reliëfs en Carthaagse munten. *Taoïstisch:* Het paard is een attribuut van Ch'ang Kuo, één van de acht taoïstische genii of onsterfelijken. Zie ook Hengst.

Paasei, konijn Een voorchristelijk symbool van wedergeboorte en vernieuwing van het leven bij het begin van de lente-equinox. Een haas of konijn is het embleem van Ostara of Eastre, Teutoonse godin van de lente en de dageraad en de waarschijnlijke oorsprong van de Engelse term *Easter.*

Paasvuur *Christelijk:* Wordt gebrand gedurende de veertig dagen van Pasen tot Hemelvaart en staat voor de aanwezigheid van Christus bij de discipelen gedurende de veertig dagen na zijn wederopstanding. Het wordt gedoofd op Hemelvaartsdag en dat verwijst naar het vertrek van Christus van de aarde. Het is ook het licht van de verrezen Christus en nieuw leven, en verbeeldt de vuurzuil die de Israëlieten gedurende veertig jaar de weg wees.

Pad Een lunair dier, behorend tot het vochtige element. Daar hij beurtelings verschijnt en verdwijnt is hij zowel lunair als een symbool van wederopstanding. Hij kan ook kwaad, walgelijkheid en dood betekenen. Men zegt dat de pad, net als het serpent, een edelsteen in zijn kop heeft. *Alchemistisch:* De duistere zijde van de natuur, de laagste, maar vruchtbare, droesem ervan; aardse stof. 'Als je de pad van de aarde voegt bij de vliegende arend zul je in onze kunst het magisterium zien' (Avicenna). *Indiaans:* De duistere Manitou, de wateren van de maan, de krachten van duister en kwaad overwonnen door de grote Manitou. *Keltisch:* Neemt vaak de plaats in van het serpent als kwade macht. *Chinees:* Het lunaire, yin, principe; het onbereikbare; lang leven; weelde en geldverdienen. De pad met de drie poten symboliseert de drie fasen van de maan. *Christelijk:* De duivel; de pad gaat hen die door de duivel zijn bezeten binnen; gierigheid. *Grieks:* Een attribuut van Sabazios. *Iraans:* Ahriman; kwaad; jaloezie; hebzucht; gierigheid, maar ook vruchtbaarheid. *Mexicaans:* De aarde. De pad en paddestoel representeren de heilige champignon die verlichting schenkt. *Oceanisch:* Dood. *Taoïstisch:* Een attri-

Liu-hai, een taoïstische onsterfelijke, heeft, op dit Chinese porseleinen beeld uit de achttiende eeuw, een **pad** met drie poten in de hand, symbool van de verschillende standen van de maan.

De symboliek van deze **palm** als overwinning over de dood, gegrift in een vroeg-christelijke grafsteen, is wel heel duidelijk verklaard door het woord 'victoria' dat er in het Latijn in Griekse letters onder geschreven is.

buut van Hon Hsien-hsing. *Toverkracht:* Een heks; geluk.

Paddestoel *Chinees:* Lang leven; onsterfelijkheid; volharding; verschijnt ook met kraanvogels en vleermuizen als symbolen van een lang leven en geluk. Hij is een taoïstisch voedsel voor de genii of onsterfelijken.

Pagode Een beeld van de heilige berg, als wereldcentrum en *axis mundi.* De verdiepingen ervan geven de graden van opstijgen naar de hemel weer, terwijl de afnemende afmeting van de verdiepingen staat voor het opwaarts voeren naar de oneindige, onmetelijke ruimte. Het woord zou afkomstig zijn van het Italiaanse 'pagoda', overgenomen uit het Perzisch, 'huis van idolen' of van dagoba of stoepa (zie aldaar) dat gebruikt wordt in het theravada boeddhisme.

Palm Solair; verrukking; rechtschapenheid; roem, als altijd rechtop groeiend; zegeningen; triomf; overwinning – 'De palm, die nooit zijn bladeren verliest, is altijd voorzien van hetzelfde groen.' 'De mens gaat ervan uit dat deze kracht van de boom aangenaam is en geschikt om de overwinning weer te geven' (Plutarchus). Hij is een levensboom en als zelfscheppend wordt hij gelijkgesteld met het androgyne. Als fallisch staat hij voor potentie en vruchtbaarheid, maar als hij samen met dadels wordt afgebeeld is hij vrouwelijk; daar hij tot op hoge leeftijd gezonde vruchten draagt symboliseert hij een lang leven en een gezonde oude dag. *Arabisch:* De levensboom. *Chinees:* Terugtrekking; waardigheid; vruchtbaarheid. *Christelijk:* De rechtvaardige die 'als een palmboom tot volledige ontplooiing zal komen'; onsterfelijkheid en als zodanig wordt hij soms afgebeeld met de feniks; goddelijke zegen; de triomfale intocht van Christus in Jeruzalem; de overwinning van de martelaar over de dood; paradijs. Palmtakken geven glorie weer; triomf; wederopstanding; overwinning op de dood en de zonde; hij was een begrafenisembleem voor de eerste Romeinse christenen, een attribuut van iemand die een pelgrimstocht had gemaakt naar het heilige land, vandaar het Engelse 'palmer' (pelgrim). Embleem van Paulus, de kluizenaar, die een palm in de hand heeft, en van talrijke martelaren. Palmzondag herdenkt de intocht van Christus in Jeruzalem. *Egyptisch:* De boom van de kalender, een tak voortbrengend voor iedere maand. *Grieks:* Embleem van Apollo in Delphi en Delos. *Hebreeuws:* De rechtvaardige mens; embleem van Judea na de exodus. *Sumerisch-Semitisch:* Een levensboom; embleem van de Foenicische Baäl-Tamar, de heer van de palm, en van Astarte en de Assyrisch-Babylonische Ishtar.

Pansfluit Harmonie; de fluiten van Pan representeren volledige harmonie in de natuur. Attribuut van een sater. Zie ook Calumet.

Panter *Christelijk:* De panter zou mensen gered hebben van de draak of de Boze (duivel). Aangezien hij een zoete ademhaling zou hebben typeerde hij de zoete invloed van Christus. *Heraldisch:* De panter is gewoonlijk ontstemd en betekent boosheid; woede; onstuimigheid; meedogenloosheid.

Papaver Een symbool van de grote moeder als de ene en de velen, de moeder en de maagd; nacht; gewijd aan alle lunaire en nachtelijke godheden; vertegenwoordigt vruchtbaarheid; creativiteit; vergeetachtigheid, ledigheid. *Chinees:* Terugtrekking; rust; schoonheid; succes; maar als opium is hij losbandigheid en kwaad. *Christelijk:* Slaap; onwetendheid; onverschilligheid. De bloedrode papaver verbeeldt het lijden van Christus en de slaap van de dood. *Grieks-Romeins:* De periode van slaap en dood van de vegetatie; embleem van Demeter/Ceres, Persephone, Venus, Hypnos en Morpheus.

Papegaai Imitatie; onintelligente herhaling. *Chinees:* Schittering; een waarschuwing aan ontrouwe vrouwen. *Hindoeïstisch:* Een attribuut van Kama, de god van de liefde. Een profetische en regenbrengende vogel. Deze eigenschappen heeft hij ook in het pre-Columbiaanse Amerika.

Paradijs In de meeste tradities is het paradijs een ommuurde tuin, een tuineiland of een 'groen eiland'; opvallende uitzondering is de christelijke traditie waarin het als het nieuwe Jeruzalem een stad is, en die van de Kelten en Maori's waar het onder water ligt. Het symboliseert de oorspronkelijke perfectie en het gouden tijdperk; het kosmische centrum; ongerepte onschuld; gelukzaligheid, perfecte communicatie tussen mens en god en alle levende dingen. Het representeert ook de meest innerlijke ziel, de woonplaats van onsterfelijkheid; een plaats waar de tijd stilstaat; toegang tot de oertijd, 'grote tijd'; de toestand waarin de hemel zich zo dicht bij de aarde bevindt dat hij bereikt kan worden door in een boom, klimop, te klimmen, of een berg te beklimmen, of elk ander axiaal symbool.

Het paradijs is altijd een omsloten plaats of het is omgeven door een zee en is alleen maar open naar de hemel. Als god en mens daar kunnen communiceren, leven mensen en dieren in een perfecte harmonie en spreken dezelfde taal. In de leer van Zaratusthra is het de woonplaats van het lied. In alle tuinen van het paradijs staan twee bomen van leven en kennis. Onsterfelijkheid en dood staan in het centrum; uit de wortels van de levensboom ontspringt een bron of fontein waaruit de vier rivieren van het paradijs ontstaan, die naar de vier hoofdwindrichtingen stromen en de verticale en horizontale armen van het kruis vormen.

Het verloren paradijs of de zondeval, symboliseert de afdaling van eenheid in de dualiteit en veelvuldigheid van manifestatie; de beweging weg van het centrum van perfectie en verstrooiing en desintegratie in de wereld van veelvuldigheid. Het herwonnen paradijs is de terugkeer naar de eenheid, het spirituele centrum, de overwinning van de mens op zichzelf en het herwinnen van de ongerepte onschuld. Het verloren paradijs stort de mens in tijd en duisternis; het herwonnen paradijs herstelt eenheid en beëindigt de tijd. Symbolen van het paradijs zijn het centrum; de ommuurde en geheime tuin, vol gezang van vogels en geurige bloemen; de rozentuin; het eiland van de gezegenden; het groene eiland; Elyseïsche velden; het beloofde land; El Dorado; een groepje parels (Chinees) enz. Het verloren paradijs wordt bewaakt door monsters, draken of engelen met vlammende zwaarden; het herwinnen ervan brengt grote moeilijkheden met zich mee, en beproevingen en gevaren, die het lastige spirituele pad symboliseren van de reis terug naar het centrum.

Paraplu/parasol De solaire schijf of het wiel, de spaken ervan zijn de stralen van de zon en het handvat is de wereldas; de overhuiving van de hemelen; macht, zowel tijdelijke als spirituele macht; de beschutting van de takken van de kosmische boom; als parasol ook warmte en bescherming. *Boeddhistisch:* Bescherming; de staat van nirwana aan concepten en vormen voorbij. In het Chinese boeddhisme draagt Viruhaka, of Mo-li hung, beschermer van het zuiden, de paraplu van aardbevingen, duisternis en chaos; hij is een van de acht schatten. *Chinees:* Waardigheid; hoge rang; bescherming; geluk. *Hindoeïstisch:* Universele spirituele regel; koninklijke waardigheid; bescherming. *Maya's:* Koningschap; waardigheid; rang; een attribuut van koningin Moo.

Parasol Zie Paraplu.

Parel Lunair; de kracht van de wateren; de essentie van de maan en beheerser van de getijden; het embryo; kosmisch leven; de goddelijke essentie; de leven schenkende kracht van de grote moeder; het vrouwelijke principe van de oceaan; de zelfverlichtende initiatie; de wet in kosmisch leven; gerechtigheid. Men dacht dat de parel het resultaat was van de in de oester doordringende bliksem, vandaar dat hij werd beschouwd als de vereniging van vuur en water, beide bevruchtende

Op deze Chinese schotel uit de achttiende eeuw drukt de **paddestoel** de wens uit dat degenen die van de schotel eten, evenals de onsterfelijken wier voedsel hij is, mogen genieten van een lang leven en tenslotte van onsterfelijkheid.

Boven het twaalfde-eeuwse portaal van de Great Rollington kerk, Oxfordshire, bevindt zich deze afbeelding van het **paradijs** – een tuin omgeven door water en mythische dieren, verfraaid met bloemen en het alles omringende serpent.

krachten, en daarom staat hij voor geboorte en wedergeboorte; vruchtbaarheid. Hij symboliseert ook onschuld, zuiverheid, maagdelijkheid, perfectie, nederigheid en een zich terugtrekkende natuur.

De 'brandende parel' (vereniging van vuur en water) is de 'parel van perfectie' van het Oosten. Hij is het derde oog van Shiva en Boeddha en de kristallisatie van licht; transcendente wijsheid; spirituele verlichting; spiritueel bewustzijn. Met de draak (zie aldaar) van China wordt hij gezien als de 'in de nacht schijnende parel', de maan die de draak van licht opslokt, of als een donderslag waaruit de vlam van de bliksem voortkomt, de parel wordt dan uitgespuwd door de draak van het firmament. Hij wordt afgebeeld met draken als heersers over de wateren en bewakers van schatten. Als de 'parel van perfectie' is hij, samen met de draak, de spirituele essentie van het universum, ook verlichting; hij betekent, ook, de ontplooiing en de ontwikkeling van de mens op zoek naar verlichting. De 'witte parel' is de 'schat die moeilijk te verkrijgen is'; de ziel; verlichting; wijsheid; de 'parel van grote kostbaarheid'. De stofparel heeft dezelfde symboliek als de brandende parel als latente kracht en de ontplooiing van de bloem van licht. *Boeddhistisch:* Eén van de acht kostbaarheden; het hart van de Boeddha; zuivere intenties; het derde oog van de Boeddha, de 'brandende parel' is de kristallisatie van licht; transcendente wijsheid; spiritueel bewustzijn; de spirituele essentie van het universum. *Chinees:* Yin; het vrouwelijke principe; onsterfelijkheid; latente kracht; goed voorteken; genius in obscuriteit. Zie als de samen met de draak afgebeelde 'brandende parel' en 'in de nacht schijnende parel' hiervoor. *Christelijk:* Verlossing; Christus de verlosser; het woord van god; doop; de verborgen gnosis, noodzakelijk voor redding, de 'parel van grote kostbaarheid', waarvoor de mens moet duiken in de wateren van de doop en gevaren moet trotseren. Hij is ook maagdelijke geboorte; zuiverheid; spirituele gunst. *Gnostisch:* De val en als gevolg daarvan de redding. *Grieks-Romeins:* Liefde en huwelijk, embleem van Aphrodite/Venus, de 'vrouwe van de parels', die oprees uit de wateren. *Hindoeïstisch:* De *urna*, de glanzende vlek, de 'brandende parel' op het voorhoofd van Shiva; het derde oog; transcendente wijsheid; de kristallisatie van licht; spiritueel bewustzijn; verlichting. *Iraans:* De verlosser; schenker van leven, geboorte en dood; een lang leven. *Islamitisch:* Het goddelijke woord; hemel. *Sumerisch-Semitisch:* De generatieve kracht van de wateren. *Taoïstisch:* 'De parel van grote luister', de 'parel van latente kracht' en de 'in de nacht schijnende parel' zijn de yinkrachten van de wateren met al hun mogelijkheden. De 'brandende parel' symboliseert het zoeken van de mens naar de realiteit; spirituele ontplooiing; de ervaring van licht.

Paren De vereniging van tegendelen in de wereld van manifestatie; het mannelijke en vrouwelijke aspect, zon en maan; licht en duisternis, yin en yang enz. Zie ook Tweelingen.

Passage De overgang van het ene niveau naar het andere, van deze wereld naar de volgende of naar de transcendente wereld. 'Moeilijke passage'-symboliek heeft betrekking op de overgang van het profane naar het heilige; de terugkeer naar het paradijs; het verwerven van een hogere staat van bewustzijn; het transcenderen van de paren van tegendelen in het dualisme en de polariteit van de manifeste wereld. Dat is een paradox, want het transcenderen van de beperkingen van de rationele geest zelf, wordt vaak gebruikt in symbolen met betrekking tot passage, zoals de enge poort, het oog van de naald, de smalle of naaldscherpe weg of brug; de zwaardbrug; de ring in de kaken van een monster; tussen twee molenstenen of elkaar rakende rotsen doorgaan; de Symplegaden; de muur zonder deur; Scylla en Charybdis enz. De symboliek aangaande de mogelijkheid tijd en ruimte, dag en nacht te transcenderen wordt ook gebruikt. De passage is voor het profane materiële lichaam onmogelijk en kan alleen worden bereikt op een spiritueel niveau, op het 'tijdloze moment', en door middelen die niet beschikbaar zijn voor de fysieke zintuigen. Het fysieke wordt getranscendeerd door de geest en de ziel. Het is de 'weg' van het taoïsme, hindoeïsme en boeddhisme, de 'enge poort' in het christendom en de 'tariqah' van de islam. 'Rites de passage' zijn vaak gebaseerd op een aanvankelijke scheiding, gevolgd door de overgang naar een uiteindelijke staat van eenheid. Zie ook Brug.

Passie *Christelijk:* Symbolen van het lijden van Christus zijn het kruis, de ladder, spons, naadloze gewaad, schijf, haan, speer, zwaard, tang, spijkers, geselpaal, doornenkroon, riet, purperen gewaad, kom en kan, dertig zilverlingen, azijn, touw, lijkwade, kelk, kettingen, rode roos, bloedrode papaver.

Patrijs Vruchtbaarheid; potentie. In het christendom is hij ambivalent daar hij zowel de waarheid van Christus representeert als bedrog, diefstal en sluwheid (Jer. 17:11). Hij kan ook de duivel voorstellen. Gewijd aan Aphrodite, de Kretenzische Zeus en de zonnegod Talos.

Pauw Solair; geassocieerd met de verering van de boom en de zon; ook geassocieerd met de pioen.

Hij representeert onsterfelijkheid, een lang leven, liefde. Een natuurlijk symbool van de sterren aan de hemel, vandaar van apotheose en onsterfelijkheid. Daar hij rusteloos wordt als er regen komt staat hij ook in verband met stormen; zijn regendans is geassocieerd met de spiraal. Wereldsheid, trots en ijdelheid zijn betrekkelijk moderne attributen. *Boeddhistisch:* Mededogen; waakzaamheid. Een waaier van de veren van de pauw is een attribuut van Avalokitesvara, die ook Kwan-yin is en Amitabha, als mededogen. *Chinees:* Waardigheid; positie; schoonheid; attribuut van Kwan-yin en Wang Mu. De veer van de pauw werd uitgereikt om een officiële positie te verlenen voor lofwaardige diensten en wees op keizerlijke gunst. Embleem van de Mingdynastie. *Christelijk:* Onsterfelijkheid; wederopstanding; de gesublimeerde ziel aangezien hij zijn pluimage vernieuwt, en men dacht dat zijn vlees onbederfelijk was. De 'honderd ogen' zijn de alziende kerk. Hij symboliseert ook de heiligen omdat zijn staart op een nimbus lijkt. Als hij een bol bestijgt betekent dat uitstijgen boven wereldse zaken. De veer van de pauw is een embleem van de heilige Barbara. *Grieks:* Solair; representeert de vogelgod Phaon, 'de trillende'. Oorspronkelijk een attribuut van Pan, die hem aan Hera schonk als symbool van het firmament vol sterren; de Argusogen werden door Hera over de staart verspreid. *Hindoeïstisch:* Soms de berg van Brahma; ook bereden door Lakshmi en Skanda-Karttikeya, god van de oorlog; als hij wordt bereden door Kama, god van de liefde, staat hij voor ongeduldig verlangen. De pauw is een embleem van Sarasvati, godin van de wijsheid, muziek en poëzie. *Iraans:* Pauwen staan aan beide kanten van de levensboom en betekenen dualiteit en de dualistische natuur van de mens. De pauw betekent ook koningschap en de troon van de Perzische koning is de 'pauwentroon'. *Islamitisch:* Licht dat 'zag "zelf" als een pauw met een uitgespreide staart'. Het oog van de pauw is geassocieerd met het oog van het hart. *Japans:* De bodhisattva Kujaku-mayoo zit altijd op een pauw. *Romeins:* De vogel van Juno, die dezelfde betekenis heeft als Hera. Een embleem van de keizerin en de prinsessen.

Peer Hoop; goede gezondheid. *Chinees:* Een lang leven; gerechtigheid; goede regering; juist oordeel. *Christelijk:* De liefde van Christus voor de mensheid.

Pelgrim/pelgrimstocht De pelgrim is iemand die een recht en doelgericht pad volgt en hij is als zodanig het tegendeel van de doelloze zwerver; hij is de zoeker van een doel en betekent verlangen naar het heilige. Emblemen van de pelgrim zijn:

De hemelse draak op een Chinese vaas uit het eerste deel van de achttiende eeuw bewaakt de **parel** van perfectie, waaruit de bliksemstraal van bewustzijn voortkomt.

Een Moors weefsel uit het Andalusië van de twaalfde eeuw. Er zijn twee tegenover elkaar geplaatste **pauwen** in geweven en een Arabische inscriptie 'perfecte zegen'.

de staf en nap of kalebas; een hoed met een brede rand; bij de christelijke pelgrimstocht de palm van degene die de pelgrimstocht naar het heilige land volbracht had; de staf en schelp van Jacobus en de sleutels van Petrus voor de pelgrimstocht naar Rome. De pelgrimstocht symboliseert de reis terug naar het paradijs of het centrum; de mens, een vreemdeling in de wereld van manifestatie, reist terug naar zijn ware tehuis. Iedere pelgrimstocht is moeilijk gemaakt, want hij symboliseert de moeilijke herovering van het paradijs of het vinden van spirituele verlichting. Symbolen van de pelgrimstocht zijn dezelfde als die van de hemelvaart en passage (zie aldaar). Schrijnen en bergen zijn de hoofddoelen van pelgrimstochten.

Pelikaan Omdat men dacht dat deze vogel zijn jongen met zijn eigen bloed voedde representeerde hij offer, liefdadigheid en vroomheid. *Christelijk:* Het offer van Christus; Christus als *nostro Pellicano* (Dante) die zijn bloed gaf voor de zonden van de velen; de kruisiging; redding door het bloedoffer; de eucharistie.

Pen *Christelijk:* Studie; de evangelisten; embleem van de heiligen Augustinus, Bernardus en Thomas van Aquino. *Egyptisch:* De pen met de staf verbeeldt het ontwaken van de ziel; attribuut van Theut of Logios. *Islamitisch:* De rieten pen, of calamus, symboliseert het universele intellect, de essentie, die het lot schrijft op de tabletten van de *prima materia;* het ongemanifesteerde, waarop de pen vormen en bestemmingen schept. Pen en boek samen zijn de actieve en creatieve daad met de statische creatieve substantie. De pen is het eerste ding geschapen uit licht; hij is ook fallisch.

Pentagram Symboliseert de figuur van de mens met uitgestrekte armen en benen; de integrale persoonlijkheid; de menselijke microkosmos. Daar het eindeloos is neemt het pentagram ook de betekenis, kracht en perfectie aan van de cirkel. Zijn vijf punten zijn geest, lucht, vuur, water, aarde. Met 'salus' aan de punten vertegenwoordigt het gezondheid en de vijf zintuigen. Net als de cirkel heeft het de macht slechte krachten en elementen te binden, en daarom betekent het geluk. In het christendom staat het voor de vijf wonden van Christus en was het een embleem van Sir Gawain, het werd op diens schild afgebeeld. In de toverkunst verbeeldt het omgekeerde pentagram de duivelsbok en de voet van de heks. Omgekeerd is het ook een teken van de omkering van de ware natuur van de mens.

Perzik *Boeddhistisch:* Evenals de citroen en de granaatappel, een van de drie gezegende vruchten. *Chinees:* Onsterfelijkheid; de levensboom; tovervrucht; lente; jeugd; huwelijk; rijkdommen; een lang leven, goede wensen. *Christelijk:* De vrucht van verlossing; een perzik met een blad eraan is een deugdzaam hart en een deugdzame tong; de deugd van zwijgen. *Egyptisch:* Gewijd aan Athor en Harpocrates. *Japans:* De boom van onsterfelijkheid. Perzikbloesem verwijst naar de lente; vrouwelijke charme; huwelijk. *Taoïstisch:* De levensboom in het paradijs van Kun-lun, die onsterfelijkheid schenkt en het voedsel is van de taoïstische genii of onsterfelijken. De perzik met de feniks is een embleem van Si Wang Mu, de godin van de boom van onsterfelijkheid en koningin van de hemel. Bezwerend; de pitten ervan worden bewerkt en gebruikt als amulet en talisman.

Peterselie *Europees:* Een mystieke plant; het vrouwelijke principe. De kroon van peterselie werd uitgereikt aan de overwinnaar van de Nemeïsche spelen.

Pioen *Chinees:* Het yangprincipe (een van de weinige yangbloemen); mannelijk; licht; glorie; liefde; geluk; rijkdommen; lente; jeugd. Het is de keizerlijke bloem, men veronderstelde dat hij door geen enkel insect behalve de bij werd aangeraakt. Hij wordt vaak geassocieerd met de pauw. *Grieks:* Genezing. *Japans:* Huwelijk; vruchtbaarheid; lente; glorie; rijkdommen; vrolijkheid.

Piramide Een wereldcentrum en *axis mundi,* de oorspronkelijke heilige berg, die vaak vier kanten heeft, zoals de berg Meru, vertegenwoordigend. De apex van de piramide symboliseert de hoogste, spirituele, hiërarchische initiatie, hij staat ook voor vuur, de vlam, de solaire, mannelijke kracht, en is fallisch. De piramide met treden betekent de structuur van de kosmos en de niveaus van bewustzijn; ook het oprijzen van de zon aan het firmament. Plato gebruikte de piramide om het aardse element te symboliseren, met de kubus als lucht, octahedron (achtvlak) als vuur, icosahedron (twintigvlak) als water en dodecahedron (twaalfvlak) als ether. In de symboliek van de Azteken is de piramide de vijfde zon van Quetzalcoatl.

Planeten Tezamen symboliseren de voornaamste planeten het mengsel en de interactie van alle essentiële krachten van het universum en de natuur. De zon is het centrum van de sfeer van het universum, en Mars, Jupiter en Saturnus bevinden zich in het bovenste gebied, met Venus, Mercurius en de maan in de onderste helft. De planeten, met uitzondering van de zon, zijn hoger in rang naarmate ze verder van de aarde zijn verwijderd. In de islam beheerst elk van de planeten een klimaatgordel.

Zon: Gesymboliseerd door de zonneschijf, soms met stralen; de cirkel met de centrale punt en talrijke variaties van de schijf en met stralen omgeven cirkel; ook door een wagen getrokken door vier witte, of goudkleurige, paarden – het aantal paarden kan verschillen. De zon is het embleem van alle zonnegoden en de aartsengel Michaël. Hij vertegenwoordigt het centrum; het hart; het centrum van intuïtieve kennis; de kracht van voelen en geloven; het sensationele en fantasierijke. Goudkleurig; metaal, goud; dag, zondag; positie, het zenit; leeftijd, jong, mannelijkheid; bloem, cichorei of wolfsmelk.

Maan: De halve maan; of jonge vrouw in een wagen, met een pijlkoker in de hand, of een jageres te voet met pijlkoker en honden. Symboliseert de tijd; beweging; voortplanting; de macht van voortplanting en conceptie; de vitale geest die lichaam en ziel samenhoudt; onvrijwillige en instinctieve actie. Alle hemelkoninginnen en grote moeders zijn lunair. Kleur, zilverkleurig; metaal, zilver; dag, maandag; positie, dieptepunt; leeftijd, kindertijd; bloem, pioen.

Saturnus: Van oorsprong de heerser van het gouden tijdperk en de zevende hemel, nu afgebeeld als een oude man met een zeis in zijn hand; de vernietiger; dood en wedergeboorte. Als Kronos is hij de tijd en lot en heeft hij de zandloper bij zich. God van de aarde, rede en het intellect; het contemplatieve en rationele; het principe van analytisch denken in de mens; ook concentratie en steriliteit. Saturnus representeert ook de duistere geest die gevangen zit in de stof en die verbonden is met draken, adders, vossen, katten, muizen en nachtvogels. In de alchemie is Saturnus het lood dat door transformatie de verlichte staat bereikt, nl. goud. In de gnostiek wordt hij afgebeeld als de vader en als de zoon, grijsaard en jeugd. Kleur, zwart; metaal, lood; dag, zaterdag; positie, het noorden; leeftijd, ouderdom; bloem, affodil, witte heliotroop.

Jupiter: Een zittende, eerbiedwaardige figuur; soms in een wagen, hij heeft de staf en speer in de hand. Hij is de schepper; de ziel; beperkte ruimte; de macht van organisatie; beslissing; uitdrukking; uitbreiding; intellectuele wil; het energieke en moedige; de lucht. Kleur, blauw, violet of oranje; metaal, tin; dag, donderdag; positie, het oosten; leeftijd, volwassenheid; bloem, agrimonie.

Mars: Een gewapende man, soms gezeten op een paard, gewoonlijk draagt hij een vaandel of lans, maar soms ook een zwaard of zweep. Hij vertegenwoordigt het positie, actieve, mannelijke; de hartstochten; het gepassioneerde en moedige; vuur. Kleur, rood; metaal, ijzer; dag, dinsdag; positie, zuiden; leeftijd, mannelijkheid; bloem, groot hoefblad.

Shou-lao, Chinese god van een lang leven, houdt hier de **perzik** van onsterfelijkheid, lang leven en voorspoed in zijn hand. Het is een laat achttiende-eeuws beeldje van speksteen.

Op een afbeelding in een Perzisch manuscript uit de veertiende eeuw kijkt een astroloog enthousiast op naar de lucht, waarin hij de negen tekens van de voornaamste **planeten** en sterren ziet.

Venus: Een vrouw in verschillende vormen, gewoonlijk in wijde gewaden, met een laurier in de hand. Als morgen- en avondster kan ze zowel solair als lunair zijn, ze vertegenwoordigt de vereniging van de tegendelen; ze volgt de maan en gaat vooraf aan de zon; als de 'spanner van de boog en speerwerpster' betekent ze het verschijnen van de nieuwe maan op de zee van de nacht en verdedigt ze de maan tegen alle monsters van de duisternis; ze is de wateren; vrouwelijke passiviteit; de hartstochten; verlangens; verbeelding. Kleur, groen, lichtgeel, of turkoois; metaal, koper; positie, het westen; dag, vrijdag; leeftijd, adolescentie; bloem, witte roos, ijzerhard.

Mercurius, met gevleugelde sandalen en een muts. Hij draagt een staf, andere emblemen zijn de haan en de ram. Zijn teken combineert de zon en de maan en vurige en waterige elementen. Hij is de boodschapper; degene die wakker schudt; ritme; de god van beproeving en initiatie; de bemiddelaar, die alle tegenstellingen overbrugt en dus zowel het mannelijke als het vrouwelijke belichaamt; hij vertegenwoordigt het interpretatieve; de mogelijkheid gevoelens uit te drukken en te interpreteren; analytisch denken. In de alchemie is hij de *quinta essentia.* Kleur, purper of diepblauw; metaal, kwikzilver; dag; woensdag; positie, centrum; leeftijd, jeugd; bloem, valeriaan, hazelaar.

Uranus Grenzeloze ruimte; het ongemanifesteerde; de wil.

Neptunus De oeroceaan, de bron van alle dingen.

Weldoende planeten zijn Jupiter en Venus; schadelijke zijn Saturnus en Mars; ambivalent, Mercurius. Mannelijk zijn de Zon, Jupiter, Saturnus, Mars; vrouwelijk, de Maan en Venus; Mercurius is androgyn. In de Babylonische astrologie is Marduk toegekend aan Jupiter, Ishtar aan Venus, Nabu aan Mercurius, Ninib aan Saturnus, Nergal aan Mars. De Griekse en Romeinse planeten zijn Kronos – Saturnus; Ares of Heracles – Mars; Aphrodite of Hera – Venus; Zeus – Jupiter; Hermes of Apollo – Mercurius. In de Chinese symboliek zijn de planeten Jupiter (suei-sing), hout, het oosten; Mars (yong-ho), vuur, het zuiden; Saturnus (chen-sing), aarde, het centrum; Venus (t'ai po) metaal, het westen; Mercurius (ch'en-sing), water, het noorden.

Planten Net als bomen en bloemen symboliseren planten de dood en wederopstanding; de levenskracht; de levenscyclus. De symboliek van planten en bloemen is nauw verbonden met de grote moeder, godin van de aarde, vruchtbaarheid en vegetatie; en ook met de vruchtbaarheid van de leven schenkende wateren; de met sap gevulde plant is moederschap. Planten en bomen worden vaak beschouwd als mythische voorouders en gewoonlijk geassocieerd met de maancultus. Planten of bloemen die groeien uit het vergoten bloed van een god of held representeren de mystieke vereniging van de mens en de plant en het ontstaan van nieuw leven uit de dood, leven stromend van de ene staat naar de andere, bijv. violen groeien uit het bloed van Attis; tarwe en kruiden uit het bloed van Osiris; de granaatappel uit het bloed van Dionysos; anemonen uit het bloed van Adonis en rozen uit het bloed van Christus. In de Chinese symboliek is de plant *Polyporus lucidus* de plant van onsterfelijkheid en hij is het voedsel van de taoïstische genii of onsterfelijken.

Plataan *Christelijk:* De alles bedekkende liefde van Christus; liefdadigheid; morele superioriteit. *Grieks:* Studie; geleerdheid (academische discussies werden in Athene onder een plataan gehouden). *Iraans:* Grootsheid; studie. *Minoïsch:* Gewijd aan de cultus voor de Kretenzische Zeus.

Plengoffer De leven schenkende kracht van water, nodig voor het voortbrengen en de instandhouding van leven.

Ploeg/ploegen De ploeg is een attribuut van goden en godinnen van de landbouw, zoals Demeter, Triptolemos, Dionysos. Voor nomadische volkeren symboliseert de ploeg de 'val' uit de staat van perfectie van oer- en paradijselijke tijden. In de islam vertegenwoordigt hij laaghartigheid, ijdelheid en schaamteloosheid in een natie. Ploegen wil zeggen het breken van de oorspronkelijke *prima materia* in de veelvuldigheid van de schepping; het openen van de aarde voor de invloed van de hemel; de heerschappij van de mens over de aarde; vruchtbaarheid. De ploeg is fallisch en de ploegschaar dringt door in de aarde; de voor is vrouwelijk. In de tradities van de indianen uit Noord-Amerika en andere nomadische volkeren is ploegen kwaad en een aantasting van het lichaam van moeder aarde.

Pluimage Macht; kracht; triomf. Pluimen op de helmen van krijgslieden verbeelden eer; triomf; uitdaging. *Azteken:* Hemelse macht; de ziel. *Egyptisch:* Re, de zon, licht en lucht. Een enkele pluim of veer is een attribuut van de godin Maat als waarheid en integriteit. *Sjamanistisch:* Vlucht; opstijgen naar de hemel en communicatie met de spirituele wereld. De kop van een vogel of een masker kan gebruikt worden in plaats van de pluimen of een gevederd kleed. *Taoïstisch:* Attribuut van de priester, de 'gevederde wijze' of 'gevederde bezoeker' die communiceert met het hiernamaals. Zie ook Veer.

Pompoen De dubbele pompoen of kalebas representeert, net als de zandloper, de hogere en lagere wereld. In de Romeinse symboliek is de pompoen domheid; leeghoofdigheid en dwaasheid. Zie ook Kalebas.

Poolster Zie Ster.

Poort Deelt de symboliek van de drempel (zie aldaar) als toegang; communicatie; ingang tot een nieuw leven; communicatie tussen de ene wereld en de andere, tussen de levenden en de doden. Hij is ook het beschermende, beschuttende aspect van de grote moeder. In het christendom is de maagd Maria de toegang tot de hemel. Poorten en portalen worden gewoonlijk bewaakt door symbolische dieren zoals leeuwen, draken, stieren, honden of legendarische dieren. Bij de poort van het huis van Osiris bewaakt een godin ieder hek, en men moet, wil men toegang krijgen, haar naam kennen. De poorten van het Oosten en het Westen zijn de deuren van de wereldtempel waardoor de zon iedere morgen en iedere avond gaat. De 'enge poort' is het centrale punt van communicatie tussen het lagere en het hogere; de passage, in 'spirituele armoede', voor hen die worden ingewijd of bij de dood, voerend naar een nieuw leven. Zoals het oog van de naald, symboliseert hij de ruimteloosheid van de ziel tijdens de doorgang. De poort wordt in verband gebracht met wijsheid (Spreuken 8, 3); koningen zaten tijdens het uitspreken van een oordeel bij poorten, waarschijnlijk als heilige plaatsen van goddelijke macht. Zie ook Deur en Passage.

Popje/pop De pop is vaak een beeld van de ziel van een bepaald persoon die, door de pop, kwaad gedaan kan worden door sympathetische magie of toverkracht. De korenpop of het jonge meisje vertegenwoordigt het zaad, het kind van de toekomstige groei en de oogst en is ook het beeld van de korengodin, moeder of jonge meisje. Zie Koren. Hij wordt van de laatste schoof gemaakt en wordt plechtig terug naar de boerderij gebracht. De pop werd vaak wenend op de grond gelegd en daarna onder vreugdekreten hoog opgeheven, als teken van dood en wedergeboorte van de korengodheid. In het Verre Oosten worden rijstpoppen gemaakt en deze versieren heiligdommen aan de kant van de weg. Een pop die in de boerderij wordt opgehangen weert heksen, elfen en kwade invloeden af tot de volgende oogst.

Populier Een boom van de wateren. *Chinees:* Zijn bladeren, die aan iedere kant een andere kleur hebben, verbeelden yin-yang, het lunaire en solaire en alle dualiteiten. *Grieks-Romeins:* Witte populieren verbeelden de Elyseïsche velden en zwarte populieren Hades. De populier is gewijd aan Sabazios en werd tijdens aan hem opgedragen riten meegevoerd; ook een embleem van Zeus/Jupiter en

Saturnus, heersend over Aquarius en Aries, houdt de sikkel van de landbouw en vernietiging vast en hij gebruikt de kruk van zwakke ouderdom, hoewel hij ogenschijnlijk een sterk lichaam heeft – tezamen een symbool van de spanning van zwaarmoedige melancholie.

De wierookbrander met **pijnappel** op deze oude bronzen Nubische schrijn symboliseert de levenondersteunende kracht en vruchtbaarheid van de goden voor wie de wierook werd gebrand.

van Heracles/Hercules, die een kroon van populieren droeg tijdens zijn afdaling naar Hades.

Porseleinslak Vruchtbaarheid; schenker van leven; de grote moeder en het vrouwelijke principe; geboorte van een kind; de vrouwelijke kracht van de wateren; de schaamspleet. Het 'patroon van de porseleinslak' in de kunst is een begrafenissymbool en een symbool van de dood, dat zowel leven als dood uitbeeldt. De porseleinslak beschermt tegen het boze oog.

Pot Zie Ketel.

Prairiewolf *Indiaans:* Een hervormer; redder van de held, een demiurg; voert weg uit het gevaar; hij is ook lunair en brengt overstromingen; de geest van de nacht; de bedrieger (zie aldaar) van de indianen van de westelijke bergen. *Azteken:* Een vorm van Quetzalcoatl, de dubbele prairiewolf is zijn chtonische aspect.

Prei Overwinning; bescherming tegen wonden. Zijn geur, net als die van knoflook, werd beschouwd als dezelfde als die van de bliksem en was, als zodanig, een embleem van de Keltische god Aeddon. Prei is een embleem van Sint David en van Wales.

Prieeltje Het vrouwelijke principe; schuilplaats; bescherming. In het christendom is het een symbool van de maagd Maria.

Prikstok Actie; beheersing; beweging. *Chinees:* Macht; spirituele autoriteit. *Hindoeïstisch:* Actie; de prikstok voor een olifant is een attribuut van Ganesha.

Prins/prinses De potentie van koningschap; de kracht en energie van jeugdig koningschap. De prins is verbonden met de koning als de vruchtbaarheid van zijn volk en land. Het winnen van de hand van een prinses, in mythen en legenden, is het verlangen naar de superieure of hoogste staat, een situatie vol gevaren waarin de aspirant gedood kan worden of kan worden verhoogd tot een hogere en meer nobele staat, zoals bij psychische en spirituele verlangens en zoektochten.

Pruim *Chinees:* lang leven; winter; schoonheid; zuiverheid; de kluizenaar; pupillen (onrijp fruit). Daar hij bloeit in de winter is hij kracht; uithoudingsvermogen; triomf. De pruim, bamboe en pijnboom zijn de 'drie vrienden van de winter'. *Christelijk:* Het fruit verbeeldt onafhankelijkheid; trouw. *Japans:* Pruimenbloesem is de lente triomferend over de winter; deugd en moed die moeilijkheden overwinnen; huwelijk; geluk. De boom is een embleem van de Samurai.

Punt Zie Centrum.

Pijl Het doordringende, mannelijke principe; penetratie; fallisch; bliksem; regen; vruchtbaarheid; potentie; macht; oorlog. Een vlucht pijlen vertegenwoordigt opstijging naar het hemelse. Pijlen afgeschoten met een boog staan voor de consequenties van daden die niet herroepen of ongedaan gemaakt kunnen worden. De pijl is, net als de lans en het zwaard, een solair symbool en stelt de stralen van de zon voor, hij is ook het attribuut van de strijder. Een pijl die een serpent doorsteekt staat voor de stralen van de zon die door de donkere wolken van het vochtige principe breken. De brede pijl (de fleur-de-lis) staat voor koninklijk eigendom. *Indiaans:* De zonnestralen. *Christelijk:* Martelaarschap; lijden; de nagels in het kruis; het embleem van de heiligen Christina, Edmund, Giles, Sebastiaan, Ursula. *Egyptisch:* Twee gekruiste pijlen op een schild vormen het embleem van Neith als godin van de strijders. *Grieks:* De pijlen van Apollo zijn de stralen van de zon die zowel weldoend en vruchtbaarheid schenkend kunnen zijn als verzengend en kwaadaardig. De pijlen van Eros zijn de pijlen van liefde. Een hart doorboord door een pijl staat voor vereniging. Pijlen zijn een attribuut van Diana als licht, Homerus gebruikt pijlen als symbolen voor pijn en ziekte, ze werden door de goden op de mensen afgeschoten, speciaal door Apollo. *Hindoeïstisch:* Attribuut van Rudra, de god van de aarde, de bliksem, en stormen, die mensen en dieren doodt, verdriet en moeilijkheden veroorzaakt, maar ook vruchtbaarheid en zegenrijke regen brengt. Attribuut van Indra als hemelgod; zijn pijlen zijn zowel de zonnestralen als de bliksem. *Islamitisch:* De gramschap en straf die God uitstort over zijn vijanden. *Cultus van Mithras:* Embleem van Mithras als god van het licht. *Sjamanistisch:* De gevederde pijl vertegenwoordigt de vlucht van een vogel naar de hemel; het transcenderen van de aardse staat.

Pijlkoker Het ontvangende vrouwelijke principe, met de pijl als het mannelijke; een attribuut van Artemis en alle jagers.

Pijnboom Oprechtheid; eerlijkheid; vitaliteit; vruchtbaarheid; karaktersterkte; stilte; eenzaamheid; fallisch. Als altijdgroen betekent hij onsterfelijkheid. Men ging ervan uit dat hij het lichaam beschermde tegen bederf, vandaar het gebruik voor lijkkisten en de aanwezigheid op kerkhoven; hij is bezwerend. De pijnappel heeft de vorm van een vlam en is fallisch en vertegenwoordigt de mannelijke creatieve kracht, vruchtbaarheid en geluk. Bastius stelt de pijnboom op één lijn met de ronddraaiende top als een vortex of spiraal d.w.z. de belangrijke voortplantende krachten. *Chinees:* Lang leven; moed; vertrouwen; bestendigheid bij tegenslag; embleem van Confucius. De pijnboom wordt ook samen met de ooievaar en de witte hertenbok afgebeeld. *Egyptisch:* Embleem van Serapis toen diens cultus zich in Egypte ontwikkelde. *Grieks:* Embleem van Zeus. De pijnappel is fallisch, vruchtbaarheid, was een attribuut van Dionysos, en bekroonde de Bacchusstaf; hij was ook een embleem van Artemis. Als preventief middel staat hij in verband met Aesculapius. *Japans:* Lang leven en als zodanig zien we hem ook samen met de ooievaar en de witte hertenbok. *Romeins:* Embleem van Jupiter en Venus; als de *pura arbor* symboliseert hij maagdelijkheid en is hij geassocieerd met Diana; hij is ook geassocieerd met Mithras. *Semitisch:* De pijnappel is een symbool van het leven; vruchtbaarheid. De boom is gewijd aan de Frygische Attis en zijn metgezel Cybele.

Python De onheilspellende macht van de duisternis en van het vrouwelijke aardeprincipe. Attribuut van Apollo als de zon die de duisternis overwint, en als het serpent van wijsheid.

Voor Laocoön en zijn zonen werd de **python** van Apollo, wiens priester in Troje de vader was, het instrument van de dood, omdat hij het mogelijk maakte dat het houten paard hun stad binnenkwam.

Qubbah De islamitische qubbah heeft dezelfde symbolische betekenis van niveaus van bestaan als de stoepa, zie aldaar.

Raaf Een pratend dier, vandaar profetie; anders ambivalent als solair óf de duisternis van het kwaad, als wijsheid óf de verwoesting door oorlog. Raven en wolven zijn vaak boezemvrienden van primitieve goden van de dood. *Alchemistisch:* Samen met de schedel en het graf is de raaf een symbool van zwartmaken en mortificatie, de *nigredo,* van het eerste stadium van het mindere werk en hij staat voor sterven voor de wereld, 'aarde tot aarde'. *Indiaans:* De bedrieger (zie aldaar) van de indianen uit de bossen van het oosten van Amerika. Een held en demiurg. *Keltisch:* Verbonden met de winterkoning in voorspellingen; de 'gezegende raaf' is een attribuut van oorlogs- en vruchtbaarheidsgodinnen. Morrigan is een raafgodin en Badb, de 'raaf van de strijd', symboliseert oorlog; bloedvergieten; paniek; kwaadwilligheid. De held Bendegiet Bran heeft een raaf als attribuut en Lugh heeft twee magische raven. Een totaal zwarte raaf is een slecht voorte-

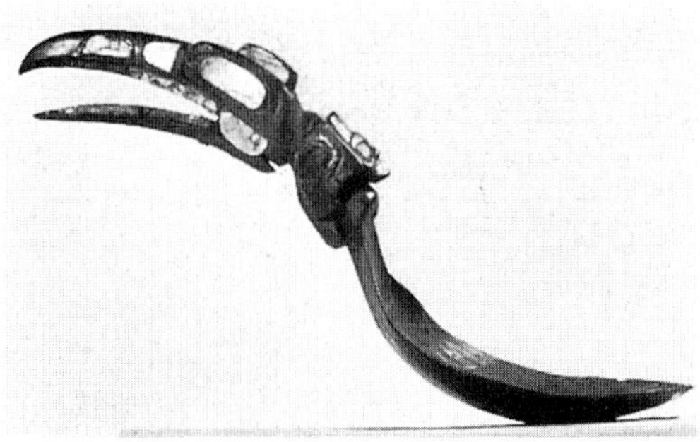

Voor de Canadese Tsimshian-indianen die hem hebben gemaakt, symboliseerde deze ceremoniële lepel met de kop van een **raaf** de ambivalente invloed van die sluwe vogel.

ken, maar met een witte veer wordt hij weldoend. *Chinees:* Een van de symbolische dieren van de twaalf aardse takken; hij verbeeldt kracht. Een raaf met drie poten woont in de zon, en verbeeldt de drie fasen van opkomen, hoogtepunt en ondergaan. *Christelijk:* De duivel, die zich voedt met corruptie; als hij de ogen uitpikt is hij de duivel die zondaars verblindt. De raaf is het symbool van de zonde en staat tegenover de onschuldige ziel van de witte duif. De raaf die uitgezonden werd vanuit de ark van Noach representeert zwerven, onrust en het onzuivere. In de symboliek van de zondeval verschijnt de raaf dikwijls op de boom van kennis waarvan Eva het fruit plukte. Hij verbeeldt ook eenzaamheid, vandaar de heilige kluizenaars, en is een embleem van de heiligen Antonius, Benedictus, Ida, Oswald, Paulus de heremiet, Vincentius. *Egyptisch:* Verwoesting; kwaadwilligheid. *Grieks:* Lang leven, gewijd aan Helios/Apollo; een boodschapper van de zonnegod; ook een attribuut van Athene, Kronos en Aesculapius. Wordt bij huwelijken aangeroepen als vruchtbaarheid. In de orfische kunst wordt de raaf van de dood afgebeeld met de pijnappel en de toorts van leven en licht. *Hebreeuws:* Aas; het onzuivere; mortificatie; vernietiging; misleiding. *Cultus van Mithras:* De eerste graad van initiatie; de dienaar van de zon. *Scandinavisch en Teutoons:* Odin/Wodan heeft twee raven op zijn schouders, één, Hugin, 'gedachten', en de andere, 'Munin', herinnering, die overal heenzwerven en verslag uitbrengen van hetgeen ze hadden gezien. De raaf is een embleem van Denen en Vikingen.

Radii Identiteit met het centrum, het essentiële, met de omtrek als het existentiële en analoge; stralen vertegenwoordigen ook de afwisselende krachten van actieve en passieve wording; solaire stralen; gelijkwaardigheid; 'geen enkele is de laatste'. In het levenswiel verdelen de radii, of spaken, de omtrek in perioden in de cyclus van manifestatie. Vier radii in een cirkel verbeelden vaak de vier rivieren van het paradijs en de vierhoek. De figuur neemt ook de symboliek van het kruis in de cirkel aan (zie aldaar).

Ram Potentie; de mannelijke generatieve kracht; creatieve energie; voortplantende kracht, vandaar zijn associatie met zonnegoden en goden van het firmament als de vernieuwing van solaire energie. In de Dierenriem vertegenwoordigt de ram de vernieuwde solaire kracht van de lente van het jaar. De spiraal van de horens van de ram wordt gebruikt als symbool voor de donder en kan zowel met zonnegoden worden verbonden als met maangodinnen. De ram is bij uitstek een offerdier. *Boeddhistisch* (Tibetaans): De ramskop is de dorje Lak-pa. *Keltisch:* Vruchtbaarheid; chtonisch; een attribuut van oorlogsgoden, en zoals ook het serpent met de kop van een ram, verbonden met de gehoornde god Cernunnos. *Christelijk:* Christus als herder van de kudde; ook als het offer aangekondigd is door de ram dat de plaats innam van Isaäk. *Egyptisch:* Voortplanting; solaire energie; creatieve hitte; de vernieuwing van de solaire energie in het jaar; de personificatie van Amon-Re, 'Re ... gij ram, machtigste van geschapen dingen'. De Khnemu met de ramskop werd later Khnemu-Re. De ram van Mendes is een attribuut van Osiris. *Grieks:* Gewijd aan Zeus/Sabazios als de ramgod; vruchtbaarheid; voortplanting. Gewijd aan Dionysos generator; de ram van Mendes was gewijd aan Pan. Op Cyprus werd de ram geassocieerd met Aphrodite. Het teken van Mars in de Dierenriem. *Hindoeïstisch:* Het offerdier. *Scandinavisch:* De wagen van Thor wordt door rammen getrokken. *Sumerisch-Semitisch:* Een ramskop bovenop een kolom personifieert Ea, de heer van de oceaan en het lot. De Foenicische Baäl/Hamon wordt, als een god van het firmament en de vruchtbaarheid, gewoonlijk afgebeeld met ramshorens op zijn hoofd. Rashap wordt afgebeeld met ramshorens en zijn troon wordt door rammen ondersteund.

Ranselen Ambivalent als zowel boetedoening als straf en aanmoediging en stimulatie. Ritueel ranselen herstelt de mannelijke vitaliteit. Ranselen werd ook gebruikt om duivels uit iemand die behekst was te verjagen. Zie ook zweep.

Rat Een dier dat plagen veroorzaakt; dood; verval; de onderwereld. *Chinees:* Laagheid; verlegenheid. Het eerste van de symbolische dieren van de twaalf aardse takken. *Christelijk:* Kwaad; embleem van de heilige Fina. *Hindoeïstisch:* Voorzichtigheid; vooruitzien. De rat is het ros van Ganesha, de overwinnaar van moeilijkheden, een succesvolle doorzetter.

Rebus De steen der wijzen uit de Hermetische traditie en van de alchemie; het bereiken van eenheid; het androgyne; de verzoening van alle tegendelen; heelheid; verlichting; opnieuw bereiken van het centrum. De zon en de maan, mannelijk en vrouwelijk, koning en koningin, zwavel en kwikzilver, het hebben ondergaan van ontbinding en de dood van *nigredo,* weer zijn opgestaan als de *petra genetrix*, de perfectie van de hermafrodiet.

Rechtheid Het rechte, of 'vaste', is de mannelijke, vaderlijke, creatieve kracht tegenover de circulaire, 'eindeloze', vrouwelijke, moederlijke kracht.

Rechts De rechterkant is gewoonlijk de solaire kant, mannelijk, toekomst, het uitgaande principe. In het westen en in het christendom is het de kant van de eer. Bij het laatste oordeel bevinden de schapen zich aan de rechterkant en de bokken aan de linkerkant; bij de kruisiging hing de goede dief rechts en de slechte links, of de maagd Maria en de kerk bevinden zich rechts met Johannes de doper of de synagoge links. In de Chinese symboliek is rechts yang, mannelijk, kracht, maar links, yin, is de kant van de eer omdat kracht de neiging heeft tot het plegen van geweld en dus leidt tot destructie en ontbinding; alleen in tijden van oorlog wordt rechts eervol. In het hindoeïsme en boeddhisme moet een heilig voorwerp via de linkerkant worden doorgegeven, het voorwerp rechts houdend.

Reekalf Embleem van de aanhanger aan Bacchus of Orpheus, die de huid van een reekalf droeg, evenals sandalen van de huid van een reekalf; vergezelt Diana.

Regel De perfectie van de rechte lijn; rechtschapenheid.

Regen Goddelijke zegen; openbaring; de afdaling van hemelse invloeden; gelukzaligheid; zuivering; creativiteit; penetratie, als vruchtbaarheid en als spirituele openbaring; in dit opzicht sluit de regen zich aan bij de symboliek van zonnestralen en licht. Alle hemelgoden maken de aarde vruchtbaar door regen. 'De regen die uit de hemel valt, dringt door in de aarde, en schenkt zo het leven aan planten en graan voor mensen en dieren' (Aeschylus).

Regenboog Transfiguratie; hemelse glorie; verschillende staten van bewustzijn; de ontmoeting van hemel en aarde; de brug of grens tussen deze wereld en het paradijs; de troon van de god van het firmament. Het hemelse serpent is ook verbonden met de regenboog aangezien deze ook een brug kan vormen tussen de ene wereld en de andere. In de Franse, Afrikaanse, Indische en Indiaanse symboliek is de regenboog een serpent dat zijn dorst lest in de oceaan. *Afrikaans:* In sommige regio's van Afrika wordt het hemelse serpent gelijkgesteld met de regenboog en is hij een bewaker van schatten; ook omcirkelt hij de aarde. *Indiaans:* Een ladder die toegang geeft tot de andere wereld. *Boeddhistisch:* De hoogst bereikbare staat in het gebied van *samsara* vóór het heldere licht van Nirwana. *Chinees:* De draak van het firmament; de vereniging van hemel en aarde. *Christelijk:* Vergiffenis; verzoening tussen god en de mens; de troon tijdens het laatste oordeel. Christus, 'door wie we worden beschermd tegen spirituele vloed' (Dante). *Grieks-Romeins:* Een memorabel teken voor mensen dat Zeus op de wolken aanbracht. De regenboog is soms afgebeeld op het borstschild van Agamemnon als drie

De Egyptische god Khnemu, wiens **ram**shoofd zijn fusie met de zonnegod, Re, symboliseert.

serpenten. De regenboog is de personificatie van Iris, gevleugelde boodschapper van de goden en speciaal van Zeus en Hera, of Jupiter en Juno. *Hindoeïstisch:* Het 'regenbooglichaam' is de hoogste yogische staat die bereikbaar is in het gebied van *samsara;* de regenboog is ook de boog van Indra. *Islamitisch:* De regenboog heeft vier kleuren, rood, geel, groen, blauw, die corresponderen met de vier elementen. *Scandinavisch:* De brug, Bifrost, de sidderende weg, naar Asgard.

Reiger Een solaire vogel die veel van de symboliek van de ooievaar en de kraanvogel deelt; hij is waakzaamheid en rust. Hij is ook de vogel van de wateren. *Boeddhistisch en taoïstisch:* Neemt de symboliek van de kraanvogel aan (zie aldaar). *Chinees en Japans:* De witte reiger wordt geassocieerd met de zwarte kraai als yin-yang, solair en lunair, licht en duisternis, de ene ernstig en stil, de 'denker', en de andere speels en kwetterend. De reiger staat voor tact en verfijndheid aangezien hij oprijst uit het water zonder de modder in beroering te brengen; hij wordt in de kunst geassocieerd met de wilgenboom. *Egyptisch:* De eerste hervormer van de ziel na de dood. Waarschijnlijk is de bennu een soort reiger geweest, of mogelijk een feniks, daar hij ook een symbool is van de rijzende zon, regeneratie, de terugkeer van Osiris en de vogel van de buiten zijn oevers tredende Nijl en vernieuwing van het leven, omdat hij de rivier verlaat en over de velden vliegt als de Nijl wast.

Reis Heroïsche reizen symboliseren het oversteken van de levenszee, het overwinnen van de moeilijkheden ervan en het bereiken van perfectie; het is ook een symbool van transformatie; de zoektocht naar het verloren paradijs; initiatie; het moedig tegemoet treden van beproevingen en gevaren tijdens het zoeken naar perfectie en realisatie; het testen en trainen van het karakter; het gaan 'van de duisternis naar het licht, van de dood naar onsterfelijkheid'; het vinden van het spirituele centrum. Reizen als die van Hercules, de Argonauten, Odysseus, Theseus, de ridders van de Ronde Tafel enz. zijn dit soort reizen. De symboliek van de reis is ook verbonden met die van driesprongen en de keuze van het linker- of het rechterpad.

Rendier Gewijd aan de Scandinavische grote moeder Isa of Disa.

Reus De brute krachten van de natuur; oermacht en oerkrachten; het elementaire; duisternis; nacht; winter. De reus kan zowel weldoend als schadelijk zijn, een verdediger of een vijand. In de Scandinavische mythologie zijn de reuzen van de vorst en de hel chtonische krachten. Reuzen van het vuur verbeelden de kracht van vuur.

Richtingen van de ruimte Zie Noorden, Zuiden, Oosten en Westen. Chinese en Tolteekse (Mexico) astrologie verdelen de wereld beide in vijf richtingen, met het centrum als de vijfde. De hoofdwindstreken spelen een belangrijke rol in begrafenisriten en gebruiken. Er zijn vier Sumerisch-Semitische goden die worden geïdentificeerd met de vier hoofdwindstreken.

Ridder Gezeten op een paard is de ridder de geest die het lichaam leidt; zijn zoektocht vertegenwoordigt de reis van de ziel door de wereld, met zijn verleidingen, obstakels, beproevingen, testen en beproeven van het karakter en ontwikkeling naar perfectie. Hij staat ook voor degene die wordt ingewijd, of, in de vorm van een reus, de machten van de natuur en soms de dood. De rode ridder is de overwinnaar, gedoopt in bloed. De witte ridder verbeeldt onschuld, zuiverheid, de uitverkorene, de verlichte. De zwarte ridder staat voor de machten van het kwaad, zonde, vergelding en offer. Zie ook Schaakspel.

Riet/bies Riet of biezen symboliseren vastgelegde tijd. *Chinees:* Geslaagd beheer; de snelle groei betekent vooruitgang. *Christelijk:* Het lijden en sterven van Christus aan het kruis; vernedering; embleem van Johannes de Doper. *Egyptisch:* Koningschap; de vruchtbaarheidbrengende Nijl. *Grieks:* Embleem van Pan; muziek; harmonie.

Ring Deelt, tot op zekere hoogte, de symboliek van de cirkel als eeuwigheid, continuïteit, goddelijkheid, leven. Hij vertegenwoordigt ook macht; waardigheid; soevereiniteit; kracht; bescherming; gedelegeerde macht; voltooiing; cyclische tijd. De ring wordt gelijkgesteld met de persoonlijkheid, en een ring schenken wil zeggen macht overdragen, trouw beloven, het verbinden van de persoonlijkheden. Het is een bindend symbool; de trouwring verbindt tot een nieuwe staat van eenheid, compleetheid, vervulling. De kop van een dier of monster met een ring in zijn kaken beeldt de bewaker van de weg uit; de open muil is de poort tot de dood en de ring is de weg of de 'enge poort' (zie Passage) of 'deur tot bevrijding'; hij wordt gewoonlijk op deuren geplaatst als een klopper, verder zien we hem als de sluitsteen van een boog, of als de handvatten van een urn, allemaal symbolen van toegang of passage. *Chinees:* Eeuwigheid; de oorsprong van alle schepping; autoriteit; waardigheid. Een complete ring wil zeggen aanvaarding, gunst; een gebroken ring is ambivalent als aan de ene kant verwerping, ongenade, of als aan de andere kant de twee helften bewaard worden als een contract of vernieuwing van vriendschap. Een ring die werd gezonden door een keizer was de opdracht terug te keren naar het hof; een halve ring betekende uitwijzing, verbanning. *Christelijk:* Eeuwigheid; vereniging; spiritueel huwelijk met de kerk. Verschillende ringen geven het ambt van de drager aan; de saffier voor kardinalen en de bisschopsring, wat wil zeggen een bruidegom van de kerk. Een nieuwe paus draagt de ring van de visser als embleem van Petrus. De Britse kroningsring is 'het teken van koninklijke waardigheid en de verdediging van het katholieke geloof'. Embleem van Edward de Belijder. *Egyptisch:* De oorsprong van het symbool van de ring en de staf is onbekend, men oppert wel dat ze een *axis mundi* zijn of het rondwentelende universum; het al; eeuwigheid. *Hindoeïstisch:* De ring van vlammen rondom Shiva representeert de kosmische cyclus van creatie en destructie. *Sumerisch-Semitisch:* De ring, vaak een drievoudige ring, is een goddelijk attribuut en wordt door alle goden gedragen; met de kroon, scepter en sikkel is hij een symbool van koningschap.

Rivier De stroom van de wereld in manifestatie; de gang van het leven. De rivier van het leven is het gebied van de godheid, de macrokosmos; de rivier van de dood is het manifeste bestaan, de wereld van verandering, de microkosmos. De 'terugkeer' tot de bron, gesymboliseerd door de rivier die stroomopwaarts gaat, is de terugkeer tot de oorspronkelijke, paradijselijke staat, om verlichting te vinden.

De mond van de rivier deelt de symboliek van de deur of poort en geeft toegang tot een ander gebied, tot de oceaan van eenheid. Gewoonlijk gaat de reis, in 'rites de passage' of tochten van de ene staat naar de andere, van de ene oever naar de andere, over de rivier van het leven of de rivier van de dood, maar als de tocht naar de mond van de rivier gaat worden de oevers gevaarlijk en moeten worden vermeden en dan wordt de symboliek die van de gevaarlijke passage (zie aldaar).

De oorsprong van de vier rivieren in het paradijs, die in de vier belangrijkste windrichtingen stromen, bevindt zich in een bron, wel of fontein aan de voet van de levensboom, of ze ontspringen uit een rots eronder, in het centrum van het paradijs; ze symboliseren creatieve kracht die uit de ongemanifesteerde bron in de gemanifesteerde wereld stroomt tot het uiterste einde van de zee; dat wil zeggen, van het hoogste naar het laagste niveau. *Boeddhistisch:* De stroom van het leven. De rivieren van het paradijs brengen spirituele kracht en voeding. De rivier van het leven moet teruggevolgd worden tot aan zijn bron om verlichting te krijgen. *Christelijk:* De vier rivieren van het paradijs, ontspringend uit één enkele rots, ver-

In het midden van een Perzisch tapijt uit de zeventiende of achttiende eeuw stromen de vier **rivieren** van het paradijs uit een bron aan de wortels van de levensboom.

Isis als Fortuna op een wandschildering in Pompeji heeft het **roer** in de hand waarmee ze de bestemming van de mens beheerst.

beelden de vier evangeliën voortkomend uit Christus. *Grieks:* Rivieren worden afgebeeld als krachtige mannen met horens en lange, golvende, baarden. *Hebreeuws (kabbala):* De rivieren van het leven corresponderen met de sefirotische boom en brengen spirituele invloeden uit de 'wereld omhoog' naar de 'wereld hier beneden'. *Hindoeïstisch:* De vier rivieren van het paradijs stromen van de voet van de levensboom, op de berg Meru, in de vier belangrijkste richtingen en zijn, het horizontale kruis vormend van de aardse wereld, gerelateerd aan de vier elementen, de vier fasen van de cyclische ontwikkeling, de vier leeftijden, of *yuga's,* en de vier offerkommen uit de Veda's. De hindoeïstische *amrita* is verbonden met de vedische *soma,* stromend uit de levensboom. Rivieren ingesneden in deuren of tempels representeren de zuivering van de volgeling, rituele ablutie; baden in een heilige rivier schenkt rituele zuivering. *Iraans:* De rivier van het leven ontspringt uit de levensboom en is geassocieerd met het stromen van de heilige *haoma. Scandinavisch:* Er zijn vier rivieren van melk die in Asgard stromen. *Sumerisch-Semitisch:* De vier rivieren van het paradijs vormen de vier kwarten van de aarde, de vier voornaamste windrichtingen en de seizoenen.

Robijn Zie Edelstenen.

Roede Macht; autoriteit; goddelijkheid; een *axis mundi;* deelt de symboliek van de staf (zie aldaar). De roede is een attribuut van Aäron en alle magiërs; hij heeft magische kracht en is in staat een verschil van mening op te lossen; hij wordt ook door alle goddelijke boodschappers gedragen, zoals Hermes/Mercurius en door de psychopomp die de zielen begeleidt naar het hiernamaals en het oordeel. De bloeiende of uitlopende roede is de kosmische boom als de wereldas. Een roede die stralen uitzendt is een embleem van de goden van donder en bliksem. De meetroede is een attribuut van Nemesis als vergelding en een symbool van de tijd. De roede-en-lijn (meetlint) is geassocieerd met de solaire Shamash en Marduk en soms met Ea als de architect van het universum. De roede van Mozes, die veranderde in een serpent en weer terug in een roede, is vergelijkbaar met de alchemistische *solve et coagula.* We zien hem ook in de islamitische symboliek als de niet hervormde ziel veranderd in spirituele kracht. Hij is symbolisch verbonden met de staf, scepter, drietand en bisschopsstaf. De roede van Hypnos had de macht slaap en vergetelheid te schenken. De Gaelische 'witte staf' van magische macht was van taxushout; de Keltische magische roede was van hazelaarshout.

Roeispaan Macht; kundigheid; kennis. De roeispaan is de roede, of spies, die de oeroceaan omroert en ook de paal die het dodenschip de weg over de wateren wijst naar de andere oever. In dit verband is de roeispaan, staf of paal gerelateerd aan de symboliek van de gouden boog. In Egypte verbeeldde de roeispaan soevereiniteit, heerschappij en handeling. Een attribuut van de riviergoden.

Roer Leiding; controle; veiligheid; een embleem van Tyche/Fortuna als lot en overvloed.

Rol Studie; kennis; de ontplooiing van leven en kennis; het voorbijgaan van de tijd; de rol van de teksten of *sutra's: Chinees:* Een lang leven; geleerdheid. *Christelijk:* Het boek van het leven. De rol met zeven zegelen die niemand kan lezen deelt de symboliek van de tabletten van bestemming. De rol is een attribuut van Jacobus de meerdere en wordt ook geassocieerd met Jesaja, Jeremia en de profeten. *Grieks:* Attribuut van Aesculapius als medische studie. *Egyptisch:* Kennis; geassocieerd met de papyrus als embleem van Neder-Egypte.

Ronde van het bestaan/kringloop van het leven *Boeddhisme en jainisme:* De cirkel symboliseert de ronde van alle fenomenale bestaan, onophoudelijke verandering en wording; het geheel bevindt zich in de greep van Mara, of gShin-rje, de heer van de dood. Het is een schematische weergave van *samsara,* van gemanifesteerd leven in alle fasen tussen geboorte en dood; een totaliteit. In het centrum bevinden zich de drie zinloze dieren, het varken van gierigheid en onwetendheid, de haan van vleselijke hartstocht, de slang van boosheid, die samen de eigenschappen representeren die de mens binden aan de wereld van de zintuigen, illusies, de essentiële natuur van het bestaan. Rondom het centrum bevindt zich een cirkel met in de linkerhelft monniken en leken die zich opwaarts bewegen naar een gelukkiger wedergeboorte en in de rechterhelft naakte figuren die neerdalen naar een ellendige wedergeboorte. De zes afdelingen van de volgende cirkel geven de mogelijke bestemmingen van de mens na de dood weer; aan de top bevinden zich de hoogste hemelen, rechts de titanen en de goden, links de mensen; in de onderste helft zijn rechts de ongelukkige geesten, gekweld door de zintuigen, links is het gebied van de dieren en op het laagste punt zijn de verschillende koude en hete hellen. In iedere afdeling bevindt zich een Boeddha om uiteindelijk te helpen bij de redding van allen. De buitenste cirkel bevat twaalf afbeeldingen: een geboortescène, nieuw leven, groei en het proces van wording weergevend; een zwangere vrouw – de conditie van wording, de handeling van toe-eigening, sterfelijk leven voortzettend; een man die een vrucht plukt – toe-eigening die voert tot hechting aan het leven, verlangens; een scène met drinkers – verlangen als dorst naar het leven, leidend naar het zintuig van gevoel; een man met een pijl in zijn oog – het zintuig van gevoel dat de oorzaak is van contact; een kus – contact en de zintuigen voerend naar de sfeer van de zintuigen; een huis met veel ramen – de zintuigen, leidend tot het bestaan van de persoonlijkheid; een schip tijdens een reis – de persoonlijkheid, leidend tot de staat van bewustzijn; een monnik die een vrucht plukt – bewustzijn, leidend tot primitieve impulsen; de pottenbakker en de potten – het vormen van de impulsen, de conditie van de impuls als afwezigheid van kennis; een blinde vrouw – de afwezigheid van kennis, de blindheid van onwetendheid die voert tot de dood; een man die een lijk draagt – dood en lijden, voerend tot wedergeboorte.

Rood Zie Kleuren.

Roodborstje *Christelijk:* Dood en wederopstanding. *Teutoons:* Gewijd aan Thor; een vorm van de donderwolkvogel.

Rook Een rookkolom opstijgend uit de opening van het dak van een tempel, een huis, of de centrale opening van een tipi of yoerte, is een *axis mundi,* het pad om te ontsnappen aan tijd en ruimte in het eeuwige en onbestemde; rook is tijdelijke en ruimtelijke uitbreiding, de combinatie van vuur en lucht; hij vertegenwoordigt ook opstijgend gebed; een verzoek aan de godheid aanwezig te zijn; hij kan ook de door het vuur gezuiverde, opstijgende ziel betekenen. In het christendom beschouwt men rook als weergave van de kortdurendheid van het leven, de futiliteit van roem, boosheid of toorn.

Roos/rozet Een bijzonder complex symbool; dit symbool is ambivalent en zowel hemelse perfectie als aardse passie; de bloem is tijd en eeuwigheid, leven en dood, vruchtbaarheid en maagdelijkheid. In het Westen nemen de roos en de lelie de positie in van de lotus in het Oosten en de symboliek van de mystieke roos is in hoge mate vergelijkbaar met die van de lotus. De roos is perfectie; pleroma; voltooiing; het mysterie van het leven; het hartcentrum van het leven; het onbekende; schoonheid; gratie; geluk; maar ook zinnelijkheid; de hartstochten en zij is verbonden met wijn, sensualiteit en verleiding.

In de symboliek van het hart neemt de roos het centrale punt van het kruis in, de plaats van eenheid. Als de bloem van vrouwelijke godheden is zij liefde, leven, schepping, vruchtbaarheid, schoonheid en ook maagdelijkheid. De vluchtigheid van de roos representeert dood, sterfelijkheid

Een van de grote wielen aan de basis van de tempel van Konarak, symbolen van de **ronde** van het bestaan, waarop ook de verering van het goddelijke berust.

Het symbool van het kabbalistische rozenkruis bevat vier **rozen** als symbool van de volmaaktheid van de viereenheid.

en zorgen; haar doornen betekenen lijden, bloed en martelaarschap. Bij begrafenissen duidt zij op eeuwig leven, eeuwige lente, wederopstanding.

De roos typeert ook zwijgen en geheimhouding, *sub rosa*, een roos die opgehangen is, of afgebeeld, in raadskamers, symboliseert geheimhouding en discretie. De gouden roos verwijst naar perfectie; de rode roos naar verlangen, hartstocht, vreugde, schoonheid, vervulling; zij is de bloem van Venus, het bloed van Adonis en van Christus; de witte roos is de 'bloem van licht', onschuld, maagdelijkheid; spirituele ontplooiing, charme; de rode en witte roos samen representeren de vereniging van vuur en water, de vereniging van de tegendelen; de blauwe roos is het onbereikbare, het onmogelijke.

De roos met vier bloembladen verbeeldt de verdeling in vier kwarten van de kosmos; de roos met vijf bloembladen is de microkosmos, die met zes bloembladen de macrokosmos. De rozet is de roos of lotus, van bovenaf gezien. De 'roos van de winden' wordt gerepresenteerd door een cirkel die het dubbele kruis omsluit, verwijzend naar de vier hoofdwindstreken en de vier tussenliggende richtingen; hiermee deelt zij de symboliek van de cirkel, het centrum, het kruis en de radii van het solaire wiel. De rozentuin is een symbool van het paradijs en is de plaats van het mystieke huwelijk, de vereniging van de tegendelen. *Alchemistisch:* De roos is wijsheid en het *rosarium* is het werk; zij staat ook voor de wedergeboorte van het spirituele na de dood van het tijdelijke. *Chinees:* Geur, aroma; zoetheid bij troosteloosheid; voorspoed. De lotus bevat de metafysische symboliek. *Christelijk:* De bloem van het paradijs door haar schoonheid, perfectie en haar geur. De witte roos is onschuld, zuiverheid, milddadigheid, de maagd Maria; de rode roos is milddadigheid en martelaarschap en groeide uit de bloeddruppels van Christus op de Calvarieberg. Een guirlande van rozen is hemelse zegen en de maagd Maria als de roos van de hemel; de roos van Sharon is de kerk. De doornen van de roos zijn de zonden van de zondeval en de 'roos zonder doornen' of de mystieke roos, is de maagd Maria, vrij, vanwege de onbevlekte ontvangenis in de schoot van haar moeder, van de gevolgen van de zonden. De gouden roos is het embleem van de paus en betekent bijzondere pauselijke zegen. De roos is een embleem van de heiligen Angelus, Cecilia, Dorothea van Cappadocië, Elizabeth van Hongarije, Elizabeth van Portugal, Rosalia, roos van Lima, roos van Viterbo. *Egyptisch:* Rozen waren gewijd aan Isis als symbolen van zuivere liefde bevrijd van het vleselijke en werden gebruikt bij de mysteries van Isis en Osiris. De lotus heeft een andere symboliek. *Grieks-Romeins:* Triomferende liefde; vreugde; schoonheid; verlangen; embleem van Aphrodite/Venus. Rozen werden geplant op Romeinse begraafplaatsen als symbolen van de wederopstanding en eeuwige lente, of er werden rozen naartoe gebracht tijdens het Rosalia-festival en deze werden over de graven gestrooid. De Romeinse keizer droeg een kroon van rozen. De rode roos groeide uit het bloed van Adonis, de roos is een embleem van Aurora, Helios, Dionysos en de muzen. *Hebreeuws (Kabbala):* Het centrum van de roos is de zon, de bloembladen zijn de oneindige, maar harmonieuze verscheidenheid in de natuur. De roos komt voort uit de levensboom. *Hindoeïstisch:* De lotus heeft een zelfde soort symboliek als de mystieke roos als spiritueel centrum, vooral in de chakra's. *Islamitisch:* De roos symboliseert het bloed van de profeet, en zijn twee zonen, Hasan en Hosein, zijn twee 'ogen' of 'rozen'. In de 'Roos van Bagdad' staat de eerste cirkel voor de wet, de tweede voor het pad, en de derde voor kennis, de drie samen zijn waarheid en de namen van Allah. *Rozenkruisers:* Het rozen-kruis is de mystieke roos als wiel en kruis; de roos is het goddelijke licht van het universum en het kruis de tijdelijke wereld van lijden en offer. De roos groeit aan de levensboom en dat houdt regeneratie en wederopstanding in. De roos is het centrum van het kruis in het viertal van de elementen en het punt van eenheid.

Rots Bestendigheid; stabiliteit; betrouwbaarheid; starheid; kou en hardheid. De levende rots is het oorspronkelijke zelf van de mens. Twee rotsen vormen een hemelse doorgang die toegang geeft tot een ander gebied (voor elkaar rakende rotsen zie Passage). *Christelijk:* Water gutsend van een rots slaat op de wateren van de doop en redding stromend uit de kerk. Christus is de rots, de bron van het levende water en de zuivere rivier van de evangeliën. De rots is ook kracht, toevluchtsoord, vastberadenheid; hij is een symbool van Petrus. *Cultus van Mithras:* Mithras werd geboren uit een rots. Zie ook Steen.

Rozemarijn *Europees:* Zijn blijvende geur wordt vergeleken met herinnering, standvastigheid en verknochtheid aan herinnering. Wordt ook gebruikt bij begrafenissen en is gewijd aan Ares.

Ruggengraat De wereldas; steun; standvastigheid. De wervelkolom van Osiris werd rechtopgezet nadat hij uiteengereten was; dat was het Egyptische symbool van *djed.* Bij de Ainu werd de ruggengraat vervaardigd van soepel wilgenhout. In het hindoeïsme is de ruggengraat het kanaal van de ontwaakte kracht van kundalini, die als een serpent opgerold en slapend aan de basis van de ruggengraat ligt. Symbolen van de ruggengraat zijn elke wereldas, bergen, zuilen, bomen, horens, benen enz. De berg Meru is de ruggengraat van de wereld.

Ruimte Heilige ruimte is altijd een kosmisch centrum, zoals in de symboliek van tempels, kerken, tipi's, hutten enz. Hemel en aarde komen er samen en de communicatie tussen de twee wordt mogelijk.

Ruit Het vrouwelijke creatieve principe; de schaamspleet; een symbool van vruchtbaarheidsgodinnen; met een centraal punt is zij de *pudenda mulieris.*

Ruiten De diversiteit van dualisme in de manifeste wereld; licht en duisternis, dag en nacht etc. Voor schaakbord zie Schaakspel.

Rijst Heeft dezelfde symboliek als graan (zie aldaar) in het Westen en is, als essentieel voedsel, van goddelijke oorsprong. Rijst kan magisch zijn en levert bovennatuurlijke voeding, zoals manna, en kan voorraadschuren op een miraculeuze wijze opnieuw vullen. Rijst is een symbool van overvloed en goddelijke voorzieningen. Ze hoefde pas te worden verbouwd na het verloren gaan van het paradijs en de scheiding van hemel en aarde. Rijst representeert onsterfelijkheid; spiritueel voedsel; oorspronkelijke zuiverheid; schittering; solaire kracht; kennis; overvloed; geluk en vruchtbaarheid, en dat is de reden waarom ze bij bruiloften over bruiden wordt uitgestrooid. In de Chinese alchemie is rode rijst geassocieerd met vermiljoen; in de esoterische islam met rode zwavel, met zwavel in het werk met betrekking tot de hermetica.

'Vrouw met **rozenkrans**', door Aga Riza, hofschilder van Sjah Abbas I (1586-1629).

Saffier Zie Edelstenen.

Saffraan In Europa betekent deze ongeïnteresseerdheid; nederigheid; zelfverloochening; liefde; magie. Hij is het kruid van de zon.

Sagittarius Zie Dierenriem.

Salamander Meestal afgebeeld als een kleine hagedis of draak zonder staart, soms lijkt hij op een hond die uit de vlammen springt en dan representeert hij het element vuur. Hij is het dier van het vuur. Men ging ervan uit dat de salamander sekseloos was en daarom werd hij op één lijn gesteld met kuisheid. In de christelijke symboliek representeert hij duurzaam geloof en de rechtvaardige mens die niet kan worden verteerd door het

Een menade en een **sater** spelen fluit en panfluit tijdens een bacchanaal, weergegeven op een bord van de Romeinse 'Mildenhall Treasure' (British Museum, Londen).

vuur van de verleiding. In de heraldiek verbeeldt hij onverschrokkenheid en moed die niet kan worden gedoofd door het vuur van kwellingen.

Sandalen De maan is de 'godin van de koperen sandalen' en gouden of koperen sandalen verbeelden de volle maan. Gevleugelde sandalen staan voor gezwindheid en zijn een attribuut van de boodschappergoden, speciaal van Hermes/ Mercurius. Zie ook Schoen.

Sap De levenskracht; vitaliteit; sterkte. Sap deelt de symboliek van bloed. De met sap gevulde plant betekent moederschap; vol sap zijn is vitaliteit en jeugdigheid en door uitbreiding is 'zonder sap zijn' ouderdom; 'saphoofd' (onnozele hals) is jeugdige dwaasheid.

Sarcofaag Heeft dezelfde symboliek als het graf (zie aldaar) als een omsloten plaats en het omsluitende vrouwelijke principe. Hij is ook dood en sterfelijkheid.

Sardonyx Zie Edelstenen.

Sater Mannelijke geesten met een profane natuur; volgelingen van de natuurgoden Silvanus, Faunus, Pan, Dionysos/Bacchus. Ze vertegenwoordigen de ongetemde natuur, wellust en hebben menselijke hoofden met horens, de baard van een geit, menselijke handen en armen, maar vanaf het middel omlaag het lichaam van een geit. Soms dragen ze de kroon van klimop van Dionysos en hebben ze zijn thyrsus (met wingerd en linten omgeven staf)in de hand; andere attributen zijn druiventrossen, manden met fruit, kruiken wijn, de cornucopia en de slang; hun vrouwelijke tegenhangers tijdens de bacchanalia waren de menaden.

Saturnalia Het sinistere aspect van Saturnus; de winterzonnewende; de dood van het oude jaar en de geboorte van het nieuwe, *dies natalis solis invicti*, de geboortedag van de onoverwinnelijke zon; de passage van chaos naar kosmos; de onderbreking van tijd. De doden keren gedurende de twaalf nachten van de Saturnalia terug. Het is ook de tijd van het offeren van de oude koning, of de zondebok, als afnemende vruchtbaarheid, en de voorbereiding van de kroning van de nieuwe koning als potentie. De twaalf dagen van chaos symboliseren het patroon van de komende maanden van het jaar. De periode van chaos wordt beheerst door de heer van wanbeheer. Travestie (zie aldaar) is een kenmerk van de tijd van chaos tijdens de Saturnalia, evenals orgieën, carnavals enz. en ze verwijzen naar een vorm van terugkeer van de chaos. In Babylon kende men de twaalf dagen van strijd tussen chaos en kosmos; in het christendom zijn er de twaalf dagen van Kerstmis.

Saturnus Zie Planeten.

Scarabee *Egyptisch:* De zon; het pad van de zon; zelfscheppende kracht; Khepera, god van de schepping; wederopstanding; onsterfelijkheid; goddelijke wijsheid; heersende voorzienigheid die richting geeft aan de productieve krachten van de natuur en deze reguleert. Men dacht dat hij al het mannelijke was, de scarabee vertegenwoordigde ook potentie en de voortplantende kracht van het leven. In Afrika, in de Kongo, is hij een lunair symbool van eeuwige vernieuwing.

Scepter Absolute autoriteit; macht; regeringsambt. Voor diamanten scepter zie Dorje, Vajra, Ju-i. De scepter met zeven hoofden is een Sumerisch strijdsymbool. Goddelijke of koninklijke macht; soevereiniteit; geestelijke autoriteit; fallisch; de overdracht van levenskracht; de magische staf; hij is een attribuut van de goden van het firmament, van monarchen en magiërs. *Boeddhistisch:* De diamanten scepter is de hoogste macht; de dharma; gerechtigheid; autoriteit; de zeven positieve en permanente deugden. *Chinees:* Hoogste autoriteit; de *ju-i;* de kracht van het geloof, 'als je verlangt'; waakt tegen het onverwachte en wijst de weg; een attribuut van de god van studie en literatuur. *Christelijk:* Autoriteit; een embleem van de aartsengel Gabriël. *Egyptisch:* Attribuut van Osiris als rechter over de doden. *Grieks-Romeins:* Een attribuut van de god van het firmament Zeus/Jupiter als hoogste macht, ook van Juno en Cybele, en van een Romeinse consul. *Hindoeïstisch:* De hoogste autoriteit, dharma; een attribuut van Indra als instandhouder van de kosmische orde en van Vasu als handhaver van de wet en gerechtigheid onder de mensen. Zie ook Vajra. *Japans:* De *nyoi* verbeeldt autoriteit en wordt gedragen door abten.

Schaakspel Het koninklijke spel van het leven; het conflict tussen de spirituele krachten van licht en de duisternis; deva's en asura's; engelen en demonen strijdend om de heerschappij over de wereld; bestaan als een veld van actie van tegengestelde machten en krachten; manifestatie en weeropneming. Het zwart/witte of rood/witte schaakbord symboliseert de afwisselende kracht van alle fundamentele dualiteiten en complementen in manifestatie, het negatieve en positieve, nacht en dag; zon en maan; mannelijk en vrouwelijk; obscuriteit en helderheid; lichte en donkere kant van de maan; tijd en ruimte etc. ook het kriskras patroon van het leven heen en weer gaand tussen goed en kwaad, geluk en ongeluk. De 64 vierkanten zijn de mandala van Shiva in zijn transformerende aspect en berusten op de viervoudige symboliek van 8 x 8, de fundamentele vorm van een tempel of stad, duidend op de kosmos met al zijn mogelijkheden samen met de krachten die aan 't werk zijn in het universum en de mens; zo houdt het kosmische perfectie in. Het Indiase ronde schaakbord typeert oneindigheid en de cirkel van geboorte en dood; ieder spel is een tijdperk, en het wegzetten van de stukken symboliseert een periode van niet-manifestatie. Het zetten van de stukken is de realisatie van alle mogelijkheden in deze wereld en de individuele mens in manifestatie. De keuze van de zet is vrij maar is verantwoordelijk voor het in beweging zetten van een onontkoombare reeks van effecten; zowel vrije wil als bestemming zijn erbij betrokken; de geest is waarheid en daarin is de mens vrij; daarbuiten is hij de slaaf van bestemming.

De koning is de zon; het hart; de krachten van wet en orde; zijn bewegingen worden beperkt door manifestatie. De koningin, of vizier, is de geest, degene die beweegt omdat ze het wil, de maan. De raadsheer of loper, vertegenwoordigt de heersers van de spirituele wereld en zijn beweging berust op de driehoek; als hij op de witte vierkanten beweegt verwijst hij naar de intellectuele, positieve weg, op de rode of zwarte vierkanten naar de devotionele weg, de via negativa; de diagonale beweging betekent het existentiële en vrouwelijke, geregeerd door Jupiter. De toren, kasteel, of wagen, is de tijdelijke macht, de heersers van deze wereld; de beweging berust op het vierkant dat materie en de aarde symboliseert, terwijl de axiale beweging, door de kleuren heen, wijst op het viriele en mannelijke en beheerst wordt door Saturnus. Het paard, degene die wordt geïnitieerd, gebruikt zowel de intellectuele als de devotionele weg, maar zonder de kracht van de ziel; de sprong van het paard representeert de sprong van de intuïtie, en ook het linker pad. Men veronderstelt ook wel dat het militaire en ridderlijke associaties heeft met de initiatie-orden van de tempeliers e. d. en een 'zwerver' (zie aldaar) of 'dolende ridder' is; het wordt beheerst door Mars. Pionnen zijn gewone mensen, die proberen het bord over te steken, via de zeven graden van initiatie, om het achtste vierkant te bereiken, het doel van de nieuweling (novice). Het achtste vierkant bereiken wil zeggen, 'herwonnen paradijs', realisatie, verlichting, het worden van een beweger zoals gewild. Pionnen worden beheerst door Venus en Mercurius, het liefdespaar.

Bij Arabisch-Spaans schaken betekent schaakmat niet noodzakelijk de dood van de koning, maar hij is dan onteerd of verslagen en aan de kant gezet. Het kasteel of de toren (Spaans *roque*) is de angstaanjagende rok (soort vogel) die Sinbad tegenkomt; het is ook de raadsheer of loper (Spaans *el alfil*, Arabisch *al-fil*, de olifant) maar hij

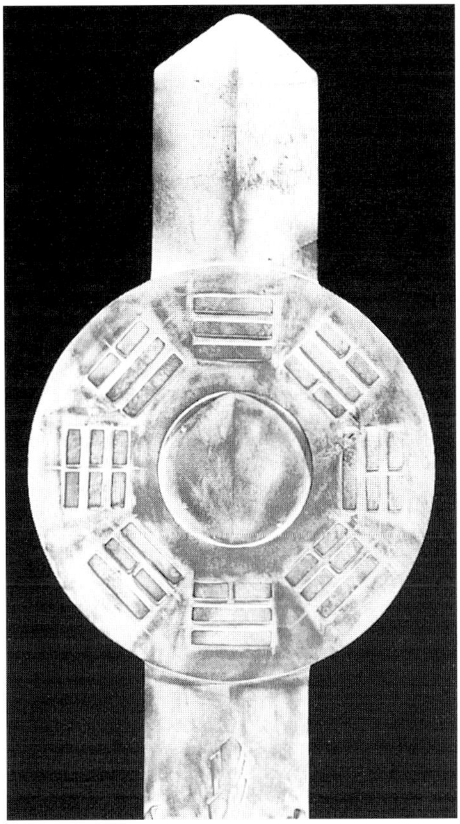

Deze **scepter** van jade uit de Mingperiode is versierd met de hemelschijf en, op zijn steel, de rotsen van de aarde: kracht moet beide verbinden.

In deze dertiende-eeuwse Spaanse illustratie van 'een christen en een moslim die **schaken**', heeft de artiest op naïeve maar nadrukkelijke wijze de symbolische voorstelling van elkaar weerstrevende krachten, die elkaar ontmoeten en elkaar bestrijden, binnen een enkel, beperkt veld van actie, weergegeven.

verschijnt ook als olifant zoals bij de oosterse schaakstukken; er is geen koningin maar wel een raadgever die bij een zet een vierkant diagonaal kan oversteken, en bij de eerste zet zowel diagonaal als recht naar het derde vierkant kan springen. Het bord kan 64 tot 100 vierkanten hebben en er was ook een dubbel spel dat werd gespeeld op een bord met 16x12 vierkanten. Een schaakspel kan ook bestaan uit een bord met 140 vierkanten en dan zijn er twaalf stukken en twaalf pionnen; naast de koning staat een griffioen en dan komen er een basilisk, een giraf, een eenhoorn, leeuw en roek.

Schaap Blind en onintelligent volgen; hulpeloosheid. *Chinees:* Het teruggetrokken leven. Het achtste van de symbolische dieren van de twaalf aardse takken. *Christelijk:* De kudde van Christus; de gelovigen; de apostelen.

Schaar Ambivalent, een symbool van leven en dood; hij is vereniging, de twee handelend als één, maar scheidt ook als hij de draad van het leven doorknipt. Een attribuut van de schikgodin Atropos die de draad van het leven doorknipt.

Schaduw Het negatieve principe tegenover het positieve van de zon. Bij sommige primitieve stammen kan de schaduw de ziel van de persoon representeren; dat gebeurt ook bij hekserij en betovering; men moet letten op de plaats waar de schaduw valt, of niet op iemands schaduw stappen.

Schalen/schubben De weegschaal van Justitia representeert evenwicht; gelijkwaardigheid; oordeel; harmonie; organisatie. In het christendom zijn schalen een embleem van de aartsengel Michaël. Ze zijn ook het symbool van het teken Libra van de Dierenriem en van de Griekse Themis als wet, orde en waarheid. Visschubben verbeelden wapenrusting, bescherming en de god Ea-Oannes, de heer van de diepten; ze worden ook gedragen door de priesteressen van de culten voor de grote moeder, die de wateren beheerst.

Schat De symboliek van het zoeken naar de schat is tweevoudig: het doel van het zoeken kan een aardse schat zijn, zoals goud of edelstenen, gewoonlijk verborgen in een grot of onder de grond. Het vinden ervan brengt beproevingen en onheil met zich mee, en als hebzucht het motief is, leidt het tot totale mislukking; het kan ook om een spirituele schat gaan, die de esoterische kennis of verlichting symboliseert, het zoeken naar het centrum, het paradijs, de graal enz. Het doel wordt bewaakt door monsters of draken; dit staat voor de zoektocht van de mens naar, en de ontdekking van, zijn eigen ware natuur. Gewoonlijk is bovennatuurlijke hulp vereist voor het overwinnen van beproevingen en monsters, lijden en proeven zijn noodzakelijk wil men spiritueel iets bereiken, en de mens is daar zonder goddelijke leiding niet toe in staat.

Schedel De vergankelijkheid van het leven; de ijdelheid van wereldse zaken; dood; *memento mori;* de maan; de schaduwen; de ondergaande zon; goden van de dood; tijd. Aan de andere kant is de schedel ook een symbool van de vitale levenskracht die het hoofd bevat. De schedel heeft dezelfde symboliek als het hoofd omdat hij de 'kracht' van de persoon bevat; de schedel buitmaken is de kracht ervan buitmaken. Succes in de strijd. De schedel met gekruiste knekels wijst op dood, de dij symboliseert ook een vitale kracht, nl. die van een leeuw; de vlag met een schedel en gekruiste knekels is een embleem van piraten. *Alchemistisch:* Met de raaf en het graf is de schedel een symbool van het zwart worden en verzwakken van het eerste stadium van het mindere werk, 'aarde tot aarde', en wil zeggen sterven voor de wereld; maar hij is ook hetgeen overleeft en wordt gebruikt als een herinnering aan het leven en transmutatie. *Boeddhistisch:* (tantrisch) De schedel gevuld met bloed symboliseert de verzaking van het leven. Hij is een symbool van Yama, de god van de doden, en van Tara in haar duistere aspect. *Christelijk:* De ijdelheid van alle wereldse dingen; contemplatie over de dood, en vandaar een embleem van kluizenaars. De schedel met het kruis is eeuwig leven na de dood van Christus op Golgotha, de 'schedelplaats', waar de schedel van Adam zou zijn begraven. Embleem van de heiligen Franciscus van Assisi, Hiëronymus, Maria Magdalena, Paulus. *Grieks-Romeins:* Attribuut van Kronos/Saturnus als tijd. *Hindoeïstisch:* De schedel gevuld met bloed verbeeldt verzaking van het leven; hij is een attribuut van Kali/Durga. De schedel zien we ook bij Yama, als god van de dood, en met Shiva en Kali als vernietigers. *Maya's:* Samen met het skelet is de schedel een symbool van de god van de dood en de onderwereld.

Schelpdier Aan de kronkels ervan is vaak de betekenis toegekend van de opkomende en ondergaande zon, de loop van de maan, of de wateren. Het deelt zijn symboliek met die van de schelpen (zie aldaar). *Boeddhistisch:* De stem van Boeddha, die de wet predikt; bidvertrek; studie; geluid; overwinning van *samsara;* één van de acht symbolen van goede voortekenen. Het witte schelpdier representeert tijdelijke macht. *Chinees:* Koningschap; een voorspoedige reis. *Grieks-Romeins:* Het embleem van Poseidon/Neptunus en Triton; tritons blazen op schelpen van schelpdieren terwijl ze de wagen van Poseidon trekken. *Hindoeïstisch:* Gewijd aan Vishnu als heer over de wateren. Uit het schelpdier ontstond het oorspronkelijke creatieve woord 'om', het woord dat manifest werd gemaakt. *Islamitisch:* Het oor dat het goddelijke woord hoort. *Maya's:* Het schelpdier verschijnt regelmatig in de symboliek van de Maya's in verband met wateren.

Schelpen Het vrouwelijke; waterig principe; de universele matrix; geboorte; regeneratie; leven; liefde; huwelijk; vruchtbaarheid (analogie met de vulva). Schelpen van weekdieren zijn symbolen van de maan en maagdelijkheid. *Boeddhistisch:* Zie Schelpdier. *Chinees:* Het vrouwelijke yin-principe, met jade als yang; een goed leven in het hiernamaals; geluk. *Christelijk:* Het water van de doop (soms worden schelpen gebruikt om het water te sprenkelen); wederopstanding; begrafenis. De sint-jacobsschelp verwijst naar een pelgrimstocht, oorspronkelijk naar het heiligdom van Jacobus van Compostela, later naar ieder heiligdom; embleem van de heilige Jacobus de meerdere. *Grieks-Romeins:* Bij begrafenisriten betekent de schelp wederopstanding; hij wijst ook op een tocht over zee; seksuele hartstocht, de twee helften dicht bij elkaar houdend. Embleem van Aphrodite/Venus, 'geboren uit de zee', die rijdt op een kamschelp (st. jacobsschelp), en van Boreas, de noordelijke wind. *Hindoeïstisch:* De trompetschelp *(Turbinella pyrum)* is een symbool van Vishnu als het waterige principe.

Schemering Onzekerheid; ambivalentie; het gebied tussen de ene staat en de andere; een drempelsymbool; het westerse licht; het einde van het leven en het einde van een cyclus en begin van een andere.

Scheren Zie Tonsuur.

Schering Zie Weven.

Scherm Zie Koorhek, Sluier.

Scheuren Scheuren en het gescheurde gewaad symboliseren een beslissing of stap die niet ongedaan kan worden gemaakt; een breuk met de bestaande orde of met de traditie; een poging door te breken naar een ander niveau; ook straf, boosheid, en vernietigen van heelheid.

Schietlood In de heilige architectuur symboliseert het transcendente kennis; het archetype dat alle werk controleert. Het is ook gerechtigheid en rechtschapenheid. Het is een christelijk symbool van de heilige Thomas.

Schijf De zon; vernieuwing van het leven; perfectie; goddelijkheid; macht. Naar de gevleugelde schijf wordt regelmatig verwezen als hemelse macht; de solaire god; vuur van de hemel; een combinatie van de solaire schijf en de vleugels van

De heilige Jacobus 'van Compostela', draagt op zijn staf de **schelp**, insigne van de pelgrim die hem gebruikte als bakje voor water en bord voor voedsel, als teken van zijn armoede en afstanddoen van wereldse zaken.

Op dit paneel van een Romeins-christelijke sarcofaag zijn twee broers verenigd, zoals ze dat waren bij hun geboorte in de ene **schelp** van de levenschenkende vrouw.

de solaire havik of arend; de beweging van de hemelbol rondom de pool; goddelijkheid; transfiguratie; onsterfelijkheid; de broedende en voortplantende kracht van de natuur; de dualistische krachten van de leven schenkende en beschermende en de dood brengende aspecten van de natuur; ook bezwerend. De schijf met een gat in het midden verwijst naar de cirkel van de kosmos met het centrum als de leegte, de transcendente en unieke essentie. Ronddraaiend is de schijf de rondwenteling van het universum rond zijn as. De zonneschijf met de halve maan, of met de horens, symboliseert eenheid; de twee in één; het heilige huwelijk van het goddelijke paar; verbonden solaire en lunaire godheden. *Boeddhistisch:* De cirkel is de ronde van de schepping, de centrale leegte; hij is een attribuut van Vairocana. *Chinees:* De zon is de 'heilige schijf'; hemel; goddelijkheid; spirituele en hemelse perfectie. Schijven met de omsingelende, strijdende serpenten beelden de leegte uit. *Egyptisch:* De zonnegod Re; macht; vernieuwing. De schijf van de rijzende zon is vernieuwing van het leven; leven na de dood; wederopstanding. De gevleugelde schijf is de 'grote god, heer van de hogere regionen'. *Hebreeuws:* De god van rechtvaardigheid met genezing aan zijn vleugels (Mal. 4:2) *Hindoeïstisch:* De vlammende schijf is een attribuut van Krishna; de schijf van Brahma. De wervelende, van stralen voorziene schijf is het wapen van Vishnu en het rondwentelen van het universum rond zijn as, ook de omwenteling van de chakra's. *Iraans:* De gevleugelde schijf als licht en de kracht van het licht is een symbool van Ahura Mazda of Ormuzd. *Sumerisch-Semitisch:* De gevleugelde schijf is de hoogste hemel; symbool van rechtstreekse representatie, van de zonnegoden, de Assyrische Assur en de Babylonische Shamash. *Dierenriem:* De schijf op de horens van het ram is Aries.

Schild Bewaring; de beschuttende, beschermende vrouwelijke kracht. Het schild is vaak een aniconische representatie van een godheid of held. Het schild in de vorm van een acht was een attribuut van de Egyptische Neith en we komen het ook tegen in de Minoïsche civilisatie. In Griekenland was het schild een embleem van Ares en Athene, en het werd samen met de aegis als bescherming gedragen. Het schild met de speer symboliseerde initiatie van de *epheboi* in volwassenheid. Een attribuut van gepersonifieerde kuisheid.

Schildpad De wateren; de maan; moeder aarde; het begin van de schepping; tijd; onsterfelijkheid; vruchtbaarheid; regeneratie. De schildpad wordt vaak afgebeeld als steun van de wereld, als het begin van de schepping en het alles-ondersteunende. In China bezat hij profetische krachten. *Alchemistisch:* De schildpad representeert de *massa confusa*. *Indiaans:* De kosmische boom groeit uit de rug van de schildpad. *Chinees:* Een van de vier spiritueel begaafde of heilige schepselen, met de draak, feniks en *ky-lin;* hij representeert het waterige element, het yinprincipe, winter, het gebied van het noorden en de kleur zwart, de kleur van de oerchaos. De schildpad wordt ook wel de zwarte strijder genoemd, en dan wordt hij kracht, volharding en lang leven. Het vaandel met draak en schildpad werd door het keizerlijke leger gedragen en was een symbool van onverwoestbaarheid, omdat beide schepselen een gevecht overleven, de draak kan de schildpad niet verpletteren en de schildpad kan de draak niet bereiken. De schildpad komen we vaak samen met de kraanvogel tegen als een symbool van een lang leven. Hij ondersteunt de wereld met zijn vier poten als de vier hoeken van de aarde. *Christelijk:* Bescheidenheid tijdens het huwelijk; vrouwen die teruggetrokken leven in hun huis zoals de schildpad in zijn schild, maar hij verschijnt in de vroegchristelijke kunst ook als kwaad in contrast met de haan van de waakzaamheid. *Egyptisch:* Schildpadden komen voor als het teken van de weegschaal als de maat van de vloed van de wateren van de Nijl. *Grieks-Romeins:* Het vrouwelijke principe, de vruchtbaarheid van de wateren; een attribuut van Aphrodite/Venus die oprees uit de zee; ook een embleem van Hermes/Mercurius. *Hindoeïstisch:* Kasyapa, de poolster; het eerste levende schepsel; de stamvader. Een avatar van Vishnu, de behoeder; de macht van de wateren. Het onderste schild is de aardse wereld, het bovenste de hemelse wereld. De schildpad ondersteunt de olifant op wiens rug de wereld rust, de olifant is mannelijk en de schildpad vrouwelijk, en zo representeren ze de twee scheppende krachten. *Japans:* De steun van de woonplaats van de onsterfelijken en de kosmische berg. Lang leven; geluk; ondersteuning. Embleem van Kumpira, god van de zeelieden en een attribuut van de godin Benten. *Mexicaans:* De grote moeder in haar afschrikwekkende aspect. *Sumerisch:* Gewijd aan Ea-Oannes als heer van de diepste diepten. *Taoïstisch:* Zijn vorm symboliseert de grote triade, of de hele kosmos, met de rug in de vorm van een koepel als het firmament, het lichaam in het midden als de aarde of de mens, de bemiddelaar, en het onderste schild als de wateren.

Schip Schepen, of boten, vervoeren de zon en de maan over de zeeën en de aarde is een boot drijvend op de oerwateren. Schepen met paardenhoofden en staarten zijn solair en nemen in de symboliek de plaats in van de zonnewagen. Hoofden van vrouwelijke figuren zijn lunair en dan is het schip het beschuttende aspect van de grote moeder, de baarmoeder, de wieg, het vrouwelijke vat van transformatie en een redder en beschermer op de levenszee. Als dragers van zon en maan vertegenwoordigen schepen de vruchtbaarheid van de wateren; ze verwijzen ook naar avonturen; onderzoek; op weg gaan op de levenszee, maar ook het oversteken van de wateren van de dood; in dit verband delen schepen de symboliek van de brug, en die van de Pontifex Maximus, als het gaan van deze wereld naar de volgende. Het schip van het leven, zich op weg begevend op de wateren van de schepping, bezit ook een axiale symboliek in de mast als *axis mundi* en deelt de betekenis van de levensboom. *Boeddhistisch:* Het schip van de wet stelt de mens in staat de oceaan van het bestaan en transmigraties over te steken en de overzijde te bereiken. *Keltisch:* Attribuut van Manannan, de heer van de zee, wiens schip ging waarheen hij wilde zonder zeilen of roeispanen. *Christelijk:* De kerk, de ark, het schip van verlossing; veilig voor verleiding. Embleem van de heiligen Julianus, Nicolaas van Myra, Vincentius. *Egyptisch:* 'Zij geloven dat de zon en de maan zich niet voortbewegen in wagens maar constant in boten over de wereld zeilen – op die manier hun voeding en voortplanting verkrijgend uit vruchtbare vochtigheid' (Plutarchus). *Hindoeïstisch:* 'Een boot.... om de mensheid te vervoeren naar de gelukzaligheid' (Rig Veda). *Japans:* De boot van de dondergod Kami-nari verbindt hemel en aarde. *Romeins:* Attribuut van Janus als Pontifex Maximus. *Scandinavisch:* Verbonden met de Vanir als vruchtbaarheidsgoden. Het magische schip is een attribuut van Freyja.

Schoen Ambivalent als autoriteit en vrijheid, maar ook als het lage en nederigheid. De schoen wijst op vrijheid en onafhankelijkheid omdat slaven barrevoerts gingen; ook controle, daar de controle over de schoen de controle over de persoon inhoudt, vandaar dat de schoen van de bruid haar aan de bruidegom geeft. Schoenen uittrekken bij het binnengaan van een heilige plaats wil zeggen aardse contacten buiten laten om binnen te gaan in onderwerping en eerbied, en zonden achter te laten. In de Hebreeuwse symboliek is de schoen iets van weinig waarde. In het christendom is het gereedschap van een schoenmaker een embleem van de heilige Crispinus.

Schommelen Heeft dezelfde betekenis als slingeren; een vruchtbaarheidssymbool. Het schommelen van een wieg, stoel enz. staat ook voor de ups en downs van het leven. Schommelen en heen en

Dit basalten bas-reliëf uit de negende eeuw v.Chr. afkomstig uit Nimrud toont een scène met eerbetoon en respect, die plaats heeft onder de bescherming van de, hier gevleugelde, **zonneschijf**, en zijn metgezel de maan, een verbinding van zuiver licht en de donkere weerspiegeling ervan.

Voor de Azteken was de **schildpad** het symbool van glibberige, snoeverige lafheid; hard aan de buitenkant, zacht en slijmerig van binnen.

weer zwaaien worden geassocieerd met vruchtbaarheidsriten en symboliseren ook 'de ups en downs van het leven'.

Schoof Eenheid; samenbinden; oogst; herfst.

Schoorsteen Een schoorsteen of opening in het dak van een tempel, tipi, tent enz. staat voor de passage naar de hemel; de solaire toegang; vlucht van het tijdelijke naar het eeuwige, van ruimte naar het onbestemde. Sinterklaas die door de schoorsteen komt symboliseert geschenken die rechtstreeks van de hemel naar de aarde worden gebracht in plaats van door een aardse toegang of deur.

Schorpioen Dood; verwoestende kracht; mislukking; duisternis. *Christelijk:* Kwaad; kwelling; verraad; Judas Iskariot. *Egyptisch:* Attribuut van Seth in zijn tyfoonachtige aspect; ook van Selk, of Selket, als beschermer van de doden. Zeven schorpioenen vergezelden Isis toen ze op zoek was naar Osiris. *Hebreeuws:* Venijn; dood. *Cultus van Mithras:* De *dadophoroi,* met opwaarts en neerwaarts gerichte toortsen, zijn de stier en schorpioen als leven en dood, de opkomende en ondergaande zon. *Sumerisch-Semitisch:* Schorpioenen, of schorpioenmannen waren bewakers van de toegang tot de zon, de bergen van het oosten en de twee poorten. Schorpioenen werden geassocieerd met Ishtar, of Nina, en waren een attribuut van de Frygische Sabazius.

Schuilplaats Alle symbolen van schuilplaatsen zijn verbonden met de grote moeder, het archetypische vrouwelijke in haar beschermende aspect, zoals grot, huis, tempel, stad, dorp, muur, omheining, poort, deur, schild, boom, schip, wieg enz.

Scorpio zie Dierenriem.

Sefiroth In het kabbalisme zijn de tien sefiroth de voornaamste aspecten van god; zijn goddelijke en oneindige eigenschappen en de sferen of emanaties van de Ain Soph, gewoonlijk gesymboliseerd door de levensboom. De eerste is de monade, de eerste oorzaak, waaruit de andere negen bestaande uit drie eenheden samengesteld zijn, elk daarvan een oorspronkelijke drie-eenheid van mannelijk, vrouwelijk en verbindende intelligentie.

Seizoenen Het in vieren gedeelde jaar als lente, zomer, herfst en winter, of, als in Egypte, de drie seizoenen van zaaien (winter), groeien (lente), overstroming (zomer). Groepen gedaanten van de seizoenen portretteren de zich herhalende cyclus van de eeuwen. Lente: een kind met guirlandes van bloemen of met bladeren, of een vrouw, of jongeling, met een kroon van bloemen, bloemen dragend, of staand bij bloemen; het dier van het voorjaar is het lam; de tekens van de Dierenriem zijn Aries (Ram), Taurus (Stier), Gemini (Tweelingen). Zomer: een kind, of vrouw, met een korenschoof, of gekroond met een guirlande van koren; het dier is de leeuw of draak, en de tekens van de Dierenriem zijn Cancer (Kreeft), Leo (Leeuw), Virgo (Maagd). Herfst: Een kind, of vrouw, met druiventrossen of een mand fruit, of geperste druiven; het dier is de haas en de tekens van de Dierenriem zijn Libra (Weegschaal), Scorpio (Scorpius, schorpioen); Sagittarius (Boogschutter). Winter: Een kind in een mantel gewikkeld, of een oude man met wit, berijpt haar, met een zeis in de hand, of met bladerloze bomen; het dier is de salamander en de tekens van de Dierenriem zijn Capricornus (Steenbok), Aquarius (Waterman), Pisces (Vissen). In de Chinese symboliek vertegenwoordigen de seizoenen ordelijkheid, correctheid en behoorlijk gedrag, 'de seizoenen vergissen zich niet'. Ze worden weergegeven door bloemen: Lente, kersen-, perzik- en amandelbloesem; zomer, de lotus en pioen (beide solair); herfst, rode esdoorn, winde en chrysanthemum; winter, pruimenbloesem, bamboe en pijnboom.

Serafijnen Goddelijke liefde; goddelijke hitte; de gloed van devotie, 'het vuur van liefdadigheid' (Dante). In Jesaja wordt gezegd: 'Elk had zes vleugels; met twee bedekte hij zijn gezicht, met twee bedekte hij zijn voeten en met twee vloog hij'. In de heraldiek is het hoofd van een serafijn afgebeeld als dat van een kind, als zuiverheid, met drie paar vleugels. De hoogste van de negen hiërarchieën van engelen.

Serpent Een bijzonder complex en universeel symbool. Het serpent en de draak zijn vaak verwisselbaar en in het Verre Oosten wordt er geen enkel verschil tussen gemaakt. De symboliek van het serpent is polyvalent; het kan mannelijk, vrouwelijk, of het door zichzelf geschapene zijn. Als een doder is het dood en vernietiging; als regelmatig zijn huid vernieuwend is het leven en wederopstanding; opgerold wordt het op één lijn gesteld met de cycli van manifestatie. Het is solair en lunair, leven en dood, licht en duisternis, goed en kwaad, wijsheid en blinde hartstocht, genezing en vergiftiging, bewaarder en verwoester, en zowel spirituele als fysieke wedergeboorte. Het is fallisch, de voortplantende mannelijke kracht, de 'echtgenoot van alle vrouwen', de aanwezigheid van een serpent wordt meestal geassocieerd met zwangerschap. Het vergezelt alle vrouwelijke godheden en de grote moeder, en wordt vaak om hen heen gewikkeld afgebeeld of in hun handen. Hier neemt het ook de vrouwelijke eigenschappen aan van geheim, geheimzinnig en intuïtief; het is onvoorspelbaar in die zin dat het plotseling komt en gaat.

Men geloofde ook dat het serpent tweeslachtig was, het is het embleem van alle zichzelf scheppende godheden en vertegenwoordigt de voortplantende kracht van de aarde. Het is solair, chtonisch, seksueel, betrokken bij begrafenissen en de manifestatie van kracht op ieder niveau, een bron van alle mogelijkheden, zowel materieel als spiritueel, en nauw verbonden met de aspecten van leven en dood. Daar het onder de grond woont heeft het contact met de onderwereld en heeft het toegang tot de krachten, alwetendheid en magie, die de doden bezitten. Het chtonische serpent manifesteert de agressieve krachten van de goden van de onderwereld en de duisternis; het is universeel een initiator en verjonger en 'meester van de ingewanden van de aarde'. Als het chtonisch is, is het de vijand van de zon en alle solaire en spirituele krachten en dan vertegenwoordigt het de duistere krachten in de mens. Dan zijn het positieve en negatieve, licht en duisternis met elkaar in conflict, net als bij Zeus en Typhon, Apollo en Python, Osiris en Seth, de arend en het serpent enz.

Het betekent ook oorspronkelijke instinctieve natuur, de opborrelende levenskracht, ongecontroleerd en ongedifferentieerd; potentiële energie; bezielende geest. Het is de bemiddelaar tussen hemel en aarde, aarde en de onderwereld en wordt geassocieerd met het firmament, aarde en water en heel speciaal met de kosmische boom. Het is ook de wolkendraak van duisternis en bewaakt schatten.

Het serpent kan solaire stralen verbeelden, de loop van de zon, bliksem en de kracht van de wateren. Het is een attribuut van alle riviergodheden. Het is kennis; macht; verraderlijkheid, sluwheid; subtiliteit; duisternis; kwaad en corruptie en de 'verleider'. Het is 'het lot zelf, snel als mislukking, doelbewust als vergelding, onbegrijpelijk als bestemming'.

Kosmologisch is het serpent de oeroceaan waaruit alles oprijst en waarnaar alles terugkeert, de oorspronkelijke ongedifferentieerde chaos. Het kan de wereld ook ondersteunen en handhaven, of deze omcirkelen als een Ouroboros (zie aldaar), het is een symbool van de cyclische manifestatie en wederopneming. Het serpent dat zichtbaar is, is slechts een tijdelijke manifestatie van de oorzakelijke, niet-tijdelijke 'grote onzichtbare geest', meester van alle natuurlijke krachten en de vitale geest, het vitale principe. Het is de god die we tegenkomen in heel vroege kosmogonieën die, later, de weg baanden voor meer psychologische en spirituele interpretaties. Serpenten of draken

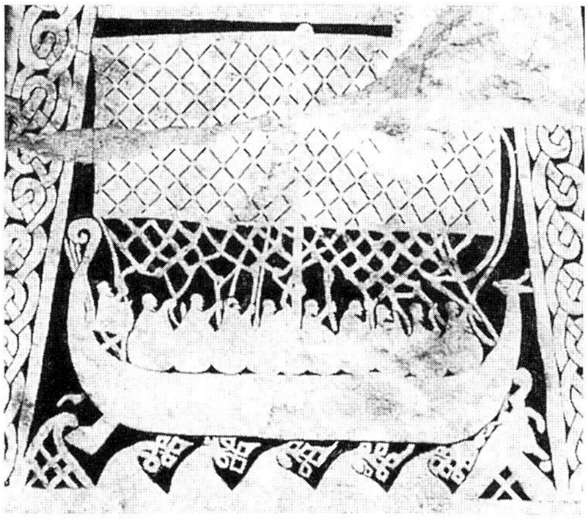

Het doden**schip** gegrift op een herdenkingssteen van de Vikingen legt de nadruk op de dood als het einde van een reis en de overgang naar een nieuw doel en een nieuw begin.

Een kabbalist uit de vijfde eeuw illustreert de boom van **Sefiroth** als het 'portaal van licht: dit is de toegang tot het tetragrammaton; de rechtvaardigen zullen erdoor binnengaan.'

zijn de bewakers van de drempel, tempels, schatten, esoterische kennis en alle lunaire godheden. Serpenten veroorzaken stormen, ze beheersen de krachten van de wateren, omcirkelen de wateren en zijn zowel water opsluitend als waterbrengend. Ze worden opgeroepen in alle magische rituelen voor de doden die de wateren van de dood oversteken.

Zich voortbewegend zonder benen of vleugels symboliseert het serpent de allesdoordringende geest; als doordringend in kloven is het de innerlijke natuur en het bewustzijn van de mens. Het kan ook een vermomming zijn van schadelijke krachten, zoals heksen en magiërs, en verbeeldt dan het kwaad en kwaadaardige aspect van de natuur. De *sol niger* is geassocieerd met de duistere kracht van het serpent. Het hemelse serpent, met de Chinese azuren draak, symboliseert de regenboog en kan een brug vormen tussen deze wereld en het hiernamaals. Een kind dat met een slang speelt verbeeldt het herwonnen paradijs, vrij zijn van conflicten en het einde van de tijdelijke wereld, dus dezelfde symboliek als de leeuw en het lam samen liggend.

Het opgerolde, of van knopen voorziene, serpent betekent de cycli van manifestatie, ook latente kracht, het dynamische, de potentie, goed of kwaad. Gerold om een ei is het de incubatie van de vitale geest; de Ouroboros, de omcirkelende kracht van de wateren rondom de aarde. Gerold om de boom, of een axiaal symbool, is het het ontwaken van dynamische kracht; de genius van alle groeiende dingen; de *anima mundi;* cyclisch bestaan. Als het wordt geassocieerd met de levensboom is zijn aspect weldoend, met de boom der kennis is het schadelijk en het vergif van het kwaad van de wereld van manifestatie. Gerold om een vrouw, die de grote moeder, de lunaire godin is, is het serpent solair en samen vertegenwoordigen zij de mannelijk-vrouwelijke relatie. Men zegt dat het serpent, net als de schildpad, een edelsteen in zijn hoofd heeft en schatten en magische ringen bezit.

Als de arend of de hertenbok samen met het serpent verschijnt zijn deze solair en manifesteren ze licht met het serpent als duisternis, het ongemanifesteerde en chtonische; samen zijn ze kosmische eenheid, totaliteit; in conflict verbeelden ze dualiteit, de paren tegenstellingen en de hemelse en chtonische machten in gevecht. De arend wordt vaak afgebeeld met het serpent in zijn klauwen of de hertenbok vertrappend onder zijn voeten, hetgeen de overwinning betekent van het goede over het kwade, licht over duisternis, het hemelse over het aardse, spirituele over tijdelijke machten. Het vurige serpent is solair, zuivering, het omvormen en transcenderen van de aardse staat. Als gordel of armband verbeeldt het serpent de eeuwige wenteling van de generaties; successie; de cyclus van oplossing en reïntegratie. Hagedissen als versiering op een serpent representeren het fallische serpent en de vrouwelijke schaamspleet als de solaire/lunaire, mannelijke/vrouwelijke eenheid, dualiteit en reïntegratie; de verzoening van de tegendelen; het androgyne. Het serpent met een ramskop is een attribuut van alle gehoornde goden als voortplantende kracht en vruchtbaarheid. Golvende serpenten of draken verwijzen naar het kosmische ritme, of de kracht van de wateren. Gevleugelde serpenten of draken zijn solair en staan voor de eenheid van geest en materie, de eenheid van arend en serpent en van alle tegendelen; ze representeren ook versneld inzicht.

Twee serpenten samen symboliseren de tegendelen van de dualiteit die uiteindelijk zijn verenigd. Gewikkeld om een boom of staf zijn ze de spirale cycli van de natuur; de zonnewenden; de twee fundamentele krachten van winden en loswinden; het alchemistische *solve et coagula.* Om de caduceus (zie aldaar) representeren ze de homeopathische krachten van genezing en vergiftiging, ziekte en gezondheid, 'natuur kan de natuur overwinnen'. Om elkaar gewonden zijn ze tijd en lot, de twee grote bindende krachten. Twee serpenten of draken die in elkaars staart bijten suggereren dat, hoewel schijnbaar in oppositie, krachten en dingen in het gebied van de dualiteit in werkelijkheid uit dezelfde bron en hetzelfde principe voortkomen. De eieren van het reptiel betekenen wedergeboorte en het feit dat het geen oogleden heeft betekent waakzaamheid, en dus wijsheid. Het serpent heeft vaak de vrucht of het kruid van onsterfelijkheid bij zich. Soms wordt de symboliek van de stier en de ram gedeeld met het serpent als fallisch, vruchtbaarheid en voortplantende kracht. Het serpent als regenboog dat zijn dorst lest in de zee zien we in de Franse, Afrikaanse, Indische en Indiaanse symboliek. *Afrikaans:* Een koninklijk embleem; een voertuig van onsterfelijkheid; incarnatie van de doden. Het hemelse serpent is ook de regenboog en omcirkelt de aarde, het is een bewaker van schatten, of een dondergeest en geassocieerd met de bliksem. Als regenboog lest het zijn dorst in de zee. Het serpent kan een cultusheld zijn of een mythische voorouder die de mens de vuurhaard en het graan gaf. Het is verbonden met de wateren en vruchtbaarheid. De cultus van de heilige python komen we ook tegen. *Alchemistisch:* Het serpent op een paal is de fixatie van het vluchtige kwikzilver, de overwinning van de vitale kracht. Gaand door een cirkel verbeeldt het de alchemistische versmelting. *Indiaans:* Het donderschepsel, bliksem, de regendrager, de vijand van de dondervogel; lunair en magische kracht; de speer van de oorlogsgoden. Een symbool van eeuwigheid en een voorbode van de dood. Het gehoornde serpent is de watergeest, de vruchtbaarheidbrengende kracht van het water. Slangen zijn bemiddelaars tussen mensen en de lagere wereld. De grote Manitou neemt de gedaante aan van een serpent met horens waarmee hij de schildpad of de duistere Manitou als kwaad doorboort. *Australische aboriginals:* Het mannelijke principe; bliksem. Er bestaat een verband tussen de aanwezigheid van een slang en zwangerschap. *Azteken:* Het serpent met veren, een combinatie van de Quetzalvogel en de slang, is de zon; de geest; de kracht van opstijging; regen; wind; donder en bliksem; de oorspronkelijke beweging van wind en water; de levensadem; kennis; het gebied van het oosten; het vergezelt alle regen- en windgoden; het is fallisch, eeuwige schepping; oneindige tijd; een bemiddelaar tussen god en mens. Het is de 'witte god' uit wiens zwarte ingewanden de regen valt en het is, als het solair is, ook een attribuut van Quetzalcoatl en de god van het firmament van de Dierenriem, maar het wordt lunair als het de aardemoeder, de slangenvrouw Coatlicue, die een schort draagt van vervlochten slangen, representeert. De slang kan een cultusheld en een mythische voorouder zijn. Een roofvogel grijpt de serpentgod uit wiens bloed de mensheid is geboren, symbolisch voor de ontbinding van de oorspronkelijke eenheid en het ontstaan van de veelvuldigheid in de gemanifesteerde wereld. *Boeddhistisch:* In het centrum van de kringloop van het bestaan representeert de slang boosheid, samen met het varken als hebzucht en onwetendheid en de haan als vleselijke hartstocht betekenen de drie de zonden die de mens binden aan de wereld van illusies en de kringloop, of het wiel, van het bestaan. Soms wordt het serpent geassocieerd met Boeddha die zichzelf veranderde in een *naga* om de mensen in een tijd van ziekten en hongersnood te genezen. *Keltisch:* Geassocieerd met de genezende wateren en bronnen. Het gehoornde serpent of het serpent met een ramskop, dat we vaak tegenkomen in de Keltische en Gallische iconografie, representeert Cernunnos, de god van de vruchtbaarheid en potentie. De slang is een embleem van Bridgit als de moedergodin. Een hoofd met een serpent erom heen geslingerd is vruchtbaarheid en bezwerend. *Chinees:* Er wordt slechts zelden een onderscheid

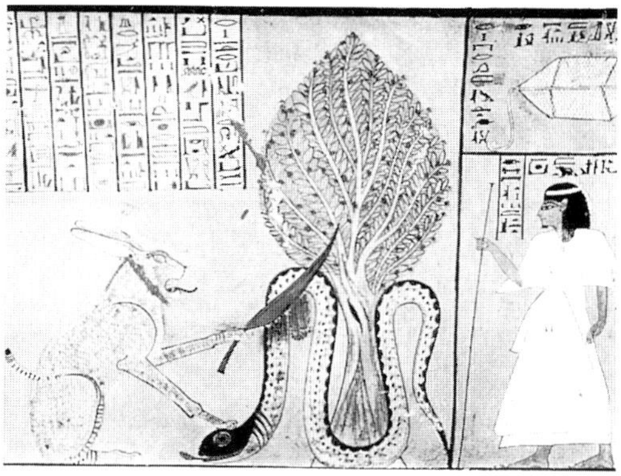

Een kat, solair dier, valt het golvende, en daarom waterige, vernietigende, onheilspellende en dissonerende **serpent** aan dat zich om de levensboom rolt, op deze Egyptische wandschildering uit de veertiende eeuw v.Chr.

Een sculptuur uit Zuid-India, daterend uit de negentiende eeuw, toont een minder belangrijke vrouwelijke godheid met het **serpent** van creatieve energie, dat te voorschijn komt uit haar schaamspleet.

gemaakt tussen het serpent en de draak (zie aldaar), maar als dat wel gedaan wordt is het negatief, kwaadwillig, destructief, onbetrouwbaar, doortrapt en staat het voor kuiperij, het is dan één van de vijf vergiftige schepsels. De broer en zuster, Fo-hi en Niu-kua, worden soms afgebeeld als twee slangen met menselijke hoofden, een van de zeldzame dier-mens-combinaties in de Chinese symboliek. Ze zijn yin-yang en de symboliek ervan staat in verband met die van de caduceus. De slang is het zesde van de symbolische dieren van de twaalf aardse takken. *Christelijk:* Ambivalent als zowel Christus als wijsheid en gefokt op de boom der kennis als een offer, en als de duivel in zijn chtonische aspect. Het serpent, of de draak, is Satan, de verleider, de vijand van god en de oorzaak van de zondeval; het representeert de krachten van het kwaad; destructie; het graf; slinksheid en doortraptheid; het is ook de macht van het kwaad dat de mens in zichzelf moet overwinnen. Dante stelt het serpent op één lijn met de verdoemden, maar als het zich om de levensboom slingert is het wijsheid en weldoend, terwijl het met de boom der kennis wordt tot Lucifer en kwaadwillig. Het serpent boven op een kruis, of een paal, is het prototype van Christus op de levensboom voor het genezen en verlossen van de wereld; het serpent om het kruis gewonden wordt soms met het hoofd van een vrouw afgebeeld om de verleiding te symboliseren; het serpent aan de voet van een kruis is het kwaad en de krachten van de duisternis, en in die positie representeert het de overwinning van Christus over het kwaad en de krachten van de duisternis. In het christendom kan het serpent van plaats wisselen met de draak; net als de Babylonische Tiamat, is de satan van het christendom de 'grote draak... de oude slang, die genaamd wordt duivel en de Satan' (Openbaring 12:9). Het goede serpent komen we in de iconografie tegen als oprijzend uit de kelk van Johannes de doper. Het slechte serpent is Satan, de draak van de Apocalyps. Tertullianus zegt dat de christenen Christus 'het goede serpent' noemden. De maagd Maria verbrijzelt het serpent van Eva in plaats van zich eraan te onderwerpen. *Egyptisch:* De *uraeus,* de cobra, is hoogste goddelijke en koninklijke wijsheid en macht; kennis; goud. Apophis, de coluber, net als Seth in zijn tyfoonse aspect, is het serpent van de mist, de 'demon van de duisternis', twisten en vernietiging; ook het noodlottige aspect van de brandende zon. Serpenten aan weerszijden van de zonneschijf representeren de godinnen die, als koninklijke serpenten, de vijanden verdreven van Re, de zonnegod. Twee serpenten zijn Nous en Logos. Het serpent met de kop van een leeuw is bescherming tegen kwaad. Buto, een slangengodin, neemt de gedaante aan van een cobra. De gehoornde adder is een embleem van Cerastes. *Gnostisch:* De auteur van de goddelijke gnosis. Het gevleugelde serpent is Phanes, met een nimbus verbeeldt het het licht van de wereld; kennis en verlichting. *Grieks:* Wijsheid; vernieuwing van het leven; wederopstanding; genezing en als zodanig een attribuut van Aesculapius, Hippocrates, Hermes en Hygieia; het is ook een aspect van Aesculapius als redder-genezer. Het is het levensprincipe en een *agathos daimon*; soms is het een theriomorf van Zeus/Ammon en andere godheden; gewijd aan Athene als wijsheid en speciaal aan Apollo van Delphi als licht dat de python van de duisternis en de zondvloed verslaat. Apollo bevrijdt de zon niet alleen van de krachten van de duisternis maar hij bevrijdt de ziel door bezieling en het licht van kennis. Het serpent is verbonden met de reddende godheden van de mysteriën en vertegenwoordigt ook de dood en dode helden; het vitale principe, of de ziel, verlaat het lichaam in de gedaante van een slang, de zielen van de doden kunnen reïncarneren als serpenten. De slang is een symbool van Zeus Chthonios; hij is fallisch en wordt soms afgebeeld als gewikkeld om het ei als symbool van vitaliteit; hij representeert de hartstochten die zowel de mannelijke als de vrouwelijke principes tot leven wekken. Vrouwen met haar van serpenten, zoals de Erinyen, Medusa en Graia, betekenen de krachten van de magie en verukking, de wijsheid en valsheid van het serpent. De twee enorme serpenten, gezonden door Apollo, verbrijzelden Laocoön en zijn twee zonen. De drie serpenten op het borstschild van Agamemnon worden gelijkgesteld met het hemelse serpent als de regenboog. Bacchanten dragen serpenten. *Hebreeuws:* Kwaad; verleiding; zonde; seksuele hartstocht; de zielen van de verdoemden in Sheol. Het koperen serpent van Mozes is homeopathisch, 'het gelijke geneest het gelijke'. Leviathan is een serpent van de diepte. Jahweh doorboorde 'de onbetrouwbare slang', bliksem (Job 26:13). Kabbalisme stelt Adam Kadmon voor als een man die een opgericht serpent bij zijn nek vasthoudt. *Hindoeïstisch:* De shakti; natuur; kosmische macht; chaos; het amorfe (vormloze); het ongemanifesteerde; de manifestatie van de vedische Agni; vuur; het 'vurige serpent'; het duistere serpent verwijst naar de potentie van vuur. Als Kaliya, overwonnen door Krishna, die op zijn hoofd danst, is het serpent kwaad. De cobra is een rijdier van Vishnu en als zodanig kennis, wijsheid en eeuwigheid. Als de kosmische oceaan slaapt

Vishnu op een opgerold serpent op de oerwateren, de oceanische, chaotische, niet-gepolariseerde staat voor de schepping. Zijn twee *naga's*, met dooreengestrengelde lichamen, vertegenwoordigen de reeds vruchtbaar gemaakte wateren en uit deze vereniging verrijst de aardegodin, symbool van de aarde en van de wateren. Ananta, de heerser met duizend koppen van de serpenten, is de 'eindeloze', de oneindige en de vruchtbaarheid, wiens kronkelingen de basis van de wereldas omcirkelen. Vritra, degene die de wateren gevangen zet, is ondergrondse duisternis die de wateren verslindt en droogte veroorzaakt; hij is, net als Ahi, een slang met drie koppen die door Indra wordt verslagen, die de wateren met zijn bliksemschicht weer verlost. Ineengestrengelde serpenten zijn chtonisch. Twee serpenten die opwaarts en neerwaarts bewegen representeren de goddelijke slaap en het goddelijke ontwaken in de nachten en dagen van Brahma. De Naga en Nagina zijn serpentkoningen en -koninginnen of genii, vaak op zichzelf staande godheden; ze kunnen als volledig menselijk worden afgebeeld, als slangen, als mensen met de kop van een cobra, of als mensen vanaf het middel naar boven en slangachtig vanaf het middel omlaag. Vaak hebben ze dezelfde symboliek als de Chinese draak als regenbrengers en de levenskrachten van de wateren, vruchtbaarheid en verjonging. Ze zijn bewakers van de drempel, van de deur of van spirituele en materiële schatten en van de wateren van het leven; ze zijn ook beschermers van het vee. Als slangenkoningen en - koninginnen hebben ze beelden onder bomen. Een stang door de kop van een serpent boren wil zeggen dit 'fixeren', en aan de basis van een hindoetempel wordt dit gedaan om de oerhandeling van Soma of Indra te imiteren, door het onderwerpen van de chaos en het scheppen van orde. Een serpent windt zich soms om de lingam van Shiva. Met de olifant, de pad, stier en krokodil kan het serpent een ondersteuner en handhaver van de wereld zijn. Zie ook Kundalini. *Inca's:* Het serpent en de vogel zijn het weldoende aspect van Quetzalcoatl. *Iraans:* Een aspect van Ahriman of Angra Mainu, het serpent van de duisternis, de leugenaar. De Perzische slang Azi-dahak is de vijand van de zonnegod. *Islamitisch:* Nauw verbonden met leven, is el-hayyah het serpent en leven el-hyat en El-Hay, een van de voornaamste namen van God met de betekenis tot leven wekken, dat wat het leven verleent, eerder het principe van het leven dan alleen maar leven; dat wat bezielt en handhaaft, wat leven schenkt en het levensprincipe zelf is. *Japans:* Personificatie en attribuut van Susanoo, god van de donder en stormen.

Het **serpent**, symbool van genezing en daarom embleem van Aesculapius, op een Romeins medaillon uit de tweede eeuw.

Een aardewerken beeldje uit de T'ang-periode van het zoömorfe mens-**serpent**, een herinnering aan het jaar van het serpent, het zesde in de Chinese cyclus van de twaalf aardse dieren.

Manicheïstisch: Een symbool van Christus. *Maori's:* Aardse wijsheid; een moeraswerker; irrigatie en groei. *Minoïsch:* De symboliek van de slang is op Kreta prominent en er lijken bewijzen te zijn voor het bestaan van een pre-deïstische slangencultus. De grote godin, beschermster van het huisgezin, wordt afgebeeld met slangen in haar handen en later werden serpenten ook geassocieerd met godheden die haar opvolgden. Op oude munten is de godin afgebeeld gezeten op een troon onder een boom, de kop van een slang aaiend; de symboliek van serpent en boom zijn nauw met elkaar verbonden. De slang is een symbool van vruchtbaarheid en speelt een vooraanstaande rol in de cultus van Eileithyia, de godin van de bevalling. Het serpent dat we bij Polyides tegenkomen had een kruid bij zich dat de gestorvenen kon opwekken uit de dood. De slang kon een incarnatie zijn van een dode, een voorouder of een geest en de afbeelding van een serpent op een grafheuvel wees op de begraafplaats van een held en was het een symbool van wederopstanding en onsterfelijkheid. Later vertegenwoordigde het serpent Aesculapius, de geneesheer-god. *Oceanisch:* Een schepper van de wereld. De aanwezigheid van de slang staat in verband met zwangerschap. In sommige streken woont het kosmische serpent ondergronds en zal het de wereld uiteindelijk vernietigen. *Romeins:* Serpenten werden in verband gebracht met reddende godheden, vruchtbaarheidsgoden en genezende goden, zoals Salus. Het serpent is een attribuut van Minerva als wijsheid. *Scandinavisch:* Het serpent van Midgard omcirkelt de wereld met de eindeloze kronkelingen van de afgrond van de oceaan. Het serpent Nidhogg, de 'doodbijter', die leeft als de wortel van de Yggdrasil, de kosmische boom, en er voortdurend aan knaagt, representeert de kwaadaardige krachten van het universum. *Sumerisch-Semitisch:* De Babylonische Tiamat, de 'voetloze', het 'serpent van de duisternis', ook afgebeeld als een draak, is chaos, het ongedifferentieerde, het onverdeelde, valsheid en verdorvenheid, vernietigd door Marduk als solair en licht. De Assyrisch-Babylonische Ea, evenals Lakhmu en Lakhamu, van de zee, zijn mannelijke en vrouwelijke serpenten die het mannelijke en vrouwelijke principe van hemel en aarde geboren doen worden. Ishtar, als een grote godin, wordt afgebeeld met het serpent. De Frygische Sabazios heeft als voornaamste attribuut een serpent en bij zijn eredienst wierp de celebrerende priester een gouden slang, als 'god door de boezem', door haar kleren naar de grond. Van de schouders van de godin van het koren, Nidaba, springen serpenten, en de slang wordt zowel geassocieerd met de aardegodin, waarvan het serpent, zich om een paal windend, een pictogram is, als met haar stervende zoon, van wiens schouders vaak een serpent oprijst. Het serpent bovenop een paal en vereerd als de god van genezing was een vaak terugkerend symbool in Kanaän en Philistia. *Tolteken:* De zonnegod kijkend uit de bek van een slang symboliseert het firmament.

Sfinx Het mysterieuze; het geheimzinnige; macht; Re, god van de rijzende zon; wijsheid; koninklijke waardigheid; waakzaamheid; sterkte. Met het hoofd van een man, of vrouw, lichaam van een stier, voeten van een leeuw en vleugels van een arend vertegenwoordigt hij de vier elementen en de combinatie van fysieke en intellectuele kracht, de natuurlijke en spirituele macht geïncarneerd in de farao. De androsfinx heeft het hoofd van een mens en staat voor de vereniging van intellectuele en fysieke krachten; de criosfinx heeft de kop van een ram en betekent stilte; de hieracosfinx heeft de kop van een valk en is solair; een sfinx met het hele lichaam van een leeuw, zonder vleugels, betekent macht. De Thebaanse sfinx staat in verband met begrafenissen, hij is een beschermer van graven, verwijst naar moedwillige vernieling en is een vijand van de mensheid. De Griekse sfinx heeft het hoofd van een vrouw; de Minoïsche sfinx draagt de 'kroon van lelies'. De sfinx met het hoofd van een mens wordt ook wel gezien als een menselijke geest die zijn dierlijke instincten overwint.

Shamrock De Arabische 'shamrakh' symboliseert de Perzische triaden; hij staat voor alle triaden; de mystieke drie; het zonnewiel. Hij werd door het christendom geadopteerd als beeld voor de drieeenheid en is een embleem van de heilige Patrick en Ierland. Zie Klaver en Klaverblad.

Sikkel Sterfelijkheid; dood als de maaier; attribuut van Kronos/Saturnus als tijd, gaat samen met de afbeelding van een skelet of oude man, als de dood. Kronos heeft altijd een sikkel en een kap bij zich als teken van het ondergaan en afnemen van de kracht van de herfstzon. Een Sumerisch symbool van koningschap. Hij wordt vaak door Priapus gedragen als vruchtbaarheid; vruchtbaarheid van de landbouw.

Sinaasappelboom Oranjebloesems zijn een symbool van vruchtbaarheid en productiviteit; ze werden door Saraceense bruiden gedragen als teken van vruchtbaarheid. Zie ook Kleuren. *Chinees:* Onsterfelijkheid; geluk. *Christelijk:* Oranjebloesems zijn zuiverheid, maagdelijkheid, kuisheid en dat is de betekenis ervan als bruidskrans. Als de sinaasappel in het paradijs wordt afgebeeld is hij de vrucht van de zondeval en kan het

Christuskind hem in de hand hebben in plaats van de appel. *Grieks:* De bloesem is een embleem van Diana. Men dacht dat sinaasappels de gouden appels waren van de Hesperiden. *Japans:* De bloesem verwijst naar zuivere liefde.

Sirene Verleiding; vrouwelijke bekoring; het afleiden van de man van zijn ware doel, hem meetronend naar tijdelijke attracties en spirituele dood; de ziel gevangen in de verlokkingen van het sensuele. Vogel-sirenen waren in Egypte zielen die waren gescheiden van het lichaam; in de Griekse mythologie representeerden zij de kwade zielen begerig naar bloed.

Sistrum De beweging van de elementen; 'het sistrum toont dat alles wat bestaat moet worden geschud en nooit ophoudt te bewegen' (Plutarchus). Het sistrum zou ook de beweging van de vleugels van de engelen representeren. Embleem van Isis als koningin van de hemel.

Skelet Dood; sterfelijkheid; het snelle voorbijgaan van de tijd en het leven. Met de sikkel of zeis en de zandloper toont het skelet de maaier, die het leven afsnijdt; het kan ook de maan, de schaduwen, de goden van de doden symboliseren en wordt heel speciaal geassocieerd met Kronos/ Saturnus en met de god van de dood en de onderwereld van de Maya's. In de alchemie vertegenwoordigt het het stadium van zuivering in het werk en wordt het weergegeven door de kleur zwart. Zie ook Schedel.

Sla Een Egyptisch vruchtbaarheidssymbool. Gewijd aan de Foenicische Adoni als kortstondig bestaan.

Slaan Slaan op de borst of op de dijen is een uitdrukking van angst, verdriet of berouw. Slaan op het voorhoofd betekent verdriet, schaamte of verwondering. Zie ook Gesel.

Slak Verschijnend en weer verdwijnend is de slak lunair; zijn huisje is, op basis van de vorm ervan, een natuurlijk symbool van het labyrint, de spiraal en de ondergrondse spelonk. De zeeslak vertegenwoordigt het androgyne als het dualistische principe van de combinatie van vuur en water. De slak staat ook voor traagheid en wellust. In het christendom betekent hij luiheid, ook zonde, als zich voedend met modder en slijm. *Azteken:* De maangod, die verschijnt en verdwijnt; zwangerschap; bevalling, 'zoals het zeedier uit zijn schelp komt wordt de mens uit de schoot van de moeder geboren'.

Slang Zie Serpent.

Slangdraak Zie Legendarische dieren.

Sleutel Een axiaal symbool dat alle krachten van openen en sluiten, binden en ontbinden bevat. De sleutel betekent ook bevrijding; kennis; de

De noodlottige ontmoeting van Oedipus met de geheimzinnige **sfinx** – met het hoofd van een vrouw, het lichaam van een leeuw en de vleugels van een arend – is weergegeven op een Attische schaal.

mysteriën; initiatie. Hij is nauw verbonden met de symboliek van Janus, een binder en ontbinder, de 'uitvinder van de sloten' en de god van initiatie; hij heeft de sleutel van de macht om te openen en te sluiten en de sleutel van de deur die toegang geeft tot het gebied van goden en mensen, de sleutels voor de deuren tot de winter- en zomerzonnewende, de *Janua coeli* in de Steenbok is de deur van de goden, de neerdalende en stijgende kracht van de zon, en de *Janua inferni* in Kreeft is de deur van de mensen en de dalende en afnemende kracht van de zon. Zilveren en gouden sleutels verbeelden, respectievelijk, tijdelijke en spirituele macht, de minder belangrijke en de prominente mysteriën en het aardse en hemelse paradijs. *Alchemistisch:* De macht te openen en te sluiten, oplossing en stremming. *Keltisch:* De sleutel van de stallen is een attribuut van Epona, bewaker van de paarden. *Christelijk:* Embleem van Petrus als bewaker van de hemelpoort, ook een attribuut van de paus. De heilige Martha droeg een sleutelbos. *Grieks-Romeins:* Attribuut van Hecate als bewaker van de hel; ook van Persephone en Cybele. Zie Janus. *Hebreeuws:* De sleutels van God zijn zij die oprijzen uit de dood; geboorte; vruchtbaarheid brengende regen. *Japans:* De drie sleutels van de graanschuur zijn liefde, rijkdom en geluk. *Cultus van Mithras:* Mithras bezit de sleutels van de macht om te openen en te sluiten.

Sleutelbloem In Europa typeert de sleutelbloem zuiverheid; jeugd; levendigheid; hij is een Keltische feeënbloem.

Sluier (Voorhang) Duisternis; de staat voor de dageraad, voor verlichting, kosmisch of spiritueel; duisternis die de weg vrijmaakt voor verlichting; onomkoopbaarheid; verborgen of esoterische kennis; geheimzinnigheid; de illusie van de gemanifesteerde wereld; onwetendheid; verbergen; de duisternis van de rouw. Maar hetgeen verbergt kan ook onthullen; rechtstreekse en naakte waarheid kan gevaarlijk zijn; de sluier is dus ook beschermend, hij beschermt zowel de waarheid als de onderzoeker. De voorhang scheidt het heilige der heiligen, de hoogste hemel, van de heilige plaats, de tempel of kerk op de aarde. De sluier betekent ook onderwerping aan de autoriteit, vandaar de sluier van de non en de bruid, die ook offer en dood van het oude leven symboliseren, de hoofden van offers waren vaak gesluierd en van guirlandes voorzien. Net als hoeden en kappen beschermt de sluier het innerlijke leven van het hoofd waar de levenskracht zich bevindt. Hij verdoezelt ook de persoonlijkheid, en maakt integratie met anderen mogelijk, zoals bij het oude priesterschap, de godheid die werd vereerd was vaak gesluierd. Aannemen van de sluier verwijst naar graden van initiatie en het verkrijgen van esoterische kennis. *Boeddhistisch en hindoeïstisch:* De sluier van illusie, *maya,* is het materiaal waarvan de wereld der verschijnselen is geweven; de verdoezeling van de werkelijkheid. *Christelijk:* Bescheidenheid; kuisheid; verzaking van de wereld; de scheiding tussen joden en heidenen die door Christus werd verwijderd toen de voorhang van de tempel in tweeën scheurde. Het rode scherm is de sluier van de ark des verbonds, dat het heilige der heiligen scheidt van het aardse lichaam van de kerk. Het kruis op het altaar wordt gedurende de periode dat Christus in het graf rustte symbolisch gesluierd. *Egyptisch:* De sluier van Isis, de mysteriën van het universum en de schepping, ' Ik ben alles wat is, wat is geweest en wat zal zijn, en mijn sluier heeft nog geen sterfelijk mens opgelicht'. 'De sluier is het universum dat de godin weeft' (Proclus). Hij is openbaring, verlichting en geheimhouding. *Grieks-Romeins:* Een attribuut van Hera/Juno. *Hebreeuws:* De voorhang van de tempel en de ark des verbonds is de plaats waar het heilige der heiligen, de hoogste hemel, wordt afgescheiden van de heilige plaats, de aarde. De vier kleuren ervan zijn de vier elementen: byssus (fijn linnen) de aarde; purper, de zee; rood, vuur; blauw, de lucht. Mozes bedekte zijn gezicht en de straling ervan toen hij tot het volk van Israël sprak. *Islamitisch:* De sluier is van bijzonder belang in de islamitische spirituele symboliek; hij representeert gesluierde kennis en openbaring; openbaring is het scheuren van de sluier. De sluier openbaart de goddelijke natuur, maar sluiert ook de essentie, het gezicht van god wordt verborgen door sluiers van licht en duisternis. Al Hallaj zegt dat de sluier een gordijn is dat zich bevindt tussen de zoeker en zijn object. Een sluier scheidt de uitverkorenen van de verdoemden, de gelovigen van de ongelovigen. God spreekt in openbaringen vanachter een sluier, en de sluier van de 'naam' belet de zoeker een rechtstreekse visie die hij niet zou kunnen verduren. De gepassioneerde natuur van de mens is 'gesluierde' natuur omdat deze het licht niet ziet, maar in dit geval is het de mens, niet god, die gesluierd is. Mohammed, indien afgebeeld, is vaak gesluierd. Hij staat ook voor schaamte en schuld. De soefi's zeggen dat zeventigduizend sluiers Allah, scheiden van de wereld van materie en zintuigen. *Sumerisch-Semitisch:* De wereld van manifestaties geweven door de grote godinnen. De sluier van Tamit op haar tempel was het palladium van Carthago. Het heiligdom van Nabu, in Babylon, was tijdens de periode van afdaling van de stervende god naar de onderwereld, gesluierd.

Smeltkroes *Alchemistisch:* Vrouw; de matrix; het vrouwelijke, ontvangende principe; samen gebruikt met de vuur-actieve-mannelijke smidse. Hij is de pot, die gebruikt wordt bij de 'droge' methode waarbij de *materia* direct wordt blootgesteld aan het vuur. Hij is de baarmoeder waarheen alles terug moet keren om te sterven vóór de regeneratie en wedergeboorte; de plaats van de vuurproef, lijden en beproevingen verbonden met de initiatie voor de wedergeboorte in een hogere staat. De oven of athanor; de *materia* wordt erin opgelost, gezuiverd en getransformeerd. De schotel bevat de oerkrachten van zwavel en kwikzilver (gecombineerd met het zout van de nieuwe geboorte), het mannelijke en vrouwelijke; vluchtig en vast, verbonden in het huwelijk in het *solve et coagula,* het uiteenvallen en de uiteindelijke vereniging.

Smid De goddelijke smid is een schepper die de aarde vorm geeft en hij is de zoon en bemiddelaar van de hoogste godheid. Zijn attributen zijn donder en bliksem, tangen, hamer en aambeeld en hij beheerst de macht van het vuur. In het sjamanisme en in Oceanië is de smid van goddelijke oorsprong en er bestaat een associatie tussen sjamanen, prinsen, helden en smeden. Het ambacht van de smid bezit een heilige en magische eigenschap en hij bezit inwijdingsgeheimen. Een uizondering vormen de gemeenschappen van herdersvolken waar de smid wordt geminacht en als kwaadwillend wordt beschouwd; zijn werk wordt als onrein gezien. De smid is vaak een cultusheld of voorouder, met name in Afrika, hij bewaakt het altaar of handhaaft de tradities van de gemeenschap. Bij de Balten smeedde een smid de zon en wierp hem in de hemel. De hemelse smid schept en organiseert de wereld en verschaft kennis inzake de mysteriën.

Smidsvuur *Alchemistisch:* Het heilige vuur van het fornuis; de kracht van transmutatie van de vlam; de voortplantende, mannelijke, actieve, opdringende kracht in verbinding met de passieve, ontvangende, ondergaande vrouwelijke smeltkroes; de matrix waaruit de metalen worden geboren.

Sneeuw Kou; frigiditeit. Het smelten van sneeuw staat voor het verzachten van de hardheid van het hart.

Sneeuwvlok *Europees:* Zuiverheid; nederigheid; hoop. In het christendom zijn sneeuwvlokken een embleem van de maagd Maria en Maria Lichtmis.

Soma Is zowel een plant als een god, de incarnatie van de vedische god en gewijd aan zijn riten; hij is ook gewijd aan Indra en kan afgebeeld wor-

De **sleutels** van Petrus, die hij op dit beeld in de St. Pieter-basiliek in Rome in zijn hand heeft, symboliseren de axiale kracht waarvan alle loslaten, vastbinden, openen en sluiten, gerechtigheid en vergeving afhankelijk zijn.

In de islam mag de profeet en zijn gezin niet worden afgebeeld en daarom toont de schilder van deze scène, Fatima, Aisha en Um-Salma die met elkaar zitten te praten, **gesluierd**.

den als een stier, vogel, embryo of reus. Hij symboliseert goddelijke macht en inzicht; inspiratie; de onderhouder van alle dingen. De zeef waardoor het somasap van de plant wordt gedreven is het firmament, het sap is de vruchtbaarheid brengende regen en de gele kleur ervan wordt weergegeven door donder en bliksem. Somasap kan ook worden afgebeeld als een koperkleurige man, met een rode wimpel achter een wagen met drie wielen, getrokken door een gevlekte antilope of tien witte paarden.

Spade Fallisch; het mannelijke principe; soms een attribuut van Saturnus. Embleem van de christelijke heilige Phocas.

Sparrenboom Stoutmoedig; integriteit. In de Chinese symboliek betekent hij de uitverkorene en geduld. Hij is gewijd aan Pan en Wodan. Zie ook Pijnboom.

Specht Een profetische vogel; magische kracht; een bewaker van koningen en bomen. In de Grieks-Romeinse mythologie is hij gewijd aan Zeus/Jupiter, Ares/Mars, Silvanus, Tiora en Triptolemos; hij bewaakte Romulus en Remus. De specht is een Arische vogel van de stormwolken. In de christelijke symboliek is hij de duivel en ketterij die geloof en de menselijke natuur ondermijnen. Voor de vroeg-historische indianen was hij een vogel van oorlog.

Speeksel De persoonlijkheid; het zegel van goed vertrouwen; een tegengif tegen het boze oog; genezende krachten. Spuwen kan ook minachting betekenen.

Speer Een symbool van de wereldas; het mannelijke principe; fallisch; leven schenkende kracht; vruchtbaarheid; krijgshaftige moed; de staf van de magiër. Attribuut van krijgslieden en jagers. *Keltisch:* Samen met de slinger is de speer de 'lange arm' van Lamfhada of Lug. *Chinees:* Het insigne van verschillende lagere goden. *Christelijk:* Een embleem van het lijden van Christus en een attribuut van de heiligen Michaël en Longinus, de centurio bij de kruisiging. *Grieks-Romeins:* De speer en het schild van de *epheboi* symboliseerden initiatie in volwassenheid, volwassen bekwaamheid. Attribuut van Athene/Minerva en van Ares/Mars. *Scandinavisch:* De speer, Gunginr, gesmeed door dwergen en gebruikt door Odin, vond zijn doel automatisch.

Spiegel Waarheid; zelfrealisatie; wijsheid; geest; de ziel, de 'spiegel van het universum'; de weerspiegeling van de bovennatuurlijke en goddelijke intelligentie; het helder schijnende oppervlak van goddelijke waarheid; hoogste intelligentie weerspiegeld in de zon, maan en sterren. De reflectie in de spiegel is de gemanifesteerde en tijdelijke wereld, ook de kennis van de mens over zichzelf. De spiegel is zowel solair als lunair, als de zonneschijf, het firmament en het licht, en als het weerspiegelde licht van de maan. Er worden ook magische krachten aan toegedicht en hij is de poort tot het gebied van inversie. Omgekeerd hangend in een tempel of graf vormt hij een 'axis van licht', de weg voor de ziel om op te stijgen. *Boeddhistisch:* De ziel in een staat van zuiverheid; weerspiegelde waarheid; de verlichte geest; vorm; het lichaam weerspiegeld; ernst; zuiverheid. Als weerspiegeld licht verbeeldt hij *samsara*. Hij is een van de acht kostbaarheden van het Chinese boeddhisme. *Chinees:* ernst; een vierkante spiegel is de aarde en een ronde de hemelen. De centrale rozet van de metalen spiegel is de axis en het evenwicht tussen de twee machten; hij staat ook voor het bereiken van het centrum en de zon, deur of poort tot de hemel. *Christelijk:* Een vlekkeloze spiegel verbeeldt de maagd Maria; ze wordt ook wel de 'spiegel van gerechtigheid' genoemd. *Hindoeïstisch:* Een herinnering aan het feit dat alle beelden en vormen zuiver weerspiegelingen zijn, scheppingen van de karmische staat, de vindingrijkheid van het denken. *Islamitisch:* 'God is de spiegel waarin gij uzelf ziet daar ge zijn spiegel zijt' (ibn Arabi). 'Het universum is de spiegel van god .... De mens is de spiegel van het universum' (ibn al-Nasafi). *Japans:* De *kagami*, 'de spiegel van beschuldiging', reflecteert waarheid en onthult fouten; de spiegel is ook de goddelijke zon. Een godheid is, tijdens rituele gelegenheden, de heilige spiegel binnengegaan om zich te manifesteren. De spiegel, als waarheid, is één van de drie kostbaarheden samen met het zwaard en het juweel. Symbool van de zonnegodin Amaterasu. *Mexicaans:* Een attribuut van Tezcatlipoca, de 'glanzende' of 'rokende' spiegel, zowel solair als lunair als de zonnegod van de zomer en de maangod van de avond. *Taoïstisch:* Zelfrealisatie. Door in de eigen natuur te kijken wordt het kwaad gedood door het zien van de verschrikking van de weerspiegeling ervan; 'als kwaad zichzelf herkent, vernietigt het zichzelf.' De spiegel symboliseert ook de geest van de wijze, de rust van de wijze: 'De geest van de wijze, die in rust is, wordt tot de spiegel van het universum' (Chuang Tzu). *Semitisch:* De spiegel symboliseert, in de Hettitische kunst, de vrouwelijke godheid, met een tros druiven als het mannelijke.

Spin De grote moeder wordt, in haar afschrikwekkende aspect als weefster van het lot, soms afgebeeld als een enorme spin. Alle maangodinnen zijn spinsters en weefsters van het lot, en de kosmische spin, 'de grote spin', of de grote wever is ook de schepper die de draad van het leven spint uit zijn eigen substantie en alle mensen aan zichzelf bindt door de draad van de navelstreng en hen ook bindt, of verweeft met het web van het patroon van de wereld. De spin in het centrum van zijn web representeert een wereldcentrum; hij kan de zon zijn omgeven door zijn stralen, in alle richtingen uitstralend, of de maan als de cyclus van leven en dood van de gemanifesteerde wereld, of het jaar, het web van het jaar wevend. *Indiaans:* Wind en donder; bescherming tegen kwaad. *Christelijk:* De duivel die de zondaren verstrikt; de vrek die de armen uitbuit. Een spin boven een kom is een embleem van de heilige Norbertus. *Egyptisch:* Attribuut van Neith als weefster van de wereld. *Grieks:* Attribuut van Athene als weefster van de wereld en van Persephone, Harmonia en de schikgodinnen, de Moirai, als spinsters van het lot; gedaante van Ariadne. *Hindoeïstisch en boeddhistisch:* De wever van het web van illusies, *maya,* ook de schepper als de draad wevend uit zijn eigen substantie. *Oceanisch:* Op sommige eilanden is de 'oude spin' de schepper van het universum. *Romeins:* Scherpzinnigheid; geluk. *Scandinavisch en Teutoons:* Holda en de nornen zijn de spinsters en weefsters van het lot. *Sumerisch-Semitisch:* Attribuurt van Ishtar en Atargatis als wevers van de wereld en het lot. Zie ook Spinklos; Weven; Web.

Spinklos/spinnen De spinklos is een attribuut van alle moedergodinnen, lunaire godinnen en weefsters van het lot in hun afschrikwekkende aspect. Alle godinnen van het lot zijn spinsters en weefsters en worden afgebeeld in hun drievoudige lunaire vorm en in groepen van drie als geboorte, leven en dood; verleden, heden en toekomst enz. Van de drie in de groep zijn er meestal twee goed en behulpzaam en een kwaadaardig en wreed, de derde is degene die de draad van het leven afbreekt. De draaiende spinwieltjes symboliseren de rondwentelingen van het universum, en spinnen en weven representeert het vrouwelijke principe in de kundigheid van het weven van het lot en de sluier van de wereld van illusies. Nereïden hebben een gouden spinklos. Gaelische feeën spinnen en weven voor geliefde mensen. Zie ook Spin; Weven.

Spinrokken Tijd; schepping; het attribuut van alle godinnen van het spinnen, weven en het lot. Athene is de patrones van spinnen en weven. Clotho is de spinster. Een symbool van het werk van vrouwen. Zie ook Spin en Weven.

Spiraal Een bijzonder complex symbool dat reeds in paleolitische tijden werd gebruikt. We komen dit symbool tegen in het pre-dynastieke Egypte, op Kreta, in Mycene, Mesopotamië, India, China,

Een indiaanse schijf van schelpen uit de 11e eeuw is versierd met wervelende **spechten**, woeste symbolen van oorlog, plundering en plotselinge aanval.

Op de achterkant van deze **spiegel** uit de Chinese Han-periode, houdt de rozet in het centrum, de as van het universum, de spanning tussen de omringende cirkel – de hemelen, de ware wereld – en het buitenste vierkant – de aarde, gebied van verschijnselen en spiegelbeelden – in evenwicht.

Voor de indianen maakte de **spin** op deze schijf van schelpen deze tot een beschermende amulet tegen het gevaar van wind, regen en alle natuurverschijnselen die het fragiele web van de spin konden bedreigen.

Japan, pre-Columbiaans Amerika, Europa, Scandinavië en Groot-Brittannië; het verschijnt ook in Oceanië, maar niet op Hawaii. Het representeert zowel solaire als lunaire krachten; de lucht; het water; de rollende donder en bliksem; de spiraal is ook een vortex; de grote creatieve kracht; emanatie. Als zich uitrekkend en weer samentrekkend kan hij het opkomen en ondergaan van de zon voorstellen of het wassen en afnemen van de maan en, als analogie, groei en uitbreiding en dood en samentrekking, opwinden en afwikkelen, geboorte en dood, ook continuïteit. Hij kan de rondwentelende hemelen voorstellen; de loop van de zon; de cyclische seizoenen; de rotatie van de aarde. Als de werveling van de lucht tijdens onweer en stormen en de beweging van de wateren betekent hij vruchtbaarheid en het dynamische aspect van de dingen. Als krans of vortex vergelijkt Bastius hem met de belangrijke voortplantende krachten. Als de wervelwind (zie aldaar) wordt hij in verband gebracht met de Chinese opstijgende draak; de spiraal en de wervelwind hebben dezelfde symboliek, in het bijzonder als manifestatie van energie in de natuur. Spiralen of krullen worden geassocieerd met spinnen en weven van het web van het leven en de sluier van de moedergodin, beheerster van het lot en weefster van de sluier van illusie. De spiraal deelt ook de symboliek van het labyrint (zie aldaar) en de 'doolhof'. Op het metafysische vlak symboliseert hij de gebieden van bestaan, de verschillende modaliteiten van zijn, en de zwerftochten van de ziel in manifestatie en haar uiteindelijke terugkeer naar het centrum.

De dubbele spiraal  verwijst naar het toenemen en afnemen van de solaire of lunaire krachten en ook naar de afwisselende ritmen van evolutie en involutie, leven en dood, enz. Hij kan ook de twee hemisferen representeren; de twee polen; dag en nacht; alle ritmen van de natuur, yin en yang; shakta en shakti; het gemanifesteerde en het niet-gemanifesteerde; ook continuïteit tussen cycli. Hij karakteriseert het androgyne en is verbonden met de symboliek van de caduceus van de handeling in twee richtingen en met de *solve et coagula* van de alchemie. Als donder, bliksem en regenbrengende wolken is hij een vruchtbaarheidssymbool. De spiraal kan ook voor het vuur en de vlam staan, zoals in de Keltische symboliek. In de traditie van de Maori's staat hij voor het mannelijke principe en is hij fallisch, hoewel hij in 't algemeen wordt geasscocieerd met de vrouwelijke vulva als de spiraal van de zeeschelp. Op Kreta en in Mycene worden de opgerolde tentakels van de inktvis in verband gebracht met de spiraal, donder, regen en water. In China, taoïsme en boeddhisme verbeeldt hij soms de 'kostbare parel' in de vorm van een spiraal; de dubbele spiraal krijgt de symboliek yin-yang.

De spiraal wordt gesymboliseerd door alles wat spiraalvormig is: slakkenhuisjes, zeeschelpen, het oor, de tentakels van de inktvis, horens van dieren, dieren als de hond en kat die zich oprollen, het opgerolde serpent, planten die in spiraalvorm groeien, zoals klimop, dennenappels en de zich ontvouwende bladen van varens. Hij is ook geassocieerd met de oren van goden en koningen, met regenbrengende dieren en reptielen en met het opgerolde en slapende serpent Kundalini. Goden van de wervelwind of de elementen en beweging, zoals Rudra en Pushan, hebben hun haar gevlochten in de vorm van een spiraal of schelp. De spiraal is ook verbonden met de navel als een centrum van kracht en leven.

Spits Verlangen hemelwaarts; ook een fallisch symbool. In het christendom is hij gods vinger die hemelwaarts wijst.

Sprenkelen Een symbolische opeenvolging van doordrenking, bevruchting, zwangerschap, bevalling en doop.

Springen Ambivalent als teken van vreugde, terwijl het in China en het oude Egypte verdriet betekent.

Sprinkhaan *Chinees:* Overvloed; talrijke zonen; deugden; geluk. *Europees:* Onverantwoordelijkheid*:* zorgeloosheid; zomerse genietingen. *Grieks:* De gouden sprinkhaan staat voor adeldom, een geboren aristocraat. *Hebreeuws:* Een plaag.

St. Jakobsschelp Zie Schelpen**.**

Staart Evenwicht, leiding, en dus oordeel en aanpassing.

Staf Mannelijke kracht; autoriteit; waardigheid; magische kracht; reizen; pelgrimstocht; ook een solair en axiaal symbool. De staf of herdersstaf is een attribuut van alle goede herders. *Boeddhistisch:* Wet en orde; een symbool van de scepter van Boeddha, d.w.z. zijn onderricht. *Christelijk:* Christus als de goede herder; pelgrimstocht. De staf met ringen wijst op bisschoppelijke macht en autoriteit. De staf gedragen vóór hoogwaardigheidsbekleders wijst op de waardigheid van het ambt; in de linkerhand verwijst de staf naar kardinalen, aartsbisschoppen, bisschoppen, abten en abdissen. De pelgrimsstaf is een embleem van de heiligen Jacobus de meerdere, Johannes de doper, Hiëronymus, Christoforus, Filippus de apostel, Ursula. De ontluikende staf is een embleem van de heiligen Ethelreda en Jozef van Arimathaea. *Egyptisch:* De staf en de vlegel zijn een attribuut van Osiris als rechter over de doden; de staf met de pen betekent de ontwakende ziel en is een attribuut van Theut of Logios. *Grieks–Romeins:* De staf van de heraut, evenals de caduceus, is het voornaamste attribuut van Hermes/Mercurius. *Hindoeïstisch:* De drie gecombineerde takken van de staf uit de Vaishnava traditie symboliseren de drie werkelijkheden of de drie *guna's* die de wereld van de verschijnselen vormen, of de beheersing van gedachten, woord en daad door de heilige of wijze.

Stamper en vijzel Lunair; geassocieerd met de grote moeder, de vijzel is het holle en ontvangende, vrouwelijke principe waarin de stamper het levenselixer fijnstampt. In de Chinese symboliek heeft de haas in de maan een stamper en vijzel bij zich waarin hij het elixer van onsterfelijkheid bereidt. De stamper en vijzel verwijzen ook naar de kleine factoren die een situatie of de gebeurtenissen in het leven beïnvloeden. Hij wordt afgebeeld in de werkplaatsen van alchemisten.

Steel De steel van een plant symboliseert, net als de stam van een boom, de manifeste wereld, de middelste van de drie, met de wortels als de onderwereld en de takken, of bloemen, als de hemelen.

Steen Stabiliteit; betrouwbaarheid; onsterfelijkheid; onvergankelijkheid; het eeuwige; cohesie; de onverwoestbaarheid van de hoogste realiteit. Statisch leven. Een steen, rots, berg, boom of bosje, die allemaal symbolisch met elkaar verbonden zijn, kunnen de kosmos in zijn totaliteit representeren. Stenen zien we vaak samen met bomen op heilige plaatsen, ze kunnen ook alleen staan om een heilige plaats of gebeurtenis aan te geven; ze zijn bij het heilige altaar verbonden met de boom waarbij de steen het blijvende en omsluitende weergeeft en de boom het veranderende en zich uitbreidende. In de primitieve symboliek kunnen stenen mensen het leven schenken, ze hebben dan een leven schenkende potentie, ook kunnen mensen in heilige stenen worden veranderd. Dit is wel gezien als een lunaire cultus, die de maan symboliseert als vruchtbaarheid en kou, of als de bevroren aarde van de winter waaruit de lente wordt geboren. Speciale stenen hebben hun eigen symboliek, zoals jade, edelstenen en parels; zwarte stenen, zoals de Ka'aba, de zwarte steen van Cybele, zwarte jade en parels staan soms symbolisch voor het kosmische ei, of ze zijn een omfalos.

Grote, rechtopstaande stenen, kolommen en zuilen zijn een *axis mundi,* die ook wordt gesymboliseerd door de boom, berg, of boom op een berg of een kolom met daarbovenop een boom. Ze representeren de hoogste steun van alle dingen in het universum; ze zijn ook een omfalos, een

De schijnbaar decoratieve **spiralen** op deze Turkse kom uit de zestiende eeuw, zich vernauwend in hun centrum, weerspiegelen en versterken de omvattende en beschermende functie van het object dat ze verfraaien.

Op deze Thebaanse schildering, afkomstig van het graf van Sennedjem, heeft Osiris, als rechter over de doden, de **staf** van leiding en controle in zijn hand; zijn dorsvlegel symboliseert zijn hoogste macht tot het uitspreken van een oordeel over de ziel van de mensen, hun goede daden scheidend van hun kwade.

gefixeerd punt of centrum waar de mens het paradijs kan herwinnen, of verlichting vindt. Conische stenen en *cairns* (kegelvormige steenhopen) delen de symboliek van rechtopstaande stenen en ze kunnen allemaal fallisch zijn. Kubusvormige stenen betekenen stabiliteit en statische perfectie, ze zijn, als zodanig, de funderingsstenen van heilige gebouwen. De steen van fundering is de rots waarop het universum berust, de hoeksteen van de aarde en de bron van het levenswater, de rots die Hades en de krachten van de onderwereld overwint.

Bolvormige stenen verbeelden de maan, derhalve het vrouwelijke principe en alle lunaire godinnen. Onbewerkte steen is de *prima materia,* het vrouwelijke, en is geassocieerd met de mannelijke symbolen van de beitel en alle snijinstrumenten die de *prima materia* modelleren en er vorm aan geven. De bewerkte, of geslepen, steen verwijst naar het karakter waaraan gewerkt is en dat is geperfectioneerd.

Een gebroken steen of kolom betekent dood, desintegratie of verbrokkeling. Zware stenen of rotsen die een bron, wel of grot met schatten bedekken, en zo de toegang tot het levenswater dat ontspringt aan de rots bemoeilijken, symboliseren de moeilijkheden en noodzakelijke omstandigheden die moeten worden overwonnen of begrepen en vervuld, voor het levenswater of de esoterische schatten van verborgen kennis kunnen worden gevonden; soms wordt de rots op miraculeuze wijze gespleten zodat het water eruitstroomt of de spelonk zich opent. De stenen bijl (zie aldaar) is een aniconische representatie van goddelijkheid, of de bovennatuurlijke macht daarvan. De *lapis exilis* is de steen waarvan de kracht het leven van de feniks herstelt en hij is gerelateerd aan, en wordt soms genoemd, de graal (zie aldaar). Hij kan eeuwige jeugd verlenen aan hen die hem dienen. Donderstenen representeren de macht van de donder, bliksem, en storm, de macht van hetgeen klooft en breekt.

Zaligmakende stenen verwijzen naar een plaats waar een godheid woont; een omfalos; de woonplaats van de zonnegeest; woonplaatsen van geesten van de dood; de plaats waar hemel en aarde elkaar ontmoeten; het heilige; heilige grond. Heilige stenen zijn ook profetische stenen, 'stenen die spreken', waaruit de stem van de godheid of het mirakel komt, zoals bijvoorbeeld de omfalos van Delphi. Deze stenen zijn gewoonlijk uit de hemel gevallen en kunnen de woonplaats van een godheid zijn of zijn aniconische representatie. Bij alle nomadische en jagersvolken, zijn stenen de 'beenderen van moeder aarde'. *Afrikaans:* (*West*) Blauwe stenen zijn de macht van de god van het firmament. *Alchemistisch:* De verborgen steen is de *prima materia.* De steen der wijzen, de rebis, is de belangrijkste zoektocht, het 'dubbele wezen' van het Hermetische androgyne; de verzoening van alle tegendelen; het bereiken van eenheid; herwinnen van het centrum; perfectie; absolute realiteit; de *petra genetrix;* beweging naar believen; spirituele, mentale en morele heelheid in een mens; het bevrijde, verenigde zelf; de *spiritus mundi,* zichtbaar gemaakt*: Indiaans:* Stenen zijn de beenderen van moeder aarde. *Arabisch:* (Voorislamitisch) Stenen werden vereerd als aniconische beelden van Manat; stenen en bomen werden bijzonder vaak vereerd. *Boeddhistisch:* Zwarte stenen zijn slechte daden, witte stenen zijn goede daden en ze werden gewogen op de weegschaal van het oordeel. *Keltisch:* Wankelende stenen zijn profetisch. *Chinees:* Betrouwbaarheid; hardheid. Stenen klokken zijn een vruchtbaarheidssymbool en bezwerend. *Christelijk:* Veilige funderingen; onverwoestbaar; Petrus als de stichter van de kerk. Stenen zijn ook een embleem van de heiligen Alphege en Stefanus. *Egyptisch:* Waarheid, 'de harde stenen van de waarheid'; groene stenen wijzen op jeugd en onsterfelijkheid. *Grieks-Romeins:* 'De beenderen van moeder aarde' (Ovidius). De zwarte steen is een symbool van Cybele, die, als godin van de berg, ook door een conische steen wordt gesymboliseerd. De vierkante steen is een attribuut van Aphrodite/Venus. Stenen worden vaak in verband gebracht met Kronos/Saturnus en met de verering van Apollo, met name de omfalos in Delphi en het kubusvormige altaar op Delos. Hermes is een god van stenen en kan gerepresenteerd worden door een *cairn* of hoopje stenen. *Hebreeuws:* De zaligmakende steen van Jacob was een ontmoetingsplaats van hemel en aarde en communicatie tussen beide. De stenen van de rivier Jobel waren onverwoestbaar en vormden de fundering van Jeruzalem. De hoeksteen van de tempel was het centrum van de aarde en ondersteunde de wereld. *Hindoeïstisch:* Steen, als stabiliteit, is de basis van de tempel en het altaar. Conische stenen, zoals de *linga,* zijn een aniconische vorm van Shiva als schepper. *Islamitisch:* De zwarte steen, de Ka'aba, is kubusvormig en een omfalos, een punt van communicatie tussen god en mens. *Japans:* Stenen en rotsen zijn heilige objecten in het shintoïsme. *Oceanisch:* Rotsen schenken het leven aan alle dingen in de wereld. *Sumerisch-Semitisch:* Conische stenen en zuilen zijn de voornaamste symbolen en aniconische representaties van Ashtoreth/Astarte en andere Semitische godheden.

Ster De aanwezigheid van een godheid; superioriteit; het eeuwige; degene die niet sterft; de hoogste verworvenheid; een hemelse boodschapper van een god; hoop (als oplichtend in de duisternis); de ogen van de nacht. Sterren zijn attributen van alle koninginnen van de hemel, die vaak een kroon van sterren dragen. De ster is bij uitstek het symbool van Ishtar, of Venus, als morgen- en avondster. De poolster markeert het centrale punt aan het firmament en is dus in de nacht de poort tot de hemel. Hij is een symbool van bestendigheid en als zodanig wordt ernaar verwezen tijdens hindoeïstische huwelijksriten. In Egypte werd de farao, na zijn dood, geïdentificeerd met de poolster. De ster met vier stralen, later het Maltezer kruis, is een aniconische vorm van Shamash als zonnegod en god van de liefde en gerechtigheid. De vijfpuntige ster, opwaarts gericht, is verlangen; licht; het spirituele, educatie. Neerwaarts gericht is hij kwaad; hekserij; zwarte magie. De zespuntige ster verbeeldt de schepping en is ook het zegel van Salomo. Hij is een combinatie van de mannelijke en vrouwelijke driehoeken en van vuur en water (zie Driehoek). De achtpuntige ster in een cirkel is een aniconische vorm van Gulu, metgezel van Shamash. *Azteken:* De morgenster is de opstijgende, spirituele mannelijke kracht van de zon en de avondster de neerdalende, aardse vrouwelijke kracht van de maan. *Chinees:* Een ster, of sterren, met de zon en de maan verbeelden de spirituele wijsheid van de heersers. *Christelijk:* Goddelijke leiding en gunst; de geboorte van Christus; de maagd Maria draagt als koningin van de hemel een kroon van sterren, ook als Stella Maris. De twaalf sterren zijn de twaalf stammen van Israël en de apostelen. Embleem van de heiligen Athanasia, Bruno, Dominicus, Humbertus, Nicolaas, Swidbert. *Egyptisch:* Isis, als koningin van de hemel, draagt een kroon van sterren. *Grieks-Romeins:* Volgens Hesiodus zijn de sterren de bloeddruppels van Ouranos. Venus is zowel de morgen- als de avondster. Planetaire goden worden vaak afgebeeld met een ster op het voorhoofd of boven hun hoofd. *Islamitisch:* Goddelijkheid; suprematie. De ster wordt samen met de maansikkel afgebeeld. *Maori's:* Begeleiding naar de overwinning van het goede over het kwade. *Cultus van Mithras:* De alziende ogen van Mithras. *Oceanisch:* Sterren zijn de kinderen van moeder zon en vader maan. *Sumerisch-Semitisch:* Ishtar is de morgen- en de avondster; zij en Astarte worden vaak afgebeeld met een kroon van sterren als koninginnen van de hemel.

Stervende goden In vruchtbaarheidsreligies symboliseren stervende goden cyclische dood en

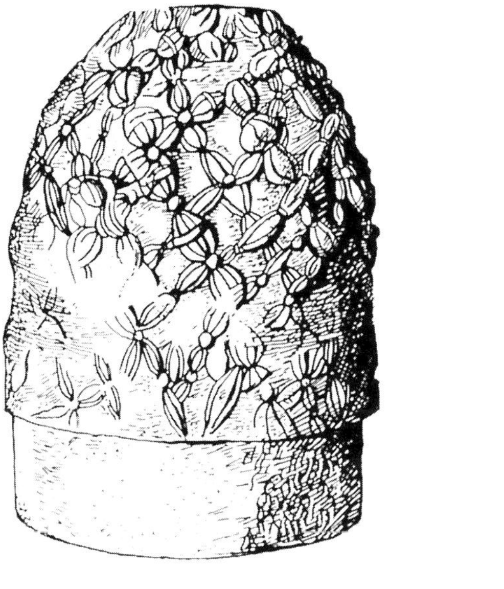

De 'navel van de wereld' in Delphi, de **steen** die wordt beschouwd als het duurzame, betrouwbare en onvernietigbare centrum van waaruit de hele kosmos zich verspreidt en waarheen deze terugverwijst voor stabiliteit en beweging.

Onder de rechtopstaande **stenen** symboliseert de dolmen gewoonlijk de baarmoeder, in tegenstelling tot de fallische betekenis van de menhir. Deze steen staat in Malabar, Zuid-India.

wedergeboorte, vegetatieve dood en vernieuwing, leven dat eeuwig sterft en eeuwig opnieuw geboren wordt. Stervende goden combineren de mannelijke en vrouwelijke principes van de vegetatiegoden en de grote moeder, wier symbool de boom is. Vaak zijn ze uiteengescheurd en verstrooid als symbool van het eind van de oorspronkelijke eenheid en het begin van de fragmentatie in manifestatie en tijd. Ze vertegenwoordigen ook het toekennen van leven aan de veelvuldigheid van de schepping.

Karakteristieken van de symboliek van stervende goden zijn: hun geboorte wordt aangekondigd door een ster; ze worden in een grot uit een maagd geboren; soms worden ze door wijze mannen bezocht; als kind onderricht het kind zijn leraren; voorspelt zijn eigen dood en wederkomst; sterft aan een boom; daalt na drie dagen neer op aarde (de donkere dagen van de maan) en is opgestaan. Hij wordt gewoonlijk afgebeeld als een mooie jongeman of als androgyn; hij wordt nooit volwassen; hij wordt altijd geïdentificeerd met de vader. De tomben van stervende goden zijn plaatsen van rituele wederopvoering van het lijden en het offer en van het geweeklaag van de god, koning en het offer. Proclus zegt dat hij in de orfische theologie terugkomt om zijn koninkrijk te stichten. Euripides zegt dat hij gediend wordt door vrouwen die hem bewenen. Hij onderwerpt zich geduldig aan zijn lot, omdat hij geïncarneerd is om de mensheid te onderrichten en te redden; de goddelijke gevangene handhaaft een goddelijk zwijgen voor zijn rechters die ogen hebben maar niet kunnen zien en niet weten wat ze doen. Alle religies met stervende goden zijn inwijdingsreligies en de kandidaat voor inwijding moet sterven voor de wereld. Stervende goden zijn: Osiris, Dionysos, Tammuz/Dumuzi, Attis, Orpheus, Men, Mithras, Baäl, Baldur, Adonis, Wodan/Odin enz. Baldur keert niet iedere lente naar de aarde terug, maar wacht op het einde van de oude orde en het begin van de nieuwe. De christelijke Jezus sterft maar één keer en stijgt op naar de hemel om daar te blijven tot zijn wederkomst. Het zoeken naar de dode god door zijn zuster of metgezel is algemeen bij Kanaänitische, Mesopotamische en Egyptische rituelen van Tammuz, Marduk en Osiris. Het jonge geitje kan dienen als vervanging van de stervende god bij Kanaänitische en Babylonische riten in verband met dood en wedergeboorte.

Stier Ambivalent; gewoonlijk is de stier het mannelijke principe in de natuur; de solaire voortplantende kracht gewijd aan alle firmamentgoden; vruchtbaarheid; mannelijke voortplantende kracht; koningschap; de koning; maar hij symboliseert ook de aarde en de vochtige aard van de natuur als hij lunair wordt en bereden wordt door maangodinnen zoals Astarte en Europa, en dan verbeeldt hij het beteugelen van de mannelijke en dierlijke natuur. Het berijden van een stier, of stieren die een strijdwagen trekken, is ook het attribuut van een solaire strijder, verbonden met de firmament, storm en solaire goden; het brullen van een stier vertegenwoordigt donder, regen en vruchtbaarheid.

Als hij de voortplantende kracht belichaamt wordt hij geassocieerd met de vruchtbaar makende krachten van de zon, regen, storm, donder en bliksem en daarom zowel met de droge als vochtige principes. Firmament-weergoden, zoals de stier, komen reeds in de allereerste verslagen voor en hij wordt vaak vergezeld van een godin. Het offer van de stier en taurobolium vindt plaats als verering van Attis en Mithras en tijdens oude nieuwjaarsfestivals. De symboliek van de stier komt voor in alle Sumerische en Semitische cultussen. De stierman is gewoonlijk een bewaker die een centrum, een schat of deuren bewaakt; hij weert kwaad af en is bezwerend. De kop van een stier (het meest belangrijke deel omdat deze het vitale principe bevat) betekent offer en dood. Het slachten van de stier met nieuwjaar is de dood van de winter en de geboorte van de scheppende levenskracht. *Boeddhistisch:* De stier is het morele zelf, het ego, en hij is een attribuut van Yama, de god van de dood, die soms het hoofd heeft van een stier of buffel. *Keltisch:* Stiergoden zijn goddelijke macht en kracht. Voor de druïden is de stier de zon en de koe de aarde. *Chinees:* Een van de dieren van de 'twaalf aardse takken'. *Christelijk:* Brute kracht; embleem van de heilige Eustatius, gemarteld in een koperen stier, en van de heilige Thecla. *Egyptisch:* De stier Apis was een avatar van Osiris en het 'tweede leven en de dienaar van Ptah'. Hij werd ook vereerd in de vorm van Mnves of Merwer en was gewijd aan de solaire Ra (Re) die, als de stier van de hemel, de firmamentgodin Nût dagelijks bezwangerde. Neb, de god van de aarde, was ook de stier van de godin Nût. De dij van de stier was het fallische been van Seth als vruchtbaarheid, kracht en de noordpool. *Grieks:* Attribuut van Zeus als firmamentgod, ook van Dionysos, die gehoornd was en soms, als hij het mannelijke principe symboliseerde, het hoofd van een stier had. Gewijd aan Poseidon, waarvan de wijndragers in Ephese 'stieren' waren. Als de vochtige kracht was de stier een attribuut van Aphrodite. *Hebreeuws:* Jahweh is de 'stier van Israël', dat is de macht van Jahweh. *Hindoeïstisch:*

Kracht; snelheid; vruchtbaarheid; de reproductieve kracht van de natuur. De stier Nandin is het voertuig van Shiva, bewaker van het Westen, die een stier berijdt. Hij is een attribuut van Agni, de 'machtige stier' en een vorm van Indra in zijn vruchtbare aspect. De stier is ook de vitale adem van Aditi, het alomsluitende. De kracht verleend door Soma wordt vaak gelijkgesteld aan die van de stier. Rudra verenigt zich met de koe-godin. *Iraans:* De wereldziel; zijn generatieve kracht wordt verbonden met de maan en regenwolken in vruchtbaarheid. De stier was het eerste geschapen dier en werd door Ahriman verslagen; uit de ziel van de stier ontstond het zaad van de hele latere schepping. *Minoïsch:* De grote god. De stier werd geofferd aan de aarde en de god van aardbevingen: 'Bezorgt hem die de aarde doet schudden vreugde met stieren' (Homerus). In sommige culturen dacht men dat de stier aardbevingen veroorzaakte door de aarde op zijn horens te nemen en zijn gebrul werd gehoord. Op Kreta verschijnt hij als vertegenwoordiger van de reproductieve kracht in de natuur. *Cultus van Mithras:* De solaire god; het offer van de stier was de belangrijkste ceremonie in de eredienst voor Mithras. Hij vertegenwoordigde ook de overwinning van de mens over zijn dierlijke natuur en leven door de dood. Stier en leeuw tezamen symboliseren dood. *Romeins:* Attribuut van Jupiter als firmamentgod; gewijd aan Mars; attribuut van Venus en Europa als maangodinnen; Europa als de dageraad wordt langs het firmament gedragen door de solaire stier. *Scandinavisch:* Attribuut van Thor en gewijd aan Freyja. *Sumerisch-Semitisch:* De hemelse stier ploegt de grote voor van de hemel; Ramman, Assur en Adad, die stieren berijden, zijn 'stieren van de hemel'; Marduk, of Merodach, wordt geïdentificeerd met Gudibir, de 'stier van licht'. De zon Enil of Enki, is de 'wilde stier van firmament en aarde'; Sin, een lunaire god, neemt ook de vorm van een stier aan; Tessub, de Hettitische zonnegod, neemt de vorm aan van een stier; hij is een aspect van Ea als heer van de magie en wordt in Sumerische kunst vaak afgebeeld met een deurpost; de Syrische of Foenicische Baäl of Bel, een solaire god van vruchtbaarheid van de grond en de kudden, werd gesymboliseerd door de stier; de 'richtinggevende' stier van Accadië begint het zodiakale jaar. Gevleugelde stieren zijn bewakende geesten. *Dierenriem:* De stier, Taurus, is een zonnesymbool en de creatieve herrijzenis van de lente.

Stilet Zie Pen.

Stoepa, Chörten De doctrine; verlichting; nirwana. Het vierkant of de kubus aan de basis repre-

Een alchemistische tekening uit de veertiende eeuw van 'Pan als Mercurius' geeft op de achtergrond ook de **ster** van succes en voltooiing weer.

De oude Kretenzische **stierendansers**, zoals deze op dit Minoïsche zegel van onyx, die zich tegelijkertijd overgeven aan de macht van de grote god, de 'schudder van de aarde', en deze uitdagen, worden gesymboliseerd door de stier.

senteert de aarde, de verschillende niveaus zijn de niveaus van bestaan, de cirkel van de koepel is de hemel. Hij is ook een symbool van de vijf *dhyani*-boeddha's als aspecten van het absolute en het vijfvoudige aspect van de mens (zie Getallen, vijf). De punt of piek op de top van de koepel is de wereldas en een wereldcentrum, de reeks ringen erop betekenen wereld rijzend boven wereld. De islamitische qubbah heeft dezelfde vorm en symboliek van niveaus van bestaan.

Stok Autoriteit. In de symboliek van de indianen wordt hij gelijkgesteld met straf en pijn.

Stola *Christelijk:* Het juk van Christus; priesterlijke macht en waardigheid.

Stoom In het indiaanse ritueel van het stoombad in de zweethut vertegenwoordigt stoom de witheid en de heilige en leven schenkende kracht van de geest.

Storm De creatieve kracht, de brenger van de vruchtbare regen. De donder is de stem van de stormgod en de bliksem brengt vruchtbaarheid en verlichting.

Stralen De zon; goddelijke luister; goddelijke gunst; een emanatie van *nous;* de *corona radiata* is het 'haar van de zonnegod', de gouden stralen van Helios. Een dubbele halo van stralen verbeeldt het dualistische aspect van een godheid. Stralen voortkomend uit de schouders van de Babylonische zonnegod Shamash en de Kanaänitische Shemesh verwijzen naar de Sumerisch-Semitische zonnegod. De zevende straal van de zon is het pad waarlangs de mens van deze wereld naar de volgende gaat en hij is de solaire 'poort' of 'deur'. Rechte stralen verbeelden gewoonlijk het licht van de zon en golvende stralen de hitte ervan. 'Neerdalende stralen... betekenen dat de kracht van de hemel zich bevindt in de stralen die de zon naar de aarde zendt', en stralen die oprijzen zijn 'een teken dat de kracht van de oprijzende stralen leven schenkt aan alles wat de aarde produceert' (Macrobius).

Stralenkrans Zie Nimbus.

Straling Zuivere spiritualiteit; wijsheid; heiligheid; zuiverheid van hart; het bovennatuurlijke. Wordt gesymboliseerd door de zonnestralen, stervormige kronen, de nimbus, halo, het aureool, de mandorla.

Stro Leegheid; onvruchtbaarheid; dood; zwakheid; waardeloosheid; het vergankelijke.

Stroom Het stromen van goddelijke macht, van stralen stromend uit de zon of van water uit bronnen, fonteinen, vazen enz. Stromen voortkomend uit een kruik, of het lichaam van een godheid, staan voor de wateren stromend uit de goddelijke gulheid, leven en vruchtbaarheid, als de vier wateren of stromen van het paradijs vloeiend uit de levensboom. De stroom is een symbool van zelfnatuur in het boeddhisme. Zie ook Rivier.

Strop Deelt de symboliek van banden (zie aldaar) maar heeft daarenboven de beheersing over het hoofd, dat beschouwd wordt als de zetel van de levenskracht van het intellect.

Struisvogel De veer van de struisvogel verbeeldt waarheid en oordeel (de veren zijn volkomen gelijk). Op de hoofden van godheden, als 'meesters van de waarheid', zien we hem in Egypte op weergaven van scènes van het oordeel over de doden. Hij is een embleem van Maat, godin van de waarheid, gerechtigheid en de wet; van Ament, als godin van het Westen en de dood, en van Shu, als lucht en ruimte. In de Semitische mythologie is de struisvogel een demon en kan hij de draak representeren. In de leer van Zaratusthra is hij de goddelijke stormvogel. Het ei van de struisvogel, opgehangen in tempels, Koptische kerken, moskeeën en soms boven graven, betekent schepping; leven; wederopstanding; waakzaamheid. In Afrika, bij de Dogons, is de struisvogel zowel licht als water, zijn vibraties en onregelmatige bewegingen staan voor de wateren.

Swastika Een van de oudste en meest complexe symbolen, prehistorisch en universeel, behalve in enkele delen van Afrika en Sumerië; we komen hem uitgebreid tegen in heel Azië en in de beschaving van de pre-Arische Indusvallei. Hij werd gebruikt door de jaïns, boeddhisten en toegewijden aan Vishnu; hij komt algemeen voor in het voor-Columbiaanse Amerika, zowel in het noorden als in het zuiden, en werd vaak gebruikt door de Hettieten, ook vinden we hem op aardewerk op Cyprus en in Troje en hij verscheen relatief vroeg in Centraal-, West- en Noord-Europa, op IJsland, in Lapland, Finland en het voor-christelijke Ierland en Schotland en met de struikrovers in Engeland toen hij in verband werd gebracht met de heidense Bridgit of Bride. De swastika komt in Egypte pas sedert een paar eeuwen voor Chr. voor, maar men zegt wel dat Horus met de vier gezichten en andere goden met vier gezichten een swastikasymbool waren, en Graaf Goblet D'Alviella opperde de mogelijkheid dat de swastika, de *crux ansata* en de gevleugelde schijf eigenlijk hetzelfde symbool waren en elkaar daarom wederzijds uitsloten en de oude wereld verdeelden in twee zones van symboliek, zodat de swastika overheerste, en in 'de hele Arische wereld, behalve Perzië, de *crux ansata* en de gevleugelde cirkel er nooit in slaagden zich daar serieus te vestigen'. Als oud symbool van de Ariërs dacht men dat het een aniconische representatie was van hun hoogste godheid, de zon, en Dyaus, de god van het firmament, en in het algemeen wordt aangenomen dat hij, omdat hij vaak de zonneschijf vergezelt, een zonnesymbool is. De exacte symboliek ervan is echter onbekend en er is vaak geopperd dat hij de ronddraaiende zon zou zijn; het stralende wiel van de zon van het middaguur; de zonnewagen; de pool en het wentelen van de sterren daar omheen; de vier belangrijkste richtingen; de vier kwartieren van de maan; de vier winden en de vier seizoenen; de beweging van de wervelwind; de beweging van wentelen rond de wereld; het centrum; creatieve kracht in beweging, de wording van de cycli; de rondwenteling van het levenswiel; het kruis als de vier kwarten waarover de solaire kracht wentelt, het veranderend in een cirkel, d.w.z. het rondmaken van het vierkant en vierkant maken van de cirkel; het kruis als de horizontale en de verticale lijnen die geest en materie verbeelden en de vier fasen van bestaan.

Ook is de mogelijkheid wel geopperd dat de swastika een gestileerde menselijke vorm zou zijn van twee armen en twee benen of de vereniging van het mannelijke en vrouwelijke principe; het dynamische en statische; mobiliteit en immobiliteit; harmonie en evenwicht; de twee complementaire fasen van beweging, middelpuntvliedend en middelpuntzoekend, inademen en uitademen, het centrum verlaten en er weer naar terugkeren, begin en einde. Tevens wordt hij wel gezien als een versie van het labyrint; water in beweging; of een mogelijke representatie van een zigzagbliksem, als een combinatie van de twee z-vormen van de bliksem; de twee gebogen stokken die de vedische koningin Arani bij zich heeft om vuur te maken; of de kabbalistische alef, symbool van de oerbeweging van de grote adem die de chaos tot het creatieve centrum wervelde; of de Scandinavische zonneslang in tweevoud. Anderen denken dat de swastika een vorm was van het taokruis. Ook is gedacht aan een symbool van onderwerping en terugtrekking als gekruiste armen voor de borst in een houding van onderwerping.

We zien de swastika zowel samen met goden als godinnen. Het feit dat hij wordt afgebeeld met het vrouwelijke principe heeft geleid tot de suggesties dat hij de vier fasen van de maan zou representeren, maar hij is ook geassocieerd met solaire en geslachtelijke symbolen zoals de leeuw, de ram, het hert, het paard, vogels en de lotus. We komen hem tegen op altaren, beelden, gewaden, urnen, vazen, gebruiksvoorwerpen, aardewerk, wapens, schilden, kleding, munten en spinnewielen, waarop hij de wervelende beweging van de spinklos zou voorstellen. In alle gevallen is hij een symbool van geluk; een goed voorteken; goede wensen;

Een Egyptische afbeelding van Osiris uit de 21ste dynastie. Hij is gekroond met twee veren van een **struisvogel** hier tegenover elkaar geplaatst die de eigenschappen waarheid en rechtvaardigheid weergeven, waarover de god, als rechter over de doden, in perfect evenwicht moet beschikken.

De Boeddha in dit Sanskriet manuscript uit de negende eeuw draagt op zijn borst een **swastika**, het zegel van zijn hart en het symbool van de cyclus van het bestaan.

zegeningen; een lang leven; vruchtbaarheid; gezondheid en leven.

Er bestaan twee vormen 卍卐 van de swastika die het mannelijke en vrouwelijke symboliseren, het solaire en lunaire aspect; de beweging met de wijzers van de klok mee en tegen de wijzers van de klok in; mogelijk ook de twee hemisferen; de hemelse en de chtonische krachten; de rijzende voorjaarszon en de dalende herfstzon. Een bewijs van het feit dat de omgekeerde swastika vrouwelijk is leveren de beelden van Artemis en Astarte, waar hij afgebeeld is op de vulva-driehoek. In China worden de twee swastika's gebruikt om de yin- en yangkrachten uit te beelden. Ineengestrengelde swastika's, soms Salomonsknopen genoemd, symboliseren de goddelijke raadselachtigheid en oneindigheid. De swastika kan ook de symboliek van de sleutel aannemen. *Indiaans:* Geluk; vruchtbaarheid, regen. *Boeddhistisch:* Het zegel van het hart van de Boeddha; de esoterische doctrine van Boeddha; de kringloop van het bestaan. *Keltisch:* geluk; we komen hem samen met dondergoden tegen. *Chinees:* 'De accumulatie van gelukkige voortekenen van de tienduizend krachten.' Hij is een vroege vorm van het karakter *fang* dat de vier kwarten van de ruimte en de aarde aangaf. Gebruikt als afscheiding is het de *wan tzu*, de tienduizend dingen of opeenvolgingen, d.w.z. oneindige voortgang zonder begin of eind, eindeloze vernieuwing van het leven, eeuwigheid. Hij verbeeldt ook perfectie, beweging in overeenstemming met de wet; lang leven; zegeningen; goed voorteken; goede wensen. De blauwe swastika verbeeldt eindeloze hemelse deugden; de rode, eindeloze heilige deugden van het hart van Boeddha; geel, eindeloze voorspoed; groen, eindeloze deugden in de landbouw. De swastika in de richting van de wijzers van de klok is yang, tegen de wijzers van de klok in yin. *Christelijk:* We komen de swastika vaak tegen in catacomben als een symbool van Christus als de kracht van de wereld. In de Middeleeuwen was hij het hakenkruis dat gebruikt werd om Christus aan te duiden als hoeksteen, ook wel de vier evangelisten, met Christus als het centrum. *Gnostisch:* Een representatie van de zevende Tirthankara; ook overgave. *Grieks:* Een attribuut van Zeus als god van het firmament en van Helios als solair; we zien hem ook samen met Hera, Ceres en Artemis. *Hindoeïstisch:* De oorsprong van het woord swastika – 'het is goed'. Leven; beweging; fortuin; geluk. Een symbool van de vedische vuurgod en goddelijke timmerman Agni; de 'mystieke dubbele Arani'; ook Dyaus, de oude Arische god van het firmament, later Indra; hij wordt ook geassocieerd met Brahma, Surya, Vishnu, Shiva en Ganesha als voorloper en god van de wegkruisingen. Soms wordt de swastika gebruikt als afsluiting van kruiken met heilig water van de Ganges. *Hettitisch:* Heel veel gebruikt. *Iraans:* De swastika komt in de leer van Zaratusthra niet voor. *Islamitisch:* Voor Aziatische moslims geeft de swastika de vier belangrijkste richtingen aan en de beheersing van de vier seizoenen door engelen, een op ieder punt: Westen, de rapporteur; Zuiden, de dood; Noorden, leven; Oosten, de aankondiger. *Jaïns:* De goddelijke kracht, schepper van hemel en aarde. De vier armen representeren de vier stadia van bestaan; protoplasmisch leven, van planten en dieren, menselijk en hemels. Met de drie cirkels erboven betekent hij de drie juwelen van juist geloof, juiste kennis, juist gedrag; met de maancirkel is hij de staat van bevrijding, d.w.z. de wassende maan die steeds voller wordt; een enkele cirkel boven de maansikkel is de staat van volledig bewustzijn, alwetendheid. *Japans:* Het hart van Boeddha; geluk; goede wensen. *Manicheïstisch:* De swastika is het kruis van de Manicheeërs en neemt de hele symboliek van het kruis aan. *Romeins:* Een symbool van Jupiter Tonans en Pluvius. *Scandinavisch en Teutoons:* De strijdbijl of hamer van Thor als de god van de lucht, donder en bliksem; geluk. In Litouwen is hij een talisman en geluk en wordt de Sanskrietnaam ervan gebruikt. We komen de swastika ook op IJsland tegen. *Semitisch:* Hij komt samen met andere solaire symbolen voor, maar hij wordt ook afgebeeld als vrouwelijke, voortplantende kracht op de driehoek van Astarte.

Sycamore De 'wilde vijgenboom' is de Egyptische levensboom, 'de vrouwe Sycamore', het 'hout van leven'; hij representeert Nut, godin van de hemelen; zijn vruchten leveren een melkachtige substantie, op grond waarvan hij wordt geassocieerd met de moedergodin, Hathor, als de koe, voeding, voortplanting, vruchtbaarheid en liefde. De boom is ook verbonden met Artemis van Ephese met de vele borsten; de vijg van sycamore wordt geboren op de stam van de boom, niet op zijn takken.

Symplegaden Zie Passage.

T Taokruis zie aldaar.

Tabernakel *Hebreeuws:* Een wereldcentrum; het hart van de wereld; de kosmos; het heiligste der heiligen; de woonplaats van de Shekinah.

Tablet Bestemming; het verslag van daden in het

verleden en in de toekomst. Het bezit van tabletten van bestemming houdt toegang in tot esoterische en magische kennis, die in handen is van een god, koning of priester. Plotinus stelt het 'bewaakte tablet' gelijk met de universele ziel. Een begrafenis- of vooroudertablet zorgt voor een rustplaats van de ziel van de dode, die anders een dwalende, zwervende en kwaaddoende geest zou worden. *Chinees:* waardigheid; goed voorteken. Een tablet met het graan van vruchtbaarheid werd door de keizer aan zijn metgezel/gemalin geschonken. Een tablet van groene jade werd gebruikt als symbool voor de lente tijdens het lentefeest en representeerde het oosten. Een tablet in de vorm van een hamer in handen van de keizer verbeeldt het tablet van macht. De ster Aldebaran was de god van de tabletten. *Christelijk:* De hemelse tabletten bevatten de toekomst van de mensheid. De rol met zeven zegels die niemand kan lezen staat voor het tablet van bestemming. *Grieks-Romeins:* Een tablet waarop de naam van een vijand is aangebracht geeft macht over die persoon en werd gebruikt in bezweringsformules en magie tegen hem. Bij orfische begrafenisriten werden initiatieformules en aanroepingen op de tabletten aangebracht; deze verleenden ook controle over de doden. Het tablet met de stilet is een attribuut van Calliope. *Hebreeuws:* De tafelen van de wet zijn de geboden van god. *Hermetisch:* Het tablet van smaragden is een weerspiegeling van de macrokosmos en de microkosmos; 'zo boven, zo beneden'. Het laagste correspondeert met het hoogste; de fundamentele eenheid van alle dingen in de ene. *Islamitisch:* De *prima materia* waarop de bestemming en de goddelijke plannen zijn geschreven. Het 'bewaakte tablet' strekt zich uit van de hemel tot de aarde, en maakt communicatie tussen beide mogelijk; als het gemaakt is van parels representeren de twee kanten van robijnen en smaragden ervan de hogere en lagere wateren, en met inkt symboliseert het tablet alle mogelijkheden in manifestatie. *Sumerisch-Semitisch:* Het bezit van de tabletten van bestemming verleent almacht en magische krachten en helpt bij het overwinnen van chaos en kwaad; ze hielpen Marduk om Tiamat te verslaan. Tabletten zijn opgetekend lot; Nabu, de Sumerische schrijver van de goden, bewaart de tabletten van het lot. Aldebaran is de ster van het tablet omdat het zijn taak is de beslissingen van de goden, die ze tijdens hun voorjaarscongres namen, op te schrijven op de tabletten van het lot.

Tafel *Hebreeuws:* De tafelen der wet representeren gerechtigheid en wetgeving.

Tak Staat in verband met de symboliek van de

De **swastika** gevormd door vier vrouwen en hun haren op dit stukje Sumerisch aardewerk uit het vijfde millennium v.Chr. verwijst naar de vrouwelijke kracht tot voortplanting.

De **sycamore**, voor de oude Egyptenaren de levensboom, was het embleem van Nut, de hemelgodin. Deze wandschildering is afkomstig van een graf van de negentiende dynastie.

boom (zie aldaar), de levensboom, de boom van vruchtbaarheid, kan afgebeeld worden als een tak, vandaar dat hij een huwelijkssymbool was; takken op huizen en 'de mei thuis brengen', de tak van een meidoorn op de eerste mei, hangen samen met vruchtbaarheidsriten in de lente. De gouden tak is de verbinding tussen deze wereld en de volgende; het paspoort naar de hemelse wereld; initiatie, de magische staf; hij stelde Aeneas in staat door de onderwereld te gaan en te overleven. De priester van het heilige bos van Diana bij het Meer van Nemi won zijn ambt door zijn voorganger met de gouden tak te verslaan. De zilveren tak, de appel, is de verbinding tussen deze wereld en de sprookjeswereld, Tir-nan-og. De tak is ook verbonden met de symboliek van de staf, de paal en de roeispaan. *Keltisch:* Vernieuwing van de jeugd. *Druïdisch:* De gouden tak is de mistletoe (zie aldaar). *Hebreeuws:* Soms wordt naar het heilige hout van de acacia verwezen als de gouden tak.

Tamarisk Er wordt gezegd dat het manna werd afgescheiden door de tamarisk. *Egyptisch:* Gewijd aan Osiris, wiens lichaam verborgen was in een tamarisk. *Sumerisch-Semitisch:* Gewijd aan Tammuz en Anu. Een levensboom. De tamarisk werd, evenals de dadelpalm, geschapen in de hemel.

Tamboerijn De sjamanistische tympana of magische trom (zie aldaar). Met de trom en cimbalen werd de tamboerijn gebruikt bij extatische dansen en orgieën; menaden, of bacchanten, die Dionysos volgden, droegen tamboerijnen. Attribuut van Heracles en Erato. Bij de cultus van Cybele-Attis dronk degene die werd ingewijd uit de cimbaal en at van de tamboerijn.

Tanden Aanval en verdediging; de tanden laten zien wil zeggen verdediging en vijandschap. In China symboliseerden tanden oorlogsvoering. Bij sommige primitieve initiatieceremonies werd een tand uitgetrokken en ingeslikt als een symbool van dood en wedergeboorte, omdat de tand het langst houdbare deel van het lichaam is.

Tangen Samen met hamer en aambeeld attributen van alle smids- en dondergoden zoals Hephaistos, Vulcanus, Thor. Embleem van de christelijke bisschop Eloi.

Tao Het T-kruis; leven; de sleutel tot de hoogste macht; fallisch. Het is ook het kruis van de cultus van Mithras en de hamer van Thor en, als hamer, een attribuut van de donder- en smidsgoden. In de heraldiek is het het wapenschild bestaande uit T-vormige tekens. Zie ook Kruis.

Tarot De oorsprong van de tarotkaarten is niet bekend en de symboliek die eraan wordt toegekend varieert in hoge mate. Er zijn 22 grote arcana of geheimen die worden geïdentificeerd met de letters van het Hebreeuwse alfabet en men zegt dat ze een symboliek van esoterische kennis, filosofie en wetenschap vormen, die het geheel omvat van de spirituele en materiële ervaringen van de mens in de wereld der verschijnselen, ook die van het pad dat degene die geïnitieerd wordt moet volgen van onwetendheid naar verlichting. Er zijn 56 kleine arcana verdeeld in groepen van vier (zwaarden, bekers, staven en vijfhoeken) genummerde kaarten.

Tarwe Zie Koren.

Taurus Zie Dierenriem.

Taxusboom Begrafenis; rouw; droefheid; maar ook een Keltisch en christelijk symbool van onsterfelijkheid. Het is een Keltisch magisch hout en de witte roede was tradioneel van taxushout gemaakt.

Tempel Een *imago mundi;* een microkosmos; een spiritueel wereldcentrum; de aardse tegenhanger van het hemelse archetype; de woonplaats van de godheid op aarde; de beschermende kracht van de grote moeder; de ontmoetingsplaats van de drie werelden, contactpunt van hemel, aarde en onderwereld en zijn wateren; evenwicht. Een tempel is symbolisch vaak de hoogste plaats in het land. Soms representeren tempels de kosmische structuur en soms de religieuze relatie tussen goden en mensen. Als kosmische structuur, zijn de op elkaar gestapelde verdiepingen van het gebouw het horizontale existentiële niveau met zijn eindeloze verschillen en rangen van zijn; hij is de axiale en een verticale verbintenis tussen hemel en aarde en aarde en onderwereld; de verdiepingen staan voor opstijgen naar de hemelen en het spirituele opstijgen van de gelovige; hij is ook een beeld van de heilige berg. De centrale zuil van de tempel is zowel de *axis mundi* als de kosmische boom.

De rots, grot en tempel symboliseren terugkeer naar het centrum, naar het oerzelf van de mens, de levende rots en de baarmoeder of wedergeboorte. De driehoekige tempel, ondersteund door vier zuilen, verbeeldt de drievoudige gedaante van de godheid die aan het hoofd staat van de vier elementen als instrumenten van de schepping en reproductie. Hindoeïstische tempels zijn geconstrueerd naar het model van het universum en zijn afbeeldingen van de macrokosmos en gebouwd als een mandala (zie aldaar). Het vierkant is de fundamentele vorm van de hindoeïstische architectuur en symboliseert orde, stabiliteit en doelmatigheid. Er zijn drie altaren: aan de oostkant representeert het vuuraltaar de hemelse wereld; het vuuraltaar aan de westkant is rond en verbeeldt de aardse wereld; aan de zuidkant bevindt zich de luchtwereld en vuur. Het centrum van de haard heeft de vorm van een kruis; het centrum van het hoofdaltaar is een omfalos, het binnenste heiligdom; de centrale zuil, die de wereldas en de wereldboom symboliseert, rijst op uit het heiligdom van het zaad, de baarmoeder. Het gebied van de tempel is verdeeld in 64 vierkanten, de mandala, het kosmische plan. Hemel en aarde ontmoeten elkaar bij de poorten, of deuren, op de vier hoofdpunten. De kroon bovenop de centrale zuil representeert de goddelijke glorie, en de opening erboven maakt het mogelijk de wereld te verlaten op weg naar de hemel en geeft toegang tot het hemelse. De duisternis binnen in de tempel wijst op de behoefte van de mens aan licht van buiten zichzelf, en op het feit dat de tempel wordt verlicht door de godheid.

De tempel in Jeruzalem was een *imago mundi* en een kosmisch centrum, een plaats van communicatie tussen god en Israël; hij representeerde het begin van de kosmische tijd en was de woonplaats of het huis van god op aarde, een weerspiegeling van het hemelse tabernakel. Volgens Josephus staan de drie delen van het heiligdom voor de drie kosmische gebieden, de hof, de lagere regionen, de zee; het heiligdom, de aarde; het heilige der heiligen, de hemel. De Sumerische tempel of ziggoerat (zie aldaar) bestond uit zeven verdiepingen voor opstijgen en neerdalen en vormde de verticale verbinding tussen hemel en aarde, aarde en onderwereld en de wateren, en de horizontale verbinding tussen de landen.

Tetramorf 'De synthese van het vierkant van elementaire krachten.' In het christendom zijn de tetramorfs: Mattheüs, afgebeeld als een mens, of als een gevleugeld mens, de menselijke natuur vertegenwoordigend van Christus, de incarnatie; Marcus, als een gevleugelde leeuw, brullend in de woestijn, de weg voorbereidend en de koninklijke waardigheid van Christus verbeeldend; Lucas, de gevleugelde os, of een kalf, het offer, het zoenoffer en priesterschap van Christus; Johannes, een arend, 'vleugels van een arend zich haastend naar verheven dingen… iemand die in de zon kan kijken' (Hiëronymus), de hemelvaart en goddelijke natuur van Christus. De vier cherubijnen, soms afgebeeld als wezens, soms als een mystieke figuur met vier hoofden, mens, leeuw, os en arend, zijn de bewakers van de vier hoeken van de troon van god en van de vier hoeken van het paradijs. Ze representeren ook het vierkant van alle elementaire krachten en gebruiken het vlammende zwaard van discriminatie, bewaken de toegang tot, en centrum van het paradijs, dat ontoegangelijk is voor de niet-herboren mens. In Egypte werd van

Vier **tarot**figuren uit de late achttiende eeuw, tonen (boven) de magiër en de dwaas, en (onder) de keizer en de keizerin.

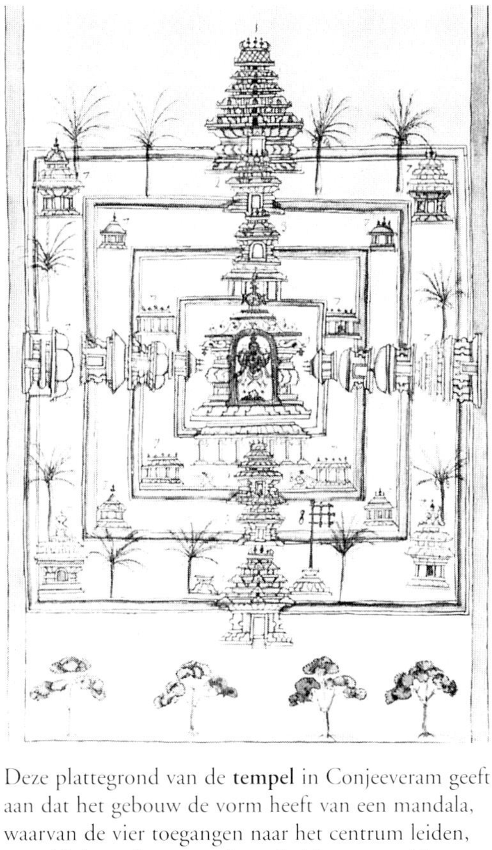

Deze plattegrond van de **tempel** in Conjeeveram geeft aan dat het gebouw de vorm heeft van een mandala, waarvan de vier toegangen naar het centrum leiden, waar Vishnu, de patronale godheid ervan, resideert.

de vier zonen van Horus er één afgebeeld met een menselijk hoofd en drie met het hoofd van een dier. In het hindoeïsme zijn er de vier hoofden van Brahma.

Teugels De intelligentie, wil en sturende kracht van de mens, de voerman of berijder. Zie ook Wagen.

Thule De hyperboreeër, het oorspronkelijke spirituele centrum; het 'stille punt' (Aristoteles); het ontmoetingspunt tussen hemel en aarde. De eilanden van de gezegenden; het paradijs; het witte eiland; de witte berg; het groene eiland; het eiland van edelstenen; Avalon.

Thyrsus Een staf omwonden met wijnranken of klimop, ook wel met een aantal linten. Bovenop bevindt zich een dennenappel. Hij is een fallisch symbool, de levenskracht, en wordt hoofdzakelijk in verband gebracht met Dionysos/Bacchus, maar hij komt ook voor in Egypte, Foenicië en bij de Hebreeërs.

Tiara Zie Kroon.

Tienduizend dingen In de Chinese symboliek *wan*, als tienduizend, is het ontelbare, dat wil zeggen alle bestaan in de wereld der verschijnselen, de hele schepping die het resultaat is van de interactie tussen de twee oerkrachten van yin en yang.

Tin Het metaal van Jupiter en het teken van de Dierenriem Sagittarius.

Titanen De krachten van manifestatie. In het boeddhisme worden ze afgebeeld als supermensen met de tekortkomingen van strijdlustigheid, ambitie en jaloezie, welke uiteindelijk de oorzaak zijn van hun vernietiging.

Tombe De schoot van de aarde en van moeder aarde; het lichaam dat de ziel gevangen houdt. Een symbool van de moedergodin als de dood brengend en beschermend; sterven aan de wereld. In de alchemie representeert het graf, met de schedel en de raaf, het zwart worden en het doden van het eerste stadium van het mindere werk, het is 'aarde tot aarde', 'sterven voor de wereld'. Tombes vormden vaak de omgeving voor rituele maaltijden ten behoeve van de dood op gedenkdagen en tijdens perioden die geassocieerd worden met dood en wederopstanding zoals nieuwjaars-, lente- en paasfestivals.

Tong De stem van de godheid; manifestatie van een krachtige stem; prediken; hij heeft dezelfde symboliek als het serpent en de fallus. Vlezige tongen zijn in de oosterse kunst vaak attributen van demonen, en de middeleeuwse christelijke Satan heeft vaak een uitstekende vlezige tong. De tong uitsteken is, in het Oosten, symbolisch voor van duisternis naar licht, het heeft een bezwerende betekenis en kan een vorm van groeten zijn. De uitstekende tong bij afbeeldingen van dieren is waarschijnlijk een smeekbede om regen of water van het firmament, van vitaal belang voor het leven en vruchtbaarheid. *Boeddhistisch:* Boeddha had een lange tong die 'de sutra's reciteerde en kennis omtrent hemzelf verspreidde'. *Chinees:* In China werd de tong geassocieerd met het gewei als bovennatuurlijke kracht. *Christelijk:* 'De tong van een engel wordt metaforisch de macht van de engel genoemd' (Thomas van Aquino). *Egyptisch:* De uitgestoken tong zien we bij de god Bes. *Grieks:* In de Griekse kunst is hij aanvankelijk een goddelijk attribuut maar later een angstwekkend instrument van de Gorgone. *Hindoeïstisch:* De tong van 'Agni', de priesterlijke stem, raakt de hemel (*Rig Veda).* Kali wordt gewoonlijk afgebeeld met een uitgestoken tong. *Sumerisch:* De Babylonische monsterdieren steken vaak de tong uit.

Tonsuur Het afscheren van het haar is een symbool van het verzaken van de generatieve krachten van de natuur; spirituele transformatie; naakt zijn als een pasgeboren baby; het ascetische leven; het spirituele pad betreden van zelf-ontkenning en verzaking van de wereld; consecratie. De tonsuur kan ook de symboliek delen van de zonneschijf, de kroon en de koepel. In het christendom staat hij voor de doornenkroon en voor verzaking van het vlees.

Toorts Leven; de vlam van het levensprincipe, omdat het vuur fallisch is en het hout vrouwelijk is het het goddelijke mannelijke principe dat ontspringt aan de vrouwelijke boom, de ziel-vlam gehecht aan hout-materie, vandaar bevruchtend spiritueel vuur, verheldering, intelligentie, waarheid, onsterfelijkheid, ook god die de duisternis verlicht en door alles heenziet. De brandende, of rechtopstaande, toorts, verbeeldt leven; de uitgedoofde of neerwaarts gerichte toorts is dood; ook kunnen ze de opkomende en ondergaande zon, licht en duisternis enz. verbeelden. Het dragen van de toorts tijdens bruiloften en vruchtbaarheidsriten verwijst naar de generatieve krachten van vuur. *Christelijk:* Christus als het licht van de wereld, ook een embleem van zijn verraad en een embleem van de heiligen Dioscurus en Dorothea; een hond met een toorts in zijn bek is een attribuut van de heilige Dominicus. *Grieks:* Leven; het wapen van Heracles tegen de hydra; embleem van Venus en Eros als het vuur van de liefde, attribuut van Demeter, Hecate, Persephone, Hephaistos. *Hebreeuws (kabbalisme):* De toorts van intelligentie en het licht van evenwicht. *Cultus van Mithras:* Toortsen worden opwaarts en neerwaarts gericht bij de *dadophoroi.* Cautes en Cautopates, de stier en de schorpioen, als leven en dood, de opkomende en ondergaande zon, ochtend en avond, lente en winter, het lengen en korten van de dagen enz. *Romeins:* Begrafenis, de duisternis van de dood verlichtend en lichtgevend in de wereld die komt; attribuut van Vulcanus en Hercules. *Slavisch:* De wedergeboorte van de zon, bewerkstelligd door de zonnegod Svarog.

Topaas Zie Edelstenen.

Toren Opstijgen; ook waakzaamheid; deelt de symboliek van de ladder (zie aldaar), de ronde toren deelt die van de zuil (zie aldaar). Een toren met een maagd, prinses enz. neemt de betekenis aan van de omsloten ruimte of ommuurde tuin (zie Tuin). In het christendom verbeeldt dit de maagd Maria, ook de ivoren toren genoemd, de toren is eveneens een embleem van de heilige Barbara. De ivoren toren symboliseert het ontoegankelijke, ook het vrouwelijke principe en maagdelijkheid. De toren is ambivalent in zijn vrouwelijke beschuttende en beschermende aspect en mannelijk als een fallisch symbool.

Totem/totempaal Representaties van beschermende godheden, geesten of krachten in de natuur, of de beschermer van een bepaalde stam.

Touw Net als het koord en alle banden (zie aldaar) bindt en beperkt het touw, maar zorgt ook voor de mogelijkheid van eindeloze uitbreiding en vrijheid; het kan toegang geven tot de hemel en staat in verband met 'rites de passage', met de ladder, brug, boom, berg enz. Het touw kan ook het serpent verbeelden dat de aarde of het kosmische ei en het 'gouden koord' van Homerus omgeeft. Als een lus verbeeldt het dood en wanhoop. *Australische aboriginals:* De medicijnman maakt het touw van toegang tot de andere wereld van zijn eigen navelstreng. *Bon-Bon:* In de voor-boeddhistische religie van Tibet verbond een koord hemel en aarde, en de goden daalden erlangs omlaag om zich te vermengen met mensen; nadat het was doorgesneden konden slechts zielen er langs opstijgen naar de hemel; het doorsnijden van het koord maakte de mensen sterfelijk. *Christelijk:* Het lijden van Christus en verraad. *Grieks:* Samen met de kruik een attribuut van Nemesis. *Hindoeïstisch:* Gnosis is het onzichtbare touw van opstijging. De Indische touwtruc symboliseert magisch opstijgen naar de hemel, het transcenderen van aardse condities, een decadente vorm van het onzichtbare touw van spiritueel stijgen. *Sumerisch-Semitisch:* Het 'touw van de wereld' uit Accadië vertegenwoordigt de wateren die de wereld omringen, en hemel en aarde samenvoegen. De Babylonische watergod werd vaak het 'touw' of de 'band' van het universum

Een uitzinnige menade op een Griekse vaas uit de zesde eeuw v. Chr. klemt een **thyrsos** (staf) vast terwijl ze zich, met ontblote borst, in de extase van de vereniging met Dionysos/Bacchus werpt.

De uitgestoken **tong** van Kali symboliseert haar creatieve en vernietigende energie, die altijd in perfect evenwicht wordt gehouden; ze doodt om te scheppen.

genoemd. In de Sumerische iconografie verbeeldde een touw dat door een gevleugelde deur liep de band van eenheid tussen god en de mens, een mystieke schakel.

Tovenares Het vrouwelijke principe in zijn verbindende en vernietigende aspect; de fascinerende kracht van het leven; de illusie van maya; zelfmisleiding.

Toverhazelaar Heeft dezelfde symboliek als de hazelaar (zie aldaar) maar beschermt ook tegen feeën, heksen en kwade geesten. Hij wordt gebruikt bij waarzeggerij.

Transfiguratie Een manifestatie van de godheid of goddelijke krachten; de zichtbare vorm van de godheid. *Boeddhistisch:* Boeddha verspreidde licht tot bijna vijf kilometer om zich heen. *Christelijk:* De zichtbare vorm van de goddelijke natuur van Christus. *Hindoeïstisch:* De manifestatie van Krishna voor Arjuna. *Iraans:* Zaratusthra werd in de schoot van zijn moeder getransfigureerd. *Sjamanistisch:* Verlichting is het teken van bovennatuurlijke krachten.

Transformatie De verandering van de held of heldin uit de een of andere hem/haar gevangenhoudende vogel, of een ander dier of andere vorm staat voor de verlossing van de ziel - gewoonlijk na beproevingen en proeven of de interventie van belangeloze liefde - uit de grove beperkingen; beperkingen van de materiële wereld; of de innerlijke transformatie van de lagere natuur van de mens.

Trappen Opstijging; transcendentie; het overstappen naar een nieuw ontologisch niveau. Spirale trappen verbeelden de beweging van de zon; slingerende trappen symboliseren het mysterieuze. De trappen van de tempel van Salomo leiden naar de middelste kamer van de onbekende toekomst. Osiris is 'God van de trappen' die naar de hemel voeren. Zie ook Ladder; Treden.

Travestie Symboliseert identiteit met de eigenschappen van de oorspronkelijke drager; de terugkeer naar de oerchaos. Orgieën, de Saturnalia, de twaalf dagen om Kerstmis, carnaval, 'gekostumeerd', altijd wordt travestie gebruikt als een symbool van de ongedifferentieerde, oorspronkelijke eenheid; ze wordt ook gebruikt bij de verering van androgyne godheden zoals Baäl en Ashtoreth en Venus Mylitta. 'Hoor ons Baäl! Of ge nu een god of godin bent' (Arnobius). Travestie komen we ook bij het sjamanisme tegen en bij veel initiatieceremonies, waarbij het verlies van identiteit kan inhouden, d.w.z. dood voor wedergeboorte. Het dragen van vrouwenkleren, of de kleding van de moeder, bij initiatieriten symboliseert de terugkeer in de baarmoeder.

Treden Hemelvaart (zie aldaar); rangen in de hiërarchische wereld en verbinding tussen rangen of niveaus; communicatie tussen hemel en aarde; transcenderen van de profane ruimte en binnengaan in een heilige ruimte. Treden naar een altaar of troon symboliseren de priester, koning of heerser, die de toestemming of het mandaat van de hemel heeft om de treden te bestijgen die naar de hemel leiden. *Indiaans:* De maanden zijn de 'treden van het jaar'. *Boeddhistisch:* De zeven treden of voetstappen van de Boeddha representeren het beklimmen van de zeven kosmische stadia, de zeven planetaire hemelen, dat wil zeggen het transcenderen van tijd en ruimte, ook het bereiken van het centrum in de zevende hemel, de hoogste staat. *Egyptisch:* Osiris is 'de god van de trappen' die leiden naar de hemel; de negen treden van zijn troon zijn de dagen van de Oudegyptische week en de veertien treden representeren de dagen van het wassen van de maan. *Hindoeïstisch:* De drie treden, of schreden, van Vishnu verbeelden de drie manifestaties van licht; zon, bliksem, vuur; ook de rijzende, op z'n hoogtepunt zijnde, en ondergaande zon; aarde, lucht en hemel; de drie treden die de controle over het universum verkregen. *Cultus van Mithras:* De zeven treden van verschillende metalen, die corresponderen met de voornaamste planeten, zijn de zeven rangen van opstijging van degene die wordt geïnitieerd. *Parzisch:* De drie treden van een altaar verwijzen naar de drie graden van initiatie. *Sumerisch:* De treden naar de Ziggoerat, of heilige berg, representeren de zeven hemelen en hadden een verschillende symbolische kleur.

Triade Triaden onderscheiden zich van de drieeenheid in die zin dat deze laatste drie-in-één is, terwijl de leden van de triaden verschillend zijn, zoals de astrologische zon-maan-Venus, vuur-licht-water uit de leer van Zaratusthra en de taoïstische grote triade van hemel-mens-aarde, het goddelijke, menselijke en het natuurlijke, met de mens als bemiddelaar tussen het hemelse en het aardse. De triade wordt, net als de drie-eenheid, vaak gesymboliseerd door een driehoek, soms door een drietand. In het taoïsme representeert de schildpad, één van de spiritueel begiftigde schepsels, de triade, met het bovenste schild als de koepel van de hemelen, het onderschild als de wateren en de aarde, en het centrale lichaam als de mens. In triaden van geboorte, leven en dood worden drie godinnen vaak weergegeven als meisje, bruid en helleveeg, zoals Persephone, Demeter en Hecate. Ze verbeelden ook de cyclische natuur van het universum.

Triangel Zie Driehoek

Trigram *Chinees:* Het trigram is gebaseerd op de symboliek van de yin-yang dualiteit en het opkomen van de verzoenende derde uit het oorspronkelijke paar. Het representeert ook de drie staten van de mens als lichaam, ziel en geest; de irrationele emoties, de rationele geest en het bovenrationele intellect. Zie ook Pa Kua.
Trimurti Het drievoudige aspect van machten. In het hindoeïsme is het Brahma als de schepper, Vishnu als de behoeder, Shiva als de vernietiger; maar het is ook Shiva in zijn drie aspecten van schepper, behoeder en vernietiger, de ontplooiende, handhavende, afsluitende; het kan ook worden afgebeeld als de schildpad als de aarde, met de grote moeder in haar afschrikwekkende aspect met de symbolen van vlammen en de doodskop, en de grote moeder in haar weldoende aspect als de lotus, Sophia, tara, als wijsheid en mededogen. In de alchemie, bij het grote werk, is de schildpad de *massa confusa,* de schedel de *vas* van transformatie, met de bloem als het zelf, heelheid.
Triniteit (Drie-eenheid) Onderscheiden van de triade als zijnde een eenheid, drie-in-één en één-in-drie, de eenheid in verscheidenheid symboliserend; de derde verenigt de tegendelen; de katalysator; 'de middelste, optredend als bemiddelaar, verbindt de twee tot een enkele volledige orde' (Proclus). *Boeddhistisch:* De triratna*:* de boeddha, dharma en sangha; ook de boeddha's, de zonen van de boeddha's en de dharmakaya. *Keltisch:* Er zijn talloze drie-eenheden, de drie Bridgits zijn drie-in-een als de lunaire grote moeder, en het gezin, is drie-in-een. *Christelijk:* Vader, zoon en heilige geest of Maria, Jozef, Jezus. Symbolen van de triniteit zijn de hand als de vader, het lam als de zoon en de duif als de heilige geest; deze worden weergegeven met de kleuren geel, rood en groen en door de eigenschappen liefdadigheid, geloof en hoop; andere symbolen zijn de driehoek of cirkels en het klaverblad. *Egyptisch:* Vader, moeder, zoon: Osiris, Isis, Horus. *Grieks-Romeins:* Zeus, Poseidon, Hades; Jupiter, Neptunus, Pluto; firmament, oceaan, onderwereld. *Hebreeuws (kabbalisme):* De oorspronkelijke drie-eenheid van mannelijk-vrouwelijk en de verenigende intelligentie. Zie Sefiroth. *Hindoeïstisch:* De trimurti (zie aldaar); ook de drievoudige Brahma, aum, de onvergankelijke wereld. *Scandinavisch en Teutoons:* Odin, Thor, Frigg; Wodan, Donar, Freyja. *Sumerisch-Semitisch:* Anu, Ea, Bel; Sin; Shamash, Isthar; Assur, Hoa. In een drie-eenheid 'tweederde ervan is god, eenderde ervan is mens' (*Gilgamesh*).
Tripitaka Zie Mand, *Boeddhisme.*
Triquetra/triskele Het symbool met drie benen,

'De verheerlijking van de **drie-eenheid**' van Bellejambe toont de vader in de pauselijke kleding van de autoriteit, de zoon als gekruisigde verlosser, en de geest als een onaardse (onstoffelijke) duif.

drie voeten/poten of drie punten dat voor het merendeel de symboliek van de swastika deelt (zie aldaar). Het is de 'snelvoetige', waarschijnlijk solaire beweging of de zon als rijzend, in het zenit en ondergaand; het wordt ook wel beschouwd als de fasen van de maan, vernieuwing van het leven. Net als de swastika is het een gelukssymbool. Dit symbool verschijnt vaak met solaire symbolen en we komen het tegen op oude munten van Aspendus in Pamphilië, op munten van Menecratia in Frygië, op Keltische kruizen waar het waarschijnlijk de drie-eenheid vertegenwoordigt en het is een symbool van de zeegod Manannan. In de Teutoonse symboliek is het verbonden met Thor. Het is het embleem van Sicilië en het eiland Man.

Trisula Zie Driepoot.

Trom Geluid; het oorspronkelijke oergeluid; spraak; goddelijke waarheid; openbaring; traditie; het ritme van het universum. Attribuut van de dondergoden. De trom, cimbalen en tamboerijnen werden gebruikt tijdens extatische dansen. *Afrikaans:* Het hart; magische kracht. *Boeddhistisch:* De stem van de wet; vreugdevolle tijdingen; 'de trom van de onsterfelijke in de duisternis van de wereld'. Het slaan op de trom van dharma wekt de onwetende en lakse. *Chinees:* De stem uit de hemel. Een embleem van de taoïstische genii, of onsterfelijke Chang Kuo-lao. *Grieks:* Seksuele orgie; gebruikt tijdens extatische dansen. *Hindoeïstisch:* Attribuut van Shiva en Kali als vernietigers; ook van Durga. Sarasvati, godin van de muziek en kunsten, heeft de trom als haar embleem. De trom van Shiva geeft het oergeluid van de schepping weer. *Japans:* De trom roept op tot het gebed; hij wordt geassocieerd met de haan. *Frygisch:* Een attribuut van de Magna Mater niet te onderscheiden van Cybele en haar tegenhangers. Trom, cimbaal en tamboerijn worden gebruikt bij extatische dansen tijdens haar riten; de trom is symbolisch van de kosmische boom gemaakt.

Troon De zetel van autoriteit, kennis en heerschappij, zowel spiritueel als tijdelijk. De troon wordt op een verhoging geplaatst als een wereldcentrum tussen hemel en aarde. Hij symboliseert ook de op wonderbaarlijke wijze geborenen die worden afgebeeld op tronen met een bijzondere symboliek, zoals de drakentroon, de lotus- of de leeuwentroon. De schoot van de grote moeder, als koningin van de hemel, is een symbool van de troon. De troon sluit een relatie in tussen god en mens of soeverein en onderdaan. *Boeddhistisch:* De diamanten troon, de *vajrasana,* geplaatst aan de voet van de boom der kennis, is een kosmisch centrum, het beweginloze punt waaromheen de wereld wentelt, de plaats van verheldering en verlichting. Boeddha wordt afgebeeld als zittend op een diamanten, lotus- of leeuwentroon. De lege troon representeert Boeddha, zijn gelaatstrekken zijn te luisterrijk om te worden afgebeeld. De troon van de wet is het onderricht van de Boeddha en het bereiken van boeddhaschap. *Christelijk:* Episcopale en tijdelijke waardigheid en heerschappij; autoriteit; rechtsbevoegdheid. De troon van god is van goud. De maagd Maria is de troon van wijsheid. Zie Hebreeuws hieronder. *Egyptisch:* De koningin van de hemel, Isis, is 'de zetel' en 'de troon', als de schoot van de grote moeder, de aarde. De troon verbeeldt ook goddelijke en tijdelijke heerschappij van de farao. *Hebreeuws:* De troon van god, geopenbaard aan Ezechiël, is de 'lagere troon' als de woonplaats of het 'huis' van god op de aarde, in de tempel, een kosmisch centrum, bevindt zich de hogere of hemelse troon van het nieuwe Jeruzalem; hij wordt ondersteund door vier levende schepsels met de gezichten van een leeuw, os, arend en mens, de tetramorf. *Hindoeïstisch:* De troon, net als de tempel, rust op het heilige vierkant en zijn paren tegendelen; deze worden in de constructie van de troon gerepresenteerd door orde en chaos, kennis en onwetendheid, soevereiniteit en anarchie. De positieve waarden worden gesymboliseerd door de poten, als verticaal, en de negatieve en horizontale door de middenstukken. De symboliek van de diamanten troon komt in het hindoeïsme en boeddhisme algemeen voor. *Iraans:* De Perzische koninklijke troon is de pauwentroon. *Islamitisch:* 'Zijn troon stond op het water' (Koran). De troon die de wereld omgeeft wordt ondersteund door acht engelen. *Sumerisch-Semitisch:* Zowel de autoriteit en de heerschappij van de koningen als de schoot van de grote moeder als de aarde.

Trots Wordt gesymboliseerd door de leeuw, arend, pauw, spiegel of een gevallen ruiter. Een solaire eigenschap.

Tuin Paradijs; de velden van de gezegenden; het 'betere land'; de woonplaats van zielen. De tuinman is de schepper en in het centrum van de tuin groeit de leven schenkende boom, vruchten of bloemen, de beloning voor hem die het centrum vindt. De tuin is ook het symbool van de ziel en de eigenschappen die erin zijn gecultiveerd en van de getemde en geordende natuur. Omsloten tuinen staan voor het vrouwelijke, beschermende principe; zij representeren ook maagdelijkheid. *Christelijk:* De omsloten tuin is het symbool van de maagd Maria. *Hermetisch:* De goede tuinman van leven, die de bloesem van het nieuwe leven vrucht doet dragen, is de logos. *Inca's:* De 'tuin van de zon' is een *imago mundi. Islamitisch:* De vier tuinen van het paradijs zijn die van de ziel, het hart, de geest en de essentie. Ze symboliseren de mystieke reis van de ziel. *Romeins:* Omsloten begraafplaatsen werden beschouwd als het pendant van Elysium, met aardse begrafenismalen gehouden in de tuinen die de Elysische feestmalen verbeeldden; de tuinen waren vaak beplant met wijnstokken, om voor plengoffers te zorgen en als een symbool van het leven en onsterfelijkheid; er werden ook rozen geplant als verwijzing naar de eeuwige lente. *Taoïstisch:* Miniatuur-tuinen zijn een aardse kopie van het paradijs.

Tulband Glorie; de glorie van de zon. *Hebreeuws:* De witte tulband van de Levieten vertegenwoordigde de volle maan, het spiraalvormige serpent van de maangod (Levi=serpent). *Islamitisch:* De kroon of het diadeem; spirituele autoriteit. De tulband werd ook gedragen door de Inca's, Hettieten, Babyloniërs en Egyptenaren. Hij is een essentieel attribuut van de Sikhs.

Tulp Het Perzische symbool van perfecte liefde. Embleem van het Turkse huis van Osman en van Nederland.

Tumulus Een kunstmatige berg die de symboliek aanneemt van de berg (zie aldaar) en een wereldas is.

Twaalf Zie Getallen.

Tweelingen Dualiteit. De hemelse en oertweelingen, de zonen van de zonnegod, de twee broeders, kunnen de twee kanten van de menselijke natuur representeren, de mens van actie en de mens van denken, het ego en het alterego. Vaak zijn ze vijanden van elkaar en de één verslaat de ander; de één wordt dan licht afgebeeld en de ander donker, het offer en de offeraar verbeeldend, dag en nacht, licht en duisternis, hemel en aarde, het manifeste en niet-gemanifesteerde, leven en dood, goed en kwaad, de twee hemisferen, polariteit, de wassende en afnemende maan enz. Ze kunnen ook worden afgebeeld als tweelingcirkels of –zuilen. 'Helpende tweelingen', zoals de Asvins en Dioscuri, de Scandinavische en Teutoonse tweelinggoden beschermen tegen de elementen. *Afrikaans:* Gewoonlijk een slecht voorteken. *Indiaans:* Het derde stadium van stabilisatie van de ontwikkeling van de mens. Van tweelingen is er vaak één goed en één slecht. Ze bestrijden elkaar; de goede overwint, maar de slechte laat sporen van kwaad na in de wereld. *Egyptisch:* Osiris en Seth zijn de tweelingkrachten van goed en kwaad in conflict. Shu en Tefnut, tweeling leeuwengoden, zijn het zelf-creatieve; Shu, ruim-

Voor deze Siberische sjamaan is zijn **trom**, gemaakt van een heilige boom en de huid van een gewijd dier, het middel om zijn heilige kracht om te vormen in ritmen en geluid die zijn ondersteunende geesten oproepen.

te, heeft het hoofd van een mens, draagt twee of drie veren en houdt het firmament op met zijn handen; Tefnut, een regengodin, is een leeuwin, of een mens met de kop van een leeuwin. *Grieks-Romeins:* Van de Dioscuri, Castor en Pollux, wordt vaak de één licht en de ander donker afgebeeld, ze dragen een ronde muts op hun hoofd die de twee helften voorstelt van het kosmische ei waaruit ze bij Leda werden geboren als zonen van de god van het firmament Zeus/Jupiter. Romulus en Remus zijn typisch elkaar vijandig gezinde tweelingen. *Hebreeuws:* Kaïn en Abel, Jacob en Esau zijn broeders in vijandschap en nemen de symboliek aan van de met elkaar in conflict zijnde tweelingen. *Hindoeïstisch:* De Ashvins of Nasatya's, priesters en medici, zijn licht en duisternis, dag en nacht, de morgen- en avondsterren als zonen van de god van het firmamant Dyaus; ze besturen een driewielige wagen, symbool van de ochtend, middag en avond; beide zijn weldoend. *Manicheïstisch:* De tweelinggeest representeert een soort beschermengel. *Cultus van Mithras:* Mannelijke tweelingfiguren, de *dadophoroi,* met opwaarts en neerwaarts gerichte toortsen, zijn de rijzende en ondergaande zon, leven en dood enz. *Scandinavisch en Teutoons:* Baldur en Loki zijn elkaars vijanden en de ene is goed, de andere slecht. De Teutoonse tweelingkrachten zijn de Alci.

Twijgen De barsom twijgen van de Parsen, gebonden tot een bundel, vormen de 'bundel van het leven', individuele levens samengebonden in eenheid.

Tijd De schepper en verslinder. 'Tijd heeft alles wat geweest is verwekt en zal zijn' (*Bhagavad Gita*). 'Tijd, die voortgaande, de wereld vernietigt' (*Upanishads*). Hij is ook afstammen van, en terugkeren naar, de oorsprong; hij is een destructieve kracht, maar ook degene die de waarheid openbaart. 'Er was eens' symboliseert het gouden tijdperk toen alle dingen mogelijk waren. Het ophouden van de tijd is de doorbraak van verlichting; eeuwigheid. De zwarte Kali verbeeldt de tijd, de verslinder, de meedogenloze verwoester. Zwarte maagden representeren het ongedifferentieerde, de *prima materia,* het irrationele, lunaire, duistere, vrouwelijke aspect van de tijd. Symbolen van de tijd zijn de zandloper, klok, sikkel, het serpent, draaiende wiel, de cirkel als eindeloze periode, maar ook kosmische voltooiing, zeis, de 'maaier', die ook Kronos/Saturnus als tijd is. Lunaire dieren en symbolen worden met de tijd geassocieerd.

Tijger Ambivalent als solair en lunair, schepper en verwoester. Als hij in gevecht met een serpent wordt afgebeeld is hij hemelse en solaire kracht; in gevecht met een leeuw, of oosterse draak, is hij lunair, chtonisch, kwaadwillend. Hij kan ook koningschap symboliseren; wreedheid; kracht; hij kan een manifestatie zijn van moeder aarde. *Alchemistisch:* In de Chinese alchemie vertegenwoordigt de tijger lood en lichamelijke kracht. *Azteken:* De westerse, ondergaande zon, chtonische en aardse krachten. *Boeddhistisch:* Eén van de drie gevoelloze schepsels uit het Chinese boeddhisme als boosheid, met de aap als hebzucht en het hert als verliefdheid. *Chinees:* Koning van de dieren en heer van het land van de dieren. Als hij yang is neemt de tijger in de Chinese symboliek de plaats in van de leeuw in het Westen en staat hij voor autoriteit, moed, militaire trots en felheid nodig voor bescherming. Als hij in gevecht is met de yang hemelse draak wordt de tijger yin als aarde; de twee samen staan voor de tegengestelde krachten van geest en materie. De tijger is het derde van de symbolische dieren van de twaalf aardse takken en hij is het kenteken van militaire beambten van de vierde klasse; hij is ook het embleem van gokkers. De god van de welvaart berijdt een tijger die een bewaker is van geldkisten; ook de godin van de wind rijdt op een tijger. Hij is een bewaker van graven en verjaagt kwade geesten. Daar hij in het donker kan zien is hij chtonisch; hij is lunair als hij de groeiende kracht van de nieuwe maan, die wordt voorgesteld als een kind dat ontsnapt aan de kaken van een tijger, verbeeldt – het kind is een 'voorouder van het volk', d.w.z. de mensheid, en de tijger verbeeldt de krachten van de duisternis waaruit, met nieuwe maan, het licht ontsnapt. De witte tijger is het westen, de herfst en het element metaal en zijn kop moet altijd naar het zuiden zijn gekeerd, de staart naar het noorden; de blauwe tijger is het plantenleven, het oosten en de lente; de rode tijger is vuur, het zuiden en de zomer; de zwarte tijger is het noorden en winter; de gele tijger is het centrum, de zon, de heerser. 'Berijden van een tijger' symboliseert het ontmoeten en bestrijden van gevaarlijke en elementaire krachten. *Egyptisch:* Een attribuut van Seth als de vernietiger van Osiris en Seth in zijn tyfoonse aspect. *Grieks:* Tijgers kunnen luipaarden vervangen voor de wagen van Dionysos/Bacchus. *Heraldisch:* De tijger vertegenwoordigt felheid en kracht. *Hindoeïstisch:* Het embleem van de Kshatriya's, de koninklijke kaste en die van de krijgslieden. Durga, als vernietiger, rijdt op een tijger en Shiva draagt als vernietiger soms de huid van een tijger. *Japans:* Hoewel mythisch in Japan wordt hij toch gebruikt om moed weer te geven en komen we hem tegen als een attribuut van krijgshelden.

Sjamanistisch: Bovennatuurlijke krachten; hij is een boodschapper van de bosgoden en wordt bereden door goden, onsterfelijken en exorcisten.

U Het vrouwelijke ontvangende principe; de grote moeder; lunair; water; regen; de yoni.
Ui Eenheid, de vele in de ene; de kosmos; de allereerste oorzaak; openbaring als het afschillen van de lagen om het centrum te bereiken. Bezwerend, vooral krachtig tegen onheilspellende lunaire krachten.
Uil Ambivalent als het dier van wijsheid en van duisternis en dood. *Indiaans:* Wijsheid; betovering. *Keltisch:* Chtonisch; de 'nachtheks'; de 'lijkvogel'. *Chinees:* Kwaad; misdaad; dood; afschuw; ondankbare kinderen. Op urnen verbeeldt hij de dood. *Christelijk:* Satan; de krachten van de duisternis; eenzaamheid; rouw; verwoesting; slecht nieuws. De roep van de uil is 'het lied van de dood'. De uil werd gebruikt om joden af te beelden die de voorkeur gaven aan de duisternis boven het licht van het evangelie. *Egyptisch:* Dood; nacht; kou. *Grieks-Romeins:* De kerkuil symboliseerde wijsheid en was gewijd aan Athene/ Minerva. De uil was een attribuut van de Etruskische god van de duisternis en nacht. *Hebreeuws:* Blindheid. *Hindoeïstisch:* Embleem van Yama, god van de dood. *Japans:* Dood; slecht teken. *Mexicaans:* nacht; dood.
Uitwerpselen Geassocieerd met goden en rijkdom; bevat de kracht van de persoon. In de alchemie is het de *nigredo.*
Uraeus (brilslang) *Egyptisch:* Koningschap; soevereiniteit; macht; licht; de krachten van leven en dood; de macht om te heersen; vernietiging van vijanden; het oog van Re.
Urim en Thummim (voorwerpen gebruikt bij orakelspreken). Op de efod (priestergewaad) van de joodse priester symboliseren ze lichten en perfecties.
Urn Het vrouwelijke ontvangende en omsluitende principe. Beklede urnen betekenen dood. Urnen waaruit vlammen opschieten betekenen wederopstanding, leven uit de dood. Romeinse urnen, gebruikt als stembussen, representeren ook het lot. De urn is een embleem van Aquarius.
Urna Zie Derde oog.
Uzat/Utchat Het oog van Horus (zie Oog); een tovermiddel tegen kwaad.

In de **tuin** van het paradijs, in de vijftiende eeuw geschilderd door een 'meester uit Frankfurt', ontbreekt niets, noch voedsel, noch dranken, gezelschap, vogelgezang, levend water of het gezelschap van engelen.

Op dit beeld van John Donne, vervaardigd door Nicholas Stone, staat de in een doodskleed gewikkelde gedaante van de dichter op een graf**urn**.

Vaandel Overwinning, victorie; de vlag van een koning of prins, geeft tijdens een gevecht een verzamelpunt aan. *Boeddhistisch:* Het hijsen van het dharmavaandel proclameert de hoogste wet. *Christelijk:* Victorie. Het vaandel met het kruis, of labarum, wil zeggen overwinning over de zonde, dood of vervolging. Embleem van de heiligen Ansana, George van Cappadocië, Julianus, Reparata, Ursula, Wenceslas.
Vacht Vertegenwoordigt het vet, dat beschouwd werd als de levenskracht van het schaap en daardoor van alles wat het leven ondersteunt, zoals vee, graan etc.; ook nageslacht en lang leven.
Vader De zon; de geest; het mannelijke principe; conventionele krachten van wet en orde tegenover de vrouwelijke en intuïtieve instinctieve krachten. De god van het firmament is de alvader. In mythen en legenden symboliseert de figuur van de vader fysieke, mentale en spirituele superioriteit. Vader tijd, geïdentificeerd met Kronos/Saturnus, heeft een zeis of sikkel als god van de landbouw en als de maaier, tijd. Een zandloper is ook een van zijn attributen.
Vajra *Hindoeïstisch-boeddhistisch:* De donderbijl of diamanten scepter, gevormd door twee vlammende drietanden van Shiva als bliksem en brenger van regen, gehanteerd door Indra als tijdelijke macht en door Agni als spirituele macht. Als de diamant is hij de onvermurwbare en verbeeldt spirituele macht; als de dubbele vajra is hij de donder en de bliksem en representeert dan de krachten van vernietiging en bevruchting, dood-brengend en levengevend, de afwisselende en complementaire krachten van het universum. Hij is de bijl van de draak, de pijl van licht; voortplantende kracht. Hij staat voor mededogende activiteit. De steel is de wereldas, zich uitbreidend tussen hemel en aarde, die worden vertegenwoordigd door de twee einden, elk de weerspiegeling van de ander. Het viervoud of de gekruiste vajra heeft dezelfde symboliek als het wiel. De 'diamant' symboliseert het zuivere en onverwoestbare en de mens die door niets kan worden 'gesneden' of in de war gebracht. De vajrasana-houding van Boeddha verbeeldt de staat van eeuwige transcendentie. Zie ook Dorje.
Val De val van de mens door verwikkeling in de materiële en individuele wereld; de mens die vergeet dat hij van goddelijke oorsprong en natuur is; het verlies van het paradijs; de aangeboren dualiteit in de mens en in manifestatie.
Valeriaan *Europees:* Veinzerij; gewijd aan Hermes/Mercurius.
Valk Deelt veel van de solaire symboliek van de arend (zie aldaar), waarmee hij van plaats kan verwisselen. Hij is verlangen; overwinning, opstijging door alle niveaus. Hij typeert ook vrijheid, vandaar hoop voor allen die gevangen zitten, moreel of spiritueel. *Keltisch:* Hij was, net als de arend, één van de oorspronkelijke manifestaties. Hij is tegengesteld aan de wellustige haas en verbeeldt daarom de overwinning op de wellust. *Chinees:* In China was hij ambivalent als solaire macht, maar ook de destructieve kracht van de oorlog. *Egyptisch:* In Egypte was de valk de koning der vogels; het hemelse principe; de vogel van de jacht. Hij vertegenwoordigde Horus, de alziende; die óf als valk verschijnt óf met de kop van een valk. *Inca's:* Een solair symbool; een bewakende geest. *Scandinavisch:* Odin kon naar de aarde reizen als valk. Attribuut van Frigg en een aspect van Loki als hij geassocieerd is met vuur.
Vallei Leven; vruchtbaarheid; kudden; het beschermende vrouwelijke aspect. In de Chinese symboliek is de vallei yin, schaduwrijke plek, met de berg als yang en zonnig; het lage en het hoge.
Varen Eenzaamheid; ernst; nederigheid.
Varken Zie Zwijn.
Vasten Een Arisch-Keltische methode om de aandacht op grieven te vestigen.
Vat Het vrouwelijke, ontvangende, omsluitende principe. Een bodemloos vat verwijst naar zinloos en waardeloos werk. Een universeel vrouwelijk symbool, de schoot van de grote moeder; beschutting; bescherming; behoud; voeding; vruchtbaarheid; het staat ook voor innerlijkheid en innerlijke waarden. Zie ook Kruik. *Alchemistisch:* Het hermetische vat is hetgeen alle tegendelen bevat, de ontvanger en voeder van hetgeen moet worden getransformeerd. *Maya's:* Een omvergegooid vat is een attribuut van Ixchel, een godin van de maan en overstromingen.
Veelvuldigheid Intensivering van een eigenschap, zoals een veelvoud van handen of hoofden in de iconografie. Veelvuldigheid symboliseert ook spreiding in manifestatie, de omtrek van de cirkel in de cyclus van het bestaan tegenover de eenheid van het centrale punt.
Veer Waarheid die naar boven moet komen; lichtheid; droogte; de hemelen; hoogte; snelheid; ruimte; vlucht naar andere gebieden; de ziel; het element van wind en lucht tegenover het vochtige principe. Het dragen van veren of een gevederde hoofdtooi wil zeggen de macht, of *mana,* overnemen van de vogel, en brengt degene die ze draagt in aanraking met de kennis van de vogels (een

klein vogeltje fluisterde me in het oor), en met hun transcendente en instinctieve kennis en magische kracht. Twee veren samen staan voor licht en lucht; de twee polen; ook wederopstanding. Drie veren worden in verband gebracht met de fleur-de-lis (zie aldaar) en zijn het embleem van de prins van Wales. De witte veer symboliseert wolken, zeeschuim en lafheid omdat een witte veer of witte veren in de staart van een vechthaan werd opgevat als een teken van een fout in het fokken waardoor deze niet in staat was te vechten. Een kroon van veren staat voor de stralen van de zon. *Indiaans:* De veren van een arend verbeelden de dondervogel, de grote geest, universele geest, ook stralen van licht. Zie Gevederde zon. *Keltisch:* Gewaden met veren gedragen door priesters vertegenwoordigen de reis naar de andere wereld; ook feeën dragen met veren afgezette gewaden. *Christelijk:* Contemplatie; geloof. *Egyptisch:* Soevereiniteit; waarheid; vlucht; gewichtloosheid; droogte; hoogte; embleem van de godin Maat, als waarheid. Godheden met veren als attributen zijn ook de solaire Amen Re en Anheru, Osiris, Horus, Shu, Hathor, Amsu, Mentu, Nefertium. In Amenti weegt Osiris de ziel tegen de veren van waarheid. *Scandinavisch:* Freyja bezat een magisch gewaad van veren dat de drager ervan in staat stelde door de lucht te vliegen. *Sjamanistisch:* De gevederde gewaden van de sjamanen geven hun de kracht naar andere gebieden te vliegen en kennisverwervende reizen te ondernemen. *Taoïstisch:* Attribuut van de priester; de 'gevederde wijze' of 'gevederde bezoeker'; communicatie met de andere wereld. *Tolteken:* Gevederde stokken representeren het gebed, contemplatie.

Veertig Zie Getallen.

Vegetatie Onbewust leven; dood en wederopstanding; vruchtbaarheid; voedsel; overvloed; niet-handelen; onbeweeglijkheid.

Veld Moeder aarde, de grote verzorgster en voedster. *Hindoeïstisch:* 'De vrouw is het veld, de man het zaad.' *Islamitisch:* 'Vrouwen zijn het veld.'

Venkel Gewijd aan Sabazios, kransen van venkel werden tijdens diens riten gedragen.

Venus Zie Planeten.

Verbena (ijzerhard) *Keltisch:* De plant van magie, toverformules en betoveringen. *Iraans:* Degene die wensen inwilligt. *Romeins:* Gewijd aan Mars en Venus; een krans van verbena symboliseert huwelijk; beschermt tegen toverformules en betoveringen.

Verdamping Transformatie; de passage van de lagere naar de hogere wateren; verbonden met de symboliek van de zon, de regen, vuur en water als tegengestelde en complementaire krachten. Als

Het patroon van een **veer** en houtnerven in de glazuurlaag van deze Chinese kom uit de dertiende eeuw combineert in één symbool de tegenstellingen van lichtheid en verhevenheid, uitgedrukt door de veer, en de aardse vitaliteit en groei van de boom, waarvan de nerven een grafiek en kaart van het leven zelf zijn.

stoom producerend vertegenwoordigt hij zuivering door vuur en water, zoals in de zweethut van de indianen van Noord-Amerika.

Verdrinken Kan het verlies van het zelf of het ego in de oceaan van de niet-gedifferentieerde eenheid symboliseren.

Vergulden Vergulden, of het alternatief, roodverven brengt het voorwerp in verband met de solaire macht en representeert de straling van goddelijke macht of de macht van de vlam en het vuur.

Verloren voorwerp Het zoeken naar een verloren voorwerp is de zoektocht naar leven, onsterfelijkheid, een spirituele schat, verlichting, de 'parel van grote kostbaarheid'. Het symboliseert ook de zoektocht naar het verloren woord, de heilige graal of het paradijs.

Verscheuring De symboliek van dood en wederopstanding van de initiatie; de noodzakelijkheid van de dood van het zelf voor de reïntegratie en wedergeboorte; de twee elkaar aanvullende fasen van desintegratie en reïntegratie. Vertegenwoordigt ook eenheid die de weg vrijmaakt voor fragmentatie, veelvoudigheid en desintegratie in schepping, het vele voortkomend uit de ene. Verscheuring is nauw verbonden met offer. Goden, zoals Osiris, Zagreus, Dionysos, verscheurd en versnipperd en weer geïntegreerd, vertegenwoordigen de veelvuldigheid van de gemanifesteerde wereld in schepping en de uiteindelijke restauratie van de oorspronkelijke eenheid. Mystieke verscheuring vindt ook plaats bij de Yoruba als ze Orisha in stukken breken en weer herintegreren.

Verticaal *Keltisch:* Het verticale is het essentiële en transcendente tegenover het horizontale en existentiële vlak; Het representeert hoogte en verlangen naar het spirituele, en de verticale as is de lijn van communicatie tussen het heilige en het profane, deze wereld en de hogere wereld.

Vervoering Openbaring; de overweldigende kracht van goddelijke inbezitneming; de openbaring van de waarheid, *in vino veritas.*

Vesica Piscis Een rechtopstaande ovale of amandelvormige (zie Amandel) vorm, vaak een heilige figuur omringend; hij wordt gevormd door twee elkaar doorsnijdende cirkels en is in de heilige geometrie een basisfiguur. Zie ook Mandorla.

Vet Beschouwd als een zetel van leven en de krachten van het lichaam bevattend waarvan het genomen wordt. Een uitstekend deel.

Vier Zie Getallen.

Vierkant De aarde tegenover de cirkel van de hemelen; aards bestaan; statische perfectie; onveranderlijkheid; integratie; het viertal in zijn statische aspect; god manifest in de schepping; de totaliteit van de godheid, drie zijden zijn het drievoudige aspect en de vierde is de totaliteit. Het betekent ook eerlijkheid; oprechtheid; integriteit; moraliteit. Het is de bevestiging van de dood tegenover de dynamische cirkel van leven en beweging; in de symboliek van de architectuur representeert het de vaste gebouwen van landbouwvolken die op één plaats gevestigd zijn tegenover de ronde vorm van de tenten en kampementen van nomaden. Het vertegenwoordigt beperking en daarom vorm. Het vierkant is het perfecte zinnebeeld van omheining zoals tuinen, kloosters, binnenhoven enz. en symboliseert bestendigheid en stabiliteit. In de gewijde architectuur betekent het transcendente kennis; het archetype dat alle werk bestuurt. Vierkantig is een gelukbrengende verzekering van bestendigheid en stabiliteit. De kwadratuur van de cirkel, of het omcirkelen van het vierkant, is de transformatie van de hemelse vorm, het firmament, de hemelen in de rechthoekige vorm van de aarde en vice versa, in een heilig of gewijd gebouw, tempel of kerk; het is de mystieke vereniging van de vier elementen; het bereiken van eenheid bij de terugkeer naar de oorspronkelijke eenvoud, het octogon, dat vaak het vierkant van de toren verbindt met de cirkel van de koepel, het tussenstadium naar de kwadratuur van de cirkel. *Boeddhistisch:* Het vierkant, of de kubus, aan de basis van een chörten, representeert het aardse vlak in de niveaus van bestaan. *Chinees:* De aarde, het onbeweegbare, gecombineerd met de cirkel van de hemel die rondwentelt, vierkant en cirkel samen (als op de Oudchinese munt) zijn de vereniging van yin en yang, aarde en hemel en symboliseren ook de mens die volkomen in evenwicht is. 'Handelen op het vierkant' is het confucianistische hoogtepunt: 'Doe anderen niet, wat je niet wilt dat anderen jou doen.' Het vierkant met het kompas betekent orde; fatsoen; de wetten van de deugd; paden van wijsheid; de ware gids. Het vierkant is een attribuut van Niu-kua, wier broeder het kompas in de hand heeft, samen de vrouwelijke en mannelijke principes weergevend. *Grieks-Romeins:* Het vierkant is een symbool van Aphrodite/Venus als de vrouwelijke voortplantende kracht. *Hermetisch:* Een vierkant staand op zijn basis is stabiliteit, als het op een punt staat is het beweging, met de cirkel in het midden *anima mundi. Hindoeïstisch:* Van de symbolen in India is het vierkant het meest prominente archetype en model van orde in het universum, de standaard voor proportie en de perfecte maat voor de mens. Het is de basis van de tempel of welk ander heilig centrum ook en is evenwichtige perfecte van vorm; Purusha; essentie; ruimte; ook de paren tegenstellingen; de vier windrichtingen; de vier kasten enz. Het vierkant en de cirkel zijn beide versieringen van de dharma, de orde van de dingen in de kosmos en de wereld van de mensen. Het vierkant aan de basis van een stoepa representeert het aardse niveau. *Pythagorisch:* Het vierkant symboliseert de ziel.

Viertal Zie Getallen, vier.

Vinger Met de vinger wijzen is magische kracht, of een belediging; een vinger op de mond verwijst naar stilte, denken of een waarschuwing. Vingers, opgeheven in zegening, dragen spirituele kracht over. Twee opgeheven vingers betekenen onderricht of oordeel. De opgeheven eerste en vierde vinger (de Cornuto) zijn bezwerend, bescherming tegen het boze oog, maar ze zijn beledigend als ze naar een persoon wijzen. *Christelijk:* Het opheffen van drie vingers in zegening staat voor de drieeenheid. *Egyptisch:* Twee vingers die zegenend zijn opgeheven zijn hulp en kracht en verbeelden de twee vingers van Horus, die deze uitstrekt om Osiris te helpen de ladder te beklimmen die van deze wereld naar de andere wereld gaat; de wijsvinger is goddelijke gerechtigheid en de middelvinger is de geest, de bemiddelaar. Het kind Horus heeft een vinger in zijn mond. *Grieks:* Een vinger op de mond is stilte of meditatie en is een symbolische houding van Polyhymnia en Nemesis.

Viooltje *Europees:* Herinnering; meditatie; denken. *Christelijk:* Embleem van drievuldigheidszondag. Verborgen deugd en schoonheid; bescheidenheid. In het christendom verbeeldt het nederigheid en de nederigheid van de geïncarneerde zon van god; het witte viooltje is een embleem van de maagd Maria en de heilige Fina. In de Griekse mythologie is het de bloem van Io en Ares; viooltjes groeien uit het bloed van Attis.

Virgo Zie Dierenriem.

Vis Fallisch, vruchtbaarheid; voortplanting; hernieuwd en ondersteund leven; de macht van de wateren als oorsprong en behoud van leven; het waterige element; geassocieerd met alle aspecten van de moedergodin als generiek en met alle maan-godheden. Vis, met brood en wijn, was het offermaal van de mysteriereligies en vismaaltijden en offers werden plechtig gehouden tijdens het betuigen van eerbied aan alle godheden van de onderwereld en de lunaire godinnen van de wateren en van de liefde en vruchtbaarheid, zoals Atargatis, wier zoon, Ichthus de heilige vis was; ook Ishtar, Nina, Isis en Venus; hun dag was vrijdag, op welke dag ter ere van hen vis werd gegeten, maar ook met de bedoeling deel te hebben aan de vruchtbaarheid van de vis.

De buitenmuur van een Armeense kerk is versierd met een serafijn, waarvan de zes **vleugels** met vele ogen een symbool zijn van zijn hoogste rang in de hiërarchie van de engelen.

Vissen waren ook symbolisch voor aanhangers en discipelen zwemmend in de wateren van het leven. Vissen die samen met vogels worden afgebeeld zijn chtonisch en hebben betrekking op begrafenissen. Ze vertegenwoordigen de hoop op wederopstanding. Visgodheden en zeegoden rijdend op vissen of dolfijnen staan voor onafhankelijkheid van beweging in de wateren; het al-mogelijke. Vissen benedenwaarts zwemmend stellen de beweging van de involutie van de geest in de stof voor, als ze omhoog zwemmen de evolutie van geest/materie terugkerend naar het eerste principe. Twee vissen zijn tijdelijke en spirituele macht. Drie vissen met één kop stellen de eenheid van de drievuldigheid voor; deze symboliek vinden we in de Egyptische, Keltische, Indiaanse, Mesopotamische, Birmese, Perzische en Franse iconografie en komt voor vanaf heel oude tijden tot in onze tijd. Drie ineengestrengelde vissen zijn ook een symbool van de drie-eenheid. *Alchemistisch:* De esoterische substantie. *Boeddhistisch:* Symboliek, op de voetstap van Boeddha, van vrijheid van belemmeringen, vrijmaking van verlangens en gehechtheden. Boeddha is een visser van mensen. *Keltisch:* Zalm en forel werden in verband gebracht met de heilige bronnen als symbolen van voorkennis van de goden. Nodon was een vissergod. *Chinees:* Overvloed (vis en overvloed zijn homofonen); rijkdom; regeneratie; harmonie; de onderdanen van de keizer. Een enkele vis verbeeldt een eenzame en teruggetrokken persoon, een wees, weduwe of vrijgezel. Een paar vissen verbeelden de vreugde van de vereniging; huwelijk; vruchtbaarheid. Een embleem van Kwan-yin en de T'ang dynastie. *Christelijk:* Doop; onsterfelijkheid; wederopstanding (het teken van Jonas); de sacramentele vis met wijn en een mandje brood vertegenwoordigen de eucharistie en het laatste avondmaal in de christelijke kunst. De apostelen waren vissers van mensen. Christus werd afgebeeld door de rebus Ichthus (*I*esous *Ch*ristos *Th*eou *Hu*ios *S*oter, Jezus Christus, zoon van God, redder). In de Latijnse kerk staat de vis voor Christus, in de Grieks-orthodoxe kerk niet. De vis is een embleem van de heiligen Antonius van Padua, Chrysogonus, Congal, Corentinus, Benno, Petrus de visser, Mauritius, Ulrich, Zeno. De drie vissen met één hoofd verwijzen naar de drie-in-één van de drie-eenheid en de drie ineengestrengelde vissen zijn de doop onder de drie-eenheid. *Egyptisch:* de fallus van Osiris. Twee vissen zijn het creatieve principe; voorspoed van de Nijl; vruchtbaarheid; embleem van Isis en Hathor. De voeldraad is het onreine; haat; embleem van Typhon als het irrationele en gepassioneerde element in de natuur. *Grieks:* Attribuut van Aphrodite als liefde en vruchtbaarheid, ook van Poseidon als de macht van de wateren. De vis was bij de verering van Adonis een offer aan de doden. Orpheus was de visser van mensen. *Hebreeuws:* De *coena pura* van het sabbatmaal; voedsel van de gezegenden in het paradijs; symbool van het hemelse feestmaal van het toekomstige leven van zegen. Vissers zijn de gelovigen van Israël in hun ware element, de wateren van de thora. Het oude joodse Pascha was in de maand van Adar, de vis. *Hindoeïstisch:* Een voertuig van Vishnu als redder in zijn eerste incarnatie toen hij de mensheid van de zondvloed redde en een nieuw ras stichtte aan het begin van de huidige cyclus; een symbool van Varuna, een gouden vis, als de macht van de wateren en redder van Manu van de zondvloed. De vis staat voor rijkdom en overvloed en is een attribuut van godheden van de liefde. Twee vissen waarvan de neus en staart elkaar raken verbeelden de yoni. *Japans:* Liefde (een homofoon van karper); een attribuut van Kwannon. *Mandeeërs:* Wordt als offer gegeten bij feesten voor de doden. *Romeins:* Begrafenis; nieuw leven in het hiernamaals; embleem van Venus als liefde en vruchtbaarheid en van Neptunus als de macht van de wateren. *Scandinavisch:* Attribuut van Frigga als liefde en vruchtbaarheid. *Sumerisch-Semitisch:* De huid van een vis werd gebruikt als theriomorf gewaad (in dierengedaante) van de priesters van Ea-Oannes, de heer van de diepten, die ook werden afgebeeld als geit-vis of vis-ram; de vis-hoofdbedekking van de Ea-priesters werd later de mijter van de christelijke bisschoppen. De vis is een embleem van Ea en van Tammuz als fallisch en mannelijk, maar hij staat voor de vrouwelijke liefde en vruchtbaarheid als hij wordt geassocieerd met Ishtar. Adapa, de wijze, zoon van Ea, wordt afgebeeld als een visser. In Assyrië verschijnt de vis met een bijl, mogelijk lunaire en solaire macht, de machten van de goden van de wateren en het firmament. We zien hem ook op Kreta met een bijl. In Foenicië, Frygië en Syrië was vis het eucharistische voedsel van de priesters van Atargatis, die heilige visvijvers bezaten; hij was een embleem van de godheden van liefde en betekende geluk. *Dierenriem:* De esoterische substantie wordt gesymboliseerd door tegenover elkaar geplaatste vissen; de vis-geit is Capricornus.

Vissen/Pisces Zie Dierenriem.

Vlaamse gaai Onheil.

Vlam Zie Vuur.

Vlecht Onafhankelijk van relaties; continuïteit. De vlecht deelt de symboliek van knopen (zie aldaar).

Vleermuis *Afrikaans:* Ambivalent als scherpzinnigheid, maar ook duisternis en obscuriteit. *Alchemistisch:* Hij kan, door zijn dubbele natuur van vogel en muis, het androgyne vertegenwoordigen. *Indiaans:* Een regenbrenger. *Boeddhistisch:* Verduisterd inzicht. *Chinees:* Een yin dier, nachtelijk, maar als een homofoon van geluk, *fu*, wordt hij geluk en welvaart, rijkdom, lang leven en een embleem van Shou-hsing, de god van een lang leven; een groep van vijf vleermuizen staat voor de vijf zegeningen van gezondheid, welvaart, een lang leven, vrede en geluk. *Christelijk:* 'De vogel van de duivel'; en incarnatie van de prins van de duisternis. Satan wordt afgebeeld met de vleugels van een vleermuis. Als een kruising van vogel en rat staat hij voor onbetrouwbaarheid en hypocrisie; omdat hij zich ophoudt in ruïnes en eenzame plekken staat hij voor melancholie. *Europees:* Wordt geassocieerd met zwarte magie en toverkracht; wijsheid; sluwheid; wraak. *Hebreeuws:* Onzuiverheid; afgodendienst. *Japans:* Ongelukkige rusteloosheid; een chaotische toestand.

Vleugels Vleugels komen bijna uitsluitend in het Westen en het Midden-Oosten voor bij representaties van godheden en bovennatuurlijke wezens. Godheden en bovennatuurlijke wezens - afgezien van de Garoeda, het kosmische paard en de gevleugelde draak - in het Verre Oosten en India delen de symboliek van vleugels niet. Vleugels zijn solair en verbeelden goddelijkheid; spirituele natuur; de bewegende, beschermende en allesdoordringende natuur van de godheid; de macht de wereldse wereld te transcenderen; de nooit-vermoeide; de alomtegenwoordige; de lucht; de wind; spontane beweging; het voorbijgaan van de tijd; de vlucht van gedachten; vluchtigheid; geest; vrijheid; overwinning; snelheid.

Vleugels zijn de attributen van snelle boodschappergoden en verwijzen naar de kracht van communicatie tussen goden en mensen. Uitgespreide vleugels zijn goddelijke bescherming, of het afschermen van de hemelen tegen de hitte van de zon. De 'schaduw van de vleugels' is bescherming en vertrouwen. De gevleugelde zon, of schijf (zie aldaar) is de onvermoeibare reis van de zon langs het firmament; de overwinning van het licht op de duisternis; macht van de hemel; goddelijkheid. Gevleugelde goden zijn zonnegoden of goden van de hoogste hemel; maar ze zijn ambivalent daar er gevleugelde krachten zijn van het kwaad en gevleugelde duivels. De gevleugelde kap, sandalen en caduceus wijzen op een boodschapper van de goden. Het gevleugelde paard is solair en wordt bereden door helden, of het is het kosmische paard. *Alchemistisch:* Afwezigheid van

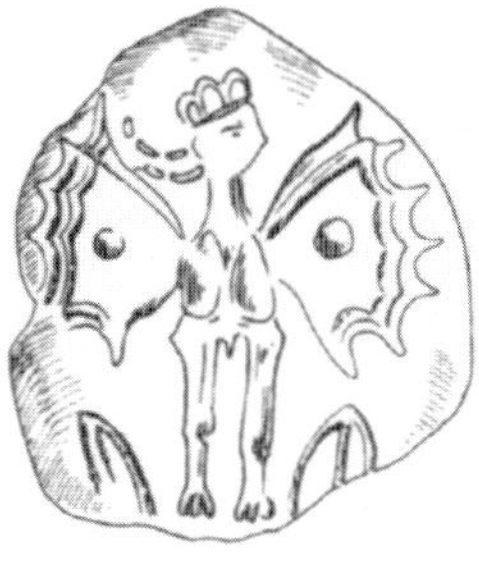

Dit **vlinder**motief, afkomstig uit Mycene, ca. 1500 v. Christus, vertegenwoordigt de grote moeder: net als zij bevat de vlinder binnen in zichzelf alle vorige incarnaties en de belofte van toekomstige incarnaties. De vorm weerspiegelt de dubbele Minoïsche bijl.

Deze **vliegende** Indiase mannelijke en vrouwelijke godheden, in de zesde eeuw n.Chr. uitgesneden in de zoldering van een grot in Badami, zijn een weergave van het oosterse geloof dat door fysieke liefde beide partners, paradoxaal, uit kunnen rijzen boven hun aardse passie.

vleugels wijst op de 'vaste' natuur van zwavel, vleugels verbeelden de 'vluchtige' natuur van kwikzilver. *Boeddhistisch:* Twee vleugels representeren wijsheid en methode. *Chinees:* De gevleugelde draak is de hemelse macht, vitale geest (zie Draak). Het kosmische paard heeft vleugels en is yang. Twee vogels samen met slechts één vleugel verbeelden ieder de onscheidbare eenheid, trouw en een paar geliefden. *Christelijk:* Engelen hebben vleugels als goddelijke boodschappers of als beschikkend over goddelijke eigenschappen. De duivel wordt vaak afgebeeld met de vleugels van een vleermuis. *Egyptisch:* Neith heeft soms vleugels, maar vleugels komen in de Egyptische iconografie maar zelden voor. *Grieks-Romeins:* Als de vier vleugels van Kronos, als het voorbijvliegen van de tijd, worden afgebeeld zijn er twee uitgespreid en twee zijn er in ruststand, zij symboliseren de eeuwigdurende beweging en waakzaamheid: 'rustend in de vlucht en vliegend terwijl in rust'. Vleugels zijn ook een attribuut van Hypnos, die mensen in slaap waaierde met zijn donkere vleugels. Hermes/Mercurius draagt de kap, sandalen en caduceus van de boodschapper van de goden. Isis heeft vleugels als boodschapper van Hera/Juno. De Romeinse Victorie heeft vleugels. *Hebreeuws:* Aartsengelen en engelen, serafijnen en cherubijnen, hebben vleugels. *Hindoeïstisch:* De Garoeda (zie aldaar) heeft vleugels. *Iraans:* De gevleugelde schijf is een symnbool van Ahura Mazda of Ormuzd als licht. *Islamitisch:* Acht engelen ondersteunen de troon die de wereld omvat. *Cultus van Mithras:* De vier winden en vier seizoenen worden weergegeven door vleugels. *Sjamanistisch:* Het gevleugelde paard is een psychopomp. De vleugels van vogels, of gevederde gewaden, symboliseren communicatie tussen deze wereld en de spirituele wereld. *Sumerisch-Semitisch:* De schijf met vleugels is een symbool, of rechtstreekse representatie, van de solaire goden Shamash en Assur. Vier vleugels verbeelden de vier winden en seizoenen. De Semitische El heeft zes vleugels of vier vleugels, waarvan er twee rusten en twee vliegen en ze hebben dezelfde symbolische betekenis van waakzaamheid en 'vliegen terwijl ze rusten en rusten terwijl ze vliegen' als Kronos.

Vlieg Gewoonlijk geassocieerd met kwaadaardige goden en corruptie. Kan ook bovennatuurlijke macht representeren, gewoonlijk kwade macht; demonen worden vaak als vliegen afgebeeld. *Christelijk:* Kwaad; pestepidemie; zonde. In christelijke kunst zien we de goudvink als de redder en de vlieg als ziekte. *Foenicisch:* Beëlzebub, de heer van de vliegen, is het middel tot en de kracht van destructie en verrotting.

Vliegen Zie Vlucht.

Vlier Betekent in Europa toverkracht; magie; macht van spoken. Hij wordt in de Walpurgisnacht gedragen.

Vlinder De ziel; onsterfelijkheid. Als veranderend van de aardse rups, via de staat van desintegratie in het hemelse gevleugelde schepsel is hij wedergeboorte, wederopstanding. Net als de dubbele bijl een symbool van de grote godin. *Keltisch:* De ziel; vuur. *Chinees:* Onsterfelijkheid; overvloedige vrije tijd; vreugde. De vlinder met de chrysant verbeeldt schoonheid in ouderdom; met de pruim staat hij voor een lang leven. *Christelijk:* Wederopstanding; zijn stadia van ontwikkeling zijn leven, dood en wederopstanding. Soms afgebeeld in de hand van het Christuskind. *Grieks:* Onsterfelijkheid; de ziel; de psyche; ook Psyche in de Griekse kunst. *Japans:* Een ijdele vrouw; een geisha; een wispelturige minnaar. Een paar vlinders staat voor echtelijk geluk; een witte vlinder is de geest van een dode. *Maori:* De ziel.

Vlucht/vliegen Transcendentie; het bevrijden van de geest uit de beperkingen van de stof; de bevrijding van de geest van de dood; passage van het ene ontologische niveau naar een ander; passage van het geconditioneerde naar het ongeconditioneerde; toegang tot een bovenmenselijke staat. De bekwaamheid van wijzen te vliegen of 'op de wind te reizen' symboliseert spirituele bevrijding en alomtegenwoordigheid.

Voeding Alle symbolen van voeding worden geassocieerd met de moedergodin, bijv. de schotel, de kruik, kom, kelk, ketel, kop, hoorn des overvloeds enz. net als dieren die voedsel produceren zoals de koe, zeug, geit enz., ook stroompjes, rivieren, fonteinen, bronnen, bomen en vruchten. Op een spiritueel niveau representeren deze kennis, de ziel voedsel gevend, leven schenkend en onsterfelijkheid.

Voertuigen Zie Wagen.

Voeten/voet Vrijheid van beweging; gewillige dienst; nederigheid; het lage. Kussen of wassen van de voeten betekent volledige onderwerping en eerbied. Voetafdrukken zijn de weg die de mens heeft gevolgd (zie ook Voetstappen). Afwezigheid van voeten, zoals bij de vuurgoden, verwijst naar de instabiliteit van vlammen. Als andere ledematen de plaats innemen van voeten, zoals het lichaam van een vis van Ea-Oannes, verwijst dat naar het element dat wordt beheerst of de dualistische natuur van de godheid. In de Chinese symboliek verwijst de voetzool naar het meten van de tijd of een deel van de tijd. Godheden die mensen met voeten treden staan voor het onderwerpen van wereldse passies en werelds bestaan, het gebied van *maya,* de illusoire natuur van het bestaan. Stampen met de voeten betekent gefrustreerde woede.

Voetstappen Goddelijke aanwezigheid of bezoek; de vorm gedrukt op het universum door de aanwezigheid of het langskomen van een godheid of heilige of van de voorloper als gids voor de volgeling of toegewijde. Voetstappen die in tegengestelde richtingen gaan verwijzen naar komen en gaan, verleden en heden, of verleden en toekomst. *Boeddhistisch:* De voetstappen van de Boeddha hebben, daarop gedrukt, de zeven verschijningen: de swastika, de vis, de diamanten staf, de schelp van een schelpdier, de kruik bloemen, het wiel van de wet, de kroon van Brahma; zij symboliseren het spoor van de godheid, dat de mens kan volgen. *Islamitisch:* 'Als je de weg niet weet, zoek hem daar waar zijn voetstappen zijn' (Rumi).

Vogels Transcendentie; de ziel; een geest; goddelijke manifestatie; firmamentgeesten; geesten van de doden; opstijging naar de hemel; mogelijkheid met de goden te communiceren of in te gaan in een hogere staat van bewustzijn; denken; verbeelding. Grote vogels worden vaak geïdentificeerd met solaire, donder- en windgoden, en hun tongen zijn de bliksem. Vogels zijn een kenmerk van boomsymboliek; de goddelijke kracht daalt neer in de boom of op het symbool ervan, de zuil.

Twee vogels in een boom, soms de een donker en de andere licht van kleur, wijzen op dualisme, duisternis en licht, nacht en dag, het ongemanifesteerde en het gemanifesteerde, de twee hemisferen. We zien vaak vogels op de takken van de levensboom met aan de voet daarvan een serpent; deze combinatie is de vereniging van firmament en vuur, maar als de vogel en het serpent met elkaar in gevecht zijn staan ze voor solaire en chtonische krachten in oorlog. Mythische vogels beelden de hemelse gebieden en krachten af tegenover het chtonische serpent. Vogels vergezellen vaak de held op zijn zoektocht of als hij de draak verslaat, ze geven hem geheime adviezen (een vogeltje fluisterde me in), en hij verstaat de taal van de vogels. Deze kwaliteit symboliseert hemelse communicatie of de hulp van hemelse krachten, zoals engelen. Een vogel op een zuil staat voor de vereniging van geest en materie, of is een symbool van de zonnegod. Een kooi met vogels verbeeldt de geest, volgens Plato. Vluchten vogels zijn magische of bovennatuurlijke krachten verbonden met goden en helden. De klauwen van vogels geven de harpijen weer als symbolen van het duistere, destructieve aspect van de grote moeder. *Alchemistisch:* Twee vechtende vogels zijn de dualistische natuur van Mercurius, de filosofische

Op een Egyptische papyrus uit de dertiende eeuw voor Christus zweeft de Ba, de **vogel** van de ziel, boven een mummie voordat hij begint aan zijn vlucht naar het leven na de dood.

De **vogels** op dit kostuum uit de negentiende eeuw dat door Arapaho indianen werd gedragen tijdens de dans van de geest, vertegenwoordigen de geesten van leiding en versterking waarmee de dansers tijdens hun ritueel in contact hoopten te komen.

Mercurius, de *nous;* dit kan ook voorgesteld worden door vogels die omhoog en omlaag vliegen. *Boeddhistisch:* Een vogel is het symbool van de Boeddha; hij vertegenwoordigt ook voorspoed. *Keltisch:* Ambivalent als zowel goddelijkheid en de gelukkige andere wereld, als magische kracht en kwaadwilligheid, zoals de raaf en het winterkoninkje. De Tuatha kan verschijnen als vogel met een schitterende verenpracht en verbonden zijn met gouden kettingen als hij een belangrijke gebeurtenis voorspelt. Vogels zijn ook boodschappers van de goden. *Chinees:* De meeste vogels, maar de haan, de kraanvogel en pauw in het bijzonder, zijn solair, yang, en symboliseren een lang leven en geluk. *Christelijk:* Gevleugelde zielen; het spirituele; zielen in het paradijs. Het Christuskind wordt vaak met een vogel in de hand afgebeeld. *Egyptisch:* De vogel met een mensenhoofd vertegenwoordigt de kracht van de ziel om het lichaam te verlaten als ze dat wil. De vogel Bennu incarneert de ziel van Osiris en wordt soms gelijkgesteld met de feniks (zie aldaar); hij is het creatieve principe, schepper van het kosmische ei. Bij de dood verlaat de ziel, de Ka, het lichaam in de vorm van een vogel. *Hindoeïstisch:* Intellect, 'Intelligentie is de snelste van de vogels' (Rig Veda); 'Hij die begrijpt heeft vleugels' (Pancavimca Brahmana). Garoeda is de vogel van het leven, het firmament, de zon, overwinning, de schepper en vernietiger van alles, een voertuig van Vishnu en wordt soms gelijkgesteld met de feniks. *Islamitisch:* De zielen van de gelovigen wonend in de levensboom. De zielen van ongelovigen gaan binnen in roofvogels. *Japans:* (Shinto). Het creatieve beginsel. *Maori's:* De vogelmens is de goddelijke, de alziende, alwetende; kracht en moed. *Scandinavisch:* De geest bevrijd uit het lichaam; wijsheid; zie Raaf. *Sjamanistisch:* Opstijgen naar de hemel; mediamieke en magische reizen; kleding en veren van vogels worden door sjamanen gedragen tijdens hun riten; gekleed als vogel kan de ziel vleugels krijgen. *Taoïstisch:* De rode kraai met drie poten is het solaire, yang, principe; hij leeft in de zon en kan ook de grote drie-eenheid, de drie grote krachten van de kosmos – hemel, aarde, mens – symboliseren. Zie ook Haan, Arend, Feniks, Raaf etc.

Voluut Zie Spiraal.

Vonk Het vitale principe; de ziel; vuur.

Vont (doopvont) *Christelijk:* geplaatst bij de westelijke deur van de kerk, dat wil zeggen bij de ingang tot het gebouw; hij betekent toegang tot de kerk door middel van de doop. Als hij vierkant van vorm is staat hij voor de heilige stad; als een pentagon (vijfhoek) voor de vijf wonden van Christus; als een octogon (achthoek) vertegenwoordigt hij het getal 8 (zie aldaar), dat wil zeggen regeneratie.

Voorhang Zie Sluier.

Voorlok (Voorhaar) De kroon van het hoofd, het punt van algehele controle. Het voorhaar vastpakken wil zeggen een persoon of dier volkomen beheersen, of de gelegenheid aangrijpen.

Voorschoot Vakmanschap; vruchtbaarheid; staat ook voor seksualiteit. *Chinees:* Het voorschoot was vanaf de tijd van keizer Yu onderdeel van de heilige regalia; het symboliseert onschuld en het vriendschapsverbond; het verdeelt het lichaam ook in tweeën, de boven- en meer nobele delen en de onder- en lagere delen.

Voorsteven Een fallisch symbool; ook een attribuut van Tyche/Fortuna als lot.

Voorzichtigheid In de christelijke kunst wordt de eigenschap van voorzichtigheid afgebeeld als een vrouw, soms met twee of drie hoofden, een spiegel, serpent of zeef en Salomo aan haar voeten.

Vos Sluwheid; vernuft; hypocrisie; geslepenheid; slinksheid. *Indiaans:* Geslepenheid; bedrog; vernuft. *Chinees:* Lang leven; geslepenheid; krachten van transformatie; geesten van dode zielen. *Christelijk:* De duivel, de verleider; vernuft; slinksheid; bedrog. Het simuleren van de dood om zijn prooi in de val te lokken is de gemeenheid en de strategie van Satan. Het plunderen van de wijnstokken staat voor de daden van heidenen en vijanden van de kerk. *Japans:* Lang leven; magische kracht voor goed of kwaad; een boodschapper; een attribuut en boodschapper van de rijstgod Inari. Vossenvuur is de *ignes fatui.* Een zwarte vos brengt geluk, een witte vos rampen; drie vossen mislukking. *Scandinavisch:* Het 'licht van de vos' is de aurora borealis.

Vrede Het symbool van vrede bij uitstek is de duif, of de duif met een olijftak. In het christendom wordt de maagd Maria de koningin van vrede genoemd. Voor de indianen uit Noord-Amerika is de calumet (zie aldaar) de vredespijp. De cornucopia (zie aldaar) kan in verband worden gebracht met vrede als overvloed.

Vreemdeling De komende kracht van de toekomst; de brenger van verandering; goddelijke, of magische, kracht in vermomming.

Vreugdevuur Versterkt de kracht van de zon, vooral tijdens de zonnewenden, moedigt de krachten van het licht en het goede aan.

Vrouw De grote moeder; de grote godin, het vrouwelijke principe gesymboliseerd door de maan, de aarde en de wateren; de instinctieve krachten tegenover de mannelijke rationele orde. De symboliek is bijzonder complex daar de grote moeder weldoend en beschermend kan zijn, maar ook kwaadaardig en destructief; ze is zowel de zuivere spirituele gids als de sirene en verleidster, de maagdelijke koningin van de hemel als de harpij en hoer; hoogste wijsheid en onpeilbare dwaasheid – de hele complexiteit van de natuur.

De vrouw wordt gesymboliseerd door alles wat lunair, ontvangend, beschermend, voedend, passief, hol is, waar je binnen kunt gaan, wat buigzaam is, spelonkachtig, ovaal van vorm is, of de vorm heeft van een diamant; de grot, ommuurde tuin, wel, deur, poort, kom, greppel, schede, schild; ook alles wat verband houdt met water, het schip, de schelp, vis, parel. De maansikkel, het weerspiegelde licht van de maan, en de sterren zijn bij uitstek haar attributen. In de Chinese symboliek is ze yin; in het hindoeïsme en boeddhisme de shakti of Prakriti. In de Indiase kunst verbeelden mooie vrouwen het weldoende aspect van Maya, de grote moeder, terwijl de zwarte Kali, of Durga, voor het tegendeel staat. In de christelijke kunst wordt de kerk, 'de bruid van Christus', afgebeeld als een vrouw met een kruis of kelk of ze draagt een kroon. Een vrouw met gesluierde, of geblinddoekte, ogen verbeeldt de joodse synagoge. Vrouwenfiguren werden gebruikt om deugden en ondeugden en de seizoenen te symboliseren.

Vruchten Onsterfelijkheid; de essentie, de culminatie en het resultaat van de ene staat en het zaad van de andere. Eerste vruchten staan voor het beste van hetgeen wordt geofferd. In het christendom is Christus de eerste vrucht van de maagd. De vrucht van de boom van passie is gehechtheid aan de wereld. De vrucht van de boom van kennis is de zondeval, zelfbewustzijn als gescheiden van God. De vrucht van de levensboom is onsterfelijkheid. Vruchten en bloemen zijn vaak offers tijdens dodenriten; ze worden ook door Priapus gedragen als vruchtbaarheid.

Vuur/Vlam Transformatie; zuivering; de leven gevende en voortplantende kracht van de zon; vernieuwing van het leven; impregnatie; kracht; macht; energie; de ongeziene energie in bestaan; seksuele kracht; verdediging; bescherming; waakzaamheid; vernietiging; fusie; passie; opoffering; verandering of passage van de ene staat in een andere; het middel om boodschappen over te dragen of offers hemelwaarts te sturen. Vuur gemanifesteerd als een vlam symboliseert spirituele macht en krachten, transcendentie en verlichting, en is een manifestatie van goddelijkheid of van de ziel, de pneuma, de levensadem; hij staat ook voor inspiratie en verlichting. Een vlam bovenop het hoofd, of het hoofd omringend, zoals de nimbus, vertegenwoordigt goddelijke macht, kracht van de

Een **voorschoot** van de vrijmetselaars uit de achttiende eeuw, dat werd gebruikt als onderdeel van een ritueel gewaad. De centrale afbeelding is een pelikaan en haar daad van liefde. Misschien is het een zinspeling op de eed van iedere vrijmetselaar om goede werken te doen.

De koningen van de aarde – hun kronen omringen een aardbol – vereren via hun plaatsvervanger het hoogste transformerende **vuur**, op een illustratie in een alchemistische tekst uit de zeventiende eeuw.

ziel of genius, het hoofd wordt beschouwd als de zetel van leven-ziel. Bij de dood verlaat een vlam het lichaam. Vuur en vlam kunnen beide het hart typeren. Beide zijn ambivalent als zijnde goddelijk of demonisch, creatief of destructief; zij zijn middelen om alle geschapen dingen te vernietigen zodat deze terugkeren tot de oorspronkelijke eenheid. Beide staan voor waarheid en kennis als degenen die leugens, onwetendheid, illusie en dood verteren en als verbranders van hetgeen onzuiver is. Doop door vuur herstelt de oorspronkelijke zuiverheid door het wegbranden van alle vuil en wordt in verband gebracht met het lopen door vuur om het paradijs te herwinnen dat, sedert het verloren is, wordt omringd door vuur of wordt beschermd door bewakers met vlammende zwaarden, die symboliseren dat de weg versperd is voor de onwetenden en hen die niet verlicht zijn. Vuur is uiteengevallen in twee complementaire aspecten van licht en hitte, vaak wordt het ene afgebeeld door rechte en het andere door kronkelige lijnen of stralen. Licht en hitte kunnen ook staan voor het intellect en emoties, ook de flits van de regenbrengende en vruchtbare bliksem en de warmte van de huiselijke haard; het ontzagwekkende en het vertroostende.

Het ontsteken van een vuur staat gelijk met geboorte en wederopstanding en in primitieve culturen met seksuele creatie. Het dragen van een toorts bij huwelijken en vruchtbaarheidsriten verwijst naar de voortplantende kracht van vuur. Vuur en water samen zijn de twee grote principes, het actieve en het passieve, van het universum; ze zijn de vader van het firmament en de moeder van de aarde en alle tegendelen in de elementaire wereld; vuur en water zijn met elkaar in conflict, maar als hitte en vocht zijn ze noodzakelijk voor alle leven. Vuur wordt in de vegetatieve wereld gesymboliseerd door mosterdzaad. Vuur en wind vertegenwoordigen de goden van bergen en vulkanen. Het vuur van de huiselijke haard is het centrum van het huis en is het vrouwelijke/aarde-aspect van vuur. Symbolen van vuur zijn de omhoog wijzende driehoek, swastika, leeuwenmanen, scherpe wapens, sparrenboom, azalea. *Alchemistisch:* Vuur is het centrale element als hetgeen verenigt en stabiliseert. 'Het werk begint met vuur en eindigt met vuur' (ibn Bishrun). *Indiaans:* In het vuur van de medicijnhut bevindt zich de heilige, centrale woonplaats van de grote geest; het is ook de bemiddelaar tussen god en mens. *Azteken:* Rituele dood; verlossing; straf. *Boeddhistisch:* Wijsheid, die alle onwetendheid verbrandt. Een vurige zuil is een symbool van Boeddha. Vuur is verterend en water is zuiverend. *Chinees:* Vlammen wijzen op de aanwezigheid van het goddelijke. Vuur is gevaar; angst; gewelddadigheid; snelheid; maar als spirituele kracht is het solair, yang, gecombineerd met het yin van water. Het wordt gesymboliseerd door het trigram met de yanglijnen aan de buitenkant en de yinlijn ertussen in. *Christelijk:* Religieuze hartstocht; martelaarschap. 'Tongen van vuur' kondigen de komst van de heilige geest aan; de stem van God; goddelijke openbaring; embleem van de heilige Antonius van Padua. *Egyptisch:* Als inspiratie verbonden met Thoth. *Grieks-Romeins:* Een attribuut van alle donder- en vulkanische smidgoden zoals Hephaistos en Vulcanus, die de macht symboliseren van het aardse vuur; ook een embleem van Vesta, de godin van de haard. Wordt geassocieerd met Hermes/Mercurius als inspiratie. Hestia/Vesta, godin van de haard, was de 'vrouw van het vuur' (Euripides). *Hebreeuws:* Goddelijke openbaring; de stem van God. 'Want de Here uw God is een verterend vuur' (Deut. 4:24). *Hindoeïstisch:* Transcendentaal licht en kennis; de vitale energie van wijsheid; vuur wordt ook geïdentificeerd met de krachten van vernietiging; verlossing en herschepping uitgeoefend door Shiva. De kolom van vlammen en opstijgende rook van de vedische vuurgod Agni is zowel de regenbrengende vruchtbaarheid van de bliksem als de huiselijke haard. Vlammen worden weergegeven door de gouden tanden van Agni, zijn scherpe tong en verwarde haren; hij rijdt op de solaire ram, heeft een bijl en waaier in de hand en brult. Hij is geboren uit hout. Er worden op de vedische altaren drie vuren ontstoken, in het zuiden, oosten en westen, representerend de zon en het firmament, ether en winden en de aarde. Het zwarte en angstaanjagende aspect van vuur wordt gesymboliseerd door Kali/Durga (die ook de tijd verslindt), gewoonlijk afgebeeld als een afschrikwekkende zwarte of rode gedaante met lange hoektanden en tongen van vuur met de attributen van Shiva, haar echtgenoot, in haar hand: de drietand, zwaard, trom en kom van bloed. Het ontsteken van het vuur is een heropvoering van de daad van schepping, van integratie en vereniging door middel van een offer. De ring van vlammen rondom Shiva verbeeldt de kosmische cirkel van creatie en vernietiging. Vuur, als de vitale vlam, is ook Krishna: 'Ik ben het vuur dat in het lichaam van alle dingen die leven bezitten, woont' (Bhagavad Gita). *Iraans:* De parsische tempel heeft het vuur als heilig centrum, de plaats van het goddelijke en het goddelijke licht in de ziel van de mens. Het is ook solaire kracht, gesymboliseerd door Atar, het goddelijke vuur aan het firmament en in het bos. Het wordt ook in verband gebracht met wet en orde. In de leer van Zaratusthra hebben 'het zaad van de mens en van stieren hun oorsprong in het vuur, niet in water'. *Islamitisch:* Vuur en vlammen zijn licht en hitte, goddelijkheid en de hel. *Pythagorisch:* Verbonden met de tetrahedron, vuur is het eerste element en de tetrahedron de eerste figuur in de geometrie. *Sumerisch-Semitisch:* Marduk was een vuurgod, 'de vlam die maakt dat vijanden worden verbrand'.

Vuursteen Vuur; vuur voortbrengend; hardheid van het hart, dus onverschilligheid; de vonk van liefde; voortplanting. Pijlpunten van vuursteen zijn de wapens van feeën; bezwerend.

Vuurvlieg In het boeddhisme staat hij voor oppervlakkige kennis, die niet in staat is de duisternis te verlichten.

Vijf Zie Getallen.

Vijfpuntige vorm In de vorm van een kruis is hij het kosmische centrum, de vier hoofdrichtingen die elkaar bij het vijfde punt, het centrum, ontmoeten; het is het ontmoetingspunt van hemel en aarde.

Vijftal Zie Getallen, vijf.

Vijg/vijgenboom of heilige Indische vijgenboom Vruchtbaarheid; leven; vrede; voorspoed. Soms is de vijgenboom de boom der kennis en hij combineert dan de symbolen van de mannelijke en vrouwelijke principes, het vijgenblad is het mannelijke, de linga, en de vijg het vrouwelijke, de yoni. Het vijgenblad verbeeldt wellust en seks: 'Het vijgenblad wordt geïnterpreteerd als verwijzend naar drinken en beweging en men gaat ervan uit dat het op het mannelijke seksuele orgaan lijkt' (Plutarchus). Een mand vijgen is vruchtbaarheid en representeert de vrouw als godin of moeder. Wordt geassocieerd met de wijnstok als een plaats van vrede en rust en met de borst als 'de boom met de vele borsten'. *Boeddhistisch:* De heilige Indische vijgenboom waaronder Boeddha verlichting ontving. *Christelijk:* Werd gebruikt in plaats van de appel in de tuin van Eden. *Grieks-Romeins:* Gewijd aan Dionysos/Bacchus, Priapus, Jupiter en Silvanus; fallisch. *Hebreeuws:* Vrede; voorspoed; overvloed; een symbool van Israël, samen met de wijnstok. *Islamitisch:* De hemelboom, heilig sinds Mohammed er de eed aflegde. *Oceanisch:* Vaak een levensboom en het voorwerp van culturele rituelen.

Vijzel Zie Stamper.

De god Huehuetlotl, de **vuurgod** van de Maya's, draagt een komfoor op zijn hoofd waarin het symbool van hemzelf en zijn goddelijkheid wordt aangestoken en gevoed.

Waaier De geest, als bewegende lucht; macht; waardigheid. De vorm van de waaier typeert leven, beginnend bij het punt van de kram en zich wijd uitspreidend als levenservaring. De ingeklapte waaier verbeeldt lunaire veranderingen en de vrouwelijke veranderlijkheid. Wuiven met de waaier weert kwade geesten af. *Afrikaans:* Vaak een teken van koninklijke waardigheid. *Chinees:* Autoriteit; koninklijke waardigheid; de kracht van de lucht die de doden nieuw leven in kan blazen; delicaat gevoel; de waardigheid van de mandarijn. Een 'herfstwaaier' is een verlaten vrouw. *Hindoeïstisch:* Een attribuut van Agni, de vedische vuurgod, en van Vishnu. *Japans:* Autoriteit; macht. De waaier van witte veren is de macht van de wind. *Taoïstisch:* Geassocieerd met vogels en vliegen als een middel tot verlossing uit de formele wereld en bevrijding in het gebied van de onsterfelijken. Embleem van Chung-li Chuan, één van de taoïstische genii.

Waakzaamheid Symbolen van waakzaamheid zijn de haan (speciaal als windwijzer), kraanvogel, gans, leeuw, hond en alle bewakende schepsels zoals serpenten, draken, monsters enz.

Wagen Het menselijk lichaam als voertuig met het paard als het solaire, spirituele voertuig. Wagens die door witte of goudkleurige paarden, of soms door griffioenen, worden getrokken, zijn attributen van de firmamentgoden die de zonnewagen langs de hemel trekken. Vurige wagens vormen de toegang tot de hemel door de ziel, godheden of heilige personen. Overwinnaars en helden worden vaak in rijdende wagens afgebeeld; het zijn dan symbolen van strijd. De eigenschappen en bedoelingen van de menner worden gesymboliseerd door het span dat wordt gemend, bijv. witte paarden zijn spiritualiteit, zuiverheid of solair, terwijl de wagen van Freyja werd getrokken door katten als lunair en magisch. De menner verbeeldt de geest, intelligentie of ziel die het lichaam bestuurt. De twee wielen zijn hemel en aarde. *Keltisch:* Flidass, de godin van wellust en wilde dingen, heeft een wagen die door een hert wordt getrokken. De solaire wagen wordt soms getrokken door een witte zwaan of witte zwanen. *Boeddhistisch:* De zonnewagen is het grote voertuig. *Christelijk:* De wagen, kar, boerenwagen of ark is de kerk als voertuig om de gelovigen naar de hemel te brengen; de twee wielen ervan zijn verlangen en wil, liefdadigheid en beleid, volgens Dante. *Grieks-Romeins:* Het voertuig van alle zonnegoden dat wordt getrokken door solaire witte paarden die, als óf solair óf vochtig principe, de zon en de maan langs de hemel voeren, bijv. de witte paarden van Apollo als solair en die van Poseidon als het waterige element. Wagen en paarden zijn ook strijdlustige attributen van de oorlogsgoden Ares/Mars. Cybele ment een wagen die wordt getrokken door leeuwen; tritons blazend op tritonshorens trekken de wagen van Poseidon. Jupiter Dolichenus ment een stel stieren. Duiven trekken de wagen van Venus, hertenbokken die van Diana, pauwen die van Juno, honden die van Hephaistos/Vulcanus, arenden die van Zeus/Jupiter, steenbokken of luipaarden die van Dionysos/Bacchus en Eros/Cupido en zwarte paarden trekken de wagen van Pluto. *Hindoeïstisch:* Het 'voertuig' van het gemanifesteerde wezen, de menner is het zelf dat de paarden stuurt, gesymboliseerd door Krishna die ment, maar niet betrokken is in de gevechten of de handelingen om hem heen; de paarden zijn de fysieke levenspaarden, de teugels zijn de intelligentie en de wil van de menner; de spil is de wereldas en de twee wielen zijn hemel en aarde met elkaar verbonden door de as; hun omwentelingen zijn cycli van manifestatie. Savitri ment een wagen met lichtgevende paarden; Soma heeft de driewielige lunaire wagen die wordt getrokken door de bonte antilope of tien witte paarden; de Asvins, twee bij elkaar horende krachten, mennen een driewielige wagen; Ushas ment een wagen met koeien of rode paarden; Indra rijdt in een gouden wagen; Shiva ment een wagen die wordt getrokken door lunaire gazellen of antilopen. *Iraans:* De wagen van de Magi wordt door vier strijdrossen getrokken die de vier elementen symboliseren en gewijd zijn aan hun vier goden. Anahita, een vruchtbaarheidsgodin, heeft een wagen die door vier witte paarden wordt getrokken – wind, regen, wolken en hagel. Zij verschijnt samen met Mithras. *Scandinavisch en Teutoons:* De wagen van Thor wordt getrokken door solaire rammen of steenbokken; die van Freyja door lunaire katten.

Walnoot Deelt met alle noten de symboliek van verborgen wijsheid, ook vruchtbaarheid en een lang leven; de walnoot werd geserveerd tijdens Griekse en Romeinse bruiloften. Hij is ook kracht in tegenslag en egoïsme omdat er niets onder groeit. De karyatiden zijn notennimfen.

Walvis De macht van de kosmische wateren, vandaar regeneratie, zowel kosmisch als individueel; ook het verzwelgende graf. De buik van de walvis is zowel een plaats van de dood als van wedergeboorte, zoals in het symbool van Jonas in het Oude Testament; verzwolgen worden door een walvis is binnengaan in de duisternis van de dood, en verschijnen uit de walvis, na de traditionele periode van drie dagen van donkere maan, is verrijzen uit de spelonk van initiatie in een nieuw leven, wederopstanding. In het christendom verbeeldt de walvis de duivel, zijn kaken zijn de poort tot de hel en zijn buik is de hel.

Wapenrusting Ridderlijkheid; bescherming. In het christendom wordt hij gebruikt als een symbool voor de bescherming tegen het kwaad (Eph. 6:11 v.v.)

Wapens Macht, vaak bovennatuurlijke macht; heerschappij; bescherming, ook verwoesting. De inbeslagneming van wapens symboliseert het verkrijgen van de macht van de overwonnenen. Spelen met wapens is de overwinning van liefde over oorlog. Vernietigende wapens in de handen van goden symboliseren ook bevrijding daar ze onwetendheid en het lagere zelf van de mens vernietigen om bewustzijn en gewaarzijn te bevrijden.

Was Plooibaarheid; onoprechtheid. Was, als vet, bevat de substantie van het leven, vandaar het gebruik ervan bij magie en hekserij om macht te verkrijgen over mensen door middel van wasfiguren.

Water De wateren zijn de bron van alle mogelijkheden in het bestaan; de bron en het graf van alle dingen in het universum; het ongedifferentieerde; het niet-gemanifesteerde; de eerste gedaante van materie, 'de vloeistof van de hele vervulling' (Plato). Alle wateren zijn een symbool van de grote moeder en geassocieerd met geboorte, het vrouwelijke principe, de universele baarmoeder, de *prima materia,* de wateren van vruchtbaarheid en verfrissing en de fontein van het leven. Water is de vloeibare tegenhanger van licht. De wateren worden ook gelijkgesteld met de voortdurende stroom van de manifeste wereld, met onbewustzijn, vergeetachtigheid; ze lossen op, ruimen op, zuiveren, 'wassen schoon' en regenereren; ze staan in verband met vochtigheid en de circulaire beweging van bloed en het levenssap tegenover de droogte en statische conditie van de dood; ze wekken tot leven en vullen met nieuw leven, vandaar de doop met water of bloed in religies met initiaties, waarbij water of bloed ook het oude leven wegwast en nieuw leven heiligt. Onderdompeling in water symboliseert niet alleen de terugkeer tot de oerstaat van zuiverheid, dood van het oude leven en wedergeboorte in een nieuw, maar ook de onderdompeling van de ziel in de manifeste wereld. De wateren van de bron, of fontein, van leven, komen voort uit de wortels van de levensboom in het centrum van het paradijs. Als regen is water de bevruchtende kracht van de god van

Een oude Scandinavische **zonnewagen** combineert de symboliek van het paard als dier, aards, met die van de hemelse en spirituele zonneschijf.

het firmament, vruchtbaarheid. Als dauw is water zegening en zegenwens, spirituele verfrissing en het licht van de dageraad.

In de wateren duiken wil zeggen zoeken naar het geheim van het leven, het uiteindelijke mysterie. Wandelen op het water is de condities van de wereld der verschijnselen transcenderen; alle grote wijzen wandelen op het water. Stromend water is 'levenswater' of 'levend water'. Water oversteken is overstappen van de ene ontologische staat, of niveau, naar een ander; het is ook scheiding zoals in het oversteken van een zee of rivier van de dood, maar water kan zowel de kracht van het leven als van de dood zijn, het kan dus zowel scheiden als verenigen.

Water en vuur zijn de twee strijdende elementen, die uiteindelijk in elkaar zullen doordringen en zich zullen verenigen; zij vertegenwoordigen alle tegenstellingen in de elementaire wereld. In een staat van conflict zijn ze hitte en vochtigheid nodig voor leven, maar 'brandend water' is de vereniging van de tegendelen. Vuur en water zijn ook verbonden met de twee belangrijke principes, de vader van het firmament en moeder aarde, maar de vader van het firmament kan ook de vochtigheid van de regen die op de aarde valt representeren. Water met wijn betekent de vermenging van de menselijke en goddelijke natuur, of goddelijkheid onzichtbaar vermengd met mensheid. In de christelijke kunst betekent het tijdelijkheid. Omringend water – gracht, greppel, geul enz. - is niet alleen verdedigend, het water maakt de plaats erbinnen zuiver en omsluit de heilige ruimte. Water met klei is schepping en vertegenwoordigt ook de pottenbakker als schepper van het universum. Diepe wateren, bijv. zeeën, meren, wellen, staan in verband met het gebied van de dood, of zijn de woonplaats van bovennatuurlijke wezens, ze zijn nauw verbonden met de grote moeder. Water in beroering verbeeldt de wisselvalligheden, illusies en ijdelheid van het leven, de 'spookachtige stroom van sensaties en ideeën'. Stromend water betekent leven, 'de wateren van leven', de rivier, bron, of fontein van leven, gesymboliseerd door de golvende lijn, de spiraal of kronkelingen.

De wateren kunnen, net als de boom, het bosje, de steen, berg, de kosmos in zijn totaliteit representeren. Symbolen van de levengevende, levenverwoestende, scheidende en verenigende krachten van de wateren waren vaak samengestelde schepsels, monsters of draken, serpenten, de valk, leeuw, krokodil en walvis, terwijl de voedende en bevruchtende kracht wordt afgebeeld door de koe, gazelle, en bij uitstek, de vis. Water is bij magische rituelen van het grootste belang. Zie ook Elementen. *Indiaans:* De stromende kracht van de grote geest. Watergeesten verleiden tot kwaad; ze zijn verleiders en betekenen verandering, neergang en zowel levengevende als levenverwoestende aspecten; ze ondersteunen de aarde en zijn statisch tegenover het dynamische aspect van het firmament. *Azteken en Inca's:* De wateren zijn de oerchaos. *Boeddhistisch:* Het voortdurende stromen van de gemanifesteerde wereld. 'Oversteken van de stroom' wordt vaak gebruikt als symbool voor gaan door de wereld van illusie om verlichting, nirwana, te verwerven. Uit de oerwateren verrees de stengel van de grote lotus, de wereldas. *Keltisch:* De wateren, meren, heilige bronnen enz. hebben magische eigenschappen en zijn de woonplaats van bovennatuurlijke wezens, zoals de 'vrouwe van het meer'; ze geven ook toegang tot de andere wereld, en de machten van het water representeren wijsheid van de andere wereld en voorkennis van de goden. Tir-nan-og, het Keltische paradijs, het land van hen die altijd jong zijn, bevindt zich of boven, of onder de wateren of het wordt, zoals het groene eiland, door water omringd. *Chinees:* Het yin, lunaire, principe, gesymboliseerd door het trigram *K'an* (zie Pa Kua), met vuur als yang en solaire macht. Water betekent zuiverheid, het gebied van het noorden, en het symbool ervan is de zwarte schildpad, zwart is de kleur van de oerchaos. *Christelijk:* De wateren van regeneratie; vernieuwing; reiniging; heiliging; verfrissing; doop. Een waterbron verbeeldt Christus als de fontein van leven; de fontein, of levende bron, representeert eveneens de maagd Maria, die ook de wateren is als de schoot van de schepping. Water vermengd met wijn is het passieve waarop de geest heeft ingewerkt, 'geboren uit water en de geest'. De vermenging van het menselijke en het goddelijke bij de incarnatie. Volgens Sint Cyprianus is Christus de wijn en het water is de geloofsgemeenschap als het lichaam van Christus. In de christelijke kunst wordt de tijdelijkheid afgebeeld als water vermengd met wijn. Dauw is zegening. *Egyptisch:* Geboorte; regeneratie; groei; de vruchtbaarheid van het water van de Nijl, gesymboliseerd door de god Hapi, die water uit twee kruiken giet. *Grieks-Romeins:* Aphrodite/Venus rijst op uit de wateren; Poseidon/Neptunus beheerst de macht van de wateren. De rivier de Lethe is vergetelheid en de rivier de Styx wordt overgestoken bij de dood. *Hebreeuws:* 'De wateren van de thora' zijn de levenschenkende wateren van de heilige wet. De waterbron die altijd beschikbaar is voor de Israëlieten is wijsheid, de logos, volgens Philo. Tijdens de schepping 'bewoog de geest van god over de wateren'. *Hindoeïstisch:* Agni is geboren uit de wateren en de aarde en is de zuil die alle bestaan ondersteunt. Varuna beheerst alle wateren. Vishnu slaapt op de wateren, op het serpent, en uit zijn navel groeit een lotus, die Brahma kroont. 'Hij die wandelt op de wateren'. Lakshmi, 'zij van de lotus', is ook uit de oceaan geboren. *Iraans:* Apo, het water, is zowel solaire als lunaire macht en de oeroceaan. *Islamitisch:* Water betekent genade; gnosis; zuivering; leven. Als regen, of bron, is water goddelijke openbaring van de werkelijkheid. Het is ook schepping: 'Van het water maakten wij alles wat leeft.' 'Deze troon stond op de wateren' (Koran). *Mandeeërs:* Water en wijn representeerden de vereniging van de kosmische vader en moeder. *Maori's:* Het paradijs bevindt zich onder de wateren en dat symboliseert oorspronkelijke perfectie. *Scandinavisch en Teutoons:* De wateren, waarin het serpent van Midgard woonde, omringde de aarde, en de onderwereld was een plaats van mist. De Yggdrasil had zijn wortels in de onderwereld en daaruit ontsprong de fontein Hvergelmir, de bron van de rivieren. *Sumerisch-Semitisch:* Apsu, de oerwateren, bestond in het begin, met Tiamat als de zee en chaos. De serpenten, Lakhmu en Lakhamu, werden geboren uit de wateren. Ea-Oannes is heer van de diepten en 'god met de stromen', hij kan een kruik water bij zich hebben en er stroomt water uit zijn armen en handen. *Taoïstisch:* De kracht van zwakheid; de macht van aanpassing en volharding; de vloeibaarheid van het leven tegenover de rigiditeit van de dood. Water is de uitdrukking van de doctrine van *wu-wei* – meegevend op het punt van weerstand, omgeeft het dit en passeert het, uiteindelijk zelfs de hardste rots overwinnend.

Web Het web van leven, lot en tijd worden geweven door goddelijke machten. Het web van de spin is een kosmisch plan, met de straling van de ruimtelijke componenten vanuit het centrum; de radii zijn het essentiële, met de cirkels als het existentiële en analoge. De spin in het centrum van het web kan de zon, omringd door haar stralen die zich naar alle richtingen uitspreiden, representeren, maar hij is ook lunair als afbeelding van de cyclus van leven en dood van de gemanifesteerde wereld en het wiel van bestaan, met de dood in het centrum. Hij deelt de symboliek van het labyrint als de gevaarlijke reis van de ziel. In het hindoeïsme en boeddhisme is het het web van *maya;* in het christendom betekent het de valstrikken van de wereld, van de duivel en menselijke zwakheid, ook het venijn van hen die kwaaddoen.

Na de dood komt het oordeel; het **wegen** van de ziel. Een altaardoek uit Catalonië toont een ziel die verwelkomd wordt in de hemel ondanks pogingen van twee duivels om het oordeel van de weegschaal te vervalsen.

Wederopstanding Symbolen zijn: de feniks, leeuw, pauw, pelikaan, boom, het serpent, rozemarijn, mirte, doos.
Weefgetouw Lot; tijd; het weven van het lot. Attribuut van Penelope en Arachne. Zie ook Weven.
Weegbree *Christelijk:* 'Grote weegbree', het pad van Christus.
Weegschaal Gerechtigheid; onbevooroordeeldheid; oordeel; de verdiensten en fouten van de mens worden gewogen. Het evenwicht van alle tegendelen en aanvullingen; Nemesis; het *androgyne* (zie aldaar).
Weegschaal/Libra Zie Dierenriem.
Weerspiegeling De weerspiegeling in water, een stroom, of glas verbeeldt de tijdelijke wereld van de verschijnselen. Weerspiegeling kan ook waarheid symboliseren of (volgens Plato) 'een bewegend beeld van de eeuwigheid'.
Weg Zie Neerdalen; Passage; Pelgrimstocht.
Wegen Bij de dood worden de zielen gewogen, verdiensten en minpunten worden tegen elkaar afgewogen. In de Egyptische symboliek weegt Osiris het hart tegenover de veer van waarheid. Dezelfde symboliek van gewogen worden op de weegschaal vinden we in het hindoeïsme en het christendom; in de islam is de aartsengel Gabriël degene 'die de zielen weegt'.
Wel Het vrouwelijke principe; de baarmoeder van de grote moeder; de psyche. Daar hij contact heeft met de onderwereld bevat de wel vaak magisch water met genezende en wensenvervullende krachten. Een afgesloten wel wijst op maagdelijkheid. Een wel die wordt gevoed door een stroom is de vereniging van mannelijk en vrouwelijk. In de Keltische mythologie geven heilige wellen toegang tot de andere wereld, ze hebben magische eigenschappen en bevatten de genezende wateren. In de Hebreeuwse symboliek betekent een wel van fris water de thora. In het christendom representeert hij verlossing en zuivering. De wel, bron, of fontein aan de voet van de levensboom in het paradijs doet de levende wateren ontstaan en de vier rivieren van het paradijs.
Wenen Verdriet; rouw. Ritueel wenen vormde een deel van de ceremonies voor de stervende god. Tammuz was de heer van het wenen.
Werken De twaalf werken van Hercules vertegenwoordigen de gang van de zon door de twaalf tekens van de Dierenriem. Ze worden ook opgevat als de inspanning en strijd van de mens om tot zelfrealisatie te komen en als goddelijke krachten om de mensheid te helpen.
Wervelwind Circulair, solair en creatieve beweging; opstijgen en neerdalen. Wervelwinden werden beschouwd als een manifestatie van energie in de natuur, oprijzend uit het centrum van macht, verbonden met goden, bovennatuurlijke machten en entiteiten die reizen op wervelwinden, of met deze praten. De wervelwind is een voertuig voor de godheid geworden: 'De heer antwoordde Job vanuit een wervelwind' (38:1; 40:6) en in het visioen van Ezechiël. Een wervelwind kon voorafgaan aan de vruchtbaarheid brengende regen en was zo verbonden met godheden van regen, wind en donder. In China en Japan was hij een dondersymbool verbonden met de opstijgende draak. Het haar van de vedische Rudra, god van de donder en wervelwind, was gevlochten in een spiraal, en het haar van Pushan, de heer van alle bewegende dingen, is gevlochten in de vorm van een schelp. In Egypte is de wervelwind een aspect van Typhon; in de symboliek van indianen is hij de grote geest en zijn macht. In hekserij verbeeldt hij de duivel dansend met een heks, en heksen, tovenaars en kwade geesten rijden op wervelwinden. De wervelwind kan ook zielen naar het hiernamaals dragen. Hij neemt de symboliek aan van de spiraal (zie aldaar).
Westen Herfst; de ondergaande zon; middelbare leeftijd. De westerse windrichting wordt algemeen geassocieerd met sterven, 'naar het westen gaan'. *Indiaans:* De woonplaats van de donderaar. *Chinees:* Herfst, droogte; zorgen; het element metaal, de kleur wit en het dier de witte tijger. *Egyptisch:* Het gebied van de god met de havikskop, die het westen symboliseert. *Hebreeuws:* Afgebeeld door de gevleugelde mens.
Weven De oospronkelijke wever, de grote wever, is de schepper van het universum, aan het weefgetouw van het leven het lot van alles wevend. Alle godinnen van lot en tijd zijn spinsters en weefsters. De wever is de kosmische spin en de draad van de grote wever is de navelstreng die de mens vasthecht aan zijn schepper en zijn eigen lot en waardoor hij verweven is met het patroon en weefsel van de wereld.

De schering is het verticale niveau, die alle graden van bestaan verbindt; de kwalitatieve essentie van de dingen; het onbeweeglijke en onveranderlijke; de *forma;* het mannelijke, actieve en rechtstreekse; het licht van de zon. De inslag is het horizontale; natuur in tijd en ruimte; het kwantitatieve, oorzakelijke en tijdelijke; het variabele en onzekere; de menselijke staat; de *materia,* het vrouwelijke en passieve; het weerspiegelde licht van de maan. De inslag en de schering in verhouding tot elkaar vormen bij iedere draad een kruis, de kruising symboliseert de vereniging van de tegendelen, de mannelijke en vrouwelijke principes verenigd. Afwisselende kleuren verbeelden de dualistische maar complementaire krachten van het universum. Nacht en Dag zijn twee zusters die het web van de tijd weven, het ruimte-tijdweefsel van de kosmologische schepping. *Boeddhistisch:* Weven is het weefsel van *samsara,* van illusie, van *maya,* van het geconditioneerde, onzekere, steeds veranderende bestaan. *Chinees:* De veranderingen van yin en yang. 'De heen-en-weer-beweging van de spoel op het kosmische weefgetouw' (Chang-hung yang). *Christelijk:* De schering is de fundamentele doctrine van de geschriften, de inslag de commentaren op de doctrine. *Egyptisch:* Neith, als wever van de wereld, heeft de spin als een attribuut. *Grieks-Romeins:* Athene/Minerva is een weefster van de wereld, net als Harmonia. De schikgodinnen, de Moirai, weven het web van het lot. *Hindoeïstisch:* Brahma, het hoogste principe, is 'dat waarop de werelden worden geweven als schering en inslag' (Upanishads). Weven is ook de adem van het leven, en alles in de kosmos is met elkaar verbonden door een onzichtbaar web. *Scandinavisch en Teutoons:* Holda en de Nornen zijn de wevers van het lot. Walkuren weven het web van overwinning met de schering van darmen, gekweekt op speren, waarin ze de rode inslag weven met pijlen. *Sumerisch-Semitisch:* Isthar en Atargatis zijn geweven van de stof van de wereld en het lot, en snijden de draad van het leven door. Zie ook Spin; Web.

Wieg De kosmische bark; het schip van het leven slingerend op de oeroceaan; nieuw leven; een fris begin. De wieg is van hout gemaakt (zie aldaar) dat bescherming geeft tijdens de geboorte, in het leven en bij de dood.

Wiel Solaire macht, de zon wentelend in de hemelen; de zon is het centrum, met de spaken van het wiel als zijn stralen. Het wiel is een attribuut van alle zonnegoden en hun aardse gedelegeerden als zonnekoningen; het symboliseert universele heerschappij; de cyclus van het leven; wedergeboorte en vernieuwing; adeldom; beweeglijkheid en verandering in de gemanifesteerde wereld; het kan ook de wereld van manifestatie representeren, die wordt afgebeeld door de cirkelomtrek als de begrenzing van manifestatie, met het centrum, het stille punt, de 'onbewogen beweger' als het kosmische centrum dat de straling en macht produceert.

Het wiel is ook tijd, het lot, of *karma,* 'het wiel van het lot dat rusteloos en onophoudelijk doorwentelt'. De omtrek, verdeeld door de radii, verbeeldt perioden in cyclische manifestatie. De wenteling van het levenswiel, of de kringloop van het leven, is cyclische rotatie, verandering, wor-

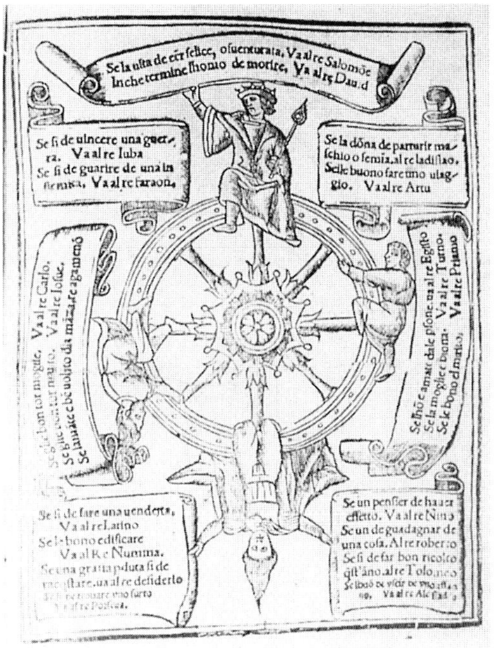

Het **wiel** van fortuin in een Italiaans boek uit de zestiende eeuw dat de toekomst voorspelt, licht de eeuwige cirkel toe van geluk en ongeluk, voorspoed en armoede, stabiliteit en verandering.

ding, dynamiek. Het wiel is verbonden met de lotus als de solaire matrix en speciaal met de hindoeïstische *chakra's*. Het wagenwiel verwijst naar autoriteit en soevereiniteit. Het gevleugelde wiel betekent enorme snelheid. De ceremonie van het wiel-rollen symboliseert de zon bewegend langs de hemel en wordt ook beschouwd als een rituele aanmoediging van de zon bij de winterzonnewende. *Boeddhistisch:* De kosmos, het wiel van de wet en van de waarheid; de kringloop van het bestaan; de symmetrie en volledigheid van dharma; de dymamiek van vreedzame verandering; tijd; lot; soevereiniteit. Het wiel van de wet en de leer verbrijzelt illusies; de spaken zijn de spirituele vermogens verenigd in het centrum, ook de stralen van licht uitgaande van de Boeddha, 'hij die het wiel van het woord en de wet draait' dat begon te wentelen bij zijn onderricht in Sarnath. Het wiel kan een aniconische representatie zijn van Boeddha. Het gouden wiel is spirituele kracht. Het is een van de zeven kostbaarheden van de universele heerser en verschijnt als zodanig op de voetafdruk van Boeddha. *Chinees:* Als in boeddhisme en taoïsme. *Christelijk:* Embleem van de heilige Catharina, Erasmus, Euphemia, Quintin. *Egyptisch:* De mens is gevormd op het wiel van de pottenbakker van Khnemu, het intellect. *Grieks-Romeins:* Het wiel met zes spaken is een attribuut van Zeus/Jupiter als god van het firmament. Het solaire wiel verbeeldt de zonnewagen van Helios/Apollo en het wiel is ook een embleem van Dionysos. Het wiel van het leven is, volgens Proclus, de cyclus van wording, het wiel van Ixion. Het wiel symboliseert ook het lot. *Hindoeïstisch:* Eindeloze, perfecte voltooiing; een attribuut van Varuna, en later, van Vishnu. Het wiel, gestileerd als de lotus (zie aldaar) verbeeldt de chakra's (zie aldaar). Er is ook het 'wiel van de tekens', de Dierenriem, dat de rondwenteling van het jaar, tijd en leven representeert, alle afhankelijk van de zon. *Jains:* Het eeuwig wentelende wiel van de tijd. *Cultus van Mithras:* De zon rondwentelend aan de hemelen. *Sumerisch-Semitisch:* Het wiel van het leven en het wiel van de zon zijn attributen van de zonnegoden Assur, Shamash, Baäl en alle oorlogsgoden. *Taoïstisch:* De wereld van de verschijnselen. Het wiel vertegenwoordigt ook de wijze, hij die het onbeweeglijke centrum heeft bereikt en die het wiel kan bewegen zonder zelf bewogen te worden, d.w.z. *wu-wei*, 'niet-handelen'.

Wielewaal *Indiaans:* Harmonie; evenwicht; hij is het tegendeel van de specht.

Wierook Eerbetuiging aan de godheid; zuivering; suggereert het 'subtiele lichaam' als oprijzend en een spirituele substantie; de 'geur die vergoddelijkt'; een middel om het 'dubbele' te passeren tijdens de communicatie tussen de mens en goden; een middel om de ziel naar de hemel te voeren; gebed dat oprijst naar de hemel; de geur van deugd en het aroma van een zuiver leven. Wierook is ook bezwerend, jaagt demonen op de vlucht en drijft kwade geesten uit. Als de hars onttrokken aan bomen en beschouwd als een zielesubstantie, is hij de 'tranen van de grote moeder'. Pijnboom en ceder waaruit de hars wordt verworven hebben grote vitaliteit en men ging ervan uit dat ze beschermden tegen corruptie, en deze eigenschappen worden gedeeld door hun zielesubstantie. Wierook werd ook beschouwd als een symbool van, en vervanging voor, een brandoffer.

Wierookvat Het offeren van gebed aan de godheid. *Christelijk:* Gebed opgaand tot God (Ps. 141:002). Embleem van de heiligen Laurentius, Maurus, Stefanus. Zie ook: Wierook.

Wigwam/Indianenhut*:* *Indiaans:* In de zweethut van zuivering en wedergeboorte is de hele hut het lichaam van de 'grote geest'; de ronde vorm is de wereld in totaliteit; de stoom is het zichtbare beeld van de grote geest, die een zuiverende en spirituele transformatie teweegbrengt. Uit de donkere hut komen wil zeggen alle onzuiverheden en fouten achter zich laten. De wigwam voor de zonnedans is ook een heilig centrum; de centrale paal is de wereldas, die hemel en aarde verbindt, communicatie tussen deze twee mogelijk maakt en voert naar de zon, het symbool van de grote geest. De opening bovenin een hut of tipi geeft ook toegang tot de hemelen en spirituele kracht.

Wilg Een betoverde boom, gewijd aan de maangodin. De klagende wilg verbeeldt rouw, ongelukkige liefde, en begrafenissen. *Boeddhistisch:* Volgzaamheid. *Keltisch:* Geassocieerd met Esus, die wordt afgebeeld terwijl hij een wilg omhakt. *Chinees:* Lente; vrouwelijkheid; volgzaamheid; gratie en charme; artistieke bekwaamheid; scheidend. De wilg is een attribuut van Kwan-yin, die de wateren van het leven rondsprenkelt met een wilgentak. Een yin, lunaire boom. *Christelijk:* Meegedragen als vervanging van de palmtak op palmzondag. *Grieks-Romeins:* Gewijd aan Europa; embleem van Artemis. *Hebreeuws:* Rouw – wenen bij de wilgen van Babylon in ballingschap. Er is een dag van de wilgen bij het loofhuttenfeest. *Japans:* Geduld; volharding. Hij is speciaal gewijd aan Ainu omdat de ruggengraat van de eerste mens gemaakt was van de wilg. *Sumerisch-Semitisch:* Een embleem van Tammuz; overwinning; verheugenis; geluk. De wilg is de kosmische boom van Accadië en was gewijd aan de

Accadische Zeus. De wilgentwijg is een embleem van Artemis en de geboorte van een kind. *Taoïstisch:* Kracht in zwakheid; in tegenstelling tot de pijnboom of eik, die zich tegen de storm verzet en erdoor wordt gebroken, buigt de wilg, geeft mee, springt terug en overleeft.

Wind De geest; de vitale adem van het universum; de kracht van de geest het leven te ondersteunen en bij elkaar te houden, vandaar de symbolische band van de wind met koorden, touwen, draden enz. 'Het koord van de wind... De draad is hetzelfde als de wind' (Upanishads). De wind is ook onvatbaar; kortstondig; niet-substantieel; vluchtig. Winden zijn boodschappers van de goden en kunnen op de aanwezigheid van een godheid wijzen, speciaal de wervelwind (zie aldaar). Wind en vuur samen representeren berg- en vulkanische goden. In China is *feng shui,* 'wind en water', de kunst gunstige aspecten te vinden. De vier winden, geassocieerd met Aeon, worden gewoonlijk afgebeeld als kinderen, of met kinderhoofden, verschijnend uit de wolken, of als baardeloze blazende mannen of op een hoorn blazend. Soms wordt de wind gesymboliseerd door vleugels of door de waaier. Aeolus is de god van de winden en alle instrumenten die geluid produceren door wind.

Winde Hechten; nederigheid; onzekerheid; insinuatie. *Chinees:* Liefde en huwelijk; afhankelijkheid; dageraad; vergankelijkheid.

Windmolen Neemt de symboliek van wind en lucht over (zie Wind); representeert ook oogsten en vruchtbaarheid. Met de weegschaal kan hij in de christelijke iconografie een symbool zijn van zelfbeheersing.

Winterkoninkje 'De kleine koning', in het Westen wordt het vaak de koning van de vogels genoemd; het kan de plaats innemen van de duif als vertegenwoordiger van de geest, maar het kan ook een heks verbeelden, in dat geval wordt het kwaadaardig. Het winterkoninkje is gewijd aan de Griekse Triptolemos en de Keltische Taliesen. In Schotland is het het hoen van de vrouwe van de hemel. Het doden van een winterkoninkje bracht ernstig ongeluk, maar in Engeland en Frankrijk werd er in de kersttijd op gejaagd, het werd gedood, aan een paal gehangen, meegevoerd in een processie en tenslotte begraven op een kerkhof als geassocieerd met de dood van het oude jaar.

Wit Zie Kleuren.

Woede Wordt gesymboliseerd door een vlammende toorts; een wild zwijn; uithalen met een speer, donder of bliksem; gescheurde kleren.

Woestijn Eenzaamheid; verlatenheid; maar ook een plaats voor contemplatie, rust en goddelijke

Op deze fles uit Korea (11^{e}-13^{e} eeuw) representeert de **wilg** de vrouwelijke deugd van geduld bij tegenslag. Het is ook de boom van Kwan-yin, de godin van barmhartigheid.

De twee **wolven** op een beurs afkomstig van een zevende-eeuws scheepsgraf bij Sutton Hoo zijn beschermende dieren van zegevierende magie.

openbaring.

Wolf De aarde; kwaad; de verslinder; trots. Wolven en raven zijn vaak boezemvrienden van primitieve goden van de dood. *Alchemistisch:* De wolf, met de hond, is de dualistische natuur van Mercurius, het filosofische kwikzilver, de *nous*. *Azteken:* De jankende wolf is de god van de dans. *Keltisch:* Een wolf verslindt 's nachts de zon, de god van het firmanent. *Chinees:* Roofzuchtigheid; begerigheid. *Christelijk:* Kwaad; de duivel, de rover van vee; stijfkoppige mensen (men dacht dat de wolf zijn nek niet kon draaien); wreedheid; sluwheid; ketterij. Embleem van de heilige Franciscus van Assisi die de wolf Gubbio temde. *Egyptisch:* Attribuut van Khenti Amenti en Upuaut. *Grieks-Romeins:* Gewijd aan Ares/Mars als woestheid; ook gewijd aan Apollo en Silvanus. Een wolf voedde Romulus en Remus en hij wordt vaak afgebeeld in de Romeinse kunst; hij staat ook voor heldenmoed. *Hebreeuws:* Bloeddorstigheid; wreedheid; de doordringende geest. *Hindoeïstisch:* De Asvins redden de kwartel van de dag van de wolf van de nacht. *Scandinavisch en Teutoons:* hij brengt de overwinning; Odin/Wodan berijden hem. Fenris, de kosmische wolf, bracht onheil. *Toverkracht:* Een rijdier voor heksen en tovenaars; een gedaante van de weerwolf.

Wolken Het firmament, lucht, vluchtigheid, regen of een goddelijke conditie, bijv. als er een engel of persoon wordt afgebeeld staande op een wolk of als er een goddelijke hand uit een wolk verschijnt. Een wolk van licht verbeeldt een godsverschijning. Leven 'onder een wolk' is ongenade. *Indiaans:* Vruchtbaarheid. *Chinees:* Vruchtbaarheid; de draak van de wolken; de zegen van de regen; goede werken; zichtbare adem; de levenskracht. Wolken die de terugkerende regen loslaten staan ook voor mededogen omdat ze alle levende dingen bedekken en beschermen. *Christelijk:* De ongeziene God, het firmament versluierend; wolken versluieren ook God, zoals op de berg Sinaï en de zuil van wolken. Een hand, of handen, verschijnend uit een wolk, is goddelijke almacht. *Grieks:* Wolken zijn de kudden van Apollo. *Scandinavisch:* De rossen van de Walkuren zijn wolken.

Woord Het woord, of de logos, is het heilige geluid, het eerste element in het proces van manifestatie. Spraak heeft creatieve kracht; de Midden-Amerikaanse Quetzalcoatl en Hurakan schiepen het woord door het uitspreken van het woord 'aarde'. Een verlosser is altijd de belichaming van het woord. In het hindoeïsme en boeddhisme is het woord als dharma onnoembaar/geheiligd. (Zie ook OM).

Worm Dood; ontbinding; de aarde. Het serpent wordt soms de grote worm genoemd.

Woud Het gebied van de psyche en het vrouwelijke principe. Een plaats van beproeving en initiatie, van onbekende gevaren en duisternis. Het binnengaan in het duistere woud of het betoverde woud is een drempelsymbool; de ziel die de gevaren van het onbekende binnengaat; het gebied van de dood; de geheimen van de natuur, of de spirituele wereld, waarin de mens moet doordringen om de betekenis te doorgronden. Het kan ook voor gebrek aan spiritueel inzicht en licht staan, de mensheid verloren in de duisternis zonder goddelijke leiding. Terugtrekking in het woud is de symbolische dood vóór de wedergeboorte door initiatie. *Australische aboriginals:* Het hiernamaals; het gebied van de schaduwen; de plaats van initiatie. *Druïdisch:* De zon en het woud zijn gehuwd als mannelijk en vrouwelijk, licht en duisternis. *Hindoeïstisch:* De 'woudbewoner' is iemand die de actieve wereld heeft verlaten voor een leven van contemplatie, die 'gestorven' is voor deze wereld. *Sjamanistisch:* De woonplaats van de geesten.

Wijn De vloeistof van het leven; openbaring; waarheid, *in vino veritas*; vitaliteit; maar ook het bloed van de dood bij een offer. Wijn en bloed zijn verwisselbare symbolen, behalve in de leer van Zaratusthra. Wijn kan ook worden omgezet in vuur. Wijn, tijdens de sacramenten, is wijsheid gedronken uit de kom die geofferd wordt aan de godheid, of uit de graal, ook kan de wijn het bloed worden van de godheid, spirituele of vitale kracht gevend aan degene die wordt geïnitieerd, of dienend als een herdenking van een offer van de godheid. Koren en wijn samen zijn beide solair en goddelijke natuur; ze betekenen ook warmte en jeugd. Wijn en water zijn solair en lunair, vuur en water, de twee grote krachten van het universum; ze vertegenwoordigen ook de vermenging van de goddelijke en menselijke natuur, of goddelijkheid onzichtbaar vermengd met mensheid. Wijn en brood zijn het evenwichtige product van het werk en de bekwaamheden van de mens in de landbouw; ook zijn de mannelijke wijn en het vrouwelijke brood, het vloeibare en solide verbonden, godheid en mens verenigd; de wijn is de goddelijke extase en het brood de zichtbare manifestatie van de geest die sterft en weer verrijst. Op de grond gegoten wijn is een offer aan chtonische krachten, of tijdens begrafenisriten aan de doden. Bij huwelijken wordt wijn vaak ritueel gedronken als symbool van vruchtbaarheid. In de klassieke mythologie wordt wijn hoofdzakelijk verbonden met Dionysos/Bacchus. De macht ervan tot vervoering werd beschouwd als de manifestatie van bezetenheid door god. In het christendom symboliseren de wijn en het brood van het sacrament de dualistische natuur van Christus, ze zijn ook een herdenking van zijn offer. In de islam is wijn de drank voor de uitverkorenen in het paradijs, in tegenstelling tot water voor de gelovigen.

Wijnruit Het kruid van de zon; het kruid van genade; zuiverheid; maagdelijkheid; bezwerend. In de Hebreeuwse symboliek is het berouw en wordt het ook als een bezwerend kruid gebruikt bij ceremonies. In later tijd werd het in Europa droefheid als een homoniem van verdriet. Het is ook vruchtafdrijvend.

Wijnstok/wijngaard Vruchtbaarheid; leven; de levensboom en in sommige tradities de boom der kennis, in andere gewijd aan stervende goden. De vruchtdragende wijnstok representeert vruchtbaarheid; hartstocht; de wilde wijnstok is valsheid en onbetrouwbaarheid. *Boeddhistisch:* De verstrengelde wijnstok van hebzucht en verlangen moet aan de wortel worden afgesneden. *Christelijk:* Christus is de ware wijnstok en de discipelen zijn de takken (Joh. 15); hij verbeeldt ook de kerk en de gelovigen. Afgebeeld als de levensboom, met duiven rustend in zijn takken, symboliseert hij zielen rustend in Christus en spirituele vruchtbaarheid. De wijnstok en koren betekenen de eucharistie. *Egyptisch:* Gewijd aan Osiris. *Grieks-Romeins:* Bij uitstek het boomsymbool van Dionysos/Bacchus; ook gewijd aan Apollo. *Hebreeuws:* De wijnstok representeert de Israëlieten als uitverkoren volk; met de vijgenboom verbeeldt hij vrede en overvloed. *Sumerisch-Semitisch:* Gewijd aan Tammuz en Baäl; attribuut van Geshtinanna, godin van de wijnstok.

X Een symbool van inversie. 'Iedere ware analogie moet omgekeerd toegepast worden.' Als het Romeinse cijfer tien (X) neemt het de perfectie en voltooiing van dat cijfer aan, en als de crux decussata, of het schuinkruis, Andreaskruis, is het op zichzelf een figuur van voltooiing en evenwicht. De Romeinen gebruikten het als grenskruis, daarom kan het ook een barrière betekenen. In het christendom is het het kruis van de heilige Andreas. Het deelt de hele symboliek van het kruis (zie aldaar).

De **wolken** in het lak van deze Chinese doos uit de dertiende eeuw vertegenwoordigen de zorg en bescherming bestemd voor de schatten in de doos, waarvan de acht zijden een omen en symbool zijn voor geluk.

De zeereis van Dionysos op een Griekse vaas uit de zesde eeuw v.Chr., met de **wijnstok** van de god als hoofdmast van het schip.

IJs Starheid; frigiditeit; broosheid; onbestendigheid. IJs staat voor het weinig verfijnde water van de aarde met daartegenover de 'frisse en leven schenkende wateren van de fontein van het paradijs'. Het verwijst ook naar een ongevoelig hart; koelheid en afwezigheid van liefde. Smeltend ijs is het verzachten van de ongevoeligheid van het hart.
IJsvogel *Chinees:* Gouden dagen; kalm; schoonheid; waardigheid; snelheid; fijne vrouwelijke kleding; terugtrekkende natuur.
IJzer Hardheid; duurzaamheid; kracht; flinkheid; onbuigbaarheid; boeien. *Chinees:* Kwade macht. *Egyptisch:* Kwaad; een attribuut van Seth en de 'beenderen van Typhon'. *Grieks-Romeins:* Gesymboliseerd door het schild en de speer van Ares/Mars. *Hindoeïstisch: Kali-yuga,* het tijdperk van ijzer en duisternis, is het vierde en laatste tijdperk van de cycli van manifestatie, het huidige tijdperk. *Islamitisch:* De kracht van het kwaad. *Mexicaans:* Het mannelijke principe. *Minoïsch:* Het mannelijke principe en geassocieerd met schelpen als het vrouwelijke principe bij begrafenisriten. *Teutoons:* Slavernij.

Y Als de vork, of furka, kruis, verbeeldt de Y de gedaante van de mens; volgens Pythagoras was hij het embleem van menselijk leven, de voet als de onschuld van het kind en de scheidende armen als de keuze van de wegen van goed en kwaad tijdens het leven als volwassene; ze zijn ook het linker en rechter pad, deugd en ondeugd, de scheidende wegen en wegkruisingen, gecontroleerd door goden zoals Janus en Ganesha. In de alchemie vertegenwoordigt hij de rebis, het androgyne. In het christendom zien we hem op gewaden als kruis, en hij is ook bekend als het kruis van de twee dieven op de Calvarieberg.
Yggdrasil De Scandinavische kosmische boom, de machtige es, de altijd groene, de fontein van leven, eeuwig leven en onsterfelijkheid. De goden hielden hun beraadslagingen onder zijn takken. Zijn wortels bevonden zich in de diepte van de onderwereld, zijn stam ging verticaal door de golven, de aarde en de wereld van de mensen, zo de drie gebieden verenigend, de takken waren de hemelen en overschaduwden Walhalla. De fontein Hvergelmir, de bron van alle rivieren, de aardse tijd-stroom rees uit hem op. De wortels werden voortdurend aangevallen door Nidhogg, die de kwaadwillende krachten van het universum representeert. Het paard van Odin deed zich te goed aan zijn bladeren, en in de takken waren de arend en het serpent, als licht en donker, voortdurend met elkaar in gevecht. De eekhoorn, een onruststoker, veroorzaakte steeds twist tussen de twee machten. De vier hertenbokken in de takken, als de vier windrichtingen, voedden zich ook met de bladeren, die altijd werden vernieuwd en het gebladerte was altijd groen. De solaire haan, als waakzaamheid, werd soms op zijn takken afgebeeld. Odin offerde zichzelf en hing gedurende negen nachten aan de Yggdrasil: een verjongend offersymbool.
Yin-yang Yin, voorgesteld door de gebroken lijn - -, is het vrouwelijke principe en yang, de ongebroken lijn —, is het mannelijke, samen symboliseren zij alle complementaire tegendelen in het dualistische universum, in machten, eigenschappen, het leven van mens, dier en plant. Yin moet altijd voor yang komen omdat de oorsponkelijke duisternis erdoor wordt gesymboliseerd, voor yang van de schepping.

Yin staat ook voor de oerwateren, de passieve, vrouwelijke, instinctieve en intuïtieve natuur, de ziel, diepte, contractie, het negatieve, het zachte, plooibare; yin wordt gesymboliseerd door alles wat donker is en hoort tot het vochtige principe, zoals de kleur zwart, de aarde, de vallei, bomen, nachtdieren en schepsels die leven in het water of op vochtige plaatsen en door de meeste bloemen.

Yang is het actieve principe, de geest, rationaliteit, hoogte, uitbreiding, het positieve, het harde en niet-meegevende, en wordt verbeeld door alles wat licht, droog en hoog is, zoals de berg, de hemelen, alle solaire vogels en andere dieren. De legendarische dieren draak, feniks en *ky-lin* zijn allemaal in staat zowel yin- als yang-eigenschappen te belichamen en staan voor het perfecte samenspel van de twee krachten of 'essenties' in eenheid; dit geldt ook voor de lotus tussen de bloemen.

Het yin-yangsymbool, de *ta ki,* verbeeldt het perfecte evenwicht van de twee belangrijke krachten in het universum; elk draagt het embryo van de andere kracht binnen in zich, en dat houdt in dat er geen exclusieve mannelijke of vrouwelijke natuur is, maar dat elk het zaad van de ander bevat en er een altijddurende wisseling is. De twee krachten zitten vervat in de cirkel van cyclische omwenteling en dynamiek, van de totaliteit. Het geheel vormt het kosmische ei, het oorspronkelijke androgyne, het perfecte evenwicht en de harmonie, de zuivere essentie die geen van beide is maar beide. De twee krachten worden tezamen gehouden als wederzijds afhankelijke partners; één in essentie, maar twee in manifestatie.

Yoert Net als de tipi van de indianen, of welke andere nomadische tent ook, is de Mongoolse yoert een symbool van de kosmos in miniatuur. De vloer is de basis, met de centrale, vierkante heilige haard, zo gerangschikt om de aarde en de elementen te representeren. De zijkanten en het koepelvormige dak verbeelden het firmament en het centrale rookgat in de koepel is de zonnedeur en de poort tot de hemel, gesymboliseerd door de vier, of acht, gekruiste ondersteuningen in het houten frame binnen het gat.

Yoni Wordt gesymboliseerd door U, en is het vrouwelijke, ontvangende, passieve principe, met de linga als het mannelijke en actieve. Yoni wordt gesymboliseerd door alles wat hol is, ontvangend of concaaf.

Yule Afgeleid van het Gallische 'gule', een wiel; yule representeert het wiel van de zon bij de winterzonnewende, de dood van het oude jaar en de geboorte van het nieuwe. Net als de Saturnalia is het de terugkeer van de chaos en de oerduisternis voor het nieuwe jaar kan worden geschapen en geboren. De doden keren terug tijdens de twaalf nachten van chaos, aangezien de barrières tussen de werelden neergelaten zijn. Elk van de twaalf dagen voorspelt het weer voor de ermee overeenkomende twaalf maanden van het komende jaar. Het is ook het feest van de stervende god, die op 25 december werd geboren, en die, als Tammuz, Attis en Dionysos, wordt gesymboliseerd door het aniconische blok hout, dat ritueel wordt verbrand aan het einde van het oude jaar, dat betekent de dood van de winter en de wedergeboorte van de kracht van de zon; het vuur verdrijft de dood en door zijn creatieve kracht ontsteekt het de solaire kracht weer; het verbrandt het oude leven van iedere persoon en schept het nieuwe, zo een nieuwe start gevend voor het nieuwe jaar; de as wordt uitgestrooid op de grond waaruit het nieuwe leven en de lente zullen voortkomen. Het yule blok hout is afkomstig van de eik, de kosmische boom van de druïden. In andere rituelen van de stervende god is het van de pijnboom van Attis, Dionysos en Wodan. De klimop die zich om het blok windt is de kroon van Dionysos en de 'plant van Osiris'. Lichtjes en glinsterende ballen aan de boom zijn de zon, maan en sterren in de takken van de kosmische boom, ook kunnen de lichtjes zielen voorstellen tijdens het feest van de doden. De boom van Attis en Dionysos werd volgehangen met geschenken als offers aan de goden, maar de dennenboom van Wodan gaf geschenken aan

De **wijnstok** als symbool van de christelijke eucharistie, gebeeldhouwd in het kapiteel van de Spaanse kerk van San Pedro de la Nave.

Yggdrasil, de levensboom, groeit uit de onderwereld, door de wereld van de mens, in het gebied van de goden, deze drie met elkaar verbindend.

hen die de heilige boom vereerden.

Vijfentwintig december, de winterzonnewende, met de wedergeboorte van de zon, is altijd een belangrijke festiviteit geweest in de verering van de zon. Het was de *dies natalis solis invicti* (geboortedag van de onoverwinnelijke zon) in de cultus van Mithras, als de krachten van het licht triomfeerden over de duisternis. In Egypte werd de zonnegod dan herboren als Horus uit Isis; in Alexandrië was het ook de geboortedag van Osiris. In Babylon schonk de constellatie Virgo, teken van de maagdelijke moedergodin, het leven aan de zon. In de Scandinavische mythe verscheen Baldur op de avond van 25 december. Tijdens de christelijke viering van de nachtmis, gecentreerd rond de kribbe, worden kaarsen ontstoken voor Maria, de 'draagster van licht'. De oude rituele aankondiging, 'de maagd is bevallen, het licht neemt toe' is gedurende vele eeuwen op veel plaatsen gehoord.

Z Zie Zig-zag.

Zaad Potentialiteit; latente kracht; *semen virile;* het mannelijke principe. Een symbool van het centrum, van waaruit de kosmische boom groeit. In het hindoeïsme is het zaad het goddelijke principe, atman, in het centrum van het begin, het hart. Het zaad in het centrum van de hindoetempel symboliseert het leven en bewustzijn zelf.

Zaag De gouden zaag is de zon die de duisternis splijt; een embleem van de zonnegod Shamash. In het christendom is de zaag een embleem van de heiligen Euphemia en Simon Zelotes en, met de schaaf en de bijl, van Jozef; hij is ook een embleem van Jesaja.

Zaaien De creatieve daad; zaad planten in moeder aarde.

Zak Geheimzinnig; bevattend; verbergend; de winden; Aeolus heeft een zak met winden. De zak van de Keltische zeegod Manannan bevatte alle schatten van de wereld.

Zalm Fallisch; vruchtbaarheid. In de Keltische symboliek staat hij voor wijsheid; de voorkennis van de goden, kennis van de andere wereld. In combinatie met Keltische heilige bronnen, kan hij de plaats innemen van het serpent als wijsheid en contact met machten van de onderwereld.

Zalving Consecratie; dat wat geheiligd wordt of apart wordt geplaatst; voorspoed; vreugde; een infusie van goddelijke zegen.

Zand Instabiliteit; tijdelijkheid. In de islam betekent zand zuiverheid omdat het wordt gebruikt voor rituele reiniging als er geen water beschikbaar is.

Zandloper Tijd; vergankelijkheid; het snelle voorbijgaan van het leven; tijd tekortkomen; dood. De twee delen geven ook de cyclische terugkeer van leven en dood weer; de hemel en de aarde; het zand dat naar beneden loopt is de aantrekkingskracht van de lagere natuur, de wereld. De zandloper is een attribuut van de man met de zeis, de dood, vadertje tijd, die, als skelet, hem samen met de sikkel in de hand heeft. In christelijke kunst wordt de figuur van de tijd soms afgebeeld met een zandloper. De zandloper is ook een symbool van inversie.

Zee Zie Oceaan.

Zee-egel Keltisch*:* Het 'ei van een serpent', latente kracht; het zaad; het leven.

Zeef Regenwolken en vruchtbaarheid; ook de handeling van zuivering of zeven van de rommel, vandaar zelfkennis; kritiek; geweten; selectie; keuze. In het christendom vertegenwoordigt hij het scheiden van de ongelovigen van de gelovigen, de doop door wind. Hij is een attribuut van de gedaante van de voorzichtigheid en heeft ook de macht om te aanvaarden of te verwerpen door het geweten. In het hindoeïsme is het firmament een zeef waardoor het somasap gedreven wordt en dan valt als vruchtbaarheidbrengende regen; hij is ook de op eigen oordeel berustende gulheid van de goden. In de Orfische mysteriën was de zeef een zuiveraar en werd hij symbolisch gebruikt als wieg. In de Egyptische symboliek stond hij voor een keuze van gebruikte krachten. De zeef is een voertuig voor heksen.

Zeemeermin Zie Legendarische dieren.

Zeeschildpad/zoetwaterschildpad Lang leven; traagheid; wellust. Fallisch. *Indiaans:* De lafaard, opschepper, sensualist, het aardse, winter, het obscene of slechts menselijke. Zijn plaats kan worden ingenomen door de bloedzuiger. *Chinees:* Attribuut van de god van onderzoek. *Egyptisch:* Droogte; een vijand van de zonnegod. *Maori's:* De 'bewerker van het land'; landbouw; succes bij de oogst. Voor torteIduif zie Duif; zie ook Schildpad.

Zeester *Europees:* Stella Maris. Goddelijke liefde; de onblusbare kracht van liefde. In het christendom is hij een symbool van de heilige geest; religie; liefdadigheid; en de maagd Maria als Stella Maris.

Zegel Autoriteit; macht; bezit; individualiteit; geheim; waakzaamheid; conclusie.

Zegel van Salomo Zie Driehoek.

Zeilen De geest als adem of wind; de lucht; de winden. Als een attribuut van het fortuin betekenen ze wisselvalligheid. In de middeleeuwse christelijke iconografie kunnen zeilen de heilige geest verbeelden. Ze staan ook voor vruchtbaarheid, zwangerschap; toenemende macht, maar aan de andere kant zijn ze gerelateerd aan de lijkwade (zie aldaar) en delen ze een deel van de symboliek daarvan.

Zeis/sikkel Dood; het afsnijden van het leven; een attribuut van Kronos/Saturnus, we zien hem op afbeeldingen van de Maaier en de Dood. De zeis symboliseert ook de oogst, die, op zijn beurt, dood en wedergeboorte inhoudt, de vernietigende en scheppende krachten van de grote moeder. De vorm van de zeis is een vereniging van het mannelijke, rechtop en snijdend, met het vrouwelijke als gebogen en oogstend.

Zelfbeheersing In de christelijke kunst voorgesteld als een vrouw met een zwaard, of twee vazen, met Scipio Africanus aan haar voeten; andere attributen zijn een klok of zandloper, bit en hoofdstel, wijn vermengd met water, een windmolen.

Zenit De piek; het hoogste; gesymboliseerd door alle pieken, bijv. bergen, piramiden, spitsen, stoepa's, zuilen en de centrale opening naar het firmament in tempels, heilige hutten, tipi's enz.

Zeug Zie Zwijn.

Ziel Gewoonlijk afgebeeld als een opvliegende vogel. In de christelijke kunst wordt zij vaak weergegeven als een klein kind verschijnend uit de mond, om nieuw leven aan te geven. In Egypte is zij een vogel, vaak met hoofd en handen van een mens. In Griekenland, en elders, verlaat de ziel het lichaam in de gedaante van een serpent.

Ziggoerat De Sumerische tempel werd gebouwd om de heilige berg te symboliseren, de woonplaats van de godheid; hij was een kosmische axis, een verticale verbinding tussen hemel en aarde en de aarde en de onderwereld en een horizontale verbinding tussen landen. Hij was gebouwd op zeven niveaus en representeerde de zeven hemelen en niveaus van bestaan, de zeven planeten en zeven stadia met de zeven metalen en zeven kleuren: 1. zwart, als Saturnus, lood; 2. rood-bruin, Jupiter, tin; 3. roze-rood, Mars, ijzer; 4. goud, de zon, goud; 5. wit-goud, Venus, koper; 6. donkerblauw, Mercurius, kwikzilver; 7. zilver, de maan, zilver.

Zig-zag Symboliseert de bliksem, vuur van de bliksem en vruchtbaarheid en is een attribuut van alle stormgoden. De Babylonische Adad heeft een zig-zag of bundel van drie vlammen in zijn hand. De zig-zag deelt de symboliek van de drietand en de donderbijl.

Zilver De maan; maagdelijkheid; het vrouwelijke aspect met goud als het mannelijke; de koningin

Deze afbeelding van **yin-yang**, hoogste en onzichtbaar symbool van integriteit en het creatief complement van tegendelen in het hele universum, versiert een Chinees inkttablet uit de zeventiende eeuw.

De **ziel** van de heilige Stephanus, de eerste christelijke martelaar, wordt, als zij zijn mond verlaat, door engelen naar de hemel gedragen. Dit beeldhouwwerk van zijn dood door steniging bevindt zich op de façade van de kerk van St. Trophime in Arles.

met de koning als goud. *Alchemistisch:* De maagdelijke staat van de *prima materia;* Luna; 'gezuiverde affecties'. *Chinees:* Zuiverheid; schittering; lunair yin. *Christelijk:* zuiverheid; welsprekendheid.

Zon De hoogste kosmische macht; de alziende godheid en zijn macht; godsverschijning; beweginglooos zijn; het hart van de kosmos; het centrum van zijn en intuïtieve kennis; 'de intelligentie van de wereld' (Macrobius); verlichting; het oog van de wereld en het oog van de dag; het onoverwinnelijke; glorie; pracht; gerechtigheid; koningschap. 'Hij is het zichtbare beeld van goddelijke goedheid.... Het transcendente archetype van licht' (Dionysius). 'Er is geen enkel zichtbaar ding in de hele wereld, dat het meer waardig is een symbool te zijn van god dan de zon, die verlicht met zichtbaar leven, allereerst zichzelf en dan alle hemelse en wereldse lichamen' (Dante). Er bestaat een traditioneel onderscheid tussen de zichtbare en onzichtbare, uitwendige en inwendige zonnen.

In de meeste tradities is de zon de universele vader, met de maan als de moeder. Belangrijke uitzondering hierop vormt de indiaanse, Japanse, Teutoonse, Oceanische symboliek en die van de Maori's, waar de maan de mannelijke en de zon de vrouwelijke kracht is. De zon en de regen zijn de belangrijkste vruchtbaarheid brengende krachten, vandaar de bruidegom als zonnegod en de bruid als maangodin, de vader van het firmament en moeder aarde. Daar hij voortdurend opgaat en ondergaat, en door zijn stralen zowel levengevend als verwoestend kan zijn, symboliseert de zon zowel leven als dood en vernieuwing van het leven door de dood. De lentezon is de *sol invictus.* Een zonneschijf waaruit stromen water vloeien representeert de combinatie van zon en water, hitte en vocht, noodzakelijk voor het bestaan van alle leven. De stralende zon en stralende hitte delen dezelfde symboliek van het centrum als zijnde de zetel van verlichting en intelligentie. De zon in conflict met het serpent verbeeldt licht strijdend tegen duisternis en hemelse tegen chtonische krachten. De stilstaande zon is tijdloos; het eeuwige nu; de *nunc stans;* verlichting; ontsnapping uit de tijd en de kringloop van het bestaan. Zon en maan samen verbeelden de mannelijke en vrouwelijke krachten in verbinding.

Zonnesymbolen zijn het ronddraaiende wiel, de schijf, cirkel met een centrale punt, stervormige cirkel, swastika, rechte of golvende stralen, die beide het licht en de hitte van de zon representeren, lichtgevende wagens met zonnegoden die witte of goudkleurige paarden voortdrijven, of de wereld doorkruisen in solaire schepen, een lichtgevend gezicht, een oog, een bronskleurige man, een spin in het centrum van zijn web naar alle kanten straalsgewijs uitlopend, solaire vogels en andere dieren zoals de arend, havik, zwaan, feniks, haan, leeuw, ram, het witte of goudkleurige paard, het gevleugelde of gevederde serpent, de draak van China. De witte zon wordt geassocieerd met solaire dieren, maar *sol niger* is verbonden met het serpent en chtonische krachten. In jagersgemeenschappen is de zon de grote jager. Soms wordt de zon afgebeeld als de vrucht aan de levensboom. Als de solaire godheid mannelijk is wordt hij vertegenwoordigd door het rechteroog, indien vrouwelijk door het linkeroog. 'Kinderen van de zon' zijn koninklijke, geïncarneerde goden. Zie ook Schijf. *Afrikaans:* Bij sommige stammen is de zon vrouwelijke kracht, de moeder; bij de Bosjesmannen is hij de opperste godheid. *Alchemistisch: Sol* is het intellect. *Sol* en *luna* zijn goud en zilver, koning en koningin, ziel en lichaam enz. *Sol niger* is de *prima materia.* Het planetaire teken van de zon, de cirkel met de centrale punt, is een teken van voltooiing van het grote werk. *Indiaans:* De universele geest, het hart van het firmament. Bij sommige stammen is de zon het vrouwelijke principe, de moeder, bij andere worden de zon en de maan afgebeeld als man en vrouw, broeder en zuster. De zonnedans (zie aldaar) is één van de meest betekenisvolle rituelen. *Astrologie:* Leven; vitaliteit; het karakter van het individu zelf; het hart en zijn verlangens. *Azteken:* Zuivere geest; de lucht; Quetzalcoatl; de arend verbeeldt de rijzende zon en het hemelse aspect, de tijger of de omlaagduikende arend zijn de ondergaande zon en het aardse aspect. Het gevederde serpent is solair. Azteken en Inca's waren 'kinderen van de zon'. *Boeddhistisch:* Het licht van Boeddha; de zon van Boeddha. *Keltisch:* De vrouwelijke kracht. *Chinees:* Yang, 'het grote mannelijke principe'; de hemelen; het oog van de dag; de actieve kracht die de aarde vruchtbaar maakt; macht. De zon is een van de twaalf symbolen van macht. Tien zonnen in een boom wijzen op het einde van een cyclus. De haan en de 'rode raaf' met drie poten wonen in de zon, de drie poten representeren de opkomende zon, de zon van het middaguur en de ondergaande zon. *Christelijk:* God de vader, heerser in en ondersteuner van het universum, stralend licht en liefde; Christus, 'de zon van rechtvaardigheid'; de logos; de goddelijke essentie in de mens. De zon en de maan afgebeeld met de kruisiging representeren de twee naturen van Christus en de machten van de natuur die eerbied bewijzen aan de heer van het universum. De zon is de woonplaats van de aartsengel

Michaël, de maan die van Gabriël. Thomas van Aquino wordt afgebeeld met de zon op zijn borst. *Egyptisch:* De opkomende zon is Horus, met Re als het zenit en Osiris als de ondergaande zon. Het rechteroog is de zon, het linkeroog de maan. Horus in gevecht met Seth als het serpent Apop is solaire kracht strijdend met de duisternis. De gevleugelde zonneschijf is de solaire kracht van Re en Aton en vernieuwing van leven. *Grieks:* De zon is het oog van Zeus. Apollo verslaat, als de zon, de python van de duisternis. In het orfisme is de zon de 'vader van het al', 'de grote voortbrenger en onderhouder van alle dingen, heerser over de wereld'. De zon is het hart, de maan de lever van het universum. *Hebreeuws:* Goddelijke wil en leiding. *Hermetisch:* 'De zon... is het beeld van de schepper.' *Hindoeïstisch:* 'De goddelijke bezieler'; het oog van Varuna; Indra is solair en overwint de draak van de chaos en duisternis, Vritra. Shiva is ook de zon waarvan de stralen de creatieve Shakti zijn die leven brengen in de wereld. De zon is de 'werelddeur', de toegang tot kennis, onsterfelijkheid. De drievoudige boom met drie zonnen verbeeldt de Aditya's, de tekens van de Dierenriem en de maanden van het jaar. Deze twaalf vormen van de zon zullen uiteindelijk als één verschijnen aan het einde van een cyclus van manifestatie. *Inca's:* De zon werd afgebeeld in de gedaante van een mens, met het gezicht van een stralende schijf van goud en was 'de voorouder'. *Iraans:* Het oog van Ormuzd. 'Onverschillig wie de zon vereert die onsterfelijk, schitterend, een snel paard berijdend is... vereert Ormuzd, hij vereert de aartsengelen, hij vereert zijn eigen ziel' (de *Nyaishes).* De gevleugelde zonneschijf verbeeldt ook Ormuzd of Ahura Mazda. *Islamitisch:* Het oog van Allah, de alziende, de alwetende. 'De zon is de weerspiegeling van de "zon" voorbij de sluier' (Rumi). Het hart van het universum en 'het teken van god in de hemelen en op aarde'. *Japans:* De zon is een dame en een slangengodheid Amaterasu, 'zij die de grote zon bezit', geboren uit het linkeroog van Izanagi, en van wie de Mikado (keizer van Japan) zegt af te stammen als de rijzende zon. Het embleem van Japan. *Maori's:* De zon en de maan zijn de ogen van de hemel. *Cultus van Mithras:* Mithras is een zonnegod. Sol, zijn quadriga (Romeinse strijdwagen met vier paarden) en Cautes worden gewoonlijk rechts afgebeeld met Luna en Cautopates links. *Oceanisch:* De zon is gewoonlijk de moeder van het al, met de maan als de vader en de sterren als de kinderen; in sommige streken zijn de zon en de maan kinderen van de eerste man en vrouw. De zon is 'de grote oogbal'. *Platonisch:* 'De auteur van zichtbaarheid.... van voortplanting, onder-

Een tablet met spijkerschrift uit de negende eeuw verhaalt over de heroprichting van de **zon**netempel door de Babylonische heerser Nabu-apal-iddina, die eerbiedig naast de met stralen versierde schijf, symbool van de aanwezigheid van de zon, zit.

Voor de Azteken was de arend het symbool voor de **zon**. Bovenstaande afbeelding is afkomstig van een Teotihuatecaans fresco.

houd en groei' (de Staat). De hitte en het licht van de zon zijn creativiteit en wijsheid. *Pythagorisch:* De tien zonnen zijn cyclische perfectie. *Scandinavisch:* Het oog van Odin/Wodan, de alziende. De zon wordt afgebeeld als de zonneslang. *Slavisch:* De zonnegod wordt afgebeeld als een mooie jonge man, of soms, als iedere dag opnieuw geboren wordend en iedere dag stervend; in de Slavische symboliek kunnen de zon en de maan van geslacht wisselen. *Sumerisch-Semitisch:* De zonnegoden Shamash en Assur worden weergegeven door de gevleugelde zonneschijf. *Teutoons:* De zon is vrouwelijk en de moeder, met de maan als de vader. *Taoïstisch:* De zon is yang en de grote hemelse kracht; de zon en maan samen symboliseren bovennatuurlijk zijn, één en al straling.

Zondebok Gedelegeerde schuld; de consequenties van zonden ontvluchten; boeten voor zonden; het verleden en de consequenties ervan vernietigen door de zonden van anderen of een hele gemeenschap op zich te nemen, hen zo bevrijdend. In later tijd nam bij het koningsoffer (zie Koning) de zondebok de plaats in van de koning bij het vruchtbaarheidsoffer. In het christendom is de zondebok een symbool van Christus, lijdend voor de zonden van de wereld.

Zondvloed De lunaire macht van de wateren; het einde en het begin van een nieuwe cyclus; veroorzaakt dood maar ook regeneratie.

Zonnebloem Verering; verdwazing als slaafs volgen van de zon; door het steeds veranderen van zijn positie is hij onbetrouwbaar en onechte rijkdommen. Hij is een Grieks symbool van Clytie die in een zonnebloem veranderde toen ze werd versmaad door de zonnegod Apollo. Een embleem van Daphne. In de cultus van Mithras is hij een attribuut van Mithras. In de Chinese symboliek staat hij voor een lang leven en heeft hij magische krachten.

Zonnedans *Indiaans:* De regeneratie van de zon en de universele schepping; vereniging met de solaire kracht. Eb en vloed van de dans verwijzen naar het opkomen en ondergaan van de zon, in- en uitademing en de hartslag. Een zonnedanshut is een *imago mundi*, de 28 palen (vier en zeven zijn heilige getallen) verbeelden de lunaire maand en elk ervan representeert een bepaald ding in de schepping; de cirkel van de palen staat voor de hele schepping en de centrale boom is het heilige centrum.

Zonnewende Bij de winterzonnewende schenkt de grote moeder, de koningin van de hemel, het leven aan de zon van het licht. 'De maagd heeft het leven geschonken, het licht neemt toe' (*Dood en opstanding van Osiris*). De volle maan is zichtbaar op zijn dieptepunt en Virgo rijst op in het oosten. De *Janua coeli*, de winterzonnewende in Capricornus, is 'de toegang tot de goden' en symboliseert het opkomen en de toenemende kracht van de zon. De zomerzonnewende in Cancer, de *Janua inferni*, is 'de toegang tot de mens' en het ondergaan en afnemen van de kracht van de zon.

Zoon Verdubbeling; het levende beeld; *alter ego.*

Zout Leven; onsterfelijkheid; onomkoopbaarheid; bestendigheid; trouw; vriendschap; wijsheid en kennis (*sal sapientale*); de ziel. Later kreeg het ook de betekenis van waardigheid, pikanterie en verstand. *Alchemistisch:* Rectificatie; verheldering; het gefixeerde; de kubusvormige steen; aardse natuur; het lichaam dat actief en passief, geest en ziel verenigt. 'Waar metaal is daar zijn ook zwavel, kwikzilver en zout; de drie zijn lichaam, geest en ziel van de mens, de natuur van metaal en de mens. Zout is statisch en daarom het natuurlijke element in het drietal; zout is niet zonder meer het fysieke, maar ook het 'astrale' lichaam. Zwavel brengt verbranding voort, kwikzilver verdamping, en zout.... dient om de vluchtige geest te fixeren' (Valentinus). Het is het principe van niet-ontvlambaarheid en stabiliteit, en mystiek, het lichaam van de mens. *Keltisch:* De onomkoopbare geest, met de aarde als het omkoopbare lichaam. *Christelijk:* De uitverkorene; goddelijke wijsheid; waardigheid; zuiverheid; onomkoopbaarheid; discretie; superioriteit; kracht (Matt. 5:13; Markus 9:50; Col. 4:6). *Grieks-Romeins:* Literaire intelligentie. Zout speelde een belangrijke rol bij offers, en was ook bezwerend, als het op de lippen werd gelegd van Romeinse kinderen van acht dagen oud weerde het kwade geesten af; dat is waarschijnlijk de reden van het aanbieden van zout aan een dopeling voor de doop. Bij sommige consecratieceremonies werd zout in heilig water gebruikt. *Hebreeuws:* Spirituele scherpzinnigheid.

Zuiden Vertegenwoordigd door de middagzon; vuur; warmte; jeugd; zomer; het mannelijke principe; behalve in Egypte waar het staat voor duisternis en het vrouwelijke element, het gebied van de hel en de god Amset; ook in India is het zuiden het gebied van de nacht en het vrouwelijke. In China wordt het gerepresenteerd door de feniks en de kleur rood. In de Hebreeuwse symboliek wordt het weergegeven door een gevleugelde leeuw.

Zuigeling Nieuwe geboorte; adoptie; liefdadigheid. De moeder godin wordt vaak afgebeeld als kinderen zogend, of met vele borsten, als de grote voedster. In de christelijke kunst worden liefdadige figuren afgebeeld als een kind zogend, of soms met twee kinderen. Zogen kan zowel gezond als schadelijk zijn, moederlijke voeding, of het wegzuigen van de levenskracht.

Zuil De wereldaxis; de verticale as die hemel en aarde zowel gescheiden houdt als verbindt, die deze verdeelt en verenigt; een ritueel wereldcentrum; een omfalos. Zuil- en boom- (zie aldaar) symboliek zijn nauw met elkaar verbonden. De zuil vertegenwoordigt ook stabiliteit, het concept van stevig staan en, volgens Philo, het idee van god die stevig staat en stabiliteit is, in tegenstelling tot de voortdurende beweging van de mens. Hij verheft ook het heilige of vereerde boven het profane of gewone. Een zuil van vuur, of rook, wijst op de tegenwoordigheid van een godheid. Een gebroken zuil is dood of sterfelijkheid. Een zuil met daarbovenop een menselijk hoofd betekent een einde of slavernij. Zuilen met een duif zijn de grote moeder en in het bijzonder de voorspellende godinnen van Dodona. Een zuil met een dolfijn verbeeldt de mannelijke en vrouwelijke krachten gecombineerd; liefde. Irminsul, de kosmische zuil van de Saksen, werd door Karel de Grote verwoest.

Twee zuilen, de ene zwart en de andere wit, of een verdeelde zuil, symboliseren alle tweepoligheid; het dualistische aspect van de godheid of de biseksuele of androgyne goden; de levensboom en de boom van kennis of dood; de elkaar aanvullende tegendelen in de manifeste dualiteit, en hun evenwicht en spanning in gecombineerde actie. De zuil aan de rechterhand is wit, mannelijk, terwijl de linker zwart is, en vrouwelijk, ze symboliseren ook tijd en ruimte, spirituele en tijdelijke macht; het sterke en het zwakke; spanning en ontspanning; opwaartse en neerwaartse beweging; rede en geloof; macht en vrijheid; de wil en de wet; enz., ook dat iedere kracht verzet eist, ieder licht schaduw, iedere convex een concave. De twee zuilen representeren ook de steun van de hemel, en vormen dus de hemelpoort, de noodzakelijke weg waardoor je de tempel of kerk moet binnengaan; het tussen twee zuilen doorgaan staat voor binnengaan in een nieuw leven, een andere wereld of eeuwigheid; ze delen de symboliek van deuren en poorten. Twee zuilen geven ook de hemelse tweeling weer (zie Tweelingen) en zijn verbonden met de *dadophoroi* (zie Toorts).

Als er drie zuilen zijn, symboliseert de middelste zuil óf het evenwicht en de verenigende kracht, óf, als hij voorzien is van een kroon op de top, de meest rechtstreekse weg naar verlichting of het koninkrijk; maar het is alleen maar mogelijk deze weg te bewandelen als de twee zijden van het tweetal, goed en slecht, in de wereld zijn verzoend. Drie zuilen zijn ook een aniconisch sym-

Een zeldzame voorstelling, waarschijnlijk uit de tijd van Constantijn, van Christus als Helios de **zon**negod. We zien dezelfde attributen als die gegeven worden aan Mithras en Sol – de steigerende paarden, de bollende mantel, stralen uit het hoofd

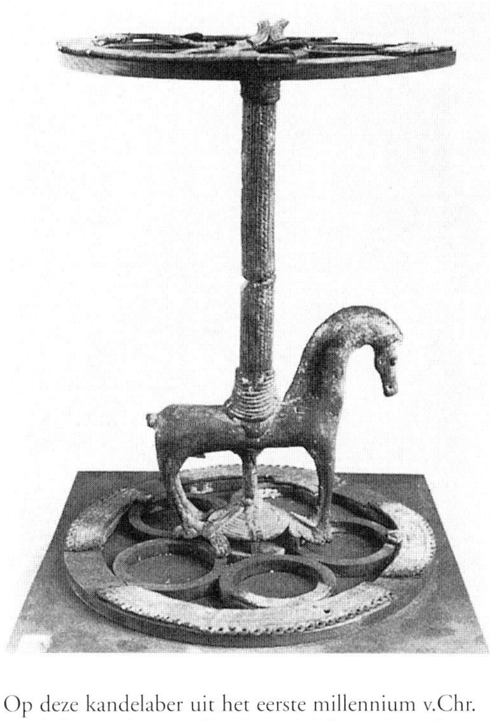

Op deze kandelaber uit het eerste millennium v.Chr. symboliseren het paard en het wiel de aarde en de hemel; ze zijn verbonden door een **zuil** die hen tegelijkertijd gescheiden en verenigd houdt.

bool van de grote moeder, de lunaire godin en de drie fasen van de maan. Ze representeren wijsheid, schoonheid, kracht, of wijsheid en schoonheid samen met goedheid die ze verbindt. Vier zuilen ondersteunen de aarde op de punten van de vier windstreken. *Boeddhistisch:* Een vurige zuil is een aniconische representatie van de Boeddha. *Chinees:* Oprechtheid; de weg. De zuilen van het keizerlijke paleis verwijzen naar de steun die de prinsen de keizer geven. *Christelijk:* Als Hebreeuws. *Egyptisch:* De zuil van Djed symboliseerde de wederopstanding van Osiris en zijn ruggengraat als boom-axis, met de betekenis van stabiliteit. *Grieks-Romeins:* Een aniconisch symbool van Zeus/Jupiter. De twee zuilen zijn op de berg Lykaeos gewijd aan Zeus en verbeelden ook de Dioscuri. Drie zuilen zijn de grote godin en de fasen van de maan. *Hebreeuws:* Zuilen van vuur en rook betekenen de aanwezigheid van god, de ondersteunende kracht van god. De twee zuilen van de tempel van Salomo waren Boaz en Jachin, kracht en stabiliteit, 'in hem is kracht' en de 'stichter', tijdelijke en spirituele macht, koning en priester, troon en altaar; de ene zuil kon niet verzakken en de andere kon niet verbranden. In het kabbalisme representeren de drie zuilen wijsheid, kracht en schoonheid. De zuil kan een aniconische representatie zijn van Jahweh en van Abraham. *Hindoeïstisch:* In de tempel is de zuil met daarbovenop een kroon het architectonische symbool van het hoogste punt en de meest directe weg naar spiritueel opstijgen, maar dat is alleen mogelijk voor hen die opstijgen vanuit het centrum, als ze de dualiteit overwonnen hebben en in staat zijn op te stijgen uit de innerlijke duisternis naar het licht boven. *Islamitisch:* 'De zuil van de rechtvaardigen is de kennis van god' (Koran). De vijf zuilen van de islam zijn de dubbele getuigenis van geloof; het canonieke gebed vijfmaal per dag; de vasten van Ramadan; de tiende penning; de pelgrimstocht naar Mekka. *Cultus van Mithras:* De twee zuilen representeren de *dadophoroi*, Cautes en Cautopates, de stier en de schorpioen, licht en duisternis enz. *Platonisch:* Plato spreekt over de lichtgevende zuil van de hemelen, omgeven door de acht sferen van verschillende kleur. *Sumerisch-Semitisch:* De houten zuil, of boomstronk, is een aniconische vorm van de Semitische Ashtoreth of Astarte. Een zuil met daarbovenop de kop van een leeuw symboliseert Nergal en is solair; met de punt van een lans is hij Marduk en solair; met de kop van een ram, Ea-Oannes. De zuil is de 'ruggengraat van de wereld' of axis. De symboliek van de lunaire drie zuilen komen we tegen in Foenicië en speciaal in Carthago. *Taoïstisch:* Het tao, de weg.

Zwaan Combineert de twee elementen van lucht en water en is daarom de vogel van leven; de dageraad; solair. Hij betekent ook eenzaamheid en terugtrekking en is de vogel van de dichter; zijn doodslied is het lied van de dichter; zijn witheid is ernst. De zwaan en gans zijn symbolisch vaak verwisselbaar. *Keltisch:* Zwanengodheden zijn solair en weldoend; ze bezitten de therapeutische krachten van de zon en de wateren en zijn geassocieerd met de zonnewagen, ze verbeelden welwillendheid, liefde, zuiverheid; hun muziek is magisch. Zwanen met gouden of zilveren kettingen rond hun nek zijn de bovennatuurlijke verschijning van godheden. *Chinees:* Een yang, solaire vogel. *Christelijk:* De witte zwaan is zuiverheid en gratie en vertegenwoordigt de maagd Maria. Zingend met zijn laatste adem verwijst hij naar martelaren en de christelijke overgave. Embleem van de heilige Cuthbert, Hugh, Ludger. *Grieks-Romeins:* Een gedaante van Zeus/Jupiter als de zwaan van Leda; verliefdheid; gewijd aan Aphrodite/Venus, ook aan Apollo als solair. Een gelukkige dood. *Hindoeïstisch:* Twee zwanen samen zijn 'dat paar zwanen die zijn Ham en Sa, wonend in de geest van de grote, die uitsluitend leven op de honing van de bloeiende lotus van kennis' (*Saundarya Lahari).* De Hamsavogel is uitgesneden op tempels en symboliseert de perfecte vereniging waarheen de hemelse wezens vliegen. Zwanen staan ook voor inademen en uitademen, adem en geest. Brahma berijdt een zwaan, gans, of pauw, en de zwaan of gans is zijn embleem; hij is de goddelijke vogel die het kosmische ei, het gouden ei, waaruit Brahma voortkwam, op de wateren legde. De hoogste zwaan, de *paramahamsa,* is de universele basis, het zelf.

Zwaard Macht; bescherming; autoriteit; koningschap; leiderschap; gerechtigheid; moed; kracht; waakzaamheid; fysieke vernietiging. Het is ook het mannelijke principe, de actieve kracht, en fallisch met de schede als het ontvangende vrouwelijke. Op metafysisch niveau is het zwaard een symbool van discriminatie; de doordringende kracht van het intellect; spirituele beslissing; de onkwetsbaarheid van het heilige. Het bezit bovennatuurlijke krachten, op de aarde, onder de aarde, en onder de wateren en is verbonden met reuzen en bovennatuurlijke wezens zoals 'de vrouwe van het meer'; het wordt ook gebruikt door de kosmische of solaire Hero, overwinnaar van draken en demonische krachten. Het kan een teken zijn van hogere vormen van ridderschap, met de lans van de lagere vormen. Het zwaard scheidt en verdeelt lichaam en ziel, hemel en aarde, en het vlammende zwaard verjaagt de mens uit het paradijs. Het tweesnijdende zwaard symboliseert de dualistische krachten en tegenovergestelde ontwikkelingen in de manifestatie, schepping en vernietiging, leven en dood, krachten die tegengesteld lijken maar in werkelijkheid complementair en één zijn. De vier zwaarden van de soeverein tijdens een kroning zijn (1) het zwaard van de staat, (2) de *curtana* of het stompe zwaard van genade, (3) spirituele gerechtigheid, (4) tijdelijke gerechtigheid. *Alchemistisch:* Het zwaard verbeeldt het zuiverende vuur dat doodt en weer tot leven wekt als de doordringende geest. *Boeddhistisch:* Discriminatie die onwetendheid aan de wortel afsnijdt. 'Zoals het zwaard knopen doorhakt, zo zou het intellect moeten doordringen in de diepste diepten van het boeddhistische denken.' Manjusri, als wijsheid, draagt het zwaard van onderscheid in zijn rechterhand. De punt van het zwaard van wijsheid zendt het licht van de onvernietigbare *vajra* uit, de ketterse geest vernietigend en de vijanden van dharma verjagend. *Keltisch:* Een attribuut van de heldkoning Nuada; verbonden met bovennatuurlijke onderwaterkrachten. Het zwaard is het actieve aspect van de wil, met het kristal als het passieve. *Chinees:* Doordringend inzicht; een zwaard in de vorm van een golf staat voor de draak zwemmend in de wateren. *Christelijk:* Het lijden van Christus; martelaarschap. Het vlammende zwaard bij iedere toegang of op iedere hoek scheidt de mens van het paradijs. Het zwaard is een embleem van de aartsengel Michaël en de heiligen Adrianus, Agnes, Barbara, Euphemia, Justinia, Martinus, Paulus, Petrus, Georgius van Cappadocië, Jacobus van Compostela. *Grieks:* Het zwaard van Damocles vertegenwoordigt gevaar te midden van schijnbare welvaart; altijd-aanwezig gevaar; vergelding. *Hindoeïstisch:* Het houten zwaard van het vedische offer symboliseert bliksem en heeft dezelfde betekenis als Vajra (zie aldaar). Het zwaard staat ook voor de strijdlustige natuur van de asura's. Het is een attribuut van de kaste van krijgslieden. *Islamitisch:* Het zwaard is een symbool van de heilige oorlog van de gelovige tegen de ongelovige en van de mens tegen zijn eigen kwaad. *Japans:* Moed; kracht. Het is een van de drie kostbaarheden, met de spiegel en het juweel als waarheid en mededogen. *Scandinavisch:* Een attribuut van Freyr, zijn zwaard vocht op eigen gelegenheid. Surtr, de vlammende reus, gebruikt een vlammend zwaard. *Taoïstisch:* Doordringend inzicht; overwinning van onwetendheid.

Zwaarmoedigheid Boosheid; slecht humeur; melancholie. In de Chinese symboliek is ze een

God de vader, gekroond als hoogste rechter, hanteert het **zwaard** van gerechtigheid op deze voorstelling van het laatste oordeel uit een Frans getijdenboek uit de vijftiende eeuw.

In veel oude culturen was het **zwijn** het symbool van de bijzonder vruchtbare – maar ook verslindende – grote moeder; deze terracotta kop uit het vijfde millennium v.Chr. is mogelijk een voorstelling van deze godin.

van de acht kostbaarheden, verbonden met de baldakijn en de aarde.

Zwaluw Hoop; de komst van de lente; geluk. *Chinees:* Lef hebbend; gevaar; loyaliteit; komend succes; fortuinlijke verandering. *Christelijk:* De incarnatie; wederopstanding; daar hij terugkeert met de lente staat hij voor nieuw leven. *Egyptisch:* Gewijd aan Isis en de grote moeder. Ze zijn 'de onvergankelijke noordelijke sterren vliegend boven de levensboom'. *Grieks-Romeins:* Gewijd aan Aphrodite/Venus. *Heraldisch:* In de heraldiek afgebeeld als de Martlet (geknotte adelaartje) of Merlet (vogeltje zonder bek en poten) en symboliseert dan jongere zonen (die geen land hebben). *Japans:* Ontrouw; maar ook huishoudelijke en moederlijke zorg; geassocieerd met golven en wilgenbomen in de kunst. *Minoïsch:* Wij zien hem op Kreta in associatie met de grote moeder. *Sumerisch-Semitisch:* Embleem en gedaante van de godin Nina als de grote moeder.

Zwart Zie Kleuren.

Zwavel In de alchemie is zwavel de geest, 'nietbrandend' vuur; het mannelijke, vurige principe; droogte; hardheid; vereniging; rigide en theoretische kennis. Zwavel 'fixeert' het vluchtige kwikzilver (zie aldaar) maar vereist het samenspel van twee genererende krachten, het blijft beperkt en nutteloos tot het wordt opgelost door kwikzilver in levend begrijpen en zo wordt bevrijd van zijn beperkingen. Zwavel en kwikzilver zijn de twee basis-genererende krachten van het universum, die op elkaar reageren en etherisch worden, de geest. In het christendom wordt zwavel geassocieerd met de hel en de duivel. Zie ook Zout.

Zweep Autoriteit; bewind; regering; heerschappij; ook een symbool van vruchtbaarheid als hersteller van mannelijke viriele kracht. De zweep is ook verbonden met de bliksem en sommige stormgoden en hij is een attribuut van de grote moeder in haar afschrikwekkende aspect. Als de zweep samen verschijnt met de herdersstaf representeert de zweep vee en de staf landbouw. In de Egyptische mythologie verdrijft Menat kwade geesten en bekommernissen met de zweep, die dan wordt tot een symbool van geluk; deze dualistische symboliek heeft hij ook in China. De zweep is een embleem van Menat, Osiris, Apollo, Dionysos, Cybele en de Erinyen. Hij is één van de symbolen van het lijden van Christus en het schoonvegen van de tempel. Men dacht dat zweepslagen de vruchtbaarheid bevorderden, niet alleen mannelijke potentie, Romeinse bruiden werden geranseld; tijdens de Lupercalia renden jonge mannen rond, iedere vrouw die ze tegenkwamen slaand om de vruchtbaarheid zeker te stellen. Vruchten- en notenbomen werden vaak om dezelfde reden geranseld.

Zwerver/zwerven De zwerver is bezig met doelloos bewegen, in tegenstelling tot de pelgrim die een rechtstreeks en doelgericht pad bewandelt. De zwerver is ook een symbool van de beweging van het paard in het schaakspel, hij is de 'zwerver' die op reis gaat of een avontuur begint zonder te weten waarheen hem dat voert. In het boeddhisme symboliseert zwerven *samsara*, de conditie van de mens gevangen in de cyclus van geboorte en dood totdat verlichting en bevrijding zijn verworven en het 'bewegingloze' centrum is bereikt.

Zwijn Het varken is een vruchtbaarheidssymbool, vandaar voorspoed, maar ook vraatzucht, hebzucht, wellust, boosheid en ongebreidelde hartstocht en het onreine. De zeug wordt geassocieerd met de grote moeder en heeft een lunaire en vruchtbaarheidssymboliek, evenals de symboliek van het firmament. *Indiaans:* Een lunair en donderdier en een regendrager. *Boeddhistisch:* In het centrum van het wiel van het bestaan representeert het zwijn onwetendheid en hebzucht en is het één van de drie schepsels die de zonden verbeelden die de mens binden aan de wereld van illusies, de zinnen en wedergeboorte. In het Tibetaanse boeddhisme is het de diamant of onvermurwbare zeug, Vajravarahi, een grote moeder en koningin van de hemel. *Keltisch:* De zeuggodin, 'de oude witte', Keridwen, is de grote moeder, ook Phaea, 'de schitterende' als de maan en vruchtbaarheid. Het zwijn is een attribuut van Manannan, die bovennatuurlijk voedsel produceerde door zijn zwijnen die werden gedood en gegeten en iedere dag terugkeerden. *Chinees:* Het zwijn is van nature de ongetemde natuur, hebzuchtig en vuil, maar getemd is het nuttig en brengt het vruchtbaarheid. *Christelijk:* Satan; gulzigheid; sensualiteit. Embleem van de heilige Antonius die de demon van gulzigheid overwon. *Egyptisch:* Gewijd aan Isis als de grote moeder en aan Bes, maar het kan ook kwaadaardig zijn als Seth in zijn tyfonische aspect. *Grieks:* Zwijnen waren een symbool van Eleusis en werden geofferd aan Ceres en Demeter als vruchtbaarheidsgodinnen. *Hebreeuws:* Het onreine, verboden voedsel. *Hindoeïstisch:* De onvermurwbare zeug, Vajravarahi, koningin van de hemel, is het vrouwelijke aspect van de derde incarnatie van Vishnu als een beer (mannelijk zwijn), en een bron van leven, vruchtbaarheid. *Islamitisch:* Het onreine, een verboden voedsel. *Oceanisch:* De zeug is lunair en vruchtbaarheid. *Romeins:* Zwijnen werden aan Mars geofferd als god van de landbouw, ook aan Tellus en Ceres in de oogsttijd. *Sumerisch-*

Semitisch: Een attribuut van Rimmon, of Tiamat en van de grote moedergodinnen.

De lithografie van Gustave Doré van de 'Wandelende jood' als **zwerver** toont deze als hij over een kerkhof loopt, terwijl zijn schaduw over het silhouet van de kruisdragende Christus valt, de legendarische oorzaak van zijn verbanning.

Woordenlijst

aleph, eerste letter van het Hebreeuwse alfabet
alter ego, ander ik.
anima mundi, de wereldziel; de *materia* van de ziel.
apocatastasis, het uiteindelijke herstel van de paradijselijke staat; het koninkrijk gods opnieuw gevestigd op aarde.
apotropeïsch, de macht hebben kwaad te bezweren.
aqua vitae, het levenswater; het kwikzilver van de alchemist.
axis mundi, de wereldas.
chtonisch, behorend tot de aarde.
coincidentia oppositorum, de verzoening van tegendelen; de identificatie van tegenpolen.
corona convivialis, de feestelijke kroon, die op geluk wijst; *corona funebris*, grafkrans verwijzend naar de dood; *corona radiata*, de kroon met stralen, halo.
demiurg, in de platonische filosofie de schepper van wereld en mensen; in de gnostiek een schepper onder de hoogste god, soms wordt verondersteld dat deze niet perfect was en daardoor kwaad toeliet.
dharma, de wet, de waarheid.
dhyana, meditatie; contemplatie; een aspect van intellectuele yoga.
epheboi, jongeren die via initiatie de maatschappij of cultus van de volwassenen binnengaan.
fata morgana, een zinsbegoocheling, het bedrieglijke.
femina alba, witte vrouw, het witte, lunaire, vrouwelijke principe; de witte lelie; het tweede stadium van het grote werk in de alchemie.
feng shui, letterlijk 'wind en water', de Chinese wetenschap inzake gunstige aspecten.
forma, de essentiële vorm of het prototype.
gammadion, een figuur die vier Griekse hoofdletter gamma's bevat geplaatst in een rechte hoek, zodat er een kruis, hakenkruis (fylfot) of swastika wordt gevormd.
hieros gamos, het heilige huwelijk tussen zon en maan, priester en priesteres, koning en koningin enz. die zich verenigen om te sterven en het perfecte androgyne worden.
homofoon, dezelfde klank gevend.
Iesous Hominum Salvator, Jezus, de redder der mensen.
ignes fatui, de wil van de zwepen, moerasgasvuur; bedrieglijke en valse aantrekkingskracht.
imago mundi, wereldbeeld.
in hac salus, letterlijk, '(vind) hierin welzijn', of, mogelijk, 'spirituele gezondheid'.
in hoc signo, 'in dit teken', met inbegrip van; onder de macht van.
karma, letterlijk 'handeling'; in het algemeen de wet dat een bepaalde handeling een bepaald resultaat heeft; de onontkoombare wet van verantwoordelijkheid voor je daden en het oogsten van de gevolgen daarvan.
lapis exilis, de steen waarvan de kracht het leven herstelde en eeuwige jeugd verleende.
magnum opus, het grote werk, speciaal in de alchemie.
Manitou en Manito, de universele geest bij de indianen. De hoogste godheid of bovennatuurlijke kracht bij de Algonquins, Sioux en Irokezen.
massa confusa, de *prima materia*, de oorspronkelijke chaotische staat die door het grote werk moest worden getransformeerd.
maya, de illusie, door onwetendheid, dat de wereld als zodanig een realiteit is.
memento mori, een herinnering aan het feit dat de dood onontkoombaar is; lett. 'gedenk te sterven'.
multum in parvo, letterlijk 'veel in weinig'.
nigredo, de duisternis van de dood bij initiatie; oplossing, het eerste stadium van het grote werk in de alchemie.
nous, het intellect, de geest.
paradigma, een voorbeeld; een patroon.
parthenogenetisch, zelf-voortbrengend; voortplanting zonder seksuele vereniging.
petra genetrix, letterlijk 'de moederrots'; zij doet het androgyne ontstaan.
pleroma, volheid, overvloed; in de gnostiek het goddelijke wezen en alle eonen die daaruit ontstaan.
prima materia, natuur in haar oorspronkelijke staat of substantie; de oersubstantie van de wereld, die de mogelijkheid van alle vormen bevat.
psychopomp, een begeleider van zielen naar de plaats van de doden.
pudenda mulieris, de uitwendige vrouwelijke geslachtsorganen.
pura arbor, letterlijk de 'essentiële of onbedorven boom', die maagdelijkheid symboliseert.
quinta essentia, kwikzilver in de alchemie; het centrale punt van een kruis of cirkel; het vijfde punt; de gemeenschappelijke basis van alle vier de elementen.
regressus ad uterum, terugkeer naar de staat van voor de geboorte; lett. 'terugkeer naar de baarmoeder'.
samsara, de ervaringen van de wereld als het veranderlijke, incidentele en onwerkelijke; de vicieuze cirkel van geboorte en dood.
sistrum, een soort ratel gemaakt van metalen ringen

en twijgen, die werd gebruikt in verband met de verering van Isis in het oude Egypte.

sol invictus, letterlijk 'onoverwinnelijke zon'; de toenemende kracht van de lentezon; *sol niger*, de 'zwarte' zon, tegenover de 'witte zon'; symboliseert chtonische krachten en het serpent.

solve et coagula, handeling in twee richtingen, in de alchemie, ontbinding en stolling, verdelen en verenigen, het imperfecte oplossen en kristalliseren in een nieuwere en edeler vorm; lett. 'maak los en breng bijeen'.

spiritus mundi, de wereldgeest; de vitale en universele geest.

sub specie aeternitatis, (zie) vanuit het gezichtspunt van het eeuwige.

soetra's, religieuze werken en geschriften, in de vorm van aforismen, behorend tot boeddhisme en jaïnisme.

tantra's, hindoeïstische en boeddhistische religieuze geschriften, die instructies geven inzake het doel en de methode van vereniging met het goddelijke.

tellus mater, moeder aarde.

theriomorfisme, de gedaante aannemend van een dier.

Troy, men heeft wel de mogelijkheid geopperd dat Troy, Troja of Troia afkomstig zou zijn van het Keltische tro, draaien, - d.w.z. snelle omwenteling, dansen door een labyrint. Troy is ook vergeleken met het Babylonische *tirani*, darmen.

vas, de vaas; de matrix of uterus waaruit de steen der wijzen werd geboren.

vesica piscis, een rechtopstaande ovale of amandelvormige figuur, die vaak een heilige gedaante omringt; letterlijk 'vissenblaas'.

yuga, een fase van cyclische ontwikkeling; er zijn vier yuga's, de vier perioden van goud, zilver, brons en ijzer.

Literatuurlijst

ABBOTT, J. The Keys of Power: A Study in Indian Ritual and Belief, 1932.
ALLCROFT, A. H. The Circle and the Cross, 1927.
ALLEN, Grant. The Evolution of the Idea of God, 1904
ALLEN, M. R. Japanese Art Motives, 1917.
ALLENDRY, René Felix. Le Symbolisme des nombres, 1948.
ALVIELLA, Goblet d'. The Migration of Symbols, 1894.
ANDRAE, W. Die ionische Säule, Bauform oder Symbol?, 1933.
APULEIUS. The Golden Ass.
Archaeologia, or Miscellaneous Tracts relating to Antiquity. Society of Antiquaries of London, XLVIII.
ASHE, Geoffrey. All About King Arthur, 1957. The Quest of Arthur's Britain, 1957. From Caesar to Arthur, 1960 The Virgin, 1976.
AYNSLEY, H. Murray. Symbolism of East and West, 1900.
BACHOFFEN, J. J. Mutterrecht und Urreligion. 1927.
BAILEY, H. The Lost Language of Symbolism, 1912.
BAKHTIAR, Laleh. Sufi, 1976.
BALL, Katherine. Decorative Motives in Oriental Art, 1927.
BANERJEE, P. The Development of Hindu Iconography, 1956.
BASHAM, A. L. The Wonder that was India, 1971.
BAYNES, C. F. Change. Eight Lectures on the I Ching, 1964.
BENTHALL, J., and POLHEMUS, T. (eds). The Body as a Medium of Expression, 1975.
BERNOULLI, Rudolf Spiritual Development as Reflected in Alchemy, Eranos Year Book, 1960. BEVAN, Edwyn. Symbolism and Belief, 1938.
BHARATI, Agehananda (Leopold Fischer). The Tantric Tradition, 1961.
BLACK ELK. See Neihardt, G. J.
BLINKENBERG, C. The Thunder-weapon in Religions and Folklore, 1911
BLOUNT, G. The Science of Symbols, 1905.
BORD, Janet. Mazes and Labyrinths of the World, 1976.
BOWRA, C. M. The Heritage of Symbolism, 1943. The Greek Experience, 1957.
BRANDON, S. G. F. Religion in Ancient History,1973.
BRANSTON, Brian. Gods of the North, 1955. The Lost Gods of England, 1974.
BREASTED, James Henry. Development of Religion and Thought in Ancient Egypt, 1912
BRELICH, A. Vesta, 1949.
BRIFFAULT, R. The Mothers, 1927.
BROMWICH, Rachael. The Welsh Triads, 1961.
BROWN, Joseph Epes. The Sacred Pipe, 1953.
'The Persistence of Essential Values Among North American Plains Indians', Studies in Comparative Religion, Autumn, 1969. 'The Unlikely Associates', Studies in Comparative Religion, Summer, 1970.
BROWN, Robert. 'On the Origin of the Signs of the Zodiac', Archaeologia, XLVII, 1883. Remarks on the Gryphon, Heraldic and Mythological', Archaeologia, XLVIII, 1885.
BUDGE, E. A. Wallis, The Divine Origin of the Cult of the Herbalist, 1928. Amulets and Talismans, 1930. From Fetish to God in Ancient Egypt, 1934.
BURCHARDT, Titus. 'Le Symbolisme du jeu des echecs', Etudes Traditionelles, Oct. Nov. 1954.
Sacred Art in East and West, 1967. Alchemy, 1967.
'The Heavenly Jerusalem and the Paradise of Vaikuntha', Studies in Comparative Religion, Winter, 1970.
BURLAND, Cottie Arthur. North American Indian Mythology, 1968.
BURROWS, Eric. 'Some Cosmological Patterns in Babylonian Religion', The Labyrinth (Ed. S. H. Hooke), 1935.
CAMMANN, Schuyler. `Symbolism of the Cloud
Collar Motif', Art Bulletin of the College Art Association of America, XXXIII, 1.
CAMPBELL, John Francis. The Celtic Dragon Myth, 1911.
CAMPBELL, Joseph. The Hero with a Thousand Faces, 1969.
CARPENTER, Edward. Pagan and Christian Creeds. Their Origin and Meaning, 1920.
CARR, H. G. Flags of the World, 1969.
CARUS, Paul. Chinese Thought, 1907.
CASE, P. F. The Tarot, 1947.
CHADWICK, Nora. Celtic Britain, 1964.
CHAMBERS, E. K. Arthur of Britain, 1927.
CHANDLER, Howard. 'On the Symbolic Use of Number in the "Divina Commedia" and Elsewhere', Transactions of the Royal Society of Literature of the U. K. 2nd Series, XXX, 1910.
CHAPLIN, Dorothea. Matter, Myth and Spirit, 1935
CHARBONNEAU-LASSAY, L. Le Bestiaire du Christ, 1940.
CHATTERJI, Usha. Shakta and Shakti, Studies in Comparative Religion, Autumn, 1968.
CHEVALIER, Jean (Ed.) Dictionnaire des Symboles, 1973
CHÖGYAM TRUNGPA. Visual Dharma, 1975.
CHU, W. K. and SHERRILL, W. A. The Astrology of the I Ching, 1976.
CHURCHWARD, A. Signs and Symbols of Primordial Man, 1913
CIRLOT, J. E. A Dictionary of Symbols, 1962.
CLARK, R. T. R. Myth and Symbol in Ancient Egypt, 1960.
COLLINS, A. H. Symbolism of Animals and Birds in English Church Architecture, 1913.
CONDER, Claud Reignier. Syrian Stone-Lore: the Monumental History of Palestine, 1886.
COOK, Arthur Bernard., Zeus. A Study in Ancient Religion, 1940
COOK, Roger. The Tree of Life, 1974.
COOMARASWAMY, Ananda K. Elements of Buddhist Iconography, 1935. The Transformation of Nature in Art, 1956. 'Symplegades', Studies and Essays in the History and Science of Learning, 1946. Time and Eternity, 1947. Art and

Thought, 1947. Hinduism and Buddhism, 1943. Christian and Oriental Philosophy of Art, 1956. The Dance of Siva, 1958. 'Khawaj Khadir and the Fountain of Life in the Tradition of Persian and Mughal Art', Studies in Comparative Religion, Autumn, 1970. 'The Symbolism of Archery', Studies in Comparative Religion, Spring, 1971.

CORY, William. Ancient Fragments, 1828.

CRAWLEY, A. E. The Mystic Rose, 1902.

CREEL, H. G. Studies in Early Chinese Culture, 1937

CREUZER, F. G. Symbolik and Mythologie der alten Völker, 1836-42.

CROSS, F. L. (ed.). The Oxford Dictionary of the Christian Church, 1966.

CUMONT, Franz. The Mysteries of Mithra, 1903. Astrology and Religion Among the Greeks and Romans, 1912. Recherches sur le symbolisme funéraire des romains, 1942.

DABU, Dastur Kurshed S. Message of Zarathushtra. A Manual of Zoroastrianism, 1959.

DALE-GREEN, Patricia. The Dog, 1966.

DANIÉLOU, J. 'Le Symbolism du temple de Jerusalem chez Philon et Josephe', Le Symbolism cosmique des monuments religieux, 1957. Primitive Christian Symbols, 1964.

DAVIDSON, H. R. Ellis. The Sword in Anglo Saxon England, 1962.

DAWSON, R. (ed.). The Legacy of China, 1964.

DEANE, J. B. The Worship of the Serpent, 1830.

DEEDES, C. N. 'The Labyrinths', The Labyrinth (ed. H. S. Hooke), 1935.

DEREN, Maya. Divine Horsemen, 1953.

DICKSON, L. E. History of the Theory of .Numbers, 1919.

DOANE, T. W. Bible Myths and their Parallels in Other Religions, 1908.

DORESS, J. The Secret Books of the Egyptian Gnostics, 1960.

DORSEY, George A. 'The Arapaho Sun Dance', Anthropological Series, IV, 1895.

DORSON, R. M. (ed.). Peasant Customs and Savage Myths, 1968.

DROWER, E. S. Water into Wine, 1956.

DUCHESNE-GUILLEMIN, J. The Western Response to Zoroaster, 1958.

DUNBAR, H. Flanders. Symbolism in Mediaeval Art; 1929. Symbolism in Mediaeval Thought and its Consummation in the Divine Comedy, 1929.

EISLER, Robert. Orpheus the Fisher, 1921. Orphisch-dionysische Mysterien-Gedanken in der christlichen Antike, 1925.

ELIADE, Mircea. The Myth of the Eternal Return, 1954. Le Symbolisme cosmique des monuments religieux, 1957. Patterns in Comparative Religion, 1958. The Sacred and the Profane, 1961. Images and Symbols, 1961. The Forge and the Crucible, 1962. Shamanism, 1964. The Two and the One, 1965. Myths, Dreams and Mysteries, 1968.

ELWORTHY, F. T. The Evil Eye, 1895. Horns of Honour, 1900.

Eranos Yearbooks. Ostwestliche Symbolik and Seelenführung, 1934. The Configuration and Cult of the Great Mother, 1938. Ancient Sun Cults and Light Symbolism, 1943. Zur Idee des Archetypischen, 1945. Man and Time, 1951. Spirit and Nature, 1954. The Mysteries, 1955. Spiritual Disciplines, 1960.

EVANS, A. J. Mycenaean Tree and Pillar Cult, 1901.

EVANS-WENTZ, W. Y. The Fairy Cult in Celtic Countries, 1911. Tibetan Yoga and Secret Doctrines, 1958.

FAGAN, C. The Symbolism of the Constellations, 1962.

FARBRIDGE, M. H. Studies in Biblical and Semitic Symbolism, 1923.

FARNELL, L. R. The Evolution of Religion, 1905.

FARBER, Austin. A Rebirth of Images, 1949.

FERGUSON, G. W. Signs and Symbols in Christian Art, 1954.

FERGUSON, John. Illustrated Encyclopaedia of Mysticism, 1976.

FLETCHER, J. B. Symbolism of the Divine Comedy, 1921.

FORLONG, G. J. R. Faiths of Man. Encyclopaedia of Religions, 1964.

FOWLER, W. W. The Roman Festivals, 1899.

FRANKLAND, Edward. The Bear in Britain, 1944.

FRASER, T. T. (ed.). The Voices of Time, 1966.

FRAZER, J. G. Adonis, Attis, Osiris, 1906. The Golden Bough, 1911 .

FREEMAN, Rosemary. The English Emblem Books, 1948.

GARSTANG, John. The Land of the Hittites, 1910. The Hittite Empire, 1929.

GELLING, Peter, and DAVIDSON, H. E. The Chariot of the Sun, 1969.

GILES, Herbert A. History of Chinese Pictorial Art, 1905.

GIVRY, Grillot de. Witchcraft, Magic and Alchemy, 1931.

GLEADOW, Rupert. The Origin of the Zodiac, 1968.

GLUECK, N. Deities and Dolphins, 1966.

GOLDSMITH, Elizabeth E. Sacred Symbols in Art, 1912. Life Symbols as Related to Sex Symbolism, 1924. Ancient Pagan Symbols, 1929.

GOODENOUGH, E. R. Jewish Symbols in the Graeco Roman Period, 1953.

GOODYEAR, William H. The Grammar of the Lotus, 1891.

GOULD, S. Baring. Strange Survivals, 1892.

GOVINDA, Lama Anagarika. Foundations of Tibetan Mysticism, 1960.

GRABAR, André. Christian Iconography, 1969.

GRAVES, Robert. The White Goddess, 1952.

GREG, R. P. 'The Meaning and Origin of the Fylfot and Swastika', Archaeologia, XLVIII, 1885.

GRUBECH, V. The Culture of the Teutons, 1931.

GUÉNON, René. Introduction to the Study of Hindu Doctrines, 1945. Man and His Becoming According to the Vedanta, 1945. L'Esotirisme de Dante, 1949. La Grande Triade, 1957. The Symbolism of the Cross, 1958. Symboles fondamentaux de la science sacrée, 1962.

GUENTHER, H. V. The Jewel Ornament of Liberation, 1959.

GUILLAUME, Alfred. The Legacy of Islam, 1931.
HALL, James. Dictionary of Subjects and Symbols in Art, 1974.
HALLIDAY, W. R. The Pagan Background of Early Christianity, 1925.
HAMILTON, H. C. (trans.). The Geography of Strabo, 1912
HARGRAVES, Catherine Perry. A History of Playing Cards, 1930.
HARRIS, J. Rendel. The Cult of the Heavenly Twins, 1906.
HARRISON, Jane. 'Bird and Pillar Worship in Connection with Ouranian Divinities', Transactions of the Third International Congress for the History of Religions, 1908. Prolegomena to the Study of Greek Religion, 1908. Ancient Art and Ritual, 1911. Themis, 1927.
HARRISON, Raymond. The Measure of Life, 1936.
HARTLAND, E. S. The Science of Fairy Tales, 1891 .
HARTLEY, Christine. The Western Mystery Tradition, 1968.
HEINDEL, Max. Ancient and Modern Initiation, 1931.
HENDERSON, J. L., and OAKES, M. The Wisdom of the Serpent, 1963.
HENTZE, Carl. 'Cosmogonie du Monde dressé debout et du Monde, renversé, Mythos et symboles lunaires, 1932.
HESIOD. Theogony.
HIRST, Desiree. Hidden Riches, 1964.
HOCART, A. M. Kingship, 1931. The Life giving Myth, 1952.
HOLIDAY, F. W. The Dragon and the Disc, 1973.
HOLMYARD, E. J. Alchemy, 1956.
HOOD, Sinclair. The Minoans, 1971.
HOOKE, S. H. (ed.). The Labyrinth, 1935. Some Cosmological Patterns in Babylonian Religion, 1935. Myth and Ritual, 1933. Babylonian and Assyrian Religion, 1953.
HOPPER, Vincent Foster. Mediaeval, Number Symbolism, 1938.
HOWEY, M. Oldfield. The Cat in the Mystery Religions and Magic, 1956.
HULME, F. Edward. Symbolism in Christian Art, 1894.
HULTKRANTZ, Ake. 'Attitudes to Animals in Soshone Indian Religion', Studies in Comparative Religion, Spring, 1970.
HYAMS, E. and ORDISH, G. The Last of the Incas, 1963.
HYDE, James. 'The Under thought of the "Elder Edda"', Transactions of the Royal Society of Literature of the U.K., Second Series, XXX, 1910.
IAMBLICHUS. On the Mysteries of the Egyptians, Chaldeans and Assyrians.
INCE, R. Dictionary of Religion and Religions, 1935.
INMAN, Thomas. Ancient Faiths Embodied in Ancient, Names, 1868. Ancient Pagan and Modern Christian Symbolism, 1869.
JACKSON, Wilfred. Shells as Evidence of the Migration of Early Culture, 1917.
JAMES, E. O. 'The Sources of Christian Ritual', The Labyrinth, ed. S. H. Hooke, 1935. The Cult of the Mother Goddess, 1959.
JAMES, T. G. H. Myths and Legends of Ancient Egypt, 1970.
JASTROW, M. Die Religion Babyloniens and Assyriens, 1902-12.
JENNINGS, Hargrave. The Rosicrucians, Their Rites and Mysteries, 1870. The Obelisk. Notices of the Origin, Purpose and History of Obelisks, 1877.
JENSEN, Hans. Sign, Symbol and Script, 1970.
JOHNSON, F. E. (ed.). Religious Symbolism, 1955.
JOHNSON, O. S. A Study in Chinese Alchemy, 1928.
JONES, Owen. Grammar of Ornament, 1856.
,JOSEPH, B. L. Elizabethan Acting, 1964.
JOSEPHUS. Antiquities. Book XVIII.
JUNG, C. G. Aion, 1952. Complex, Archetype, Symbol, 1953., Symbols of Transformation, 1956.
KARSTEN, R. The Civilization of the South American Indians, 1926.
KENDRICK, T. D. The Druids, 1927.
KERENYI, Karl. Labyrinth Studien. Labyrinthos als linien reflex einer mythologischen Idee, 1950. Essays on a Science of Mythology, 1950. The Heroes of the Greeks, 1959.
KING, C. W. Antique Gems and Rings, 186o. The Gnostics and Their Remains, 1864. The Natural History of Precious Stones and of Precious Metals, 1867.
KING, E. G. Akkadian Genesis, 1888.
KIRK, G. S. Myth, its Meaning and Functions in Ancient and Other Cultures, 1970.
KNIGHT, R P. Le Culte de Priape, 1866.
KNIGHT, W. F. Jackson. Cumaean Gates. A Reference in the Sixth Aeneid to the Initiation Pattern, 1936.
KOCH, Rudolf The Book of Signs, 1930.
KOZMINSKY, Isadore. The Magic and Science of Jewels and Stones,
KRAMRISCH, Stella. The Hindu Temple, 1946.
KUNZ, G. F. The Curious Lore of Precious Stones, 1912. The Magic of Jewels and Charms, 1915 The Book of the Pearl, 1908.
LAJARD, Felix. Le Culte de Mithra, 1847. Recherches sur le culte de Venus, 1854.
LANGDON, S. H. 'Semitic Mythology', The Mythelogy of All Races, 1931.
LANGER, Susanne K. Philosophy of Reason, Rite and Art, 1942.
LAROUSSE, New Encyclopaedia of Mythology, 1959.
LAUFER, Berthold. Jade. A Study in Chinese Archaeology and Religion, 1912.
LAYARD, J. The Lady of the Hare, 1944.
LEHNER, Ernst. Symbols, Signs and Signets, 1950. Folklore and Symbolism of Flowers, Plants and Trees, 1960.
LEISEGANG, H. 'The Mystery of the Serpent', Eranos Yearbooks, 1955.
LETHABY, W. R. Architecture, Mysticism and Myth, 1892.
LEWIS, H. Spencer, The Rosicrucian Manual, 1938.
LEWIS, R. M. Behold the Sign. Ancient Symbolism, 1912.
LINGS, Martin. 'The Qoranic Symbolism of Water', Studies in Comparative Religion, Summer, 1968. 'Old Lithuanian

Songs', Studies in Comparative Religion, Winter, 1969. 'The Seven Deadly Sins', Studies in Comparative Religion, Winter, 1971.
LU K'UAN YU. Ch'an and Zen Teaching, 1962.
LUM, Peter. Fabulous Beasts, 1952.
MACCULLOCH, J. A. The Religion of the Ancient Celts, 1911.
MACKENZIE, D. A. Teutonic Myth and Legend, 1912. The Migration of Symbols, 1926.
MACROBIUS. Saturnalia.
MASANI, Ruston. The Religion of the Good Life, 1954.
MATHERS, M. The Kabbalah Unveiled, 1957.
MATTHEWS, W. H. Mazes and Labyrinths, 1922.
MCKAY, J. G. 'The Deer Cult and the Deer Goddess of the Ancient Caledonians', Folklore: Transactions of the Folklore Society, XLIII, 1932.
MCNEILL, F. Marian. The Silver Bough, 1959.
MEAD, G. R. S. Orpheus, 1896. Quests Old and New, 1898. Fragments of a Faith Forgotten, 1931.
MESS, G. H. The Revelation in the Wilderness, 1951-4.
MILLS, J. Sacred Symbology, 1853.
MÖHLER, J. A. Symbolik, 1832.
MOULTON, J. H. Early Zoroastrianism, 1913.
MURRAY, Gilbert. Five Stages of Greek Religion, 1930.
MURRAY, H. J. R. A History of Chess, 1913.
MURTI, T. R. V. The Central Philosophy of Buddhism, 1955.
NASR, Seyyed Hossein. An Introduction to Islamic Cosmological Doctrines, 1964.
NEEDHAM, J. Science and Civilization in China, 1954
NEIHARDT, J. G. Black Elk Speaks, 1932.
NEUMANN, Erich. The Great Mother, 1955. Amor and Psyche, 1956.
NEWTON, John. Origin of Triads and Trinities, 1909.
NILSSON, M. P. The Mycenaean Origin of Greek Mythology, 1932. Greek Popular Religion, 1946.
NOTT, Stanley C. Chinese Culture in the Arts, 1946. Chinese Jade, 1962.
O'FLAHERTY, Wendy. Origins of Evil in Hindu Mythology, 1976.
OESTERLEY, W. O. E. 'The Cult of Sabazios', in S. H. Cooke (ed.), The Labyrinth, 1935.
OKAKURA-KAKUZO. The Book of Tea, 1919.
ONIONS, R. B. The Origins of European Thought, 1951.
OTTO, Walter F. The Homeric Gods, 1954.
OUSPENSKY, L. and LOSSKY, V. The Meaning of Icons, 1969.
PALLIS, Marco. Peaks and Lamas, 1940. The Way and the Mountain, 1961.
PAPUS. The Tarot of the Bohemians, 1910. La Science des nombres, 1934.
PAVITT, W. T. and K. The Book of Talismans, Amulets and Zodiacal Gems, 1914.
PERRY, W. J. The Children of the Sun, 1923.
PETRIE, W. M. Flinders. The Gods of Ancient Egypt, 1905. Religious Life in Ancient Egypt, 1932.
PETRUCCI, R. La Philosophie de la nature dans fart d'Extrème Orient, 1910.
PETTAZZONI, R. Essays on the History of Religions, 1954.
PIGGOTT, Stuart. Ancient Europe, 1965. The Druids, 1975.
PIKE, E. Royston. Encyclopaedia of Religion and Religions, 1951 .
PITT-RIVERS, G. The Riddle of the Labarum, 1956.
PLINY Natural History.
PLUTARCH. On the Cessation of Oracles.
POWELL, T. G. E. The Celts, 1958.
PROCLUS. The Sphere.
PURGE, Jill. The Mystic Spiral, 1974.
QUINTILIAN. Institutio Oratoria.
RADIN, Paul. The Story of the ,North American Indian, 1928. The Culture of Winnebago, 1949. The Trickster, 1956. The Road of Life and Death, 1968.
RAGLAN, Lord. The Temple and the House, 1964.
RAINS, Kathleen. 'Traditional Symbolism in Kubla Khan', Studies in Comparative Religion, Summer, 1967.
RANSOMS, Hilda M. The Sacred Bee in Ancient Times and Folklore, 1937.
READ, John. 'Alchemy and Alchemists', Folklore, Transactions of the Folklore Society, XLIII, 1933.
RÉAU, Louis. Iconographic de l'art chrétien, 1955.
REDGRAVE, Herbert Stanley. Alchemy, Ancient and Modern, 1922.
REES, Alwyn. The Celtic Heritage, 1974.
REINACH, S. Cultes, mythes et religions, 1908.
RHYS, J. Studies in the Arthurian Legend, 1891 .
RIDLEY, M. R. (trans.). Sir Gawain and the Green Knight, 1962.
RINGGREN, H. and STROM, A. V. Religions of Mankind, 1967.
ROBERTSON, J. M. Pagan Christs, 1928.
ROHEIM, Geza. Animism, Magic and the Divine Icing, 1972.
ROSS, Anne. Pagan Celtic Britain, 1967.
ROUT, E. A. Maori Symbolism, 1926.
RULAND, Martin. Lexicon of Alchemy, 1892.
SAYCE, A. H. 'The Origin and Growth of Religion as Illustrated by the Religion of the Ancient Babylonians', Hibbert Lectures,1887.
SCHLESINGER, M. Geschichte des Symbols, 1912.
SCHOLEM, G. G. Major Trends in Jewish Mysticism, 1955.
SCHUON, Frithjof L'Oeil du coeur, 1950. Spiritual Perspectives and Human Facts, 1954. Understanding Islam, 1963. Light on the Ancient Worlds, 1965 In the Tracks of Buddhism, 1968. Dimensions of Islam, 1969.
SCHWAB, Gustav. Gods and Heroes, 1947.
SÉJOURNÉ, Laurette. Burning Water, 1958.
SEWARD, Barbara. The Symbolic Rose, 1954.
SEZNEC, Jean. The Survival of the Pagan Gods, 1953
SHARKEY, John. Celtic Mysteries, 1975.
SHEPHERD, Odell. The Lore of the Unicorn, 1930.
SHORT, Ernest H. The House of God. A History of Religious

Architecture and Symbolism, 1925.
SILBERER, H. Problems of Mysticism and its Symbolism, 1917
SILCOCK, Arnold. Introduction to Chinese Art and History, 1936.
SILLAR, F. C. and MYLER, R. M. The Symbolic Pig, 1961 .
SIMPSON, William. The Buddhist Praying Wheel, 1896.
SIREN, Osvald. Gardens of China, 1949.
SMITH, D. Howard. Chinese Religions, 1968.
SMITH, G. Elliot. The Evolution of the Dragon, 1919.
SNELLGROVE, David. Buddhist Himalaya, 1957. Himalayan Pilgrimage, 1961.
SPENCE, Lewis. The Myth of the North American Indians, 1914. The Gods of Mexico, 1923. Myths and Legends of Ancient Egypt, 1930. British Fairy Origins, 1946. The Mysteries of Britain, 1970.
SQUIRE, Charles. The Mythology of the British Isles, 1905 Celtic Myth and Legend, 1912.
STEWART, T. M. Symbolism of the Gods of the Egyptians, 1927.
STUART, J. Ikons, 1975.
SYKES, E. Dictionary of Non classical Mythology, 1962.
SZEKLEY, E. B. The Teaching of the Essenes, 1957.
TACITUS. Germania.
THIERENS, A. E. The General Book of the Tarot, 1928.
THOMAS, E. J. The Life of Buddha, 1975.
TIZAC, H. d'Ardenne de. Les Animaux dans Part chinois, 1923.
TOLKOWSKY, S. Hesperides. A History of the Culture and Use of Citrus Fruit, 1938.
TOYNBEE, J. M. C. Death and Burial in the Roman World, 1971.
TREDWELL, W. R. Chinese Art Motives, 1915.
TUCCI, Giuseppe. The Theory and Practice of the Mandala, 1969.
TURVILLE-PETRIE, E. O. G. Myth and Religion of the North, 1964.
TWINING, L. Symbols and Emblems of Early and Mediaeval Christian Art, 1852.
URLIN, Ethel. Festivals, Holy Days and Saints' Days, 1915.
VAN BUREN, E. Douglas. The Flowing Vase and the God with Streams, 1933.
VAN GENNEP, Arnold. The Rites of Passage, 1959.
VAN MARLE, Raimond. Iconographie de Part profane au moyen age et de la renaissance, 1931.
VERMASSEREN, M. J. Mithras, the Secret God, 1963.
VINYCOMB, John. Fictitious and Symbolic Creatures in Art, with special reference to British Heraldry, 1906.
VISSER, M. W. de. The Dragon in China and Japan, 1913.
VRIES, A. de. Dictionary of Symbols and Images, 1974
WAITE, A. E. The Book of the Holy Grail, 1921. The History of Magic, 1930.
WALTHER, W. Lehrbuch der Symbolik, 1924.
WATTS, A. W. Myth and Ritual in Christianity, 1954.
WEBBER, F. R. Church Symbolism, 1927.
WEIGALL, Arthur. The Paganism in Our Christianity (n. d.)
WESTON, Jessie L. The Quest of the Holy Grail, 1913.
WESTROPP, H. M. and WAKE, C. S. Primitive Symbolism as Illustrated in Phallic Worship, 1885. Ancient Symbol Worship in the Religions of Antiquity, 1874.
WHEATLEY, Paul. City as Symbol, 1969.
WHITTICK, Arnold. Symbols, Signs and their Meaning, 1960.
WHYMANT, Neville. A China Manual, 1948.
WILKINS, Ethne. The Rose garden Game, 1969.
WILLETTS, R. F. Cretan Cults and Festivals, 1962. Everyday Life in Ancient Crete, 1969.
WILLIAMS, C. A. S. Outlines of Chinese Symbolism and Art Motives, 1931.
WILSON, T. 'The Swastika', Annual Report of the U. S. , National Museum, 1896.
WIND, Edgar. Pagan Mysteries in the Renaissance, 1968.
WISSLER, Clark. The American Indian, 1950.
WOODROFFE, John (Arthur Avalon). Shakta and Shakti, 1919. The World as Power, 1922-3. The Serpent Power, 1931.
WORNUM, Ralph N. Analysis of Ornament, 1877.
WOSEIN, Marie-Gabriele. Sacred Dance, 1974.
WRIGHT, A. R. British Calendar Customs, 1940.
YAP YONG and COTTERELL, A. The Early Civilization of China, 1975.
YETTS, W. Percival. Symbolism in Chinese Art, 1912.
ZAEHNER, R. C. The Dawn and Twilight of Zoroastrianism, 1961.
ZIMMER, Heinrich. Myths and Symbols in Indian Art and Civilization, 1946. The King and the Corpse, 1956.

Bij MIRANANDA verschenen:

Het christendom is doortrokken van symboliek en deze is voor veel mensen van grote betekenis. Dit boek vormt als 't ware een ontdekkingsreis door de christelijke symboliek. Christelijke symbolen hebben dezelfde basis als die van andere tradities maar vinden hun centrale punt in het leven van Christus. De auteur gaat er vanuit dat 'geloof' in zijn zuiverste vorm geen symbolen nodig heeft, maar dienen om ons geloof als het wankelt weer op de goede weg te helpen.

ISBN 90.6271.831.0
142 p. (met illustraties)

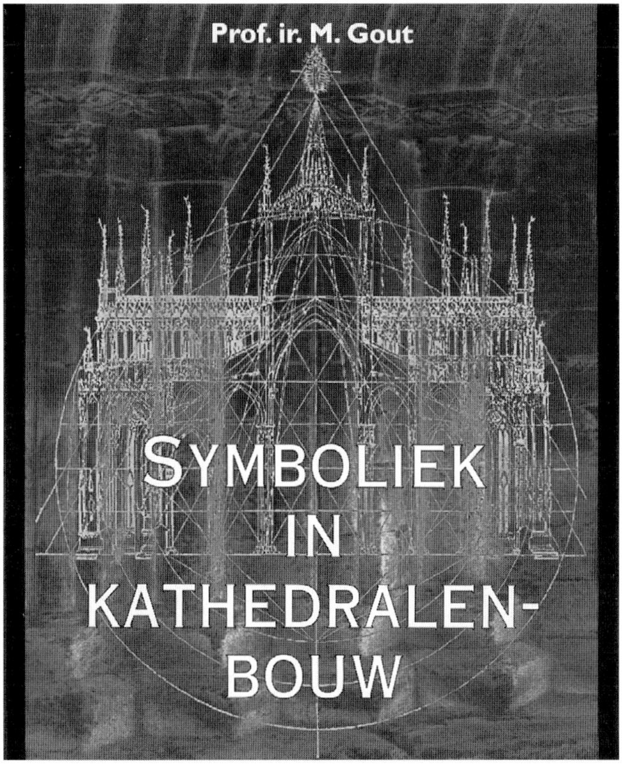

Symboliek in kathedralenbouw

De inhoud gaat over de bouw en de vormentaal van de gothische kathedraal. Deze toont in zijn ontwerp en uitvoering een stellingname ten gunste van het Platonisme en de daarmee verbonden getallensymboliek van het Pythagorisme, welke voor de grotendeels analfabetische bevolking een belangrijke rol speelde. Helaas is een groot deel van de daarbij gebruikte 'taal' na de Middeleeuwen verloren gegaan en is het 'lezen' van de in steen en gebrandschilderd glas uitgebeelde boodschap nu niet meer zo eenvoudig. Het Griekse denken ging in principe uit van een twee-deling van al het bestaande, tot uiting komend in de twee westtorens van de kathedraal en de daarop voorkomende symbolen als zon en maan. Plato vergelijkt dit dualisme ook met het huwelijk van man en vrouw, en dat brengt een derde beginsel als synthese voort, dat door hem het kind genoemd wordt. Het wordt duidelijk dat er zich in de Middeleeuwen een conflict rondom de 'Drie-eenheid' afspeelt. De typische gothische kathedraal komt dan ook alleen in West-Europa voor en niet in de omgeving van Rome!

ISBN 90.6271.903.1
NUGI 923
120 pag. (met vele prachtige kleurenillustraties)

De symboliek van de Tarot

"In de literatuur die berust op de erkenning van het bestaan van verborgen kennis, bestaat er één verschijnsel van groot belang namelijk de Tarot" zegt Ouspensky. Dit is dan ook de reden dat wij hetgeen hij over de Tarot zegt in dit handzame boekje uitgeven zodat het voor velen bereikbaar wordt. Het is ook als hoofdstuk opgenomen in het omvangrijke werk:" Een nieuw model van het heelal" (ook een uitgave van Mirananda ISBN: 906271584.2) Ouspensky geeft inzicht in de samenhang tussen kaballa, alchemie, astrologie, magie en tarot. Het zijn evenwijdig lopende psychologische en metafysische stelsels met als enige doel te vinden wat in het Christendom het Koninkrijk der hemelen wordt genoemd en in het Boeddhisme Nirwana.
Natuurlijk behandelt Ouspensky de betekenis van de 22 kaarten elk afzonderlijk.

ISBN 90.6271.693.8
NUGI 626